中国现代政治思想史

主编　俞祖华　赵慧峰

山 东 大 学 出 版 社

图书在版编目(CIP)数据

中国现代政治思想史/俞祖华,赵慧峰主编.－2版.－济南:山东大学出版社,2009.4 (2013.12重印)

ISBN 978-7-5607-2077-7

Ⅰ.中…

Ⅱ.①俞…②赵…

Ⅲ.政治思想史-中国-现代

Ⅳ.D092.6

中国版本图书馆 CIP 数据核字(1999)第 68035 号

山东大学出版社出版发行

(山东省济南市山大南路 27 号　邮政编码:250100)

山 东 省 新 华 书 店 经 销

荣成三星印刷有限公司印刷

850×1168 毫米　1/32　16.5 印张　428 千字

2009 年 4 月第 2 版　2013 年 12 月第 8 次印刷

定价:26.00 元

前言

人们通常将“五四”时期与春秋战国时期相提并论，因为两者均恰逢社会巨变、观念转折的年代，并由此形成了百家争鸣的局面。其实，在思潮的纷繁复杂、变化迅速及思想解放等方面，春秋战国实难与“五四”前后相提并论。思潮之纷繁复杂，如社会主义思潮即茫茫九派，五光十色，人们常常用瞿秋白的一段话来说明当时社会主义思潮的庞杂状况：“社会主义的讨论，常常引起我们无限的兴味，模糊影响，隔着纱窗看晓雾，社会主义流派、社会主义意义都纷乱，不十分清晰的。正如久壅的水闸，一旦开放，旁流杂出，虽是喷沫鸣溅，究不曾定出流的方向。”[①]思潮变化之快，可以说是将西方国家从封建主义到资产阶级民主主义再到社会主义的数百年的思想历程浓缩于短短数十年间。中华民族的精神世界一改龚自珍时代那种万马齐喑的沉寂，而呈现出了波涛翻滚、支流旁出、“茫茫九派流中国”的壮阔场面。

① 《俄乡纪程》，载《瞿秋白文集·政治理论编》第1集，人民出版社1987年版，第23～24页。

本书按照中国现代政治思想史的习惯断限，截取近代百余年的后三十年即从“五四”到新中国成立这一时段，对其间的重要政治思潮的来龙去脉、主要内容及价值作简介和简评。因采用了逐一考察每一思潮的酝酿、兴起和发展或转折的体例，在上限上或许上推，如对无政府主义思潮、三民主义思潮、自由主义思潮和社会主义思潮的评述均追溯到了上一个世纪之交。这是需要说明的一点。

本书分五编十五章，大体框架如下：

第一编为“北洋军阀与国民党主要政派的政治思想”。现代时期，大地主大资产阶级的政治代表，主要是北洋军阀控制的北京政权和国民党新军阀控制的南京政权。此外，还有一些区域性的伪政权、汉奸政权，如伪满洲国、汪伪政权和其他汉奸政权。这一编的三章分别考察了北洋军阀的封建专制主义、蒋介石集团的封建法西斯主义及改组派的政治主张和各汉奸集团的卖国主义谬论。

第二编为“资产阶级小资产阶级的激进民主主义与改良主义”。资产阶级、小资产阶级的政治思想可分两大类：一类是主张采用激进手段、革命方法根本改造传统社会或意识形态上激进的反传统主义，如第四章所论的“五四”时期的激进民主主义，第五章所论的新旧三民主义。小资产阶级的无政府主义和第三党的政治思想也属此类，但本书将它们搁在了第三编。一类是主张采用温和手段、改良方法“一点一滴”地解决具体问题的改良主义，如本书第六至八章论及的自由主义、国家主义、乡村建设等思潮。

第三编为“形形色色的非科学社会主义思潮”。现代史上尤其是“五四”时期，中国知识界有许多人向往社会主义、共产主义，向往那种没有人剥削人、人压迫人、人人劳动、人人读书、平等自由的美妙远景，然而，人们对社会主义的理解又是模糊的、纷乱的。本书的第九至十章介绍了小资产阶级的无政府主义和其他非科学社会主义流派。本书的第十一章则介绍了中国托派的政治思想。

第四编为“中国共产党人的新民主主义与社会主义思想”。中国共产党人以马克思主义为思想武器，贯彻马克思主义普遍原理与中国革命具体实践相结合的原则，形成了新民主主义革命理论。这一理论总结了中国革命的根本规律，从而也找到了中国社会的根本出路，即首先进行新民主主义革命，改变半殖民地半封建的社会结构，建立无产阶级领导的人民民主专政，进而实行社会主义改造和建设，实现中国的现代化。这一理论是对中国革命规律的深刻总结，也是对中国近现代政治发展轨迹的深刻总结。本书的第十二至十三章介绍了马克思主义的传播与中国共产党的社会主义思想。

第五编为“民族主义思潮与政治思想领域的重要论战”。民族主义思潮具有全民性质，尤其是“九一八”事变以后，在中华民族危机空前严重的背景下，除了极少数汉奸卖国贼以外，包括中国共产党、中国国民党和中间政派等各种政治力量，都主张抵御外侮，抗击日本侵略。如果说民族主义体现了除汉奸理论以外的各种政治思潮的契合、同一，或者说除汉奸理论以外的各种政治思潮都是在民族主义的共同框架下运作的，那么，政治思想领域的论战则体现了各种政治思潮的分歧、冲突和对立。本书的第十四至十五章试图展示现代各种政治思潮既统一又对立、既并立又争持的离合关系。

本书的撰写分工如下：刘兰昌：第一章；徐畅：第二、三章；孔凡岭：第四、十五章；俞祖华：第五、六、九章；赵慧峰：第八章；林治理、房艳丽：第七章；王国洪：第十二、十三章；李慧敏：第十一章；陈可畏、季翠兰：第十四章。全书由俞祖华、王国洪两位主编统改、定稿。本书的撰写得到了鲁东大学科研处、历史系有关同志的支持；在撰写过程中，参考了一些教材、论著。在此，谨表示诚挚的谢忱。

2008 年底，俞祖华在本书初版的基础上又对全书的结构进行了调整，在内容上也作了适当的补充和修订，是为第二版。应该说，现代思潮史是我们感兴趣的领域，但由于时间紧、作者水平有限，本书在体例、取材、分析等方面肯定有许多不足之处，恳请同行师友及读者批评赐教。

俞祖华

2009 年元月

目　录

第一编

北洋军阀与国民党主要政派的政治思想

第一章　北洋军阀的封建专制主义

在长期的中国封建社会中，以专制王权统治思想和“三纲五常”伦理道德观念为基本内容的封建专制主义思想，一直是封建统治阶级的“正统”思想，一统思想界两千余年。及至晚清时期，仍占统治地位的封建专制主义开始受到资产阶级民主主义的挑战与猛烈冲击。先有戊戌变法，继而有辛亥革命、两次民主政治运动，虽然实施的打击目标、程度各有侧重与不同，但从根本上看，均流于对封建专制主义的打击缺乏具摧毁力的强度及不够彻底之弊。即使是采取暴力、追求完全的资产阶级民主共和国的辛亥革命也是如此，尽管反对封建专制主义是三民主义核心——民权主义的基本内容之一，但由于资产阶级革命党人在“反满”口号下，将反封建目标全部聚集于满族封建势力，汉族封建势力几乎未受冲击，以他们为载体的封建专制主义被大量地保留下来。

随着北洋军阀统治的建立和加强，在其统治时期（1912～1928年），封建专制主义广为肆虐。首先，北洋政府统治阶级的统治思想是封建专制主义思想。这一时期执掌民国中央政权的封建势力代表袁世凯、段祺瑞、曹锟、张作霖等大军阀，以往长期周旋于封建官僚机构中，旧思想根深蒂固，又未受民主思想熏陶，其思想本质均属封建专制主义思想，因封建阶级基础的广泛存在及其对统治权的控制，封建专制主义成为北洋军阀政权的主要统治思想。其次，资产阶级革命派的思想混杂。早在辛亥革命时期，大多数资产阶级革命党人持“一民主义”，对民主共和只是形式上的认同，即清帝退位，建国名为中华民国即可，不问政权之归属。袁世凯窃居大总统之位后，他们对民主政治的认识仍很肤浅，缺乏深刻的理解与坚定的信念。所以，资产阶级民主政治与民主主义缺乏坚定有力的捍卫与弘扬，故虽谓“民国”，封建专制主义却狂嚣于中国政治思想界。最后，一般民众具有的传统政治心态的影响。社会意识的变更需要一个相对缓慢的演化过程，尽管封建帝制时代已经结束，但并不能立即根除两千余年专制统治造成的传统政治心态。进入民国后，民众中仍普遍存在着尊崇权威、崇尚人治与轻法治的政治心理，尤其是由于军阀反动统治导致社会动荡，当民主制度面临一系列发展问题，与人们要求和平安定的社会生活形成一定反差时，民众对民主政治的可行性与合理性常持怀疑态度，这也是辛亥革命后封建专制主义泛滥的社会背景因素。

北洋军阀的封建专制主义主要包括：袁世凯统治时期的帝制复辟思潮及随后的复辟清帝国的复辟思潮、当权大军阀鼓吹的“武力统一”主张与地方割据军阀鼓噪的“联省自治”思潮，还有攻击民主政治为军阀统治辩护的甲寅派的政治主张。

一、民国初年的尊孔与帝制复辟思潮

（一）袁世凯统治时期帝制复辟思潮的形成与发展

1. 民国初年尊孔复古思潮的兴起

帝制复辟思潮的形成同袁世凯的政治统治过程紧密相关。当袁世凯在大总统名义下加紧政治上的军阀专制独裁统治时，思想文化方面则大力提倡尊孔读经，从而形成了尊孔复古的反动思潮。

及至他要满足极限的权力欲望时，帝制复辟思潮又应运而起。因此，尊孔复古与帝制复辟反动思潮是专制复辟在意识形态领域的反映。尊孔复古逆流的延伸，必然是鼓吹复辟帝制。

民初尊孔复古舆论首先是由孔教会倡兴的。1912 年 10 月 7 日（孔子诞日），在康有为的一手策划下，陈焕章、沈曾植等在上海成立孔教会。孔教会是一个全国性的孔教组织，成立的目的是鉴于“惧大教之将亡，而中国之不保也”，以求“宗祀孔子以配上帝，诵读经传以学圣人……创始于内国，推广于外洋，冀以挽救人心，维持国教，大昌孔子之教，聿昭中国之光”。[①] 其借孔教以收笼人们思想之意图显而易见。1913 年 2 月，孔教会的机关刊物、陈焕章主编的《孔教会杂志》在上海出版。3 月 22 日，由康有为主编的《不忍》杂志，也在上海出版发行。7 月，陈焕章北上北京，一场定孔教为国教的运动随之高涨。11 月，推举康有为为孔教会总会长。

孔教会成立后，得到了袁世凯政府的批准与赞扬。北洋政府教育部、内务部相继在 1912 年 12 月 23 日和 1913 年 1 月 7 日批准孔教会立案。1913 年 6 月 22 日，袁世凯登上民国大总统的宝座不久，即发布尊孔令，宣称孔子为“万世师表”，必须举行祀孔典礼，“以示尊崇”。10 月 31 日，国会通过《天坛宪法草案》中的“国民教育以孔子之道为修身大本”的条文。随后，相继制定祀孔的具体办法，明令中小学恢复读经讲经的旧制度，全国各地举行祀孔典礼，并于 1914 年 9 月 28 日，亲自率领文武官员到孔庙行三跪九叩大礼。经过袁世凯的大力提倡与推动，民初思想文化界很快形成了以宗经、尊孔为基本内容的复古思潮。袁世凯之所以如此大力鼓吹孔孟之道，无非是要利用传统的纲常伦理统制国人的思想，以此整合社会，维系人心，为其政治上的专制独裁统治服务。

---

① 陈焕章：《孔教会序》，载《孔教会杂志》第 1 卷第 1 号。

孔孟之道是封建君主专制统治的理论基础，是卫护皇权主义的主要思想武器。对其大肆宣扬，势必进一步导致王权主义的复起。

2. 帝制复辟思潮的形成与发展

到1914年，经过加紧推行专制独裁统治，袁世凯实际上拥有了和君主时代的皇帝几乎相同的权力，但他仍不满足，还要更进一步追求帝王的称谓。正是在袁世凯受不可遏止的权力欲驱使必欲去民国而后快的政治背景下，1915年下半年，出现了帝制复辟的反动逆流。

袁世凯统治时期，帝制复辟舆论的主要鼓吹者，有袁的御用文人，一部分政客、官僚。他们多在君主专制时代渡过了一生中重要的时日，非常熟悉专制体制下权力的操作方式和政治思想。加之辛亥革命并未根本触动其封建的思想意识，所以，他们对君主专制时代的政治制度与思想仍带有倾向性。他们持有的这种传统政治心态与袁世凯的复辟需要达成一致，使之自觉不自觉地成为袁复辟帝制的舆论工具。

公开鼓吹复辟帝制的舆论出现于1915年8月。先是袁世凯授意其政治顾问美国人古德诺发表《共和与君主论》，攻击中国人"无研究政治之能力"，民主共和与民主选举必"酿成祸乱"，强调当时中国"由专制一变而为共和，此诚太骤之举动，难望有良好之结果者也"，"中国如用君主制，较共和制为宜，此殆无可疑者"①。袁的法律顾问有贺长雄写了《共和宪法持久策》，鼓吹实行君主制，诬蔑中国不宜实行共和政体，此为复辟舆论之肇兴。紧接着，杨度写了长达两万言的《君宪救国论》文章，宣扬民主亡国、君主立宪强国的主张。由他为主发起、成立于8月中旬的促进帝制的御用团体筹安会，通过"筹安会六君子"所写的文章，鼓吹复辟帝制。一些北

① 《君宪纪实》第1册，全国请愿联合会1915年9月编印(下引此书，版本均同)。

洋系军阀也纷纷上书攻击民主，鼓噪君主制。很快，1915 年八九月间，中国政治思想界到处弥漫着帝制复辟的反动思潮。

民国初年帝制复辟的鼓吹者，除了支持袁世凯帝制自为的势力外，还有支持清帝复辟的遗老遗少与保皇派。1916 年 4 月初，康有为在《上海周报》上发表《为国家筹安定策者》一文，公开主张清帝复辟。此时，袁世凯在全国人民的反对声中，下令撤销洪宪帝制，但仍霸住大总统的职位不放。梁启超在广西军中读了康有为的文章后，写了《辟复辟论》一文，刊登在 5 月 5 日的《时事新报》上，对康有为的复辟言论，进行了公开的抨击。1916 年 6 月，袁世凯覆灭后，那些封建遗孽们仍不甘心于帝制和封建纲常名教退出历史舞台，继续鼓吹清帝复辟与定孔教为国教。

（二）帝制复辟思潮的基本内容

第一，攻击和否定民主主义思想，肯定和颂扬封建的孔孟之道，宣扬非孔孟之道不能为立国之精神。

在公开鼓吹帝制复辟过程中，尊孔的叫嚣仍盛行一时。这个时期，尊孔舆论的出发点是从国家政治思想角度抨击民主制，全面否定资产阶级民主主义理论及建立在此基础上的民主共和制。一方面，大肆攻击资产阶级民主主义思想，声称民国以来“平等自由之说大倡，而社会纲维，日以解纽”①，“人人爱自由，人人语平等……人道沦于禽兽，大地别无桃源”②。另一方面，则极力颂扬孔孟之道的纲常礼教、伦理道德，将其视为立国之精神。认为“我国数千年来，上下相维，所以维持国家于不蔽者，以君主在上，而纲常礼教，得以维系人心，此我国立国之精神也”③。欲救中国，“抑侍

① 《贵州旅京公民欧阳桓等请愿书》，载《君宪纪实》第 1 册。

② 《奉天省公民代表张作霖等请愿书》，载《君宪纪实》第 1 册。

③ 《贵州旅京公民欧阳桓等请愿书》，载《君宪纪实》第 1 册。

有精神上之道德也，记曰君臣也，父子也，夫妇也，昆弟也，朋友之交也，五者天下之达道也”[①]。

第二，攻击民主共和制度不适宜于中国国情。复辟论持有者从几个方面叫嚷共和制不适于中国。首先，认为中国之所以不能实行共和制度，是因为中国人民“习于专制”，民主意识淡薄。古德诺就著文诬蔑中国人民智识水平低下，不懂得民主政治，长期习惯于在君主专制统治下，并不知道有大总统，不适宜实行共和制。杨度的观点与古德诺一脉相承，称“共和政治，必须多数人民有普通之常德常识”，而中国“多数人民不知共和为何物，亦不知所谓法律以及自由平等诸说为何义”，遂发生“举兵以争大总统之事”，造成变乱，“不可收拾”。其次，由辛亥革命后中国的政治分裂，政局混乱，俱是共和制度所造成的谬论出发，认为民主共和不适宜于当时的中国。谓“我国辛亥革命之时，人民激于情感，但除种族障碍，未计政治进行，仓猝制定共和国体”，形成“隐患”，自清室逊位以来，“国家所历危险，人民所感痛苦，举国上下，皆能言之，长此不图，祸将无已”[②]。中国之所以出现这种“共和之弊”，是因为“共和之政体，非由中国人民意思要求而来，勉强而加之，摹仿而成之，与中国之历史、中国之风俗习惯、中国人民之特性，有判然不能相合者”[③]。有的更罗举三条理由：“一曰人民习于专制，无国家之观念也。……二曰种族繁杂，不便于行总统之选举也。……三曰外患方殷，统治权之主体，不宜迭为变更也。”[④]反对民主制。还有的胡说什么只有地域狭小之国，方适于民主。中国地大物博，实行共

① 《北京学界于为珑等请愿书》，载《君宪纪实》第1册。

② 《筹安会致各省通电》，载《君宪纪实》第1册。

③ 《安徽省公民代表段芝贵等请愿书》，载《君宪纪实》第1册。

④ 《甘肃省公民代表马安良等请愿书》，载《君宪纪实》第1册。

和,“不出土崩,必成瓦解”[①]。总之,在他们的言论中,认为共和的建立只会导致中国“欲为强国无望也,欲为富国无望也……终归于亡国而已矣”[②]。

第三,鼓吹君主制,宣扬只有君主立宪才能救中国。

鼓吹复辟帝制者,一面颠倒黑白不择手段地攻击民主共和制度;一面极力鼓吹君主制度,宣扬以君主制代替民主制。他们在鼓吹复辟君主制时,也是谬论种种,然不外有以下几点:

一是只有君主立宪适合中国国情,可以救中国。鼓吹复辟帝制的得力工具筹安会发布宣言,借用古德诺的话,公开鼓吹“世界国体,君主实较民主为优,而中国则尤不能不用君主国体”。并指出,立国之道不外两端,首是“拨乱”,次是“求治”,要拨乱求治只有实行君主立宪,“我国拨乱之法,莫如废民主而立君主;求治之法,莫如废民主专制而行君主立宪”[③]。

二是只有实行君主制才能立宪。杨度认为,“宪政一立,则人存政举,人亡而政亦举,有前进,无后退,有由贫而富,由富而愈富……有由弱而强,由强而愈强之功”。但是,这里的“宪政”不能效法法、美在共和制度之下实行宪政,而是中国“易大总统为君主,使一国元首立于绝对不可竞争之地位”,这是国家的根本所在。“国本既立,人心乃安,拨乱之后,始言致治,然后立宪乃可得言。”他进而把自己的这一观点明确表述为:“非立宪不足以救国家,非君主不足以成立宪;立宪则有一定法制,君主则有一定之元首,皆所谓定于一也。救亡之策,富强之本,皆在此矣。”[④]此谬论一出,各省北洋系军阀纷纷随声附和,一时间,君立定、宪法立之叫嚣不绝

① 《襄北公民恽毓鼎等请愿书》,载《君宪纪实》第1册。

② 杨度:《君宪救国论》,载《君宪纪实》第1册。

③ 转引自《杨度传》,湖南人民出版社1988年版,第81页。

④ 《君宪救国论》,载《杨度集》,湖南人民出版社1986年版,第573页。

于耳。

三是只有实行君主制才能免除“竞争元首之弊”。帝制舆论鼓吹者从共和元首制度下总统的选举将造成混乱的假设出发，宣扬改行君主制。筹安会的君子们认为，共和制度下，“假使大总统身有不豫，一二旬不能视事，斯时海内震动，乱象已成……其所以致此纷扰者，则以无一定嗣位之人故也”①，且“共和改选之时，群起而争大总统，所以全体皆乱”，若改为君主，则“君主嗣位之时，决无群起而争君主之怪事，故亦即无全体皆乱之怪事”。“大总统之名义有竞争，君主之名义无竞争”，因为“竞争君主，乃为大逆，谁敢尝试此者？此即定于一之效也”②。其他的复辟论者也同声学舌，谓：“总统改选之期，即举国纷争之日”，只有“崇君主则国本立，而树不拔之基，尊宪法则人心定，而有共由之轨，植邦基于不蔽，弭祸乱于无形”③。如此谬论，不一而足。

帝制复辟思潮在袁世凯的放任与暗中推动下，喧嚣一时，波及面广。一时间，中国政治思想界被这股来势凶猛的反动逆流搞得乌烟瘴气，袁世凯本人也被其表象冲昏了头，于 1915 年 12 月 12 日发布命令，宣布改行帝制，次年改元“洪宪”，元旦登基。到 1916 年 3 月 22 日，在全国人民的反对声中，被迫取消帝制，于 1916 年 6 月 6 日病死，共做了 83 天皇帝。

袁世凯帝制复辟活动虽然失败了，但帝制复辟思潮并未消失，此后，帝制复辟的主要鼓吹者以康有为等复辟派与清朝遗老为主，还包括个别旧军阀等反动势力。复辟思潮明确主张还政于清，复辟清朝，拥戴溥仪为君主，实行君主立宪，改国名为中华帝国。如此才不会如袁世凯那样辜负清朝皇恩，不得人心而失败，复辟就能

① 《君宪救国论》，载《杨度集》，湖南人民出版社 1986 年版，第 573 页。

② 《君宪救国论》，载《杨度集》，湖南人民出版社 1986 年版，第 577 页。

③ 《浙江省公民朱福铣等请愿书》，载《君宪纪实》第 1 册。

成功。它以复辟清朝而与袁世凯时期袁氏复辟的复辟舆论稍有区别。1917 年 7 月,在这种反动思想指导下,康有为与军阀张勋等终于演出了拥戴溥仪复辟的丑剧,但更为短命,只十二天就失败了。

(三)帝制复辟思潮的反动历史作用

帝制复辟思潮是当中国刚刚结束封建社会,向资本主义转化的过渡转型时期,旧的政治势力在思想界掀起的以复兴封建专制王权主义及其政治制度为内容的反动政治思潮。它对中国社会政治、思想的发展带来了极大的消极作用。

首先,它是中国社会政治进步的巨大阻力。辛亥革命后当民国面临一些发展问题之际,帝制复辟思潮不是主张完善与捍卫现行的民主制度,而是提出回归传统的王权时代。很显然,中国人民刚刚经过艰难曲折,告别了封建专制时代及与之相连的落后、贫穷、挨打,进入了谋求国家独立富强的资产阶级民主共和国时代,政治与社会制度质的改变与进步已为历史所证明。然而,复辟论者却主观地歪曲和抹杀辛亥革命后社会各方面的巨大进步,阻止已经启动的资本主义发展进程,逆社会发展方向而行,要将中国再度拉回到封建专制时代,这种宣扬逆行的反动思潮成为社会向前发展和政治进步的阻力。不止于此,更导出了帝制复辟的政治活动。中华民国初期出现了两次帝制复辟的黑暗时期。

其次,这一反动思潮在一段时间内污染并统治了中国思想界。1913 年二次革命后,曾广为传播的民主思潮陷入沉寂,专制复辟思潮极为肆虐。先是尊孔复古反动思潮的勃兴为其先声,继之帝制复辟思潮又大为泛滥,甚嚣尘上,中华民国思想界一时间竟然形成这种动向,实为其奇辱。另一方面也说明,帝制复辟有着很深的阶级基础与思想基础,对旧势力与旧思想的批判尚有一个艰巨的过程。

最后,由于人们具备了一定的民主意识,帝制复辟思潮及其活动失败的命运早已注定。尽管辛亥革命果实被以袁世凯为代表的大地主、大军阀所篡夺，可是，资产阶级民主主义对封建专制的冲击，毕竟在一定程度上解放了人们的思想。尽管人们对自己拥有的民主权利和民主共和制度暂时缺乏深刻的认识，当复辟思潮兴起时也很少起而搏击，然而，他们仍然对民主共和有着形式上的认同感，共和制的确立已充分说明这一点。因此，帝制复辟舆论虽喧嚣于一时，最终却在人们的反抗中沉寂。

二、北洋军阀的“武力统一”主张

（一）皖系军阀的“武力统一”政策

袁世凯帝制自为败亡后，北洋军阀政治先后进入皖系军阀统治时期（1916～1920 年）和直系军阀为主的统治时期（1920～1924 年）。军阀的“武力统一”主张与“联省自治”思潮是这一时期军阀的主要政治思想。不同的是，前者追求军阀统治的大一统，集权政治；后者则强调军阀控制着的地方的高度“自治权”。这两种对立的集权与分权政治思想产生于军阀政治斗争的不同需要。一般说来，“武力统一”是当权大军阀一贯采用的主张与政策，“联省自治”则是那些与中央政权无缘的地方割据军阀及失势的大军阀所使用的抵制“武力统一”政策并自保的政治工具。

“武力统一”主要是西南军阀割据势力形成后，执掌中央政权的北洋军阀派系实行的以武力消除异己的军事政治势力，谋求本派系一统天下的政治主张与政策。继袁之后握有北京政权的皖、直等有势力的大军阀都曾明确实施过这种政策，试图将“大一统”变成现实。1917～1920 年，皖系军阀统治时期，“武力统一”是段政府对内政策的核心。直皖战后直系执政期间，又老调重弹，宣扬武力统一。二系均以西南军阀作为“武力统一”的主要对象。

1917年7月,段祺瑞以“再造共和”之功二度出任内阁总理,执掌北京中央政权,自此直至1920年直皖战争爆发前,“武力统一”政策一直是皖系军阀统治时期对内政策的核心。“武力统一”主张基于以下因素而提出:

首先,审视提倡这一主张的大军阀自身的思想观念,“武力统一”的提出有着深刻的思想基础。客观而言,北洋军阀的文化素质很低,更遑论系统的思想主张。然而,传统观念中的“大一统”思想却深深影响着军阀的政治观念,那些有势力的、足以控制中央政权的大军阀对统一有着强烈的追求,在他们当权时,总是野心勃勃地将统一付诸行动,推行“武力统一”,追求名副其实的统治权。因而,牢固的传统“大一统”观念成为北洋军阀统治时期各当权派军阀推行“武力统一”的共同思想根源。

其次,具备一定的“武力统一”的政治条件。1917年7月,段祺瑞利用张勋复辟的机缘,再次出任内阁总理,操纵了中央政府的支配权,在北洋三大派系中,皖系政治势力增长迅速。段祺瑞政治野心膨胀,俨然以北洋领袖自居。他以恢复袁世凯统治时期北洋军阀的鼎盛局面,完成袁未竟的统一全国为己任,认为借助“民主”的政治资本与握有的中央实权,实现统一全国的时机已经成熟。于是,他全力谋求建立北洋军阀对全国的实际统治,把中国统一在北洋军阀特别是皖系军阀的控制下,很快就走上了“武力统一”的军事独裁道路。

最后,与中央政权相对立的地方势力的出现。护国战争结束后,西南六省地区很快形成了非北洋系的以滇、桂系为主的西南军阀,他们割据西南六省,军事上有相当势力。据1919年统计,南方六省的军队约占当时中国军队总数的32%,政治上,握有控制区的一切权力,实际独立于北洋军阀控制的中央政治之外。并且,为了防范和抵制中央政权的控制,进行政治投机,借孙中山这面旗帜组成与北洋政府相对立的军政府,宣布北京政府为“非法政府”,段祺瑞为“非法总理”①,根本否定北京政权的法律地位。消灭以西南军阀为主的异己政治军事力量是“武力统一”的直接目标。

“武力统一”作为皖系军阀推行的对内政策,早在1917年8月初用兵南方、对西南各省进行征讨时,正式付诸实施。其基本内容主要是经湖南并以湖南为基础制服两广,以四川为基础制服滇黔。“武力统一”政治主张的明确提出则较政策的施行稍晚,当1917年11月段祺瑞对川、湘方面用兵失败,“武力统一”政策受挫而辞去内阁总理职时,他向北洋军界发出铣电,全面阐述了“武力统一”的政治主张,并继续鼓吹“武力统一”。

皖系军阀“武力统一”政治主张的基本内容有:

第一,宣扬北洋势力即国家实力。

为了使“武力统一”师出有名,段祺瑞、徐树铮等鼓吹北洋即国家,将二者完全等同起来。徐树铮在通电中指出:北洋军人对国家人民负有责任,“我国家之荣誉,亦即我北洋军人之荣誉”②。段祺瑞说得更露骨,“为国家计,当先为北方实力计”,“我北方实力消亡,即中国消亡之朕兆”,“北方实力,即国家实力”。③

第二,他们认为,只有北洋军事实力才能统一国家。

段祺瑞称:“今日中国,盗贼盈途,奸人恣肆,纲纪日夷,习俗日蔽,所谓护法护国,有名无实,徒供欺诈者诪张为幻之具”,因此,“环顾国内,惟有我北方军人实力,可以护法护国”,对西南用兵,就是“发挥我北洋同胞之实力,统一国家,奠宁宇内”。④

---

① 温世霖:《段氏卖国记》,载《近代稗海》第4辑,四川人民出版社1985年版,第533页。

② 张联棻:《一九一八年北洋军对湘作战经过(附件一:徐树铮亲笔所拟的通电)》,载《文史资料选辑》第26辑,文史资料出版社1980年版,第101页。

③ 段祺瑞铣电,载李剑农著《戊戌以后三十年中国政治史》,中华书局1965年版(下引此书,版本均同),第280页。

④ 段祺瑞铣电,载李剑农著《戊戌以后三十年中国政治史》,第280页。

第三，强调只要北洋军人加强团结，就能实现“武力统一”。

为了能够充分利用其他北洋军阀派系尤其是直系军事实力推行武力统一，段祺瑞矢口否认北洋系分裂的存在，极力强调作为一个军事集团的北洋军阀的整体军事实力对武力统一的必要性。指出：南方对北方军人挑拨离间，“尤非启我阋墙之争，收彼渔人之利”，北洋军人“果能一心同德，何国不成，何力不就”。[①] 徐树铮也称：“我北洋军人休戚相关，安危与共，团结之力极固”，只要“众志成城”，就能“同仇御侮”[②]，完成统一。

(二)直系军阀的“武力统一”主张

1920 年 7 月，直皖战争爆发。直系打败皖系之后，以直系军阀为主执掌了北洋中央政权。直奉对中央控制权的争斗及分赃不均于 1922 年引发了第一次直奉战争。战后，直系军阀独霸了北京政权。随着直系势力的迅速扩张，吴佩孚一心要实现武力统一全国的梦想，建立全国性的直系军阀专制统治。他借助英美帝国主义提供的军火武器及借款等扶持，以洛阳为大本营，秣马厉兵，为推行“武力统一”政策积极准备力量。

吴佩孚曾被人认为是当时军阀人物中“更有可能统一中国的人”。上海英文杂志《密勒氏评论报》的主编、美国人约翰·鲍威尔(John Powell)曾多次采访过吴佩孚，他认为与其他军阀相比，吴佩孚更有可能统一中国。他指出：“从 1922 年到 1928 年，蒋委员长建立南京政府之前，是中国的军阀混战时期。在这一混乱阶段，吴佩孚比其他任何人更有可能统一中国，在许多方面，他都是一个能干而有个性的人物。吴总是让拜访他的外国人大吃一惊，因为他的面貌，很不同于一般的华北人，有一嘴短短的红胡子，长脸高

① 段祺瑞铣电，载李剑农著《戊戌以后三十年中国政治史》，第 280 页。

② 徐树铮亲笔所拟的通电，载《文史资料选辑》第 26 辑，第 101 页。

额，鼻相很好。比起别的军阀，他受的教育要好得多，是得过功名的前清秀才。”①

直皖战争前，吴佩孚并非“武力统一”论者，他起初主张的是“和平统一”。皖系段祺瑞却独揽军政大权，拒绝恢复《临时约法》和召开国会，引起孙中山和西南军阀反对。于是孙中山以维护《临时约法》为号召，联络海军总长程璧光及西南军阀于1917年9月在广州建立了与北京政府对峙的护法军政府，中国再次处于“分裂”状态。段祺瑞主张对南方用兵，达到“武力统一”。奉命南下作战的吴佩孚在占领湖南衡阳后，因湖南督军席位为皖系张敬尧所得，吴仅获空衔，故从前线通电“罢战主和”、“撤防北归”。他接连发出通电，提倡全国一体罢战，反对分裂，实现和平统一。1918年8月2日，吴佩孚首次从湖南衡阳前线通电“罢战主和”，称：若再以武力平乱，是唯恐国家亡之不速也……以有限之兵力，从事内争，置外患于不顾，是对敌国宁可屈服，对国人毫无迁就，重轻倒置。8月7日，他致电江苏督军李纯，痛斥“武力统一”，赞成南北和谈。他指出，南北战争导致了“兵连祸结，大乱经年。在此期间，耗费款数千万，糜烂十余省，有用之军队，破碎无余，精良之器械，损失殆尽。至若同种残杀，生灵涂炭，尤足以令人寒心”。指责“中央误听宵小奸谋，坚持武力，得陇望蜀，援粤攻川，直视西南为敌国，竟以和议为谋逆”；表示亡国于外敌，固军人之罪，国亡于内乱，亦军人之羞。军人虽以服从为天职，然对内也应权其轻重利害，而适从之，非抗命也，为延国脉也。② 8月21日，他致电冯国璋，要求其颁布停战令，实现和平，声称“年来外交所急，国债繁兴，险象环生，无一非内争所致，人非木石，能勿痛心”，要求北洋政府“仍根据《约法》之精神，实行悲悯之宏愿，颁布通国一体罢战之明令，俾南

① 《鲍威尔对华回忆录》，知识出版社1994年版，第88页。

② 《请看吴佩孚之主和电》，载1918年8月23日《晨钟报》。

北双方军队，留有余力，以备将来一致对外”。宣称：“将在外军命有所不受，所以宁冒抗命之罪而不能进攻两广。”[①]段祺瑞指责吴佩孚是受南方挑拨所致。8 月 28 日，吴佩孚发出“俭电”，称：“此次衡、宝克复，已挽回中央威信，加以民困兵疲，不堪再用，故案据已电，呈请罢战，倡议和平，实出学生本心”，“人势所趋，非和平尢以善其后，如果中央能顾念民生，俯顺舆论，开诚心布公道，法理持平，毅然为和平之表示，西南必将就我范围”。[②] 9 月 26 日，又发表了由吴佩孚起草、有南北双方将领签名的通电，要求冯国璋颁布停战命令。当时，提出和平统一的还有冯国璋、孙中山等人，但吴佩孚 8 月 21 日的通电是较有震撼力的，这与其作为北军统帅在北军连连得手之时毅然主和有关。直皖战争后，吴佩孚还倡导通过召开国民会议“解决国是纠纷”以达成统一之局，后又于 1922 年提出通过恢复旧国会实现统一。但由于种种原因，通过南北和谈实现和平统一的目标没有实现。

直系实力地位的变化与军阀混战的现实，使吴佩孚转向“武力统一”。当时，西南军阀以“省自治”、“联省自治”对抗中央，本来曾经极力反对段祺瑞“武力统一”的吴佩孚，拣起了昔日被他强烈攻击的“武力统一”的这个口号。吴佩孚主导直系中央后，坚决反对“联省自治”，他曾扬言：有我吴佩孚在，决不允许联省自治政府成立！湖南是当时省宪运动的发祥地，针对“湘省自治”，吴佩孚于 1921 年在致刘湘的信中说：“湘为自治之滥觞，筹备期年，治绩何若？以言裁兵，军队林立；以言财政，库空如洗；环顾三湘七泽，百姓流离，遍览衡、岳、洞庭，河山破碎。竟犹不知忏悔，乃假援鄂自治之名，甘为戎首。……若云联省，更深骇异。今虽南北分裂，而

---

① 《吴佩孚马电》，载 1918 年 8 月 21 日《东方杂志》第 15 卷第 10 号。

② 《吴佩孚力促中央对南方作出和平表示密电》（1918 年 8 月 21 日），载唐锡彤主编《吴佩孚文存》，吉林文史出版社 2004 年版，第 243 页。

商贾之贸易如故，人民之交往如故，熙熙攘攘固犹是一国之民。昔美利坚行联省之制，乃由分而合，今我国倡联省之说，乃由合而分。流弊所及，直不啻举二十一行省裂为二十一国，瓜分豆剖，恐不在强邻而在萧墙之内也。”[①]1921年夏，湖北出现了“驱王（王占元）运动”，要求以鄂人治鄂，并得到湘军和川军的支持。吴佩孚表示坚决反对：要是各省军政都归各省自己办，那么中国不成了五胡十六国了吗？他亲自领兵镇压了鄂省的自治运动，从而使“联省自治”运动开始消沉。他复电鄂省自治领导人宣称：“诸君主张自治，鄂人亦酷爱和平，两湖本是一家，孰非国家领土，苟以大局为念，无事不可曲商，若借自治之名，行割据之实，某虽不敏，窃为不取。”[②]7月，四川的刘湘等人宣布四川实行“闭关自治”，吴佩孚在《复刘湘驳联省自治函》中声称：“昔美利坚行联省之制，固有分有合，今我国倡联省之说，乃由合而分，流弊所及，直不啻举二十一行省分裂为二十一国，豆剖瓜分，不在强邻，而在萧墙之内，此真可为中国前途一痛哭也。”[③]吴佩孚多次致电湖南的赵恒惕，反对其推进“联省自治”。1922年初，赵恒惕当选为湖南第一任“民选省长”。吴劝其勿就省长之职，指出：“老弟正式就职之日，即中央下令讨伐之时。”[④]第一次直奉战争后，吴佩孚高唱“法统重光”，迎接黎元洪复职、旧国会重开以及主张中央集权的大一统。赵恒惕首鼠两端，于7月1日通电，一面表示拥护“法统重光”，一面仍坚持“联省自治”主张。7月17日，吴等致电反对其“联省自治”主张：“我国本属单一国家，数千年来因袭已久……果由合而强趋于分之势，恐遂陷邦

① 武德报社编：《吴佩孚》，1928年版，第99页。

② 武德报社编：《吴佩孚》，1928年版，第99页。

③ 武德报社编：《吴佩孚》，1928年版，第99页。

④ 载1921年10月25日《北京晨报》。

家于割据，酌情度势，要在扩充自治之精神，不宜采取联邦之形式。"[①]西南六省的"联治派"赵恒惕、唐继尧、陈炯明等人主张于8月1日复开国会前先在上海召开"联省"会议，讨论"以联治求统一"。吴佩孚坚决反对召开任何形式与名义的联省自治会议。吴佩孚与赵恒惕等人关于联省自治的争论，反映了当时控制中央政权的"大一统"军人与掌握地方实权的军人争夺地盘的斗争。

吴佩孚认为："现在中国军阀出色之人物，甲乙丙丁，其势力在伯仲之间，未见有崭然露头角之人，于是互相搏噬以攘夺权势，由于人物力量之均衡，偶尔甲稍抬头，则乙丙相联以倒之，乙若微现锋芒，丙则结丁以灭之。互相争战，循环而无所底止，若此时如有甲乙丙丁互相联合而不被打倒之人物出现，则国事不需悲观，万流朝宗，而成滔滔之江河，终见全局之统一。"[②]他转而信奉武力统一，在驻洛阳时期，开始埋首练兵，改定武力统一之计。

1923年3月，吴佩孚召开洛阳军事会议，公开提出"武力统一"。他一方面仍以西南地方势力派为主要进攻目标，计划依靠孙传芳征服广东，压迫湖南取消省宪，投降北方，利用川军刘湘、黔军袁祖铭两部进攻云南、贵州，扶植桂系陆荣廷的残余势力进攻广西和广东；另一方面准备对同是北洋系的奉系张作霖作战。吴佩孚的"武力统一"，随着第二次直奉战争的爆发，曹锟、吴佩孚的倒台而宣告破产。

（三）"武力统一"的历史作用

段祺瑞、吴佩孚等军阀站在其所掌控的中央权力的角度推行"武力统一"，有着很大程度上的军阀争权夺利的成分，他们所追求的统一是专制的统一，与民主革命所追求的目标是背道而驰的。

---

① 载1822年7月17日《顺天时报》。

② 赵恒惕：《吴佩孚先生集》，载《近代中国史料丛刊》，（台湾）文海出版社1966年版。

但它也反映出这些军阀头目对国家陷于分裂的担忧，一定程度上体现了追求国家统一的民族大义，表明在近代中国日益严重的民族危机威胁到中华民族生存的情况下，除极少数汉奸、卖国贼以外的绝大多数中国人，包括上层军政要人在内，都有着民族主义之心、爱国主义之情。从中可以看出，吴佩孚等人也深深受到了中国传统文化大一统观念的影响。吴佩孚曾说："我中国建立五千年，虽时有盛衰，世有隆污，然名义上仍无碍其统一局面，虽甲起乙赴，祸乱相寻，然未伤中国人之自尊心……溯及古代历史之变迁，可称由一村一乡一城至一国，均经合并膨胀之过程，而非一朝一夕以成其大，势之所趋，本能建设此疆域广大之中国，今若将此大国而分为若干小邦，岂非背理乎？"①

由于"武力统一"所追求的是军阀的专制统一，故在认识其历史作用时当注意。

第一，北洋军阀倡导的"武力统一"论，实质乃是专制主义的军事独裁，是依靠军事力量维护专制主义的"大一统"。无论是段还是吴，都宣称为国谋统一，实则是扩大自己所掌控的中央权力，扩张并建立本派系的专制统治。段祺瑞曾在 1918 年 10 月 2 日答复众议员质问时，明确表示："欲谋国家之统一，必保中央之威信。"

第二，由武力统一主张出发的武力统一政策，对于军阀统治而言，是一种自毁长城的政策。在推行武力统一的过程中，军阀派系间已有的两对矛盾即主要军阀派系间的矛盾及北洋军阀与西南军阀间的矛盾迅速激化。段祺瑞驱使利用直系做统一先锋，皖系却坐收渔利，地盘的分配引起了前线直系的强烈不满，为了抵制段的扩张，他们与西南"罢战求和"，吴佩孚更是接二连三地发表通电指责"武力统一"政策，不仅段的武力统一被迫停滞下来，而且北洋二大嫡系直、皖二派的矛盾与斗争迅速公开化并日渐升级，最终导致

① 赵恒惕：《吴佩孚先生集》，载《近代中国史料丛刊》，（台北）文海出版社 1966 年版。

直皖战争，皖系军阀的统治结束。直系统治的败亡与皖系有许多共同之处，由于吴的武力统一打击目标较段更广，受这一政策威胁的各方政治势力迅速走向联合。第二次直奉战争前，反对派已结成了孙、皖、奉反直三角同盟，直系的统治很快就结束了。

第三，推行"武力统一"所导致的军阀混战给中国社会带来了巨大的危害。段、吴等军阀为逞私欲而发起的战争，总以牺牲广大人民的利益为代价。战争期间，人们的生命财产遭到损害，社会经济受到破坏。比如，湖南醴陵经兵燹则造成了"饥民遍野，乞衆无门"，"农具耕牛，多遭损失"，"早稻所获才十三四"，晚稻"所获不过十之一二"[①]的惨相。此外，军阀还趁火打劫，公开杀掠。1918 年，皖系军阀张敬尧在湖南平江县宣布"三日不封刀"，纵令军队血洗该城。湖南醴陵县在军阀混战中被灾的有 47 900 多户，死伤 24 400 多人，其中被杀的有 22 000 多人。[②] 民族工商业也因战乱受到严重影响，人民渴望和平与安宁，厌恶战乱。"武力统一"将广大人民带到了黑暗的军阀统治之下，使他们日益陷入毫无权利和痛苦的生活之中。

三、北洋时期地方军阀的"联省自治"

(一)军阀"联省自治"思潮的激起及发展过程

军阀"联省自治"思潮的激起主要有以下两个因素：

第一，"联省自治"是应割据地方的封建军阀用以抵制"武力统一"的政治需要而兴的。当权军阀推行的以铲除异己势力的目标的武力统一并未因段祺瑞的下台、皖系军阀统治的结束而告罄。

---

① 傅熊湘：《醴陵兵燹纪略》，第 9 页。

② 傅熊湘：《醴陵兵燹纪略》，第 12～13 页。

直系独霸中央政权后，进而企图造成一个由直系军阀统治全国的局面，武力统一活动仍一如既往地进行着。在这种战乱频仍的年代，割据地方军阀的政治生命时刻面临着当权大军阀派系的进攻威胁。为了维护既有的相对独立的统治权力与地位，保住自己的地盘和军队，有效地抵制直系军阀的并吞，一些地方军阀以“自治”相标榜，借以反对北洋大军阀及邻省军阀对本地区的侵入，作为维持割据、抵制武力统一的政治口实。

第二，借提倡自治实行地方民主政治，粉饰军阀专制统治，用以缓和广大人民反军阀专制争民主的斗争。从清末直至 20 世纪头二十年，地方自治一直是资产阶级争取民主政治思想的重要内容之一。在清季反对清王朝封建专制统治的斗争中，资产阶级各派别从不同角度出发，提出“联邦制”或“地方自治”的主张，它曾是反对封建专制主义的有力武器。辛亥革命后，“联邦制”或“地方自治”也曾作为一种方案被提出过，并且在若干具体措施上有所体现。袁世凯篡权后，它又成为反对袁世凯独裁专权、寻求政治出路的尝试。因而，资产阶级“联治”思潮的产生与发展基本反映了资产阶级希望国家和平统一、要求民主参政、顺利发展资本主义经济的愿望，是具有进步意义的民主思潮。

然而，喧闹一时的军阀联治思潮却并非建立在这一民主政治思想基础上，他们只是利用它来粉饰其专制统治的。辛亥革命后，尤其是在反对袁世凯、张勋复辟的过程中，广大人民对资产阶级民主政治有了进一步的认识与理解，要求民主、反对专制独裁的呼声日益高涨。鉴于此，那些本来对民主制度知之甚少也漠不关心的封建军阀不得不迎合社会潮流，变通统治方式，袭用资产阶级民主政治的某些形式，以欺骗人民，维持和加强自己的统治。他们纷纷打出“自治”的旗号，企图以省自治的骗局，缓和人民反军阀争民主的斗争。

正是基于上述原因，1920 年 7 月，湖南军阀谭延闿等首倡“省自治”的政治主张，其他地方军阀争相呼应，纷纷仿效“省自治”、“联省自治”。“省自治”一时间波及十几省，成为一种很有影响的军阀政治思潮。

军阀的“省自治”、“联省自治”发轫于湖南。1920 年湖南督军谭延闿利用人民强烈的反战要求，首先提出“湖南自治”，7 月 22 日，发表祃电，谓“民国之实际，纯在民治之实行，民治之实行，尤在各省人民组织地方政府”，表示要“顺应民情”，实行自治，“采民选省长制，以维湘局”。这个祃电成为军阀“省自治”思潮之嚆矢。后谭去职，赵恒惕任湘军总司令，继续推行地方自治，于 12 月下旬，通电要求“苟省悉自治，则地方有各自发展之可能；苟省相联结，则举国有提挈并进之道”[①]，提出“联省自治”的主张。通电发出后，得到了四川、贵州、云南、广东、广西、浙江、江西、奉天等十余省军阀通电响应，“联省自治”舆论风靡许多省。

1923 年 1 月 1 日，赵恒惕发表通电，一方面仍有气无力地称自定省宪，建立联邦化单一国；另一方面又不反对恢复旧国会和黎元洪复职。这样，喧闹一时的“省自治”、“联省自治”就与吴佩孚恢复“法统”合而为一了，“联省自治”思潮很快就销声匿迹了。

(二)军阀“联省自治”的基本内容

军阀“联省自治”的政治主张，包括两方面的内容：第一是各省自治，由各省自己制定一种省宪，依照省宪自组省政府，统治本省。第二是各自治省选派代表，组织联省会议，制定联省宪法，以建立联邦制国家。

1921 年，通过《湖南省宪法》。宪法分为 13 章 141 条，总纲中称“湖南为中华民国之自治省”，“省自治权属于省民全体”；规定公民有选举、罢免、创制、复决权，省长由省议会选出 4 人交由全省公

① 《湖南省志》第 1 卷，第 427 页。

民总投票决选,以得票多数者当选。

(三)军阀"联省自治"的作用

对于军阀"联省自治"的评价应有区别于资产阶级改良主义的联治主张。军阀联治主张的消极作用极为明显:

第一,"联省自治"的政治主张客观上成为维护地方军阀割据统治的护身符。地方军阀提倡的自治,是军阀政治斗争的一种重要手段。其主要功用是抵制大军阀的集权政治,如西南军阀以阻止北洋军南下为主要目的的自治声明和非直系的浙卢、奉张等宣布的"自治"均属于此。除此之外,在"联省自治"思潮形成和发展过程中,它的其他功用也相继显现出来。比如,作为军阀争斗的权宜之计,江西军阀陈光远,由于地处湘、粤、浙三方威胁之下,唯恐联治各省派兵入境,直系主力又远在北方,鞭长莫及,乃权以响应联治作为缓冲,以求暂安。但当吴佩孚兵临岳阳之后,即受吴命出兵邻省。再如,作为对外侵略的借口,1921 年 7 月宜武兵变发生后,赵恒惕利用这个时机,以"援助鄂省自治"为名,联合四川刘湘组织援鄂军,联合出兵湖北,并约定攻鄂胜利后,在长沙组织三省联省政府,使自己成为"联省自治"的中心。孙中山和国民党曾对"联省自治"的这一实质与危害进行了揭露和批判,指出:"各省借名自治,实行割据,以启分崩之兆耳。"[①]联治的实行,势必导致"分裂中国,使小军阀各占一省,自谋利益,以与挟持中央政府三大军阀相安于无事而已"[②]。这与争取国家统一和争取民族解放运动背道而驰。

第二,"联省自治"只是带有自治外形,不带有任何民主色彩。这一时期军阀的"联省自治",其内容仅限于省宪运动,就是省宪,

① 邹鲁:《中国国民党史稿》,台北商务印书馆 1965 年版,第 1130 页。

② 《孙中山选集》下卷,人民出版社 1981 年版,第 589 页。

也并无任何民主意义。那些提倡自治省份制定的宪法所规定的民主内容，究其实，只不过是一纸空文，是为军阀专制统治加上的一层宪法保障而已。按照一般资产阶级省宪，是在保证国家统一，军事、外交、财政等重权归中央政府的原则下，保证地方自治权，但湖南省宪法规定的省政权俨然是一个独立王国，这是其一。其二，尽管标榜民意，规定了几十条人民的权利，但省长成为集大权于一身的新独裁者，一切决定权均掌于以新的省长身份出现的军阀之手。民权、民意、民选不过是军阀政客伪冒民意的障眼法而已。其三，联治中的民主，湖南民主选举过程中，各派政治势力收买走卒，把持选务，抢夺选票，投票中你争我夺，大打出手，这就是军阀标榜的民主政治。因此，军阀"联省自治"思潮是对民主思想的利用，是对真正的近代民主潮流的反动。

总之，对于军阀的"武力统一"和"联省自治"的主张，蔡和森曾一针见血地指出："力能进取的军阀，便倡武力统一，或主张强有力的中央政府（如曹吴）；仅能自保或希图自保的军阀，便倡联省自治或筹备制省宪，举省长（如川滇）；同一军阀，进攻时宣布武力统一，退守时宣布联省自治（如奉张）……凡此种种，无非是封建的残局之下，军阀专政、军阀割据的必然现象和趋势。"①

四、北洋军阀时期的"宪政"与"法统"之争

宪法是对民主的确认和保障，是对统治权力的一种限制，因此，反动统治者主观上都不愿意有宪法束缚自己。但由于辛亥革命后民主共和的观念已经深入人心，要求通过制定宪法实施民主政治已经成为国民的强烈要求，北洋军阀统治者也不得不同意建

① 蔡和森：《武力统一与联省自治——军阀专政与军阀割据》，载《向导》第2期，1922年9月22日。

立国会，假“立宪”之名，行专制之实，为自己的统治披上“合法”的外衣。

中华民国刚建立时，一切法律制度都还没有健全，国家仍然处于动乱之中。在这种情况下，孙中山于 1912 年 3 月 11 日签署了《中华民国临时约法》作为国家的临时基本法。它在中国历史中第一次将“主权在民”的思想写入宪法性文献。它规定，“中华民国之主权，属于国民全体”，并且确认“中华民国人民一律平等，无种族阶级宗教之区别”，从而彻底否定了封建君主专制制度和封建的等级特权。它确认人民享有人身、住宅、财产及营业权；有言论、著作、游行、集会、结社、书信、居住迁徙、信教之自由；有请愿、陈诉、任官考试、选举与被选举之权。临时大总统的权力也受到了很大的限制。例如，“临时大总统制定官制官规，但须提交参议院决议”；“临时大总统任免文武官员，但任命国务员及外交公使得参议院同意”；其他诸如宣战、缔约、媾和及宣告大赦等权力均受到参议院的严格限制；临时大总统必须遵守法律，忠于职守，否则将受参议院弹劾，并由“最高法院审判官互选九人，组织特别法庭审判之”。1913 年，中华民国第一届国会提出了《中华民国宪法草案》（又称《天坛草案》），这部草案的基础是《临时约法》。《天坛宪法》中，对总统的权力作了更多的限制，尤其是“解散众议院须经参议院同意”，在肯定总统解散国会的权力的同时，又在事实上“合法”地剥夺总统的这项权力。这些规定使当时掌权的袁世凯非常不满，因此他不让国会讨论这部草案；相反，他于 1914 年将国会解散，于 5 月 1 日提出了自己的《中华民国约法》（《袁记约法》）。《袁记约法》取消了《临时约法》中近似责任内阁制的规定和国会对总统权力的限制，确认了大总统至高无上的权力，从而为袁世凯后来登基称帝奠定了基础。它规定：“大总统为国家元首，总揽统治权”；对外代表国家，统率海陆军；有权制定官制官规，任免文武职官，宣战、媾和、缔约，宣告戒严；有权召集及解散立法院，并否决立法院议决之法律案；有财政紧急处分权；特别是它还规定了大总统有权发布与法律有同等效力的教令。这就使大总统与可以发布与法律有同等效力的“诏令”的皇帝并无二致。与《中华民国临时约法》相比，《中华民国约法》有两个特点：一是实行总统制；二是取消国会，代之以立法院。《袁记约法》所确立的是大总统专制独裁的政治体制。

袁世凯死后，南北军阀在所谓新旧《约法》上发生了争执。段祺瑞根据《袁记约法》(《中华民国约法》)，以国务院名义发布了一个由副总统黎元洪“代行”总统职权的通电，遭到了护国军和全国人民的坚决抵制。唐继尧等南方军阀把持的军务院，梁启超等进步党人，孙中山、黄兴等原国民党人，以及北洋军阀内部如冯国璋等，都主张应该恢复《临时约法》和国会；根据《临时约法》，黎元洪应该“继任”总统，而不是“代行”总统职权。由于全国一致反对，段祺瑞被迫暂时让步。1916 年 6 月，副总统黎元洪继任大总统。6 月 29 日，北京政府以大总统名义下令恢复《临时约法》，同时宣布定于 8 月 1 日召开国会。历时近一个月的新旧《约法》之争，最终以《临时约法》和国会的恢复而结束。1917 年 7 月 1 日，《临时约法》又被复辟帝制的张勋破坏，随后的段祺瑞政府拒绝恢复。9 月 10 日，以广东为基地建立的中华民国军政府展开护法运动，所护者即为《中华民国临时约法》。1919 年，段祺瑞执政期间，曾提出过一部《中华民国宪法草案》(《八年草案》)。

1922 年 4 月，控制北京政府的曹锟、吴佩孚以“法统重光”为号召，再度恢复《临时约法》和国会。曹锟通过“贿选”当上中华民国大总统后，为了替贿选的总统披上“合法”的外衣，他于 1923 年 10 月提出一部《中华民国宪法》(《曹锟宪法》)，这是旧中国反动统治者正式公布的第一部宪法，《临时约法》被其取代。这部宪法又被称为《贿选宪法》，它以《袁记约法》为范本，规定：“中华民国永远为一统一的民主国”，“中华民国民权，属于国民全体”；规定了“中华民国之行政权,由大总统以国务员之赞襄行之","大总统为民国陆海军大元帅,统率陆海军","大总统得停止众议院或参议院之会议",并有权解散众议院。该宪法是一部比较完备的资产阶级宪法,但由于制定宪法的目的只在于使贿选合法化,立法程序又是非正常的,这就使该宪法的进步意义被完全抵消。《贿选宪法》公布后,受到了中国共产党人和以孙中山为首的国民党人及进步人士的坚决反对,各派军阀之间的矛盾也日趋激化。1924 年 10 月,直系将领冯玉祥把曹锟赶下台,于是由直系军阀控制的北京政府连同《中华民国宪法》一起被废弃。

曹锟之后,段祺瑞被推戴为中华民国临时总执政。1925 年 4 月 24 日,段祺瑞政府发布命令,称"法统已成陈迹",《临时约法》再次被搁置。8 月,临时执政政府成立"国宪起草委员会",开始起草宪法。12 月,通过了《中华民国宪法草案》。《中华民国宪法草案》确认了大总统高度集中的权力,总统可以发布与法律有同等效力的教令,副总统兼任参议院议长,从而肯定了总统对议会的控制。这些都反映了段祺瑞渴望加强自己的专制独裁统治并向实力派夺权的企图。《中华民国宪法草案》还有意删掉了《贿选宪法》中关于"统一民主国"的规定,确认了各省区有权制定本省区的宪法,由各县选出的选举人间接选举总统等,反映了段祺瑞政权对地方军阀的妥协和让步。《中华民国宪法草案》因受到了革命进步力量与各派军阀的抵制而夭折。

五、甲寅派的政治主张

(一)甲寅派政治主张的提出

甲寅派是因 1925 年在北京复刊的《甲寅》杂志而得名的复古派别,其核心人物为章士钊。

章士钊(1881～1973 年),字行严,号孤桐,湖南长沙人。曾赴日本、英国留学,担任过《苏报》编辑、《民立报》主笔。1914 年创《甲寅》杂志。20 世纪前二十年,一直致力于弘扬资产阶级的民主共和,反对封建专制。但是,到 20 年代初,思想渐起质变。由于一战及其以后资本主义暴露出的弊端,加之中国的民主制度自辛亥确立后不断面临军阀专制的破坏,章士钊对曾经宣扬的西方代议制产生怀疑,自此思想发生转变,指出中国政治不宜强学西方,并在时任主笔的上海《新闻报》撰文抨击"代议制",政治与文化思想趋于保守。第二次直奉战争后,1924 年 11 月段祺瑞出面成立临时执政府,章出任司法总长,次年 4 月兼教育总长,成为段祺瑞的亲信。他将《甲寅》杂志复刊,以此为阵地,大肆宣扬封建的思想文化,提倡文化复古主义,反对新文化运动,反对各种革命运动,攻击资产阶级民主制度,维护军阀的反动统治,成为军阀反动统治的帮闲。1926 年 4 月,执政府在军阀派系争斗中垮台,章出走天津。1927 年 4 月,《甲寅》杂志停刊。

(二)甲寅派政治主张的基本内容

第一,甲寅派以中国是一农业国为立论基础,指出中国政治不宜强学西方,抨击现时的民主政治,为军阀统治辩护。章士钊认为,20 世纪 20 年代的中国国情是农业国,而非工业国,一旦背离这一实际,去农就工,推行工业国的政治制度,势必要"受工业国之蔽,进退失据",造成农不农、工不工的局面。他分析指出,农业国的中国"徒蒙然举工国之政制习俗,车服器用,逞欲好争,豪华开发,一切之事,一一而模习之唯惧不肖"[①],是造成中国社会政局动荡、经济凋敝现状的根源。叫嚷"凡所剿袭于工国浮滥不切之诸

① 蔡尚思主编:《中国现代思想史资料简编》第 2 卷,浙江人民出版社 1986 年版(下引此书,版本均同),第 456 页。

法，不论有形无形，姑且放弃，返求诸农，先安国本，而后于以拙胜巧之中，徐图捍御外侮之道”①。

第二，甲寅派还从农国立论出发，极力鼓吹封建专制主义。认为农业国区别于工业国的显著优点是“农国政尚清静，以除盗安民，家给人足，为兴太平之事”；“农国说礼义，尊名分，严器数”；“农国于财务节流，于人务苦行，于接物务投诸四㧑谦”；“农国重家人父子，推爱及于闾里亲族，衣食施与恒不计”；“农国恶讼”；“农国以试科取人”。综而言之，农国之精神是“欲寡而事节，财足而不争”②。遵循这些封建专制主义的纲常伦理、行为规范，人们就可以安于现状，不会出现反抗军阀统治的政治行为。

第三，提出“读书乃真救国”的口号，抵制反帝反封建的政治口号。五四运动后，以青年学生为主体的反帝反封建革命浪潮不断高涨，身为教育总长的章士钊认为原因在于“政府既乏长策，社会复无公评，四方不逞之徒，又从而扇发之”③。因而，他一方面提倡“读书乃真救国”，企图使青年学生摆脱政治影响，最终成为不具备救国实才、不问时事的书呆子；另一方面，诬蔑学生运动是受野心家利用，主张并参与镇压学生运动。章支持北京女子师范大学反动校长开除进步学生，并在《甲寅》杂志上著文颠倒黑白地诽谤女师大的爱国学运是“不受检制，竟体忘形，啸聚男生，蔑视长上”④，并指使部下，带军警打手冲进女师大，殴打学生。他还施展各种卑劣手段，迫害倡导新文化、支持学生运动的鲁迅先生，并极力为段祺瑞政府在“三一八”事变中残酷镇压学生的暴行进行辩护。

第四，提倡恢复封建教育的核心内容，并主张复文言弃白话，

① 蔡尚思主编：《中国现代思想史资料简编》第 2 卷，第 456 页。

② 蔡尚思主编：《中国现代思想史资料简编》第 2 卷，第 452～453 页。

③ 蔡尚思主编：《中国现代思想史资料简编》第 2 卷，第 449 页。

④ 蔡尚思主编：《中国现代思想史资料简编》第 2 卷，第 449 页。

反对新文学、新文化。章士钊认为，古代经典和科举制度是适应现时中国的、可通时代与新旧的文化国故，应予以提倡。他严格了考试制度，规定小学从四年级直到高小毕业，每周读经一小时，企图通过这些强制性措施，达到复兴传统文化的目的。另外，章士钊还诬蔑新文化运动会造成“精神大乱，郁郁伥伥之象充塞天下”[①]，攻击白话文“流于艰窘，不成文理，味同嚼蜡，去人意万里”，是“以鄙倍妄为之笔，窃高文美艺之名，以就下走圹之狂，隳载道行远之业……陷青年于大阱，颓国本于无形”。[②] 与此同时，他提倡文言文，宣称：“吾之国性群德，悉存文言，国苟不亡，理不可弃”，“欲求文体活泼，乃莫善于用文言”。并反对兴白话，甚而提出取消白话文学之名词。

(三)对甲寅派政治主张的评价

第一，甲寅派从中国为农业国出发抨击现行的西方民主制度，较封建顽固势力对民主制度的攻击和破坏更具煽动性。他们将军阀统治造成的巨大社会危害全归诸民主制的施行，从而否定这一制度的合理进步性，这是继张勋复辟后，封建主义对民主主义的又一次大挑衅。如此，将北洋军阀黑暗统治的真正祸源遮掩起来，为军阀统治的倒行逆施开脱。同时，甲寅派还用封建的纲常礼教束缚人们的思想，阻止对民主自由的追求，企图使人们放弃权利，心甘情愿地服从权威统治，做军阀统治下的愚民，其维护军阀统治的目的十分明确。尽管如此，由于旧军阀统治正走向衰亡，这种政治主张如同它所代表的阶级，很快就失去了影响力。

第二，尽管章士钊反对新文化、新文学，复古旧文化较之其他顽固文人更具诡辩性，但仍注定要失败。封建文化复古主义经五

---

① 蔡尚思主编：《中国现代思想史资料简编》第2卷，第444页。

② 蔡尚思主编：《中国现代思想史资料简编》第2卷，第446页。

四新文化运动的打击，元气大伤。到20年代中期，其社会基础已变得比较脆弱，在这种背景下，章士钊却靠行政命令强行推行文化复古，这种强制命令引起人们的强烈抵触，复古手段与内容让人冷漠。所以，虽然章力倡于一时，却难有大的响应。鲁迅曾谓，他们对新文化的进攻，不能同新文化形成两军对垒，这“该是争的终结，而非争的开头，因为《甲寅》不足称为敌手，也无所谓战斗”[①]。章士钊等掀起的这股复古逆流很快便被人民革命斗争和新文化运动的汹涌浪涛所淹没。

① 《答KS君》，载《鲁迅全集》第3卷，人民文学出版社1981年版，第112页。

第二章　国民党的"训政"、"宪政"思想与蒋介石的法西斯主义

蒋介石集团于20世纪20年代末在形式上统一全国后，便开始寻找为其统治服务的理论。法西斯主义极力主张个人独裁与极权主义，鼓吹国民必须以无限的牺牲精神服从最高统帅，这迎合了蒋介石个人独裁的政治目标。蒋介石在1931年5月5日召开的国民会议上公开主张推行法西斯主义。从此，国民党政权公开打出法西斯主义的招牌，鼓吹并推行法西斯主义理论和主张，而且动员国家政权的力量，组织法西斯主义的许多组织，尤其是"中统"和"军统"两大法西斯特务组织，在三四十年代的中国社会中，其势力无孔不入。数以百计的宣传法西斯主义的书籍、成千上万鼓吹专制独裁的文章先后出笼。蒋介石集团还把宣扬法西斯主义与宣扬封建伦理道德结合起来，其目的均为欺骗民众认同专制独裁，两者结合形成了中国的封建法西斯主义。1943年，蒋介石发表的《中国之命运》，是中国的封建法西斯主义系统化的标志。蒋介石集团奉行封建法西斯主义，坚持"一个政党、一个主义、一个领袖"，把社会各阶级各阶层推向自己的反面，使自己越来越孤立，最终为中国人民所抛弃。除了鼓吹利用法西斯主义，蒋介石集团还歪曲与夸大孙中山的训政构想的消极面，实行"以党治国"和一党专政。

一、国民党政权的“训政”理论与宪政思想

(一)孙中山的建国程序论与“以党训政”思想

孙中山希望推翻封建制度,建立一个以“宪政”为基础的民主政治共和国。他还把这个过程分为军政、训政、宪政三个时期,在中国同盟会建立时期的提法为“军法之治”、“约法之治”、“宪法之治”。《中国同盟会革命方略》中提出:第一、二、三期分别为“军法之治”、“约法之治”、“宪法之治”。“第一期为军政府督率国民扫除旧污之时代;第二期为军政府授地方自治权与人民,而自总揽国事之时代;第三期为军政府解除权柄,宪法上国家机关分掌国事之时代。俾我国民循序以进,养成自由平等之资格,中华民国之根本胥于是乎在焉。”①孙中山把军政和训政分别规定为三年和六年。这就是从推翻帝制到实现宪政民主的三个循序渐进的革命程序和建国程序。在《中华革命党总章》中,孙中山把它表述为三个时期:军政时期——以积极武力扫除一切障碍而奠定民国基础;训政时期——以文明法理督率国民建设地方自治;宪政时期——宪法颁布之日,即为革命成功之时期。在这一划分中,首次出现了“训政”这一概念。1923 年 1 月 29 日,孙中山于《申报》50 周年纪念专刊上发表《中国革命史》一文,重申建立民主共和国需经过三阶段的构想:“从事革命者,于破坏敌人势力之外,不能不兼注意于国民建设能力之养成,此革命方略之所以必要也。余之革命方略,规定革命进行之时期为三:第一为军政时期,第二为训政时期,第三为宪政时期。”鉴于辛亥革命后中国不仅没有走向民主共和的道路,相反却走向了军阀混战、国家四分五裂的境地,孙中山认为其原因就

① 《孙中山全集》第 1 卷,中华书局 1981 年版,第 298 页。

在于"由军政时期一蹴而至宪政时期,绝不予革命政府以训练人民之时间,又绝不予人民以养成自治能力之时间,于是第一流弊,在旧污未能荡涤,新治无由进行。第二流弊,在粉饰旧污,以为新治。第三流弊,在发扬旧污,压抑新治。更端言之,第一为民治不能实现。第二为假民治之名,行专制之实。第三,则并民治之名而去之也"[①]。后来在他于1924年4月12日制定的《国民政府建国大纲》中,再次把民主革命划分为军政、训政、宪政三个时期。《建国大纲》25条,其中规定建国的程序分为三期:一曰军政时期;二曰训政时期;三曰宪政时期。军政时期政府"一面用兵力以扫除国内之障碍,一面宣传主义以开化全国之人心,而促进国家之统一"。训政时期的主要任务为政治与经济建设,实现地方的自治,开发富源等。宪政时期,就地方而言,全数之县皆达完全自治,人民得以通过国民大会选举省长;就全国而言,有半数省份达到宪政开始时期,则开国民大会,决定宪法并颁布之,然后由全体国民依照宪法进行全国大选组建国民政府。

关于"训政"的定义,孙中山解释说:"所谓训政者,即训练清朝之遗民,而成为民国之主人翁,以行此直接民权也。"[②]为什么在其推翻封建专制制度的最低目标与建立一个真正的民国、实现三民主义和五权宪法的最终目标之间,加入一个训政时期呢?他反复强调训政的必要性:"须知共和国,皇帝就是人民,以五千年来被压作奴隶的人民,一旦抬他作起皇帝,定然是不会作的。所以,我们革命党人应该来教训他,如伊尹训太甲样。我这个'训'字,就是从'伊训'上'训'字用得来的。"[③]又说:"中国奴制已行使了数千年之久,所以民国虽已有九年,一般人民还不晓得自己去站那主人的位

① 《孙中山全集》第9卷,中华书局1985年版,第154页。

② 《孙中山全集》第5卷,中华书局1985年版,第189页。

③ 《孙中山全集》第5卷,中华书局1985年版,第400~401页。

置。我们现在没有别法，只好用些强迫手段，迫着他来做主人，教他来练习练习。"①指出："中国人民知识程度之不足，固无可隐讳者也，且加以数千年专制之毒深中乎人心，诚有比于美国之黑奴及外来人民之知识尤为低下也。"②所以，故"不经训政时代，则大多数之人民久经束缚，虽骤被解放，初不瞭知其活动之方式，非墨守其放弃责任之故习，即为人利用陷于反革命而不自知"③。他按民主的觉悟程度把中国人分为三类八等，即"先知先觉"、"后知后觉"、"不知不觉"三类和圣、贤、才、智、平、庸、愚、劣八等。训政就是以"先之先觉之革命政府"和政党去训导人民，使其懂得自己是共和国的主人，以及怎样做主人，甚至"要用些强迫的手段，迫着他来做主人"。他有时把革命党比作母亲，把人民比作婴儿；有时又把革命党比作诸葛亮，把人民比作阿斗，强调训政的重大意义。训政的对象是人民，训政的目的是使人民成为现代公民。

孙中山十分强调革命党的重要作用，他的训政构想就立足于把革命党作为实施训政、教育和训练人民的依靠力量。他认为承担"训政"任务只能由革命党承担。《建国大纲》中就说训政"只能由国民党全国代表大会和中央执行委员会承担"，"于建国治国的过程中，本党始终以政权之保姆自任"。这样，孙中山明确提出了在训政时期由国民党实行一党专政，"代替"人民行使一切权力。可见，其训政构想是"训政论"和"以党治国论"的统一，简而言之为"以党训政"，就是以国民党来训练国民，树立其民主意识，提高其民主素质。

孙中山建国程序论的精彩之处是其宪政思想，尤其是《五权宪法》思想。孙中山宪政思想的内容有：(1)三民主义是其宪政纲领。

---

① 《孙中山全集》第9卷，中华书局1985年版，第296页。

② 《孙中山选集》上卷，人民出版社1956年版，第155页。

③ 《孙中山全集》第11卷，中华书局1985年版，第102页。

在三民主义中，民权主义是其核心，也是孙中山宪政思想的核心，中心内容是建立民主立宪的资产阶级共和国，实现资产阶级为主体的人民自主的民主权利。俄国十月革命胜利，建立了苏维埃国家政治制度，使孙中山看到了一种崭新的政权模式。也正是受到俄国革命的影响，孙中山赋予了民权主义新的内容。首先，强调“主权在民”，实现真正的民权。其次，主张“直接民权”，即人民不但有选举权，且兼有创制、复决、罢官诸权。为了保障人民的直接民权，孙中山将英美的政权建设经验同中国的具体情况相结合，提出了著名的《五权宪法》理论。(2)“自由、平等、博爱”是其宪政思想的基本内容。其确认人民的平等权利。指出：“天赋人权，胥属平等”，并下令革除封建专制制度下的官吏特权，认为“总统官吏皆国民之公仆也”；批判传统的男尊女卑的观念，认为“天赋人权，男女本非悬殊，平等大公，心同此理”；主张民族平等，主张“实欲合全国人民，无分汉、满、蒙、回、藏，相与共享人类之自由”。确认人民的各项自由权利。孙中山所主张的自由，包括两个方面的内容：一是民族和国家的自由，二是国民在社会政治生活中的自由权利。(3)《五权宪法》与权能分治是孙中山的民权主义思想在宪政主张中的具体体现。他把国家的政治权力分为“政权”和“治权”两部分，指出：要把国家的政治大权分开成两个：一个是政权，要把这个大权完全交到人民的手内，要人民有充分的政权可以直接去管理国事。这个政权便是民权。一个是治权，要把这个权完全交到政府的机关之内，要政府有很大的力量治理全国事务。提出人民除选举权以外，还应享有创制权、复决权和罢官权，即所谓“四大直接民权”。其中，选举权和罢免权是人民管理官吏的权力，而创制权和复决权是人民制定、修改和管理国家法律的权力。他又把政府的“治权”分成五个部分，即立法权、行政权、司法权、监察权和考试权，分别由立法院、行政院、司法院、监察院和考试院五个机关来行使，这也就是其“五权分立”的思想。“五权分立”即是指政府权力划分为五种，各自独立，分别有五个政府机关（即五院）行使的制度。

（二）国民党政权的“训政”理论及其实践

尽管蒋介石多次自诩其“训政”是执行“总理的遗训”，但国民党蒋介石集团并未真正按孙中山遗教办事，而是曲解孙中山的“训政”理念，在“训政”的标榜下建立和维护其反民主的一党专制和个人独裁政治体制。“训政”成为一党专政和个人独裁的借口。

1928年7月6日，蒋介石率领参加北伐的重要将领于北京西山碧云寺祭告总理时曾称：“军政时期，从此结束；训政时期，从此开始。兹遵照遗训，已定南京为全国首都。今后当遵循遗嘱，完成所有的建国大业。”8月，国民党中央召开了二届五中全会，这次会议实际上宣告了训政时期的开始。蒋介石在开幕词中说：“从五中全会开会之日起，我们要继续国民革命，开始去做训政时期的工作。”谭廷闿在闭会词中也提到：“此会之举行，适在国内统一，军事终结，训政开始之顷。”这表明国民党中央已经开始准备实行训政了。

国民党领袖人物胡汉民、蒋介石等对国民党实施“以党训政”做法进行了充分的论述。他们认为，训政时期国民党在政治上负有双重的责任，即一方面要训练人民行使政权，另一方面又要监督政府行使治权。对于前者，则提出了“训政保姆说”。认为：“国民在政治的知识与经验的幼稚上，实等于初生之婴儿；中国国民党者，即产生此婴儿之母；既产之矣，则保养之，教育之，方尽革命之责；而训政之目的，即以保养、教养此主人之成年而还之政，为其全部之根本精神。”由是，胡汉民更进一步论述了“国民党一党训政”与“共产党无产阶级专政”的根本区别。他说：“于建国治国之过程中，本党始终以政权之保姆自任。其精神与目的，完全归宿于三民主义之具体的实现。不明斯义者，往往以本党之训政主义，比附于一党专政之阶级专政论，此大谬也!”蒋介石毫不犹豫地接过孙中山“以党治国”的方略，坚定不移地倡导并践行着“三个合一”：一是党军合一，即党组织渗入军队，使党军合为一体，同时国民党自身军队化，党员像军人一样视服从为天职；二是党国合一，即党是国家和民族的核心，为党即为国家，爱国首先要忠党；三是党教合一，用蒋自己的话说，“革命党员要成为真正三民主义的信徒和革命领袖的信徒，也一定要如宗教信徒之于宗教信仰一样，精诚热烈，笃信笃行，身心全体归向，始终贯彻到底”。有了这“三合一”，蒋氏集团的势力(包括军队的战斗力)明显高过其他军阀，使他能够立足于民国政坛的最高一级台阶上。

1928 年 10 月 3 日，国民党中央常务委员会第 172 次会议通过了《中国国民党训政纲领》，确定了训政的政治体制的基本框架。1929 年 3 月，国民党第三次全国代表大会通过此纲领。《训政纲领》规定了训政时期“以党治国”的原则：(1)中华民国于训政期间，由中国国民党全国代表大会代表国民大会领导国民行使政权；(2)中国国民党全国代表大会闭会时，以政权付托于中国国民党中央执行委员会执行之；(3)依照总理建国大纲所定选举、罢免、创制、复决四种政权，应训练国民逐渐推行以立宪政之基础；(4)治权之行政、立法、司法、考试、监察五项付托于国民政府总揽而执行之，以立宪政时期民选政府之基础；(5)指导监督国民政府重大国务之施行，由中国国民党中央执行委员会政治会议负责；(6)中华民国国民政府组织法之修正及解释，由中国国民党中央执行委员会政治会议议决行之。在此之前(9 月 15 日)，胡汉民提交了《训政大纲提案说明书》，系统阐述了该案主旨，基本内容有：实行由军政时期向训政时期的转变，以革命的建设保障革命武力的胜利，亦由“以党建国”转入“以党治国”时期；训政时期，国民党党员要以党的力量负起训政之责任，促进全国民众来管理国家；中国国民党以政治会议为训政发动与指导机关，政治会议总握训政时期一切根本方针之抉择权，为党与政府间唯一连锁；政府负训政之责，但政府接受党确定政策方针，并负责执行等。

1931年5月12日，国民党主持的“国民会议”通过了《中华民国训政时期约法》，于6月1日颁布。《约法》分为“总纲”、“人民之权利义务”、“训政纲领”、“国民生计”、“国民教育”、“中央与地方之权限”、“政府之组织”、“附则”，共8章89条，其核心第三章“训政纲领”是从已公布的1928年《训政纲领》中移植过来的，明确规定“训政时期由中国国民党全国代表大会代表国民大会行使中央统治权”，“中国国民党全国代表大会闭会时其职权由中央执行委员会行使之”，“选举、罢免、创制、复决四种政权由国民政府训导之”，“行政、立法、司法、考试、监察五种治权由国民政府行使之”。这样就确定了民国训政时期的党国政治结构。《约法》形式上肯定人民的“权利”、“自由”：第二章“人民之权利义务”规定“国民无男女种族宗教阶级之区别在法律上一律平等”，“人民非依法律不得逮捕拘禁审问处罚”，“人民之住所非依法律不得侵入搜索或封锢”，人民有信仰宗教、迁徙、通信通电秘密、结社集会、发表言论或刊行著作、请愿等自由，“非依法律不得停止或限制之”。这是国民党政府用根本法形式确认国民党一党专政和领袖个人独裁的政治制度的第一部宪法性文件。

国民党“以党治国”的主要特点是：其一，实行一个主义、一个政党，唯中国国民党为正统合法，其余各党概处非法之列。其二，以党代政，国民党最高权力机构即是国家最高权力机构。政府由党直接组织，中央所有政府机构领导官员皆由国民党中央执行委员会选任。其三，法律的制定、修正和解释权，一切立法原则的决定权，均由党的机构执掌，党的决议具有法律效力。其四，国家行政决策权亦属党的机构，中央政府本身无权决定重大问题，一切听命于党的机构，政府沦为一党专政的工具。在以党治国的运行机制中，“中政会”即国民党中央执行委员会政治会议的地位和作用不同一般。蒋介石在对《政治总报告》作说明时说:一般人认为国民政府五院中立法院是最高立法机关,不知立法院所通过的重要法律案必须由中政会议决定的原则,“中央执行委员会政治会议才是最高的立法和政治指导机关,而国民政府只是在党的指导下一个最高的行政执行机关”;“一切权力,全操于中国国民党”。

蒋介石所讲的“训政”与孙中山的“训政”理念大异其趣:第一,它背离了孙中山“训政”理念的“主权在民”的民主治国精神。尽管在权力配置与安排中,它也讲到政权在民,也规定了人民的四种权力,但是这些权力由国民党“训练国民逐渐推行”,在国民大会召开以前,“由中国国民党全国代表大会代表国民大会领导国民行使政权”,“中国国民党全国代表大会闭会时,以政权付托中国国民党中央执行委员会执行”,所谓“训政”实际上成了国民党一党专政、蒋介石一人独裁的托词。第二,按孙中山的设想,“训政”时期是一个不太长的过渡阶段,应创造条件,让民众在实践中增强民主意识,提高参政能力。蒋介石搞的“训政”却是压制民主,无限地延长“训政”时期,到后来明确宣布实行“宪政”长达近二十年。第三,它缺乏逐步健全的法律为民主政治提供保障。从 1928 年至 1936 年,国民党政权曾围绕“训政”制定了《训政纲领》、《训政约法》、《五五宪章》三个法律文件,这些文件的内容前后有所不同,但其以党治国、愚弄人民的本质没有改变,它们以根本大法的形式确定与维护国民党一党专政,确定与维护蒋介石的独裁统治,人民应有的权利几乎全被剥夺。因此,广大人民群众争取生存权和民主自由权的斗争此起彼伏,从未间断。由此看来,蒋介石想以所谓“训政”掩盖其独裁的伎俩并不很有效。

(三)国民党政权的宪政思想及“制宪”

国民党虽以“训政”为名,实行“一党专政”,但它没有公开否定过宪政,至少在理论上始终承认宪政是自己的政治目标。在 1928

年《训政纲领》之后不久出台的《国民政府组织法》引言部分规定："中国国民党本革命之三民主义、五权宪法，建设中华民国，既用兵力扫除障碍，由军政时期入训政时期，允宜建立五权之规模，训练人民行使政权之能力，以期促进宪政，奉政权于国民。"《训政时期约法》则宣称："国民政府本革命之三民主义五权宪法以建设中华民国，既由军政时期入于训政时期，允宜公布约法共同遵守，以期促成宪政，授政于民选之政府。"

国民党当局曾声称，"训政"时期不长，将很快过渡到宪政时期。1929 年宣布训政期限为六年，即到 1935 年。国民党内也有人致力于呼吁尽早实施宪政，孙科即为代表性人物之一。1931 年 10 月，立法院长孙科提出"速开党禁，实行民治"的主张。12 月，孙科在国民党四届一中全会致闭幕词，正式提出结束训政，加快实施宪政的主张。1932 年 4 月，他又在上海各报公开发表《目前抗日救国纲领》一文，提出尽快实施宪政的主张。12 月，国民党召开四届三中全会，孙科等提议依照孙中山《建国大纲》的规定，从速起草宪法，召开国民大会，"结束党治，还政于民"。国民党四届三中全会作出决定，定于 1935 年 3 月召开"国民大会"，"议决宪法"，并与 1933 年 1 月成立由孙科任委员长的"立法院宪法起草委员会"，开始宪法起草工作。1935 年 11 月，国民党第五次全国代表大会在南京召开。大会宣言提出："开宪治，修内政，以立民国确实巩固之基础"，"国民大会须于二十五年（即 1936 年）以内召集之，宪法草案并须悉心修订，俾益臻于完善"。1936 年 5 月 5 日，国民政府公布了《中华民国宪法（草案）》，这份宪法草案又称为《五五宪草》。

《五五宪草》分为"总纲"、"人民之权利义务"、"国民大会"、"中央政府"、"地方制度"、"国民经济"、"国民教育"、"宪法之实施和修改"共八章。其要点为："中华民国为三民主义共和国"，以三民主义为国人唯一的政治信仰；实施"权能分治"原则，即中央政权由国民大会行使，中央治权由总统和五院行使；总统对国民大会负责，行政院长与各部会长由总统任免,对总统负责;国民大会为中央唯一政权机关,《五五宪草》原本赋予国民大会有“选举总统副总统、立法院院长副院长、监察院院长副院长、立法委员、监察委员,罢免总统副总统、立法、司法、考试、监察各院院长副院长、立法委员、监察委员,创制法律,复决法律,修改宪法”等一系列重要职权,但到1937年4月,修正后的《国民大会组织法》和《国民大会代表选举法》又对《五五宪草》规定进行了重要删改,限定国民大会只有通过宪法的职能而无其他职权,同时还规定国民政府大量增加指定国大代表名额,国民党中央执行委员会委员和候补委员、中央监察委员会委员和候补委员均为国大当然代表;“五五宪草”虽冠冕堂皇地写上了“中华民国之主权属于国民全体”,并列举了人民所拥有的种种自由权利,但都加上了“非依法律不得限制”的字样,为政府留下了限制民权的余地。《五五宪草》本应交由“国民大会”决议,但1937年“七七”卢沟桥事变后抗日战争全面爆发,救亡压倒一切,原定于1936年11月12日召开的“国民大会”又一再延期。1943年9月,国民党召开五届十一中全会,认为抗战即将结束,决议战后立即召集国民大会,制定宪法,实施宪政。

1946年11月15日,在与中共和民盟等其他党派无法达成协议的情况下,国民党单方面决定在南京召开“国民大会第一届会议”。大会的中心议程是制定《中华民国宪法》,故又称“制宪国大”。共产党拒绝参加国大,斥其为“伪国大”。12月15日,经大会三读通过了《中华民国宪法》,并于1947年1月公布,4月国民党正式宣布“结束一党政府,成立多党政府”。同年12月25日,《中华民国宪法》生效施行。这部《中华民国宪法》共分“总纲”、“人民之权利与义务”、“国民大会”、“总统”、“立法”、“行政”、“司法”、“考试”、“监察”、“中央与地方之权限”、“地方制度”、“选举、罢免、创制、决议”、“基本国策”、“宪法之实行与修改”等14章,计175条。《宪法》的基本内容,是以西方国家宪法为摹本,结合孙中山的

“三民主义”而制定，它以“三民主义”为其最高基本国策，以五院制分工和它们之间的相互制衡构建政府基本体系。第一章“总纲”第一条改《五五宪草》“中华民国为三民主义共和国”为“中华民国基于三民主义，为民有、民治、民享之民主共和国”。第四条关于领土之规定，《五五宪草》采取列举式，《中华民国宪法》则采取概括式。

这部《宪法》与《五五宪草》的主要不同，在于有关国家体制的规定。《五五宪草》在蒋介石干预下，政府体制采取总统制架构，由国民大会代表人民分别选出执掌立法权的国会议员和掌握行政权的总统，行政院正副院长、各部会首长、政务委员均由总统任免，且对总统负责。1946 年 1 月召开的政治协商会议通过了《五五宪草》修正原则，主要内容是将原属总统府幕僚长性质的行政院长重新定位为执掌行政权的行政首长，对立法院负责。担任中华民国总统，固然取得国家元首的尊荣，但并不掌握行政权，行政院院长才是最高行政首长，向立法院负责，执行立法院的立法。《中华民国宪法》第四章“总统”规定“总统为国家元首，对外代表中华民国，对内总揽一切国家权力”，“总统统率全国海陆空军”等，并赋予总统发布紧急命令的特权；组阁权在于总统，国会无权过问，即使总统所属政党为国会少数党。《宪法》第五至第九章分别规定立法、行政、司法、考试、监察五院的职能及院长的产生办法；第十至第十四章分别规定中央与地方的权限，地方制度，选举、罢免、创制、复决四权的行使，基本国策，宪法之实行与修改等内容。著名学者萧公权当时也评述这部宪法“已含有充足之民主精神与实质，吾人果能充分实施，则中国必可列于世界民主国家之林而无逊色”。徐矛《中华民国政治制度史》认为：“如果国民党是一个对民族负责的政党，沿着这部宪法走下去，中国可能成为实行资产阶级民主制度的共和国。”可见，国民党政权在宪政民主问题上一定程度地顺应了历史潮流，为宪政的实施尽了一份力。

二、蒋介石法西斯主义的出现

（一）法西斯主义的基本观点和特点

“法西斯”一词源于拉丁语“Fasces”，原意为布满荆棘的棘棒，后引申为暴力，其象征意义为集权、独裁和扩张。目前，史学界对法西斯主义主要有以下两种定义：其一，法西斯主义是垄断资产阶级公开实行恐怖和独裁统治的专制政治形式和政治思潮；其二，法西斯主义是垄断资产阶级的一种极端反动的思潮和政策，它完全抛弃了资产阶级虚假的民主形式，公开推行独裁制度和恐怖统治，实行种族虐杀和强权扩张政策。法西斯主义正式形成始于第一次世界大战后，首先出现在意大利。1919年3月，墨索里尼组织了“战斗的法西斯团”，以打倒自由主义政府、反对共产党、国家强权化和再现意大利辉煌为纲领。此后，法西斯势力在意大利迅速发展。墨索里尼于1922年10月进军罗马，执掌了国家政权，在意大利初步建立了法西斯政权。由于法西斯掌权后意大利经济恢复较快，这对于急于摆脱战后国内和国际局面困难重重的德国是一个巨大的刺激，所以德国以希特勒为首的法西斯分子，极力效仿意大利，成立了德国国家社会主义工人党（简称“国社党”，音译“纳粹”），建立军事武装，组织暴动。由于魏玛共和国的软弱无能，法西斯势力得隙以乘，希特勒终于1933年3月当选为德国元首，开始在德国全方位地实行法西斯统治。一战后，日本政党政治获得短期发展而夭折，军部法西斯势力逐渐控制了日本政局。经过一系列政变，1936年法西斯统治正式确立。20世纪二三十年代，除意、德、日三国法西斯建立政权外，西班牙也建立起了法西斯政权，拉美国家法西斯势力也十分猖獗，英、美、法等国内法西斯势力也有相当影响。这样，法西斯主义成为一战后世界范围内的政治思潮和政治力量。

法西斯主义其体系庞杂,但核心内容是极端民族主义和极权主义。黑索里尼声称:“对法西斯主义来说,帝国的倾向,即各民族扩张的倾向,是一种生命力的表现”,“法西斯主义就是极权主义”。“在法西斯主义者看来,一切都是存在于国家之中的,在国家之外不存在任何人性或精神的东西,更没有什么意义可言。”[①]他在《法西斯主义论》中还这样阐述:第一,否认和反对和平,不相信永久和平之可能。第二,否认和反对马克思主义,反对唯物史观和阶级斗争,深信英雄创造历史。第三,否认和反对民主政治,否认群众可倚仗其多数的力量指挥人类,认为民主政治容易形成政治低效能和不负责任。第四,否认和反对自由主义,认为无论政治、经济,还是文化、社会诸方面,专制主义才是世界潮流。希特勒也大肆宣扬“强者的独裁便成为最强者”[②],推行“领袖原则”等极权主义,并以争取“生存空间”为借口推行血腥的民族扩张主义政策。

为对付 1929 年至 1933 年世界经济大危机,法西斯主义在各国有不同的发展,但大致具有下列共同点。第一,民族沙文主义。鼓吹对外扩张和种族优越论,如希特勒宣称要用德国的剑为世界上最优秀的日耳曼民族的犁开辟疆土。第二,国家机能主义。以政治万能和集权为信条,强调国家权力万能和至高无上,国民应无条件为之牺牲。第三,反对议会主义和民主政治。认为议会政治不能应付严重的局势,容易形成党派之争,只有集权和独裁才能有效地行使权力。第四,唯力主义。行动能证明和解决一切,而行动需要力即集团的暴力作基础,所以要造成一种慑服一切、超越一切的力。第五,反对阶级斗争。宣扬整体利益超越阶级利益。

---

① 黑索里尼:《法西斯主义的政治和社会学说》,载《世界史研究动态》1980 年第 9、10 期。

② 希特勒:《我的奋斗》,(台湾)太竹出版社 1988 年版,第 151 页。

(二)中国法西斯主义出现的背景

法西斯主义作为一股世界范围内的政治思潮于上世纪 20 年代初传入中国,“中国亦有法西斯党的足迹”①。上海有日本法西斯党徒的活动②,一些报刊如《东方杂志》也宣传过墨索里尼和法西斯主义。但总的说来,影响不大。国民党南京国民政府确立了在全国的统治后,蒋介石出于独裁统治需要,鼓吹与推崇法西斯主义,中国出现了一股宣扬法西斯主义的热潮。

中国法西斯主义的出现和法西斯统治的确立是有其深刻和广泛的社会背景的。

第一,从国内政治形势看:(1)尽管蒋介石对共产党采取了残酷无情的镇压政策,中国共产党势力也遭到削弱,但中国共产党势力不仅存在,而且在广大农村建立了革命根据地,同国民党进行武装对抗,开展土地革命,建立红色政权,中国共产主义正呈现“星星之火,可以燎原”之势。蒋介石与共产主义势不两立的政治态度是孙中山派其赴俄考察后形成的,如何“剿灭”中国共产主义势力成为蒋介石的头等难题。于是,他期望法西斯主义这种强权、独裁的政治思潮能够助其一臂之力。(2)1927 年,蒋介石在南京建立了国民政府。1928 年,东北张学良易帜,表面上蒋介石统一了中国,但实则不然,经常受到国内不同派别和政治势力的挑战。在军事上,蒋介石虽拥有全国力量最强大的中央军,但因为李宗仁、阎锡山、冯玉祥等都有强大的军事实力,各地方军事实力派并不心甘情愿向其俯首称臣。南京政府建立后,先后爆发了蒋桂战争、中原大战,致使国无宁日,生灵涂炭。在政治上,有所谓汪精卫派、胡汉民

---

① 张太雷:《法西斯主义的国际性》,载《前锋》创刊号。

② 陈独秀:《关于社会主义演讲》(1924 年 5 月),载《六大以前》,人民出版社 1980 年版。

派、蒋介石派和西山会议派，各挟部分国民党中央执监委员，或以“非常会议”，或以“特别会议”，甚至公开各立中央，互不相让。蒋介石自视为孙中山的合法继承人；汪精卫以其国民党元老资格指责蒋介石叛党叛国；胡汉民则试图制定大批法律以束缚蒋介石手脚，造就中国的基马尔，但也与蒋介石不欢而散。总之，南京国民政府无论政治还是军事都是互不统属派别的乌合。如何改变这种局面，各派有各自的主张。以蒋介石为代表的一部分人认为只有“三民主义＋法西斯蒂”才能拯救中国，企图借助法西斯主义的国家权力至上，独裁集权统治消除内部纷争。

第二，从当时国际环境看，南京国民政府建立后，中国不仅仍遭到列强的压迫，而且日本帝国主义步步进逼，中国民族危机日益严重。先是蒋介石北伐时，在济南遭日军抵抗，接着日本发动“九一八”事变，侵占东三省，进而成立伪满洲国。在严重的民族危机面前，蒋介石虽无力鼓吹民族沙文主义，但也期望借助法西斯主义，宣传他的民族复兴理论，认为民族危机的时候，“实在就是我们最好的一个成功立业的机会”，“如果我们现在从新赶紧彻底研究……一个危亡的正当的至理来，再照此至理去努力实行，一定能完成我们的革命任务”。[①] 这个“至理”便是法西斯主义。

第三，从思想渊源和社会基础看，孙中山的“训政”论确实是给蒋介石实行法西斯主义提供了某种借口。孙中山设计中国革命的步骤分“军政”、“训政”和“宪政”三步。在“训政”时期由国民党训导国家政治，待国民素质提高后，再实行宪政。当然，蒋介石和孙中山二人的训政思想是有本质区别的。蒋介石上台后对孙先生的“训政”理论加以改造，使其成为适合自己口味的法西斯主义独裁理论。东北易帜后，蒋介石就宣布“军政”结束，“训政”开始。这样使其法西斯主义找到了一个正当的借口和冠冕堂皇的外壳。中国

① 蒋介石：《政府完成和复兴中国革命》，载《前途》第2卷第1期，1934年1月1日。

是一个有几千年封建历史的国家，封建君主专制主义思想根深蒂固，缺乏民主传统，这为蒋介石行使法西斯主义独裁和宣传法西斯主义理论提供了温床。

（三）蒋介石法西斯主义的提出

蒋介石公开谈论法西斯主义非常少。在1931年5月5日的"国民会议"上，蒋介石首次公开谈论法西斯主义。他在会议开幕词中指出当今世界有三种政治理论：一种是共产主义之政治理论，主张阶级斗争，此种残酷斗争，尤"不适于中国产业落后情形及中国固有道德，中国亦无需乎此"。二是自由民治主义之政治理论，"主张民治，高唱自由，各据议席，任其论安言计，动引西人，亦不过群疑满腹，众难塞胸，今岁不征，明年不战，使共产党军阀坐大中原"。所以以上两种理论均不可取。三是法西斯之政治理论，"本超象主义之精神，依国家机体学说为依据，以工团组织为运用，认定国家为至高无上之实体，国家得要求国民任何之牺牲"。他认为中国"会举国所要求者，为有效能的统治权之行施"，以"解除民众痛苦"，"完成中国统一"，所以法西斯理论正适合于今日之中国。[①]从上述言论中，可以看出蒋介石之法西斯主义有四个方面的含义：第一，国家至上。第二，民族至上。第三，效能至上。效能不是指行政效率，而是指能够消灭共产党。第四，君权神授。蒋介石还说自己的统治与法西斯有区别，因为它是有限的，"训政"结束，法西斯主义也就结束。蒋介石发表此次谈话以来，还未见蒋介石再公开谈论法西斯的言论。但以此为契机，国民党出现了一股法西斯主义的狂潮，他们在官方的默许下，成立诸"学术"团体，开设书局，出版报刊。据不完全统计，1932年至1936年间，以出版法西斯书籍和墨索里尼、希特勒、蒋介石言论、传记为主的书局就达几十家，

---

① 蒋介石：《国民会议开幕词》，载《国民会议实录·正篇》，1931年版。

如提拔书店、正中书局等；出版的书籍有《法西斯意大利政治制度》、《法西斯主义浅说》、《法西斯主义日本的形成及其展望》等；宣传法西斯的报刊先后发行百余种，主要有《中国日报》、《晨报》、《中国革命》、《社会主义月刊》、《文化建设》等等，这些报刊鼓吹“只有法西斯主义才能救中国”，“要借法西斯之魂还国民党之尸”，“以三民主义为佐，法西斯主义为冈”，其目的在于引起“全国人民对于革命领袖及革命团体之绝对信仰”。

三、抗战前蒋介石法西斯主义的基本内容

（一）蒋介石法西斯主义的基本内容

一个主义、一个政党、一个领袖是蒋介石法西斯主义的基本内容和灵魂。

在南京国民政府建立之初，蒋介石就提出过“一个主义”、“一个政党”的口号。他说，“我们中国要在20世纪的世界上谋生存，没有第二个适合的主义”，必须确立三民主义“为中国唯一的思想，再不许有第二个思想，来扰乱中国”。[①] 他不允许其他的党派存在，主张“以党治国，就是国民党治国”，其他党派出来，“国民党就要失败”。[②] “在革命没有成功，三民主义没有实现以前，不能允许再有第二个党来攻击国民党。”[③]很明显，蒋介石搞一个主义、一个政党，其目的就是反对共产主义和共产党，所以，具体说来蒋介石法西斯主义的内容之一就是反共。

一个领袖是针对国民党内部派系纷争而言的。孙中山先生去

---

① 蒋介石：《三民主义为唯一的思想》，载《蒋介石合集》上册，1936年版。

② 蒋介石：《我们为什么入党和以党治国》，载《蒋介石合集》上册，1936年版。

③ 蒋介石：《三民主义为唯一的思想》，载《蒋介石合集》上册，1936年版。

世后，国民党四分五裂，多次公开分道扬镳，蒋介石、胡汉民、汪精卫、孙科等各派争夺中央权力，国民党各派互相争斗，水火不容。蒋介石希望以法西斯主义的“一个领袖”、“领袖独裁”为其实现个人独裁服务。1933 年 7 月 18 日，他在庐山军官训练团讲课时宣称：“军队的信仰一定要集中”，“第一就是要使全军信仰唯一的主义，第二就是要使全军信仰唯一的最高统帅”，“大家要知道，今天并不是因为我做了统帅，就要大家信仰我，就是政府叫任何人来做统帅，大家也要一样的信仰他！”①稍后，他在授课中又强调国民党全体党员要服从领袖：“革命团体的一切，都要集中于领袖；党员的精神，党员的信仰要集中，党员的权力以及党员的责任，也要集中，党员所有的一切都要交给党，交给领袖！”②法西斯主义分子也纷纷借法西斯主义“领袖独裁”的理论，为树立蒋介石独裁统治大造舆论。他们说：“一个国家的政治，与其由民主的虚名而陷于腐败没落，当然不如由一个才干和道德高超的领袖去执行独裁……与其把政治的任务仰望于一般盲目无能的民众，实不如专责于一个英勇贤明的领袖。”③蒋介石支持法西斯分子制造“领袖独裁”的舆论，并默许他们把自己视为这个“独裁领袖”的当然唯一人选。所以，具体说来，实行“一个领袖”的独裁统治是蒋介石法西斯主义的又一个内容。

总之，蒋介石法西斯主义的内容就是要在中国实行他个人独裁统治，消灭国民党内的派系之争和铲除中国共产党。

蒋介石法西斯主义的理论支持是他的力行哲学和封建的伦理

---

① 张其昀主编：《蒋总统集》第 1 册，“国防研究院”中华大典编印会 1968 年版，第 646～647 页。

② 张其昀主编：《蒋总统集》第 1 册，“国防研究院”中华大典编印会 1968 年版，第 722 页。

③ 《中国政治之前途》，载《前途》第 1 卷第 8 期。

政治。

1932 年 5 月淞沪停战协定签订后，蒋介石纠集几十万兵力对红军进行第四次“围剿”。5 月 16 日，他发表了《自述研究革命哲学经过的阶段》。6 月 6 日又发表《要抵抗日本帝国主义先要抵抗日本武士道精神》，提出“力行哲学”。他说：“古往今来宇宙之间，只有一个行字才能创造一切。”因此，“行的哲学为唯一的人生哲学”。蒋介石之“行”字是孙中山的“知难行易”之消极发展，又将王阳明的“知行合之”、“致良知”等糅合进去。孙中山的“行”字有两个方面的含义：一是“以行求知”；二是“因知以进行”，“能知必能行”。孙中山所强调的是革命道理难以知晓，一旦明白应该力求实行。蒋介石的“所谓行，是天地间自然之理，是人生本能的天性”。他把“行”先天化、神秘化了。既然“行”是本性，“知”就不必去探求了，只要有先知先觉者指教后知者即可了。蒋介石说“行就是人生”，行的目的是“行仁”，“力行就是革命”。要“行”必须要有智、仁、勇三达德的革命精神，其原动力是“出乎大公，本乎至诚”，“行的极致就是杀身成仁”。总之，蒋介石“行”的哲学并没有什么深奥的哲理，只不过是他在搬弄中国传统哲学来蒙混过关，使之显得深奥无穷。实际上，其基本内容和目的就是要人们不辨真伪，盲目地跟随蒋介石，为其政权卖命，正如周恩来同志所指出的，“力行哲学，其中心是要人民于不知不识之中，盲目地服从，盲目地去执行”。①

蒋介石有时又把其哲学叫做“诚的哲学”，其“诚”就是王阳明“致良知”的翻版。他说诚“起于心意，而著于事物”，“诚就是一切事业的原动力”，“诚是修己治人的根本”。又说“诚则无物”。总之，人们对任何事物——对于蒋介石统治当然不例外，只有一个“诚”字就行了，有了“诚”字作原动力，就像虔诚的宗教教徒一样，

① 《周恩来选集》上卷，人民出版社 1980 年版，第 146 页。

就会有了用之不竭的原动力，就敢于向最危险的方向去“实干、硬干、快干”，“不成功，便成仁”。如同“力行哲学”一样，“诚”的哲学同样是要求人民不要怀疑蒋介石的统治，只管为其效命就行了。这同样是一种地道的愚民哲学。

封建的伦理政治是蒋介石法西斯主义的政治哲学。蒋介石主要以儒家经典《大学》和《中庸》为思想统治的工具。蒋介石自称继承了尧舜孔孟以来的道统，他给自己的部属亲自讲授“《大学》之道”和“《中庸》之要旨”，尤其推崇《大学》，视其为修已治人的法宝，说“《大学》为古今中外最精微博大完美高尚之政治哲学”。蒋介石将《大学》概括为“三个纲领”（在明明德，在亲民，在止于至善）、八个项目（格物、致知、诚意、正心、修身、齐家、治国、平天下）。蒋介石在极力推崇《大学》之道后，把孙中山先生的三民主义曲解为《大学》之道的现代翻版，而且用封建的政治学说、伦理学说为其法西斯主义制造理论依据。

（二）蒋介石法西斯主义的特点

一般来说，法西斯主义产生于帝国主义国家，是帝国主义国家中的垄断资产阶级鼓吹的一种专制独裁的理论体系。帝国主义的法西斯主义为了维护垄断资产阶级的专制独裁统治，完全抛弃了资产阶级民主制度，公开实行反动的极权统治，血腥镇压进步力量，竭力宣传种族主义，疯狂推行对外扩张。中国是一个半殖民地半封建的国家，蒋介石政权的阶级基础是城市买办阶级和乡村豪绅阶级。在这样一个国情和以这样的阶级基础为条件所产生的法西斯主义，就不能不带有不同于一般法西斯主义的某些特点。封建性、买办性和欺骗性是蒋介石法西斯主义的基本特点。

第一，传统性。首先，蒋介石法西斯主义渗透着中国古代专制主义的政治思想。例如关于国家观，蒋介石根据法西斯的“国家是伦理的、绝对的、统一的、万能的精神实体”这一说法，声称“国家是一个有生命的超乎一切的集体组织。他的全部机构,就是一个完整的生命体,每个国民就是构成这个生命体的细胞”[①]。所以,人民只有尽义务而无权利,民主是国家的敌人。尽管蒋介石不称皇帝,不自称朕,但实际上地位与皇帝无异,他个人具有至高无上的权力(当然其行使权力的地域有限),其手谕就是圣旨,就是法律。尽管南京政府有一些形式上的法律,但它没有能够起到束缚蒋介石的作用,蒋介石的统治可以说是封建专制主义的现代版。其次,蒋介石法西斯主义的封建性还表现在对封建思想的继承上,特别是在伦理思想和教育思想方面反映得最为明显。他提倡恢复所谓中国固有文化、传统思想,提倡读经,竭力倡导忠孝仁爱、“四维”(礼义廉耻)、“八德”(忠孝仁爱信义和平)的封建思想。另外,蒋介石法西斯主义统治的组织形式,在基层沿用的仍是封建时代的保甲制、家族制。

第二,买办性。帝国主义的法西斯主义的一个基本特征是扩张主义或民族侵略主义,但在半殖民地的中国,大地主大资产阶级的法西斯主义不仅无力对外扩张,而且还在政治上严重依附于帝国主义。在抗战前,蒋介石法西斯主义的买办性突出表现在“攘外必先安内”的反动政策上,对日本侵略妥协退让,并把中国收复失土寄希望于未来的第二次世界大战,不敢与日本帝国主义正面交锋。抗战初期,蒋介石是抗战的,但也随时准备妥协,表现为抗日的动摇性与妥协性。同时它还体现在南京政府在政治、经济等方面对英美资本主义国家的严重依赖上。

第三,欺骗性。蒋介石深知孙中山先生在中国人民心中有着崇高的地位,所以虽然他十分欣赏法西斯主义,但他却不敢公开抛弃孙先生亲手制定的三民主义,不主张公开提“三民主义法西斯”的口号,而赞赏“三民主义之复兴”、“三民主义为体,法西斯主义为

① 蒋介石:《中国魂》,1934 年 7 月 16 日。

用”的提法。这样,他悄悄地在孙中山先生三民主义中加进了法西斯主义货色。

四、抗战时期蒋介石法西斯主义的系统化

从1927年南京国民政府建立到抗战爆发前,蒋介石虽然在一定程度上建立了独裁体制,但是蒋介石的地位并不稳定,其间有两次被迫下野,地方军事实力派和各派政治势力仍然经常向其挑战。但是抗日战争爆发后,由于抗战这个特殊环境,蒋介石独裁统治大大加强了,以蒋介石为中心的独裁体制,才较稳固地建立起来。与此相适应,蒋介石法西斯主义思想体系也随之系统化、完整化。

(一)战时蒋介石法西斯主义理论之发展

随着抗战的发生,国际国内形势发生了变化。蒋介石法西斯主义理论不仅其核心“一个主义、一个政党、一个领袖”更加系统和完备,而且其他方面也有所发展。这主要表现在以下几个方面:

第一,力行哲学。1939年3月15日蒋介石发表了《行的道理》。在这篇演讲词中,他阐述了行的性质、行的目的、行的要求、行的意义、行的原动力、行的法则,罗致了一个“行”的哲学体系。其核心仍是良知、良能、成功、成仁的说教,再加上若干唯心主义的神秘理论色彩,继续要求人民盲目地为其统治卖命,把愚民哲学发展到了极致。

第二,宣扬封建的伦理政治学说。1939年3月21日,蒋介石发表了《政治的道理》的演讲。在这篇演讲中,他把政治的要旨归纳为“政治以人为本”,“政治就是人对人的关系”;人对人关系的准则就是仁,“仁者,人道,人性也”。人道、人性要求“在君臣、父子、夫妇、兄弟、朋友之间,人人做到忠、孝、仁、爱、信、义、和、平;做到智仁勇”。而共产党“以人为物,为机器牛马的共产唯物主义”与他

人政治“绝不相容”。

从上面叙述中可以看出，在国民党和国民政府内部，蒋介石的绝对权威已经树立。战时蒋介石“行”的哲学和封建的伦理政治思想主要已不是针对国民政府内部不同派系而发，而是试图从哲学上，从中国的历史、中国的传统政治思想中，铲除共产主义存在和发展的理由。

第三，宣扬“国家至上”、“民族至上”，发起国民精神总动员运动。1939年3月，蒋介石在国民政府国防委员会下设立国民精神总动员会，由蒋介石亲任会长，制定和公布了《国民精神总动员纲领》及《国民精神总动员实施办法》，发起国民精神总动员运动，打着抗战的旗帜，继续贩卖其封建的法西斯主义。《实施办法》规定全国各省（市）、县都要设立国民精神总动员委员会。其任务是：宣传与指训、训练与改造、督促与考核、研究与推动，使国民精神总动员得以顺利开展。《实施办法》规定，国民以同业公会、学校、机关为单位，组织国民月会，每月按时活动。其主要内容有：(1)宣誓，由主持人领读《国民公约》；(2)讲解《国民精神总动员纲领》；(3)配合新生活运动，对国民进行社会纪律化、国防科学化、生活现代化“三化”教育。

体现国民精神总动员运动主旨的是《国民精神总动员纲领》。《纲领》指出：“所谓国民精神总动员者，自其字义言之，则在个人为集中一切意识思维智慧与精神力量于一个方面，而提高使用之，在国民全体集中一切年龄职业思想生活各个不同的国民的精神力量于一个目标，而共同鼓舞以增进之，整个调节以发挥之，确定组织之中心，以增强发挥之效率者也。”它还指出：“今日中国而言国民精神总动员，则涵义应为集结全国国民之精神于简单共同之目标，使全国国民对自身皆确立同一救国道德，对国家皆坚定同一的建国信仰，而国民每一分子皆得根据同一的道德观念同一的信仰而奋斗牺牲也。”

国民精神总动员运动的内容与实质主要有：

《纲领》规定了国民精神总动员的共同目标是："(1)国家至上民族至上，(2)军事第一胜利第一，(3)意志集中力量集中。"从原则上说，上述三个共同目标在大敌当前、打败日本帝国主义方面是正确的，但问题在于应该如何解释。蒋介石借助于抗日的名义，在上述三个共同目标中塞进了其法西斯主义思想。所谓"国家至上民族至上"，就是"必须认定国家民族之利益应高于一切，在国家民族之前，应牺牲一切私见私心，乃至牺牲个人自由与生命亦非所恤"。蒋介石所言国家、民族非对全国各民族而言，而是指他的国民政府，也就要求全国人民无条件地奉蒋介石统治为最高权威。所谓"军事第一，胜利第一"，就是要"国民一切之思想行动，均应绝对受国家民族利益之支配"，以蒋介石一党一派的利益为准则。他们要抗战，又要灭共，将民生与抗战对立起来，鼓吹要抗战胜利必须牺牲民主，借口军事需要，用军事压政治，置政治于军事统治之下。敌后抗日根据地和人民抗日武装的发展，不符合其私利，所以就不惜以军事消灭之。所谓"意志集中力量集中"，就是"要求全体国民的思想，绝对统一集中于国家至上民族至上与军事第一胜利第一两义之下，不容其它分歧与怀疑，不容作其它之空想空论"。这实际上是要求全国人民皆以其意志为意志，一切意志集中于其政治集团，从而达到服从其统治、统一思想的目标。

鼓吹"救国之道德"与"建国之信仰"。所谓"救国之道德"就是蒋介石历来所鼓吹的"忠孝仁义信爱和平"，并认为这八德之中，最为重要的是忠、孝二德。所谓忠，"须忠于国家，忠于国家实即所以保我民族之生存与发展"。蒋介石要求"全国同胞务必""对国家尽其至忠，对民族行其大孝"，实际上是要求全国人民对国民党即对蒋介石"竭忠尽孝"。

鼓吹"精神之改造"。《纲领》列举了"醉生梦死之生活必须改正"、"奋发蓬勃之精神必须养成"、"苟且偷生之习性必须革除"、

"自私自利之企图必须打破"、"纷歧错杂之思想必须纠正"等条目，实际上蒋介石"精神之改造"的重点并不在于改变腐朽偷生的生活，关键在于"纷歧错杂之思想必须纠正"，也即共产主义思想必须要抛弃。蒋介石要求国民的一切思想和行动，不能"违反国民革命最高原则之三民主义"，不能"鼓吹超越民族之理想与损害国家绝对性之言论"，不能"破坏军政军令及行政系统之统一"，不能"利用抗战形势以造成国家民族利益以外之任何企图"。由此可以很清楚地看出，蒋介石所要纠正的错误思想是马克思的共产主义和资产阶级的自由民主主义。

反共是国民精神总动员运动的目的之一，但不能否认它还有抗日的一面。国民精神总动员运动也是对日本政府政治诱降的否定回答，在一定程度上有利于对于抵制日本侵略者从精神意志上摧垮中国抗战力量的企图，在一定程度上鼓舞了全国人民的抗日决心和斗志。但国民精神总动员运动这些正面积极作用并不能掩盖其反共反人民的企图，因而也是蒋介石封建法西斯主义的一个组成部分。

篡改三民主义体系。1939 年 5 月，蒋介石作了《三民主义之体系及其实行程序》的演讲，借研究三民主义，阐述其封建法西斯理论。该文极力发挥孙中山思想中的消极成分，抛弃革命精神和内容，使之成为服务于法西斯的工具。蒋介石说："最近我研究三民主义，荟萃总理关于革命建国的各种方略和遗教，贯穿起来，拟定一个三民主义体系及其实施程序表。我认为这一张表，可以把三民主义的原理和内容，以及实现主义所必要的革命原动力和革命方略，乃至达成最终目的所必经的国民革命程序，包括无遗。"在这个演讲中，蒋介石不像在国民会议上公开打出中国要搞法西斯主义的旗号，而是把法西斯主义中国化了。蒋介石把三民主义列一个表，大致可以分为六个部分："(1)是三民主义的原理——就是总理思想的出发点，亦是三民主义的哲学基础；(2)是主义本身；

(3)是革命的原动力;(4)是革命的方略;(5)是革命实行的程序;(6)是最后的目的——就是三民主义的实现与国民革命的完成。"

关于民生哲学。民生史观是三民主义的理论基础,它承认人类为了生存而进行改造世界的物质活动,决定社会的面貌和进程。民生史观虽表现了孙中山先生关心民瘼的精神,但它是离开社会物质资料生产方式去空谈民生,只能是空想。而蒋介石却对此极力吹捧。他说中外哲学史只有两种最有力的学派,一是唯心史观,一是唯物史观,认为前者偏重精神,而后者专重物质,均有偏废,而唯有孙中山的民生哲学,精神与物质并存,真正说明了人生的全部和历史的真实意义。

关于"主义"。蒋介石说孙中山从民生哲学出发创造了完美的三民主义,三民主义克服了民主主义和共产主义的缺点,唯有三民主义,以"公"字为出发点,能"涵盖一切","无丝毫偏颇",并给三民主义以情、法、理作注解。他说"感情、纪律、理性,这三个东西是维系人类生存进化,所缺一不可的",并说"依照三民主义,在民族主义方面说,人类感情中最值得重视的一种感情是民族的感情";"就民权来说,人类组织的最高法纪,是全民政治——即民权主义政治;要规定各国国民的义务和权利,就全靠法制和纪律来作平准的标尺";"就民生主义来说,人类生活中最合理的方式,是一切人民经济平等,无互相压迫榨取之事,而且要使社会上大多数利益相调和"。总之,按照蒋介石的解释,民族主义成了"人类天然具有的感性",民权主义就是法治与纪律,民生主义就是协调公私经济。这样,孙中山先生三民主义的革命精神和内容完全被抽去一空,使之极适合蒋介石的法西斯独裁统治。

关于革命的动力。蒋介石认为"诚"是革命的原动力。他说:"诚字之意义,则是'择善固执,贯彻始终'的意思。因为唯有诚乃能尽己之性,尽人之性、尽物之性;唯有诚乃为物之始终,乃能一往无前,贯彻到底;唯有诚乃能创造,能奋斗,能牺牲。"所以诚是革命的原动力，也就是要人民无条件地跟随他，为其卖命。

关于方略。蒋介石突出“党”字，党是“实行革命的总机关”，一切革命力量，革命行动，都需要从这个机关里放射出来”。所以必须要以党治国，“以党来管理一切，由党来负此责任”。而国民党的总裁是蒋介石，所以治国也就必须由蒋介石负责了。

关于革命程序。蒋介石把军政、训政、宪政三个时期具体化，认为抗战时“应该以军政时期为本，而同时加紧训政时期工作”，故意混淆军政时期和训政时期的界限，并企图由训政倒回到军政。同时，蒋介石还对训政内容作了具体规定，认为它“应该包含五项建设，就是：(1)心理建设；(2)伦理建设；(3)社会建设；(4)政治建设；(5)经济建设。心理建设就是国民精神建设，就是力行哲学；伦理建设就是封建的伦理道德建设，要人们按照封建的五伦，建立人与人之间的关系；社会建设就是加强封建的保甲制度；政治建设是“以建国大纲为建设的法典，以民政、财政、教育、建设、军事各种业务”为内容；经济建设名为实行孙中山的实业计划，实际上主要是用来维护大地主大资产阶级的利益。

关于目的，就是建国完成，世界大同，中国进入宪政时期，实施宪法之治，成立国民大会，选举政府。

总之，蒋介石《三民主义之体系及其实行程序》较系统地发展了其法西斯主义思想，并为之设计了实现的道路。孙中山先生的三民主义被蒋介石修改成了地道的封建的法西斯主义。

(二)《中国之命运》和蒋介石法西斯主义理论的系统化

1.《中国之命运》出台的背景

《中国之命运》是国民政府抗战中后期及抗战结束后的建国纲领。1938 年国民党临时全国代表大会曾制定了《抗战建国纲领》，虽然它也阐述了政治、经济、文化等方面的改革和措施，但都是为抗战服务的。抗战后应建立一个什么样的国家，它没有进行深入论述,特别是对于国共关系,《纲领》只字未提,但这个问题毕竟是战后要解决的头等问题。1943年,世界反法西斯战争形势发生了重大转折,太平洋战争爆发后,英美与蒋介石被绑在同一驾战车上。1942年、1943年苏联和盟军在各自战场开始反攻,法西斯国家失败已成定局,抗战胜利只是一个时间问题了。经过中国共产党的艰苦奋斗,各抗日根据地又渡过了最艰难的时期,革命势力有很大的发展,这使得国民党日益不安。1943年1月,英美放弃了在华特权,不平等条约被废除。在蒋介石看来,现在是认真考虑战后应该建立一个什么国家、如何处理国共关系的时候了。于是,在这种背景之下,1943年3月12日,蒋介石发表了《中国之命运》。

2.《中国之命运》的内容

《中国之命运》共分八章:第一章:中华民族的成长与发达;第二章:国耻的由来与革命的起源;第三章:不平等条约影响之深刻化;第四章:由北伐到抗战;第五章:平等互惠新约的内容及今后建国工作之重心;第六章:革命建国的根本问题;第七章:中国革命建国的动脉及其命运决定的关头;第八章:中国的命运与世界的前途;最后为绪论。洋洋洒洒十余万言。该文全面阐述了国民党及其政府的政治、经济、文化、外交方针政策。其一出版,国民党官方通讯社马上发表消息。国民党方面称《中国之命运》是"我民族领袖蒋委员长的名言谠论,指示今后建国的重点","对于目前中国问题确定最高指导原则",国民政府并将其作为中小学生和国民的必读书,应人手一册,随时研读。

概括起来,《中国之命运》有如下几点内容:

第一,歪曲中华民族历史,宣扬法西斯主义的血统论和封建道德。它认为"我们中华民族是多数宗族融合而成的",各宗族之间主要是血缘关系。"四海之内,各地的宗族,若非同源于一个始祖,即是相结以累世的婚姻",中华民族是"同一血统"的"大小宗支",所以中华民族"实同为一个民族,亦同为一个体系之一个种族"。

这样就抹杀了中国的多民族组成的特点。蒋介石认为,中华民族之所以能够成长发达,在于传统的封建道德。他说:“至于各宗族历史上共同命运之造成,则由于我们中国固有的德性。”这个德性就是“四维”——礼、义、廉、耻和“八德”——忠、孝、仁、爱、信、义、和、平。近代中国之所以落后了,是因为中国这些传统美德丧失了。

第二,歪曲中国近百年来的中国革命历史,攻击共产主义和资产阶级民主主义是不平等条约带来的产物,鼓吹封建复古主义,反对自由主义和共产主义。蒋介石指出,“五四”以后,自由主义与共产主义思想流行国内,它们“对于中国文化,都是只求其变而不知其常的”。对外国学说“各仿一国,各宗一派,因而各立门户,入主出奴”。这些思想和主张,“在客观上是与我民族心理和性情,根本不能相应的;而在主观上更并无什么根,不过是人云亦云,所以不能跟”;所以只能是“自误误人”。自由主义与共产主义之争“不外英美思想与苏俄思想的对立。这些学说和政论,不仅不切于中国的国计民生,违反了中国固有的文化精神,而且根本忘记了他是一个中国人,失去了要为中国而学亦要为中国而用的立场”①。同时,蒋介石极力鼓吹封建复古主义,极力颂扬中国封建的社会组织和社会风气。他说:“中国固有的社会组织,在血统方面,由身而家而族;在地域方面,由家族而保甲而乡社。”到了有清一代,“建国规模的宏远,政制法令的精密,犹能远绍汉唐余绪,实可以超越宋明,更为元代所不及”。这些封建文化如果能够持续下去,“中国必能与欧美现代各国并驾齐驱”。至于社会风气,他说:“先圣先贤所终身倡导和致力不倦的大业”形成了“精诚笃实,勤劳俭朴,崇礼尚义,明廉知耻”和“崇拜英雄,尚友古人”的风气。蒋介石还极力美化中国古代的道德伦理。他说:“我们中国古来的伦理哲学,对于

---

① 蒋介石:《中国之命运》,正中书局1944年版,第73页。

人类社会相系相维之道，有详密精深的研究。社会的组织虽有不断的演进，而父子、夫妇、兄弟、朋友之道，上下尊卑，男女长幼之序，乃至邻里相恤，疾病相助，实为社会生活不变的常理。”

第三，歪曲国共合作的历史和现实，诬蔑中国共产党是国民革命和抗战的破坏者，并准备消灭中国共产党及其领导的军队和根据地，制定了一个杀气腾腾的反共反人民的行动计划。蒋介石说，在北伐战争中，中共和汪精卫勾结，“在中国国民党及国民革命军中积极的进行分化工作”，“使中国国民党的基础几于破坏，国民革命的生命几至于绝灭”。他攻击共产党对国民党内部“挑起了左右派系冲突”，而对于一般国民与社会之间“煽动社会革命分子阶级斗争”，“复于民国二十到二十五年之间，赣南湘东及皖西豫南鄂西川陕各地，兵连祸结”。蒋介石完全否认有国共合作，认为只是中共以个人名义加入国民党，对孙中山先生“联俄，联共，扶助农工”三大政策绝口不提。接着蒋介石就宣布了他的反共计划。他说从前中国的命运在外交，今后中国的命运则在于内政，“中国今后的命运乃就要决之于国内政治之是否统一，与国力之能否集中的一点上”；“如果我国内政能统一，国力能集中，而全国国民再能加以一致努力，共同奋斗，则中国的命运，就归纳为‘精诚团结，奉公守法’八个字，如此中国的命运为独立，为自由。否则就是‘诈欺虚伪，毁法乱行’八个字，仍如过去之封建军阀武力割据，破坏统一，妨碍建设，则中国的命运为衰落，为灭亡”。他说：“在这个军政和训政时期之中，无论用何名义，或何种策略，甚至于组织武力，割据地方，这种行动，不是军阀，至少亦不能不说是封建。”①他认为：“这样的集团组织名为抗战，其实是破坏革命，名为爱国，其实是害国。”并威胁说：“那就是无论怎样宽大，决不会发生什么效果，亦找不出有什么合理的方法。”还声称，中国命运的决定“不出于这二年

---

① 蒋介石：《中国之命运》，正中书局 1944 年版，第 119 页。

之中”。换言之，他就要在这两年之中消灭中国共产党。

第四，系统阐述国民党“建国方略”，鼓吹封建的法西斯主义理论。在《中国之命运》中，蒋介石发挥了《三民主义之体系及其实行程序》的思想，阐述了所谓“建国方略”。他说：“建国的基本工作，在于教育、军事与经济的合一，而求基本工作的完成，又必须就心理建设、伦理建设、社会建设、政治建设与经济建设五个要目，制定周详的方案，而使之实践力行。”所谓五大建设基本与《三民主义之体系及其实行程序》中所论相同，并重弹了法西斯主义的老调。这表现在：首先，鼓吹愚民哲学。他说：“国民只须遵循主义，按着方略，顺着成功的路线，穷理致知，实践力行。”其次，反对民主政治和思想自由，鼓吹专制制度。他说：“我们中国国体虽久为君主，而民本民治的精神，实贯注于民间。”他宣称中国人不是没有自由，而是自由太多，以至于形成了一片散沙。他说：“我们中国历代的政治，大抵对人民取宽大态度，人民纳了粮之外，几乎与官吏没有关系，中国人民老早就有了很大的自由，不须去争。”所以，他认为，中国不是缺乏民主自由，而是越出了“法定的界限”。因此，要建设“法治国家”，当以限制“散沙一样的个人自由”为前提。

第五，极力鼓吹“一个党、一个主义、一个领袖”的法西斯主义。蒋介石自视为中国命运的决定者，以蒋记三民主义为中国建国的唯一指导理论。他说：“如果今日的中国，没有了中国国民党，那就没有了中国。如果中国国民党，革命失败了，那亦就是中国国家整个的失败。简单地说，中国的命运，完全寄托于中国国民党。”他又说：“自国家有机体的生命上说，没有了三民主义，中国的建设工作，就失去了指导的原理。所以三民主义是国家的灵魂。”①

《中国之命运》可以被看作是国民党的建国的纲领性文件，是蒋介石封建法西斯主义理论系统化的标志，对抗战后期和战后国

① 蒋介石：《中国之命运》，正中书局1944年版，第182～183页。

内政治有着决定性影响。首先，它定下了武力解决共产党的调子，并在《中国之命运》发表后对中共采取了军事行动。其次，它阐述了反对中国共产党和资产阶级民主派的方针和目标。所以，《中国之命运》之发表实际上是在理论上和纲领上与中国共产党及资产阶级民主派彻底决裂，是一个反共反人民、反对一切民主进步力量的封建法西斯主义纲领。它坚持一个党、一个主义、一个领袖，把社会各阶级各阶层推向自己的反面，使自己越来越孤立，最终为中国人民所抛弃。

第三章　改组派的政治主张和各汉奸集团的卖国主义谬论

在国民党各派势力中，具有重要影响的政治派别，除了蒋介石集团外，还有汪精卫集团。汪精卫发动“七一五”政变后，与蒋介石集团展开了激烈的权力之争。在同蒋介石集团争权夺利的斗争中失利的汪精卫、陈公博、顾孟余等便写文章、办刊物，猛烈抨击蒋介石集团，赢得了一些具有民主思想的资产阶级、小资产阶级知识分子的拥护支持，形成改组派。他们不满蒋介石的军事独裁，既反共又反蒋。抗日战争时期，汪精卫、陈公博等投敌卖国，彻底抛弃了孙中山的革命三民主义，并把它篡改为汉奸卖国主义理论。大地主大资产阶级的政治代表除了执掌中央政权的、具有全国性影响的北洋军阀和国民党反动集团（包括蒋介石集团和汪精卫集团等）外，还有伪满洲国和抗日战争时期一些区域性的汉奸政权。这些汉奸政权也发表了反动的“建国”主张和荒谬的汉奸理论。

一、汪精卫、陈公博改组派的政治主张

(一)改组派的形成和活动

1. 改组派的形成

国民党改组派的正式名称是“中国国民党改组同志会”。在“改组织同志会”成立之前,已出现“改组派”的称呼,如改组派成员之一的萧淑宇在《革命评论》第13期上发了《如何实行党的改组——答楚同先生》一文,将“改组派”与“统治派”、“再造派”、“第三党”并称。后因蒋介石在北平的讲演中大骂改组派,使这一称呼广泛流行起来。它是1928年至1931年1月期间中国国民党内产生的一个政治派别,是汪精卫集团和蒋介石集团争权夺利的产物,也是大地主大资产阶级与民族资产阶级矛盾的产物。

1927年“四一二”和“七一五”反革命政变后,南京的蒋介石集团和武汉的汪精卫集团展开了激烈的权力之争。蒋介石以“宁汉双方既已清共,应重归于好”为由,多次电促汪精卫等武汉方面要人“至宁柄政”,企图达到不动干戈而吞并武汉政权的目的。而汪精卫则想通过宁汉合并攫取大权,因而提出以蒋介石下野为离汉条件。蒋介石在内外逼迫下,以退为进,于8月13日通电下野。蒋介石下野后,9月5日汪精卫携徐谦、顾孟余、陈公博、朱培德等人抵宁,成立中国国民党特别委员会,代行国民党中央职权,这样宁、沪、汉三方政治势力暂得妥协。但是特委会的实权则落在沪派之手,汪精卫仅得一个国民政府常委的空衔,于是带领陈公博、顾孟余返回武汉,策动唐生智成立“武汉政治分会”,与南京的特别委员会对立。此外,汪派其他政治人物陈公博、王乐平、甘乃光等人南下广州,10月,汪精卫本人也抵广州,决定在广州成立国民党中央执监委员会和国民政府,与南京对抗。而恰在此时,中共在广州发动了起义。于是南京方面借此指责汪精卫与“共党勾结”，陈公博等人逃亡上海租界，汪精卫宣告引退，不久出国。正当宁、沪派争得不可开交时，11 月，蒋介石回国，重掌南京大权。1928 年 2 月，在宁召开国民党二届四中全会，声称要对国民政府和国民党进行彻底改造。会议选举蒋介石为军事委员会主席，并继续担任国民革命军总司令。会议还将陈公博、甘乃光等人开除出党。

但是，汪派分子并不自甘失败。汪精卫出国后，陈公博、顾孟余、王乐平等人，在上海以租界为掩护，以拥汪为旗帜，秘密策划反蒋活动。为此，他们首先制造改组国民党的舆论。1928 年 5 月，陈公博在《贡献》上发表了《国民革命的危机和我们的错误》一文，指出：“党至今已没有出路，各省对于中央，已成了割据的独立，党员对于中央，变成了涣散的自由。现在党内除了充满地方主义和个人主义之外，找不到三民主义、党纲、政策，中国国民党今日只有一条出路，就是‘党的改组’。”5 月 7 日，陈公博创办了《革命评论》；6 月 1 日，顾孟余主办了《前进》。他们利用这两个刊物宣传要民主、反独裁，改组国民党等主张，揭露国民党的腐败。这两个刊物一时间洛阳纸贵，其观点深得社会各界尤其是青年的赞同。特别是《革命评论》所造成的舆论及影响，使蒋介石寝食不安，于是迫使该刊于 1928 年 9 月停刊。《革命评论》虽然被停刊，但它在理论上、组织上为改组派的成立做了准备。陈公博、王法勤等在上海创办了大陆大学，大学于 1928 年 8 月 5 日和 23 日先后两次招生考试，开始为改组运动培养干部人才。1928 年冬，陈公博、顾孟余等人决定开会成立“中国国民党改组同志会”，总部由陈公博负责，下设三个部：总务，由王法勤、潘云超负责；组织，由王乐平、朱霁青负责；宣传，由陈公博、顾孟余负责；总负责人为陈公博。大会发表了《中国国民党改组同志会第一次全国代表大会宣言》，宣称：“中国国民革命业已中断，中国国民党业已没落”，“所以今日南京的中央，已成为一切反动势力的大本营”。“本会继承本党孙总理的革命精神，以至诚接受孙总理的全部遗教和第一、二次代表大会的纲领”，“集合革命同志，努力改组运动，各期重新建设能担负实现三民主义的中国国民党而已”。[①] 1929 年 1 月，陈公博去法国巴黎会晤汪精卫，向汪精卫报告改组派成立经过，并奉汪精卫为改组派领袖。

改组派成立后，立即派员到各省市去成立组织。先是利用国民党的各级组织发展工作，发展对象主要是这些组织的各级干部，以后，它还逐渐吸收被蒋介石开除出党的国民党党员、干部和知识分子，特别是青年知识分子。到 1929 年上半年，改组派已经在南京、北平、上海、天津等大中城市和江苏、安徽、浙江、江西、湖南、广东等 13 个省成立了支部，并且成立了海外支部。至此，改组派正式成立了，登上了与蒋介石争权夺利的政治舞台。

2. 改组派的活动

改组派成立之后进行了积极的活动，其规模之大、波及之广，为当时国民党政权内其他在野派所不及。他们除了发展组织、出版刊物、教育会员、宣传改组派主张、揭露蒋介石罪行外，主要有以下活动：

第一，反对国民党包办的第三次全国代表大会。1928 年 2 月国民党二届四中全会决定于次年召开第三次全国代表大会。10 月 25 日蒋介石操纵国民党中常委第 187 次会议，决定大会代表全部由指派和圈定产生。改组派利用这个机会，在国民党内掀起了一个反对指派圈定代表的运动。在改组派的策动下，国民党各级党部、改组派各级组织和负责人，纷纷著文、演说、集会、发传单、作决议，痛斥国民党中央这一非法决议，反对蒋介石包办三全大会。然而改组派的一切抗议，都无济于事，1929 年 3 月 15 日中国国民党第三次全国代表大会如期召开。大会代表 77% 以上为指派和

① 《国闻周报》卷五，第 30 期《一周间国内大事述译》(1928 年 8 月 15 日)。

圈定者，会议还通过了一系列决议，打击非蒋派，如把李宗仁、白崇禧、李济深、陈公博、甘乃光等开除党籍，汪精卫被给予书面警告处分。改组派与蒋介石初次交锋失败后，走上了联合各地新军阀，进行军事倒蒋的活动。

第二，第一次军事倒蒋和溧阳暴动。1928 年 6 月，蒋介石北伐告一段落以后，为实现其军事独裁，先后两次召开"编遣会议"，企图借编遣之名消灭异己军事力量，因此引起各地军阀的强烈反对。于是在北方，阎锡山、冯玉祥逐渐结成反蒋联盟，唐生智、朱培德、孙良诚等也加入了这个反蒋联盟。在南方，以桂系为中心，两广、四川、云南、贵州等地方实力派也日益结合，和北方军阀互相策应反蒋。在此形势下，汪精卫急忙从国外回到香港，1929 年 9 月 24 日，汪精卫在香港与陈公博等人公开发表讨蒋宣言，以配合早在 5 月间冯玉祥的通电反蒋，东进河南的行动。汪精卫还派驻在湖北宜昌一带的张发奎第四军，一面打出"拥汪反蒋"的旗号，一面申言派兵沿江东下，进攻武汉，配合冯玉祥军事行动。而改组派自己则在溧阳和南京地区同时暴动，以为策应，但是很快就失败了。

第三，第二次军事倒蒋。第一次军事倒蒋失败后，汪精卫又同张发奎和李宗仁联合，组成"护党救国军"向广东进攻；让驻郑州的唐生智通电反蒋，并南下武汉；让驻蚌埠的石友三进驻浦口，炮击南京。但蒋介石由于拉拢阎锡山成功，从而得以大败唐生智，同时派人拉拢张学良，并诱使石友三倒戈反汪，这样第二次军事倒蒋又失败。

第四，参与中原大战，召开北平扩大会议。第二次军事倒蒋后，冯、阎、李很快联合起来，准备共同反蒋，并派代表到香港劝说汪精卫到北平主持大计，组织政府，这样汪精卫已获得了反蒋军事上的同盟，冯、阎、桂也获得了反蒋政治上的旗帜。正当中原大战互相厮杀过程中，1930 年 8 月 7 日，在汪精卫主持下，北平的国民党中央党部扩大会议开幕。但正在会议紧锣密鼓非常热闹的时候，前线讨蒋军事形势出现逆转，由于阎冯军内部的矛盾和石友三倒戈，冯阎军由主动变为被动，节节败退。桂军在湖南也遭重创，被迫退回广西。而在关键时刻，一直在观望的张学良通电拥蒋，拥兵入关，中原大战结束，各派政客也作鸟兽散，政治扩大会议转至太原召开，通过了一个《宪法草案》而匆匆解散，汪精卫已经由天津转去香港。

第五，广州非常会议。汪精卫到达香港后，于1931年1月宣布解散改组派。此时由于约法之争，各派反蒋势力再度会集广州，筹备召开非常会议与中央对抗。会议于1931年5月召开，汪精卫当选为国民政府主席，并准备北伐。而不久"九一八"事变发生，在全国舆论压力下，广州国民政府解散，蒋介石下野。10月开始粤宁和谈。经过一番讨价还价，1932年1月28日蒋介石出任国民党军事委员会委员长，汪精卫任行政院长，蒋汪实现了合作，改组派的活动也就宣告停止。

(二)改组派的政治主张

第一，反对"腐化势力"，反对蒋介石独裁。

改组派宣称："北伐胜利后，党中腐化分子及投机分子以为地盘已得，遂避难就易，抛弃本党主义，违反民众要求，吸引党外反动势力，以明分北洋军阀手中夺来之政权。至人民之权力，则一无所获，生命财产及自由，毫无保障，一与北洋军阀时代无异。政治集于官僚，人民不得参与，亦与北洋军阀时代毫无不同。"[①]他们所指的"腐化分子"系指南京政府中的无政府派、西山会议派以及北洋军阀钻进南京政权中的一些政客。他们把持各级党部，使国民党内充满了"左倾、右倾、腐倾、恶倾"。"整个的国民党早已破碎不完全"，"已被军阀、官僚、政客、买办、劣绅、土豪所侵蚀、盘踞、盗窃、

① 《汪精卫等关于最近党务之宣言》，1929年3月11日。

把持……今日南京的中央,已成为一切反动势力的大本营,对帝国主义是投降,对封建主义是屈服,我们只见几个相互矛盾的封建军事集团,只见依附于封建军阀的官僚买办和土劣……再不见三民主义的实行”。[①] 改组派把蒋介石指认为破坏国民党的罪魁,号召“要救党只有先打倒蒋介石”[②]。

改组派认为蒋介石为首的国民政府和国民党中央,践踏了国民党的民主精神,独裁代替了民主,指派代替了选举;中央党部和地方党部均为一切特殊势力和特殊人物所控制。蒋介石是“挂了国民党的招牌,冒了国民革命的名义,堂皇冠冕地去干他个人的勾当”[③]。所以南京的国民党中央必须改组。

第二,恢复“十三年改组精神”。

既然国民党已经腐朽不堪,必须改组,但如何改呢? 这就是“恢复十三年改组精神,改组国民党”。汪、陈等提出“恢复十三年改组精神”的真实意图,是要恢复汪精卫在孙中山逝世前后在国民党中的领袖地位。“十三年改组精神”,本来其核心是“联俄,联共,扶助农工”,但汪精卫、陈公博却对这个精神极力歪曲,从而从根本上违背了“十三年改组精神”。首先,改组派不承认国民党有过联共的政策。他们说“十三年改组精神”中只有“容共”,并无“联共”,所谓“三大政策”是中共伪造的。其次,改组派认为十三年改组,“联俄的确是当日的一种精神”,但他们又说现在的苏联和第三国际已经是“另一个支配中国的反动势力,与帝国主义妨害国民党则无异”[④],所以现在联俄是要不得的。最后,改组派认为扶助农工是“十三年国民党改组的第一个精神”,可是南京政府中的一些人

---

① 陈公博:《今后的国民党》,载《革命评论》第1期。

② 查建瑜:《国民党改组派资料选编》,湖南人民出版社1986年版,第134页。

③ 《汪精卫等关于最近党务之宣言》,1929年3月11日。

④ 陈公博:《今后的国民党》,载《革命评论》第1期。

害怕群众运动，更进而停止群众运动，结果使“现在国民党不但离开民众，连党众都离开了”。所以，只有坚持扶助农工，恢复工农运动，才能恢复党的民众基础。但实际上，改组派也同样害怕民众运动。

第三，“提高党的权威，实行党的专政”。

改组派说，当时的国民党没有一点权威，党没有权威，就不可能有严密的党组织，结果造成“党外多党，党内多派”的局面，国民党成了“互相矛盾的封建的军事集团”，各个集团中的分子，心目中没有党，只有其主人——地方封建割据的头目，一切以其头目之是为是，无国法党纪可言。所以所谓“军政统一”、“以党治军”、“以党治国”根本不可能。

为了达到“提高党的权威，实行党的专政”的目的，至少要实行以下措施：(1)严密党的组织，森严党的纪律。他们认为一个党要有力量，就必须有此二者。但是，北伐以后的国民党混进了许多“伪革命”、“反革命”和“腐化分子”，因此“党的组织由散漫而解体，党的威信由低落而丧失，党的纪律由豆腐而化水浆，党的生命由病态转剧而奄奄一息”。[①] 他们提出：严令党员限期解散各小组，违者予以最严厉的处罚；开除违背三民主义和国民党政纲的小组织的祸首；今后不允许党员有政治性的团体组织；自中央党部至分部负责人，须严厉执行党的纪律，违者受纪律制裁。(2)实现“党的民主化”，反对“少数人的独裁”。他们指出，1924 年国民党改组时确定组织原则为民主集权制。但是，这个原则却被南京国民党蒋介石践踏了。蒋介石篡夺党权政权，“假冒党的名义”号召一切，实行独裁，变成了“蒋独裁”、“蒋天子”、“蒋皇帝”，使“本党陷于死亡，革命濒于失败”。因而，改组派提出，改组国民党的首要任务是恢复国民党的民主精神，号召“打倒盗窃党权政权的蒋介石”，“掩护民

---

① 《统一小组织问题》，载《革命评论》第 9 期。

主主义势力发展”。[1]（3）必须取消“政治分会”。实际上，改组派曾两次运用政治分会名义，反对国民党中央特别委员会，失败后，又幻想用非常会议或扩大会议与蒋介石争斗。其实，取消政治分会是改组派的幻想。国民党中各派，向来是以武力大小分得大小不等的权益。有武力者依赖武力，无武力者只得依附某一派军阀，而各政治分会都是有强大武力做后盾的，绝不可能因改组派要求解散就解散了。政治分会后来被取消是由于特殊的形势造成的。

第四，坚持所谓“三民主义的革命”，要求肃清军阀割据。

改组派认为：“三民主义的国民革命，是中国此时客观环境的需要。”[2]说“本党的改组精神，在于认定三民主义为不二法门，欲求三民主义能实现于中国，则不能不使三民主义能普及于民众”[3]。改组派指责蒋介石把孙中山的三民主义变成了复古的封建主义，而中共的共产主义也不适合中国的需要。其实，蒋记三民主义已成为封建的法西斯主义，而改组派的三民主义，如前所述也完全抽去了孙中山先生三民主义的革命精神，同样是对孙中山先生的背叛。

第五，坚持反对中国共产党。

武汉分共后，汪精卫一再表示“深疚于对共贼制裁过迟”。为替他们背叛三民主义作辩护，他们把联共政策说成是“为应付时代和环境所取的一种政策”，“时代与环境变了，政策也随之变化”。所以“要继续肃清中国共产党”。改组派反对共产党的阶级斗争，他们还攻击共产党采用“曲解主义”、“利用民众”、“鼓吹派别”等手腕，“捣乱”国民革命。他们咒骂共产党的武装暴动是“杀人、放火、

---

① 磊：《倒蒋声中武装同志应有之觉悟》，载《左锋》第2期。

② 《汪精卫等关于最近党务之宣言》，1929年3月11日。

③ 陈公博：《五个问题的讨论》，载《革命评论》第4期。

掠财”，鼓吹国民党“最重要的任务，就是防共和剿共”。[①] 提出要“对其团体尽量反对，并严厉制止其活动”，“对其主义与政策尽量指责与批评”。[②]

第六，确定“革命”的外交，反对帝国主义和第三国际。

他们认为“帝国主义保障殖民地，决然妨害中国国民革命，第三国际为利用共产党夺取中国政权之故，也决然妨害中国国民革命”[③]。他们认为，中国不能自由平等，完全出于国际帝国主义的侵略和压迫，说“帝国主义不去，中国无法生存”。“反对帝国主义为民国十三年本党改组的主要纲领”，而南京国民党却违背了这个纲领，“对帝国主义俯首降服”。他们宣布反对帝国主义是改组派的“坚强的纲领”。他们提出：(1)积极反对英日帝国主义，因为在北伐战争中，英帝国主义曾联合美、法、日等帝国主义出兵干涉中国内政。1928年4月，制造了“南京惨案”，打死中国军民2000余人；5月，日本帝国主义又制造了“五三惨案”，打死中国军民6000余人。当时汪派人物曾发表不少控诉日本帝国主义暴行、抨击蒋介石妥协退让政策的文章和演说。(2)在不损害国家主权范围内，与各国建立邦交。(3)于适当时期，有条件地与苏俄恢复邦交。

(三)改组派评价

1. 改组派的性质和作用

由于改组派反对蒋介石专制独裁统治，要求“恢复十三年改组精神”，对外高唱反帝口号，所以一时间，形成很大的声势。改组派自己的主张有时互相矛盾，故对改组派的性质遂各执一说。改组派自称他们代表工农小资产阶级或小市民，是国民党内的左派；有

---

① 肖淑宇：《共产党暴动问题》，载《革命评论》第1期。

② 查建瑜：《国民党改组派资料选编》，湖南人民出版社1986年版，第78页。

③ 《国闻周报》卷五，第45期。

人认为改组派是民族资产阶级改良派;有人则认为它是一个代表大地主大资产阶级的反动派别。改组派不论在理论、政策上,还是在行动上,一贯反对工农,反对中国共产党。他们口头上反军阀,实际上,从成立到解散的整个过程中,它又先后联合国内当时主要新军阀集团,不承认中国有封建制度,否定土地改革的必要,所以,他们绝不像自己声称的一样,代表工农小资产阶级和小市民的利益,也不是资产阶级改良派。

改组派成员也应具体分析。其首脑如汪精卫、陈公博、顾孟余等,是地道的政客。但改组派中也确有一些衷心拥护孙中山先生三民主义的信徒,如王乐平,他们中一些人是自由资产阶级分子。改组派中的中下层分子,包括了一部分小资产阶级知识分子和青年学生,这部分人中有的曾经热烈欢迎或参加过革命,但是随着形势的发展,他们发生了分化。但是不论是改组派中的一部分自由资产阶级分子,还是一部分小资产阶级分子,他们都非改组派中的决定力量,左右不了改组派的全局,所以改组派是代表大地主大资产阶级利益的。尽管改组派也具有大地主大资产阶级性质,但是他们与蒋介石又有矛盾,他们为了与蒋介石争权夺利进行了激烈的斗争,在客观上揭露了蒋介石的独裁统治和腐化,在国民党内制造了较大分裂,削弱了蒋介石集团的统治力量。这对促使人们认识蒋介石的反动本质是有用的。同时也为中共的土地革命战争造成了一些有利的时机。但是,由于它的阶级本质和领导尽为汪精卫之流的政客所把持,所以他们不可能把反蒋斗争进行到底,纵使他们取得了胜利,也改变不了国民党的性质,依然还是实行反共反人民的专制独裁统治。

2. 改组派失败的原因

大致说来,改组派失败的原因有以下几点:第一,理论上的缺陷与分歧。改组派的失败与其理论上的先天缺陷有关。孙中山改组国民党,“联俄,联共,扶助农工”,这是一个有机的整体。改组派在继承孙中山改组思想的同时，把“联共”变成了“反共”。离开了共产党的联盟，他们不可能发动起最广泛的农工阶级。第二，他们的实际政治行动否认了其政治主张中的一些积极成分，不可能赢得人民群众的支持。第三，改组派不是一个健全的组织，内部矛盾重重，削弱了自身力量。汪精卫同顾孟余比较一致，属温和派；陈公博则属于激进派。汪精卫始终宣称自己不是改组同志会的成员，他只是个“精神领袖”；陈公博是改组派的实际负责人，他的思想成为改组派的主流意识。第四，他们手中没有军队，只能依靠其他军阀的武力支持，而蒋介石又对之实行了镇压和收买政策，从而使改组派内部更加分化，支持它的军阀也复左复右，它始终没有军事力量作支持，只能覆灭。

二、伪满洲国的“建国”主张

(一)伪政权出现的背景

日本自明治维新后即把“布国威于海外”定为国策，宣扬“征韩论”，妄图以朝鲜为跳板侵略中国。伴随着日本资本主义发展，其对中国的侵略野心越来越大，先是在1874年进攻台湾，继之发动甲午战争，强迫中国割地赔款。进入20世纪后，随着其国力的强盛，胃口越来越大，参与八国联军侵华，扶植袁世凯称帝，引诱其签订卖国的“二十一条”。一战结束后，又企图取代德国在山东的利益，阻挠中国军队，制造济南“五三惨案”。1927年，日本政府召开内阁会议，会后首相将会议精神写成一个文件，上奏天皇。在这份奏折中，日本公开宣称，“欲征服世界，必先征服中国”，“欲征服中国，必先征服满蒙”，准备首先把东北和内蒙古地区变成其殖民地，进而向华北进军，统治全中国。为达到这些目的，日本帝国主义于1931年发动了“九一八”事变，占领了沈阳，由于蒋介石的“不抵抗政策”,半年之内,整个东北沦入日本帝国主义之手。但是,由于美国在东北也拥有巨大利益,国际形势还不明朗,日本又不敢公开违背 1928 年巴黎《国际非战公约》。所以它虽有心吞并东北,但还不敢如此明目张胆,于是便利用退位的清王室,诱使溥仪复辟,建立一个伪政权,置之于自己卵翼之下。这样既满足了日本实际控制东北的利益,又在国际上造成中国自己要分裂中国、另建一个国家的印象,从而实现其以满蒙为基地,掠夺东北财富,为其全面侵华战争做准备的阴谋,于是有了伪满洲国的建立。

(二)伪满政权的建立

1911 年辛亥革命成功,清王朝被推翻,逊清皇帝溥仪仍旧生活在紫禁城,他周围都是满清的遗老遗少,仍然向其灌输帝王思想。1924 年冯玉祥北京政变后,溥仪被驱逐出宫,后来客居天津。由于生活环境的改变,溥仪思想也发生了很大的变化,倾向投靠日本,光复祖业,重建大清江山。日本帝国主义也利用溥仪这种心理,想方设法与溥仪接近,并向溥仪灌输中国混乱的根本原因在于群龙无首,没有皇帝的思想。在身边满清遗老遗少封建帝王思想的教育和日本的引诱下,溥仪待时以动,决心利用日本的力量,重新登上王位。

“九一八”事变后,溥仪更加跃跃欲试,关东军也决定起用溥仪,当天即电告天津日军把溥仪“保护”起来。此时溥仪的满清遗老如罗振玉积极奔走,策划溥仪“到祖宗发祥地主持大计,先据东北,再回关内”。日本关东军派特务头子土肥原赴天津活动,他表示“日本没有领土野心”,一切由“宣统皇帝完全作主”。当溥仪追问到底是什么国家时,土肥原答称:“当然是帝国。”于是溥仪答应去东北。在日军的策划下,溥仪于 11 月 10 日逃出天津,13 日到达营口,16 日又到旅顺。同年末,溥仪被移到旅顺肃亲王府。

1931 年末 1932 年初,日本决定要在“国联调查团”到达之前成立伪政权。为应付中国及国际舆论，日本要关东军务必做到伪政权在形式上是中国方面自发进行的，于是连续召开会议，于1932年1月22日确定了伪满的“建国”步骤，主要内容是：成立伪中央政务委员会，宣布与中国中央脱离，确定国号、国旗、宣言、人选分配和首都，等等。1932年2月5日到25日，关东军司令部连续召开10次所谓“建国幕僚会议”，加紧策划并具体制定建立伪满洲国的方案。2月16日，张景惠、熙洽、臧式毅、马占山等人则召开“建国会议”。经过关东军的策划和大小汉奸的争斗，在2月25日，伪满洲国的具体策划者板垣用“东北行政委员会”的名义发布了一个方案，对新国家作了以下具体规定：

(一)国名：满洲国。

(二)元首称号：执政。

(三)国旗：红蓝白黑满地黄五色旗。

(四)年号：大同。

(五)首都：长春，改称“新京”。

(六)“新国家”的政治：“民本主义。”

至此，日本帝国主义制造的伪满洲国真面目暴露无遗。这个方案出台以后，东北出现了各种各样的“请愿代表”，要求溥仪出来担任伪国“元首”。东北行政委员会又发起所谓“促进建国运动”，要求独立。由于溥仪的目的在恢复帝制，要当皇帝，而上述方案，却规定溥仪只能称“元首”，对此，溥仪甚为不快，但惧于关东军的压力，也只得接受。在关东军和大小汉奸的安排下，1932年2月18日，“东北行政委员会”发表宣言，宣称东北已脱离中国而“独立”，然后决定建立伪满洲国。3月1日，关东军假伪满洲国政府名义，发布一个“建国宣言”，正式宣布伪“满洲国”成立。3月9日，溥仪在长春举行“就职典礼”，正式登场。在担任两年“执政”后，1934年1月，他重登大室，成为所谓“满洲国”的“皇帝”。

(三)伪满的“王道政治”理论

从上文我们可以清楚地看出,伪满洲国是日本帝国主义和溥仪出于各自的目的相互勾结而建立的一个傀儡政权。在这个国家,溥仪虽名为“国家”最高统治者,实际上,无论政治、经济、文化、外交各方面的大权,完全操于日本帝国主义之手,溥仪只有执行的“权力”。溥仪借助日本恢复帝制,先占东北,再统一中国只能是一个空想,他只能在日本的军刀下做一个儿皇帝。

1931 年日本占领东北后,打出了“王道政治”的旗帜,将侵略铁蹄践踏下的东北美化成“王道乐土”的人间乐园。在日本侵略者的导演下,溥仪、郑孝胥等大肆宣扬“王道政治”理论。他们对“王道政治”的鼓吹,主要包括以下内容:其一,借用封建的天命观,张扬所谓的“顺天安民”。伪满颠倒黑白,把奉系军阀暴政、张学良顺应历史大势的“东北易帜”及中华民国政府的法统,乃至于中华民族反抗外来侵略的正义斗争,都当成是导致“天怒人怨”、“家破国亡”的罪魁祸首,将日本所扶植的傀儡伪满政权说成是中国满蒙地区“三千万民众之意向”①,以此证明伪满的合法性。其二,标榜“王道立国,实行道德仁爱”②的所谓仁政,夸饰伪满所实行的正是传统王道民本主义中的“爱民”与“保民”政治。同时又将“保民”的主体含义歪曲成“保境安民”,称“新国家有天然独立之资格,自古以来,即以保境安民为职志”。③ 图谋凭借武力威逼和借用对中国儒家文化“保民”思想的歪曲,把白山、黑水与三江平原从祖国神圣的完整版图上分裂出去。其三,盗用王道“内圣”之学,兜售所谓的

---

① 南霁光:《孔子礼教为满洲国建国之主旨》,载 1932 年 9 月 21 日《盛京时报》。

② 石丽珍、王志民:《伪满洲国史料》第十七编,国家图书馆文献复制中心 2002 年版,第 613 页。

③ 《新国家之特色》,载 1933 年 3 月 3 日《盛京时报》。

正己修身论。强迫伪满统治下的中国民众要对侵略者唯唯诺诺，在“责己而不责人”的基础上，“修养”到能服服帖帖作日伪血腥统治下的顺民而后止。其四，利用王道“外王”之学，侈谈“民族协和”与大同思想，谬称什么“外王之学，尤为广大，惟其以博爱为主，所以无种族、无国际，所谓万物并育而不相害，道并行而不相悖也”。[①] 究其本质，实际是日伪妄图利用儒家以文化划分民族而不是以血统来划分民族的传统民族观念的温和性与模糊性，淡化民族与国家的界线，腐蚀民众的抗日意识，为日本侵略者开脱罪责。

伪满洲国宣称它要实行所谓“民本主义”、“王道政治”，实际上，在日本帝国主义的控制下，东北实行的是地地道道的、残酷的封建法西斯主义。政治上，人民无丝毫权利可言，只能对日本帝国主义俯首称臣，任其压迫。经济上，日本在工业、农业、商业、林业、矿业等方面实行赤裸裸的掠夺，把东北变成了日本帝国主义侵略中国的一个原材料基地，人民生活在水深火热之中。文化上，实行奴化教育，强迫学生学习日语，宣扬所谓满日提携，并实行黄色教育，腐化人民的意志和心灵。外交上，一切大政方针必须惟日本人马首是瞻。伪满洲国的“建国”主张，就溥仪而言，是企图借日本人势力恢复帝制，实行专制统治；就日本而言，是利用溥仪的名号，以达其侵略中国的目的，实行法西斯专制。所以我们可以说溥仪等人的建国主张——实行帝制，在表面上部分实现了，但实际上是完全为日本人所利用，他只落得一个“满洲国”皇帝的空名号而已。

---

① 叶参、陈邦直编：《郑孝胥传》，满洲图书株式会社 1938 年版，第 65 页。

三、华北汉奸集团的“新民主义”

(一)华北伪政权之成立

在 1935 年日本策动“华北五省自治”时,殷汝耕就成立了“冀东防共自治政府”。1937 年 7 月底日军占领平津后,分别在两地成立了治安维持会,解散了冀察政务委员会,其后又在所谓“建设华北人的华北”、“打倒国民党专制”的口号下,在沦陷区大力网罗北洋政府的旧官僚、军阀、政客,加紧拼凑伪政权。1937 年 12 月 14 日,在北平成立了以王克敏为首的伪“中华民国临时政府”。伪临时政府下辖河北、河南、山东、山西四个省公署和平、津两市,以北平为首都,以北洋政府的五色旗为国旗、“卿云歌”为国歌。

伪临时政府成立后,12 月 24 日,日军华北方面军特务部又纠集汉奸在北平成立了与伪临时政府“表里一体”、“翼赞政府、指导民众”的“中华民国新民会”。该组织成为华北伪政权贩卖种种卖国谬论和从事欺骗性社会活动的总机关。该会会长由伪临时政府头子王克敏兼任,副会长为曾任伪满外交大臣的大汉奸张燕卿,其总部称中央指导部,中央指导部长总理会务,下设总务部、教化部、厚生部,缪斌任中央指导部部长。总部设于北平,下设省、市、道、县指导部,区办事处,并根据职业、民族、宗教之不同组织分会,伪新民会还发表了成立宣言、纲领、章程和会旗,正式打出了“新民主义”的旗号,进行反动宣传。1938 年 5 月,新民会在北平成立“中央青年训练所”,对青少年进行“新民主义”的思想教育和反共宣传,规定学员要学习“新民精神”、“满洲建国精神”和“日本精神”,要“批判三民主义”和“铲除共产主义”等。

伪新民会是日本帝国主义一个凶狠、阴毒的侵略工具,其主要活动之一就是配合日本帝国主义的武力侵略,进行欺骗宣传、奴化教育，向沦陷区人民灌输所谓“新民主义”理论。华北伪政权的欺骗、奴化宣传教育机构和手段，就是通过新民会开办“新民学院”、“新民学校”，出版《新民报》、《新民周报》、《新民杂志》、《新民丛书》，设立“新民教育馆”，组织“新民宣讲班”，普及《新民歌》、《新民青年歌》，举行“剿共灭党周”，“剿共灭党市民大会”等各种手段，宣扬卖国的新民主义，粉饰日本帝国主义的野蛮侵略和残暴统治，攻击国共两党的抗战主张，丑化中国人民的抗日民族解放战争，奴化、麻痹华北沦陷区人民的思想，使其成为奴隶，任其驱使。

(二)“新民主义”的反动内容

华北汉奸政权的“新民主义”理论炮制者就是大汉奸、伪新民会中央指导部部长缪斌。缪斌(1899～1946 年)，字弼丞，号丕成。汉奸组织新民会副会长与主要理论家。1946 年 5 月被处决。他在《新民主义》、《新民精神》、《新民主义讲演集》、《由新民主义批判三民主义》等小册子和一系列文章中，打着复兴东方文化的幌子，抽出儒家经典《大学》一书中的“大学之道，在明明德，在新民，在止于至善”及《尚书》中的“作新民”两句话，按照日本帝国主义侵略中国之需要，穿凿附会，炮制了其卖国、为日本侵略中国服务的“新民主义”理论。“新民主义”虽被认为是新民会创立初期由缪斌倡导形成的，但事实上，王道政治及其他基本内容，早在北支那方面军特务部的华北傀儡政权的准备阶段就已被制订，也就是说，“新民主义”是日本占领军一手策划的结果。

“新民主义”的反动内容主要有以下几个方面：

第一，鼓吹“王道”政治，宣扬弱肉强食的“新民”史观。

缪斌说：“新民主义”是“人类生存的自然法则”，生存是“万物之所同欲”。有的不能生存是因为没有抵抗力；有抵抗力者，它能生存；无抵抗力者，必然灭亡。有生之物都有抵抗力，但“有优劣之别，善恶之分”。人为万物之灵，其抵抗力最大，然而也有优劣之分,“优者善者生存,劣者恶者败亡”。其原因就在于优者善者“适于道而顺应自然,具有较大之抵抗力”。劣者恶者“不适于道而违反自然,具有较小之抵抗力”。[①] 缪斌这套反动理论,实际上是社会达尔文主义的翻版,按照这个理论,日本是强者,中国是弱者,日本是优者,中国是劣者,日本侵略中国是理所当然的,中国人民抵抗日本人侵略,就是违反了上述自然法则,所以肯定是要失败的。

日本帝国主义以复兴东方文化、反对西洋文化侵略为幌子,来畜化和奴役中国人民的思想。与此相适应,缪斌宣称要复兴东方固有文化,认为“世运变化,东西洋文化经过百余年消长,又将为东方文化之黎明时期”,所以要“择善而固执之,以矫止西洋文化之衰颓”,本“日新,日日新,又日新”之精神,以“明明德于天下”,使人类的生存“适合于天道”,近于“至善”。所谓“明明德于天下”,就是“昌明天地人三才之道,而一以贯之”,这就是所谓“王道”。“王”字的意义,“以上一画为天,下一画为地,中一画为人,而以一直画贯通天地人三才”。人乘天地之气而生,与天地浑然一体。所以“新民主义”“以实行王道为志”,“新民主义”也就是“王道”。“王道”是天人合一的道理,是“把天地之道来合于人”的道理,人道合于天地之道就是“作新民”。

本来“王道”是中国封建君主统治人民的一种手段,缪斌却加以改头换面,使之等同于其“新民主义”。他说“人与天地同流”,因此“新民精神的人格就是与天地同流,与天地同其利,与天地同其名”。“王道”就是优者善者生存,劣者恶者被淘汰,只有以王道为意志,才能到达“王道天下之理想”。总之,缪斌之王道哲学就是侵略有理、亡国活该之理论。

第二,攻击孙中山先生的革命的三民主义,同时,又以“新民”为幌子,伪造了一个“三民主义”。

---

① 缪斌:《新民主义》,北京晨报社 1938 年版,第 1 页。

缪斌宣称，孙中山的民生史观以民生为社会进化的原动力，就是以物质文明为原动力，就是“发财主义”；而他提倡的“新民史观”是“以道德为社会进化的原动力”，是“道德主义”。关于民族主义，缪斌指责孙中山“最大的一个错误”就是主张“打倒列强”。而缪斌则“主张有德则有土，不分种族国界，提倡有教无类，反对狭义之民族主义与国家主义；主张日、满、华之联盟，进即为大亚细亚之联盟”。在这里“有教”、“有德”者即是东亚文化的代表者日本，“有土”、“无类”就是应该被日本统治的中国。关于民权主义，缪斌说孙中山民权主义的最大弊病就是接受了19世纪欧洲民主主义影响，把社会变成了对立的社会，即“众愚”和“圣贤”对立的社会。缪斌声称他的“新民主义”要用道德来解决一切问题，“故愚人反对大多数的众愚政治，而要求顺应天道的君子政治”；提倡“民可使由之，不可使知之”，也就是要由他们——日本帝国主义的奴才来执掌政权，实行专制统治，驱使华北沦陷区人民供日本帝国主义者奴役。关于民生主义，缪斌虽然赞赏民生主义的“驳马克思的阶级斗争”，但认为它仍然“夹杂了许多共产主义思想”，所以最不合理。缪斌宣称：“新民主义”是以道德为基础，以生产主义为目的，“土地的所有者，要看他的有无道德而定”；“都会愈发达，往往使农村愈贫乏”，“要改正这种弊病”，“应当使生产事业普及于农村”，“主张农村的能够自给自足”。这就是说要把城市的新兴工业交给日本帝国主义掠夺，而中国人则只能充当殖民地的农奴，除了为侵略者努力生产提供产品外，自得的生活还得全靠“自给自足”。

缪斌伪造的“三民主义”主要内容是：民族主义要以克己复礼为主旨，主张修己而治人，治国而后平天下。克己包括格物、致知、诚心、正心、修身，复礼包括齐家、亲乡、治国、平天下。他的民族主义“绝不想在人家身上打算，打倒列强，固然是一种梦呓；以夷制夷,也是一种饮鸩止渴的办法”[①]。因此要“倡行我真正睦邻亲善之本旨,以作东亚大提携”。换言之,缪斌的民族主义就是心甘情愿地与日本“友好提携”,任其宰割。缪斌的民权主义就是实行顺应天道的“君子政治”,要人民甘当顺民。他们认为制定宪法的根据是“道义”,是“五伦宪法”(即君臣、父子、夫妇、兄弟、朋友)。他们要求的政治不是三民(民族、民权、民生)政治,而是三礼(天礼、地礼、人礼)政治。总之,就是要人民毫无条件地接受其法西斯统治。缪斌宣扬的“民生主义”主张劳资协调,实行“人生精神”的改良。要“有钱的出钱,有力的出力,大家努力从事生产,生产事业发达,自然大家都有饭吃,谁也不打倒谁,谁也不要同谁斗争,大家丰衣足食,都过舒服的好生活”。[②] 这就是说要沦陷区的资本家和劳动人民不要争斗,大家都好好干活,努力生产,然后供汉奸政权和日本帝国主义掠夺和享受,心甘情愿地为日本帝国主义的生产奴役。所谓“人生精神”的改良,就是要被剥削者“修身养性”,甘心情愿地受剥削和压迫。

第三,宣扬侵略有理,鼓吹“日中亲善”,为日本帝国主义侵略中国辩护。宋介在新民会大纲中说:“今也友邦举兵而来,在友邦则谓吊民伐罪,在吾辈民众观之,勿宁谓为友军代吾人而举政治革命之义帜。故7月7日夜卢沟桥之事变,与法国大革命,7月14日黎明攻下巴士提尔之性质略同。”[③]居然将日本侵略者所发动的“七七”事变与法国大革命加以混淆,足见汉奸为其主子所进行的辩护,不仅无耻,而且歪曲公理。

---

① 缪斌:《由新民主义批判三民主义》,载《新民丛编》第1辑,新民印书馆1938年版。

② 陶国贤:《新民会大纲浅说》,载《新民会讲演集》第1集,第54页。

③ 宋介:《新民会大纲之说明》,载《北京档案史料》1996年第6期。

(三)“新民主义”的本质

华北汉奸的“新民主义”是一种反动汉奸卖国理论,是一个东拼西凑、胡说八道、为适应日本法西斯侵略中国而制造的谎言,它除了替日本帝国主义的侵略政策作拙劣的辩护外,其本身并没有什么价值。其目的就是扩大“日中亲善(日支提携)”的亲日观念,摧残中国人民的民族意识,使中国人民俯首帖耳地充当日本帝国主义的亡国奴,所谓“新民主义”就是彻头彻尾的奴隶主义、顺民主义和卖国主义,是封建思想与法西斯主义相结合的产物。

四、汪伪集团的投降卖国理论

(一)汪伪政权的建立

全面抗战爆发后,中国国内一批人散布民族失败主义,说中国抗战必亡,汪精卫就是“亡国论”的代表人物。1937 年 7 月 28 日,汪精卫发表《最后关头》讲话,散布中国抗战必亡论。五天之后,即 8 月 3 日,汪精卫又发表一篇《大家要说老实话,大家要负责》的文章,含沙射影地攻击抗战派不说老实话、不负责任。他认为“和呢,是会吃亏的,就老实认吃亏”吧;“战呢,是会打败仗的,就老实承认打败仗,败了再打,打了再败,败个不停,打个不已”。抗战爆发后,全国人民民族情绪高涨,汪精卫的民族失败情绪、妥协投降的言论,还只能有限度地发表出来。但是,1938 年 10 月武汉会战结束后,日本对国民政府由军事进攻为主、政治诱降为辅,转变为军事进攻为辅、政治诱降为主,企图在国民政府内部寻找代理人,分裂国民党,组织伪政权,从而达到日本实际上统治中国的目的。在这种背景下,汪精卫加紧了卖国投降的步伐。

1938 年 10 月 11 日、21 日,汪精卫先后对外国记者发表谈话。

他说:“如果日本提的议和条件,不妨害国家生存,吾人可以接受之,为讨论之基础。”22 日,汪精卫授权高崇武、梅思平去上海与日本代表秘密谈判。11 月 3 日,日本首相近卫文麿发表第二次对华声明,宣称国民政府如“更换人事组织,取得新生成果”,“我方并不予以拒绝”,这更加刺激了汪精卫投降的决心。11 月 20 日,高崇武、梅思平代表汪精卫在上海与日本代表秘密达成《日华协议记录》和《谅解事项》,确定了日本支持汪精卫建立傀儡政权的条件与办法,同时商定汪精卫逃往河内的行动计划。1938 年 12 月 18 日,汪精卫借口去成都讲演逃出重庆,经昆明于 12 月 19 日抵达越南河内。22 日,近卫文麿发表第三次对华声明,提出“日满华三国应以建设东亚新秩序为共同目标联合起来,共谋实现善邻友好、共同防共、经济合作”的三原则。29 日,汪精卫在河内发表“艳电”响应,并提出以三原则为基础和谈。从此,汪精卫公开叛国降日。1939 年底,汪精卫与日本签订了卖国密约《日支新关系调整纲要》。1940 年 1 月 23 日,汪精卫与华北“中华民国临时政府”头子王克敏及华中“中华民国维新政府”头子梁鸿志会集于青岛,秘密策划成立伪“中央政府”。不久,汪精卫又发表《和平宣言》,要求蒋介石立即停战和谈。当蒋介石置之不理后,1940 年 3 月 20 日,在日寇的操纵下,一群汉奸召集“中央政治会议”,在南京成立了全国性的傀儡政权,汪精卫任伪国民政府主席,兼行政院院长、军事委员会委员长等职,开始了其甘充日本帝国主义走狗、出卖民族国家利益的儿皇帝的政治生活。

(二)汪伪“三民主义”的内容和实质

汪精卫是同盟会会员,早年充当过孙中山先生革命的追随者,是国民党元老,现在他公然投敌,违背了孙中山的三民主义,他却不得不打着孙中山的三民主义,对三民主义进行篡改,以欺骗民众。汪记三民主义内容大致如下:

1. 民族主义。宣扬民族投降主义，鼓吹中日提携和大亚洲主义，共建东亚新秩序。

抗战爆发后，汪精卫被日本帝国主义的侵略气焰所吓倒，宣扬抗战必败、抗战亡国的论调。他不相信贫弱的中国能够战胜强大的日本，这是他走上卖国投降、甘当日本奴才的主要原因，也是他组织傀儡政权后继续宣扬的观点。

既然中国抗战必亡，那么出路何在呢？那就是"和平"——投降。为其投降辩护，汪精卫大肆赞扬"近卫文麿三原则"，他说近卫声明表明日本"无灭亡中国的心事，且愿意以平等待我"，是"和平的原则"。说"日本对中国无领土要求，无赔偿军费之要求"，"日本之目的，不在中国之灭亡，而在中国之兴隆"。既然如此，中国也就没有再战的必要了，今后中日的任务就是互相合作，建设大亚洲了。

汪精卫还篡改孙中山先生的"大亚洲主义"，大谈中日同文同种，中日两国应该携手把中国从西方人手中解放出来，共同建立东亚新秩序。

他别有用心地说，孙中山发表《大亚细亚主义》的演讲，就是"因为孙先生始终抱定了一个信念，以中日合作为前提"[①]。他歪曲孙中山所讲大亚细亚主义，为日本侵略者所宣扬的"东亚新秩序"理论服务。所谓"东亚新秩序"就是"其一排除侵略主义，其二为排除共产主义也"。实际上就是把西方的英美帝国主义赶出中国，从而让日本独霸亚洲。汪精卫还企图在日本侵略亚洲过程中分得一杯余羹，为此，他大谈以中日两国为轴心，保卫东亚的和平。在太平洋战争爆发前后，汪精卫多次解释"东亚新秩序"，他一会儿说要东方国家民族联合起来，互相亲爱，但日本侵略东南亚时，他又为日本辩护；一会儿又说"亚洲人不打亚洲人"，亚洲国家应该联

---

① 汪精卫：《三民主义之理论与实际》，载《汪主席和平建国言论集》，1940 年版。

合起来，摆脱英美统治，但同时又要让日本做东亚新秩序的头目。他这般反复无常，目的就是为日本侵略行径辩护，甘当日本人的奴才。

2. 民权主义。在“民权主义”的幌子下，主张一个党，一个主义，推行法西斯特务统治和愚民政策。汪精卫在《民权主义前途之展望》一文中，对古今中外的一些国家社会制度“利弊”作了分析之后，认为中国要防止民主主义之弊，为此就是要以“一个党一个主义为中心”。其“一个党一个主义”的矛头所指是反对中国共产党和共产主义，他们把反对共产党为其建国的基本主张，他们攻击中共是苏联的间谍机关，是国民党的天敌，与之不共戴天。

汪精卫利用孙中山曾经说过的个人自由不能太多的思想鼓吹专制独裁主义，他说：“总理在民权主义里头，自始至终，注重国家的自由，民族的自由，不但很少讲起个人自由，并且主张牺牲个人的自由，以保全国家民族的自由。”[①]宣称反对个人主义、民主主义而强调全体主义、集权主义是世界潮流。这是对孙中山先生的民权主义思想的严重歪曲。

为奴化民众，汪伪还推行所谓“新国民运动”，向人民灌输“反共和平建国”的谬论，毒化、驯化沦陷区人民思想，使沦陷区人民老老实实地服从汪伪政府和日本帝国主义的统治。

3. 民生主义。汪精卫的民生主义就是以“民生”为幌子，鼓吹“和平”“改造社会经济”，反共产主义。他们认为民生主义的目的“一是发达中国的民族资本，一是扫除买办资本对于欧美之依赖”，而就中日关系来说，经济提携也正是要以日本的协力发达中国的民族资本，扫除买办资本对英美的依赖，而同时使中日两国在经济上有平等合作自由发展的机会。因此可以看出“经济提携”是汪精卫民生主义的核心。汪精卫对中日“经济提携”的解释是中日“从

① 汪精卫：《三民主义之理论与实际》，载《汪主席和平建国言论集》，1940年版。

经济上觅得共同基础,有无相通,短长相补”。很明显,中日经济提携只不过是日本掠夺中国经济的同义词。在中日经济提携下,日本成立会社,垄断了华中交通、工业、农业、金融、外贸等所有经济领域的一切活动,汪伪经济完全为日本所控制,从而为其侵华战争服务。

汪精卫自称为孙中山先生信徒,但实际上他们是完全彻底地抛弃了孙中山先生的三民主义,并把它篡改为汉奸卖国主义理论,是地道的投降主义理论。

(三)汪伪的“和平”谬论与东亚联盟理论

中日战争爆发后,中国对战局的形势有四种看法:(1)胜利论。认为中国军队已具有击退日军的实力,可以击败日本的军事进攻,赢得军事上的胜利。(2)亡国论。认为中日战争的结果将导致中国亡国。(3)最后胜利论。认为中日战争成为持久战后,最终将引发外国的武装干涉介入,中国在外国的帮助下最终战胜日本。(4)和平救国论。认为中日战争成为旷日持久的消耗战后,日本也难以忍受长期的消耗战,所以日本不能灭亡中国,不得不与中国进行停战和谈。而中国也应该积极响应和谈,尽快结束在中国土地上进行的破坏性巨大的战争,减少中国国力的损失。

抗战开始后不久,以汪精卫为“中心”的一部分主张降日反共的分子,就以南京西流湾八号周佛海的私宅为据点,组织了一个秘密的团体,即所谓“低调俱乐部”,参加者有周佛海、胡适、熊式辉、陶希圣、梅思平、高宗武等人。他们进行反对抗战的宣传,鼓吹“战必大败”、“抗战必亡”的谬论。他们声称:日本是一个工业发达的强国,中国则是经济落后的国家,“以一个刚刚图谋强盛的中国,来与已经强盛的日本为敌,胜负之数不问可知”;日本虽然会因中国的抗战而造成极大的困难,“但是日本感觉痒的时候,中国觉得痛了;等到日本感觉着痛的时候,中国已会因痛而死了”。因此,所谓坚持抗战，争取最后胜利，只不过是“空中楼阁”，是“唱高调”，是不说“老实话”与不“负责任”的表现。汪精卫甚至叫嚣：抵抗“只是牺牲，使每一个人，每一块地，都成为灰烬”。既然抗战就是中华民族的毁灭，那么抗战还有什么意义呢？所以惟一之念，就是停止抗战，对日屈膝投降，求得所谓中日“和平”。1938 年 12 月，汪精卫叛国投敌之后，更是提出了一套完整系统的投降卖国理论即“和平反共建国”理论。汪精卫以日本方面的饰词作为依据，认为“日本根本没有灭亡中国之心，因此抗战就没有必要了”。要想解救中国目前的危机，只有“与日本政府交换诚意，以期恢复和平。”除此之外，再无别的出路。汪伪的“和平”谬论不忘利用儒学，他们东拼西凑孔经之言，以作投降卖国理论之用。首先，在推行所谓的“和平”运动中，汪精卫等人不惜将抗战时代附会春秋战国，称“春秋之世，干戈无宁岁，各国鹰眈虎视，与今日国际无异”，企图用此一笔抹杀中国人民反侵略战争的正义性和进步性。非但如此，他们还将温柔敦厚的传统儒家思想中反对战争、主张和平的言论突显出来，刻意强调“孔子之政治思想，中心和平”，强说其所谓的“和平”主张符和孔孟学说，把投敌求和美化成了力行孔子遗教。[①]

在汪精卫的卖国主义理论中，“东亚联盟”思想是降日卖国理论的立脚点。他在《东亚联盟的理想》一文中供认：“自从此次中日不幸事件发生以来，我同日本的同志们，也不知道会谈过几次了。两国都付出了很大的牺牲。我呢，我想要怎样才能使两国国民的牺牲流血不至于白流，要怎样才能使中日两国和好携手，定下百年大计的方法呢？以什么方法最好呢？想到这个方法的结果，就使我想到东亚联盟运动了。”[②]“东亚联盟”被汪精卫利用来推行投降政治和破坏抗日阵营的投敌理论。

---

① 参见武德报社编《孔子》，华北文化书社 1940 年版，第 33、35 页。

② 载《政治月刊》第 1 卷第 3 期。

“东亚联盟”的纲领口号，是由制造“九一八”事变、炮制伪满洲国的罪魁祸首石原莞尔等人提出来的。1936年6月前后，石原莞尔提出了“东亚联盟”的主张，借此为溥仪等人的卖国行径涂脂抹粉。后来，他在谈及此事时供认：他们之所以提出“东亚联盟”，是因为伪满的官员“对于满洲建国的独立衷心不安”，因为“从本国分离出来终是不免遭受‘汉奸’之讥的。这对于民族精神迅速勃兴的中国同志真是一个难堪的苦痛”。于是他们乃“以结成东亚联盟为满洲建国目标”相标榜。[①] 1938年11月3日，近卫发表第二次对华政策，声明以“建设东亚新秩序”相号召。12月22日，发表第三次政策声明，明确提出了“日满华三国应以建设东亚新秩序为共同目标而联合起来，共谋实现相互善邻友好、共同防共和经济合作”。12月，石原莞尔撰写了《东亚联盟建设纲领》，提出“国防的共同、经济的一体化、政治的独立”三条。从1940起，日本侵略者在各沦陷区搞起了旨在建立东亚新秩序的东亚联盟运动。1941年2月1日，在侵华日军中国派遣军总参谋长板垣征四郎等人的推动下，汪伪政权成立了“东亚联盟中国总会”。该会由汪精卫任会长。该会在其会章中宣称，东亚联盟中国总会是“为谋实现孙先生之大亚洲主义，期与邻邦各本于自由独立之立场，依最近共同宣言之精神，建设以道义为基础之新秩序，互相尊重其主权及领土，并于政治、经济、文化等各方面请求互相敦睦之手段，以达到共存共荣复兴东亚之共同目的”[②]。“东亚联盟中国总会”成立后，为更有效地配合石原莞尔提出的东亚联盟的三条件，汪精卫在此基础上又提出了“文化的沟通”这一条件，在得到日本方面的认可后，双方的东亚联盟组织即以“政治独立、军事同盟、经济合作和文化沟通”相标榜。汪精卫以此四大纲领作为粉饰其卖国投敌行径的理论依据，充当

① 参见石原莞尔《东亚联盟运动小史》，载北平《东亚联盟》(月刊)第5卷第2期。

② 《东亚联盟中国总会会章》，末刊。

抵挡世人唾骂的挡箭牌，并以此卖国理论作为毒化奴役沦陷区民众、瓦解抗日阵营的思想武器。

汪精卫的投降卖国理论虽然经不起推敲，但因为汪精卫曾是国民党内元老级人物，位高权重，颇有影响，加上初期抗战中国处于不利，一些人对抗战前途十分悲观，因此也吸引了一批附和者，对抗战造成了消极影响。

第二编
资产阶级小资产阶级的激进民主主义与改良主义

第四章 激进民主主义思潮的狂飙

中国封建社会长达两千余年，封建专制主义是中国社会中长期占统治地位的思想。鸦片战争以后，随着西方进化论思想和资产阶级民主、平等、自由思想的传入，中国传统的意识形态封建专制主义受到了一定的冲击。辛亥革命推翻了长期统治中国的封建帝制，资产阶级民主主义进一步打击了封建专制主义。袁世凯上台后，继续利用封建思想禁锢人们的头脑，国内尊孔复古的封建逆流沉渣泛起，辛亥革命带来的民主共和新气象又消失在专制复辟的冰水之中。正当资产阶级的领袖们离群索居之时，一批激进革命民主主义者，基于爱国热情，积极提倡民主自由，勇猛地抨击封建专制主义，以 1915 年《青年杂志》的创刊为标志，掀起了一场新文化运动，即中国的启蒙运动，激进民主主义思潮如狂飙巨澜席卷中国大地。

一、新文化运动——中国启蒙运动的兴起

(一)中国启蒙运动兴起的原因

中国启蒙运动的兴起绝非偶然。

首先,它是中国政治发展的需要。早在19世纪末,中国思想领域就开始了反对封建传统观念的启蒙运动。资产阶级改良派看到仅靠"船坚炮利"——西方的自然科学不能拯救中国,便广泛介绍与探索西方资产阶级的政治学说,进行资产阶级的君主立宪维新运动。他们大量翻译了西方资产阶级的社会科学名著,但是他们存有比较浓厚的封建思想,主张自上而下的改良,因而在其著作中夹杂了许多封建余毒,介绍"西学"附会"中学",认为西方资产阶级的政治思想中国古已有之。

辛亥革命在准备过程中,资产阶级革命派对于宣传西方资产阶级民主共和思想,批判传统观念作了一定努力,但是在中国半殖民地半封建社会,在封建主义和帝国主义统治夹缝里生长起来的中国资产阶级知识分子,在政治思想上有软弱性,他们深受儒学思想的影响,在宣传民主思想的同时,也带有一些封建思想的残余。辛亥革命在政治上结束了中国封建帝制,而在思想上却远远没有攻破封建主义的思想堡垒。它没有发动广大群众,没有使民主主义思想在人民群众中扎根。辛亥革命后,袁世凯在政治上实行封建专制主义,并进而复辟帝制,在思想上掀起尊孔复古逆流,人们的期待落空了,中华民国只剩下了一块空牌子。在现实生活中专制和愚昧仍然是突出的社会现象,中国的社会矛盾没有解决,中国向何处去仍然是亟待解决的问题。

其次,也是中国经济发展的要求。辛亥革命后,中国的民族工商业有了进一步发展,特别是第一次世界大战期间,西方各主要资

本主义国家忙于欧战，暂时放松了对华掠夺，这就使中国民族资本主义工商业迅速发展起来。民族资产阶级要求有统一的市场和合理的税收等，但是封建军阀的专制统治、军阀混战、苛捐杂税等，都严重地阻碍了民族资本主义工商业的发展。反对封建主义的启蒙运动便是上述民族工商业发展的要求和民族资产阶级的要求在思想领域里的反映。

再次，新兴社会力量的产生提供了群众基础。在19世纪末20世纪初，通过新式学校、教会学校、留学和其他的大众传播媒介，中国的新知识分子开始出现，并逐渐在社会中形成新的力量，到20世纪初年，更是大量涌现。作为新知识分子的上层和核心，直接关系到中国新知识分子群体的崛起的留学生，在数量上虽然还赶不上中国国内的这一批新知识分子，但是，由于他们的经历和所受的教育，一方面目睹国内从维新到革命的政治变迁，一方面对西方文化又有比较丰富的感性和理性的了解，他们成为资产阶级民主主义者。当时陈独秀、李大钊、鲁迅、胡适等都曾出国留学，这大批留过学的知识分子和在学堂里培养的广大青年学生群，又都受过辛亥革命的洗礼，他们反对封建传统思想，向往西方民主制度，是启蒙运动的群众基础。这样，随着民族资本主义经济发展而成长壮大的民族资产阶级和随着各类新式学校的兴办与众多青年出国留学而产生的大批具有资产阶级民主主义思想的知识分子及广大青年学生群，为启蒙运动的兴起准备了群众基础。

另外，民主革命的潮流为启蒙运动准备了社会条件。中国启蒙运动是戊戌变法以来民主思想的延续和发展，特别是辛亥革命反对封建文化思想的继承和深化。辛亥革命失败了，但民主共和国的口号深入人心，民主革命的历史潮流不可阻挡。中国民族资本主义新经济的发展，新兴社会力量的壮大，中国革命形势的推动，亿万群众对民主和自由的渴望，以及孙中山为代表的老一代革命民主派革命精神的影响等，都为“五四”时期革命民主派的形成和革命民主思潮的发展准备了社会基础和精神条件。

1915 年陈独秀从日本返回上海,创办《青年杂志》(第 2 卷起改为《新青年》),倡导新思想。1917 年 1 月 4 日,著名的资产阶级教育家和思想家蔡元培就任北大校长,他采取"兼容并包"、"学术自由"的办学方针,聘请许多具有新思想的人物到北大任教。1917 年,陈独秀应聘北大文科学长,《新青年》随之由上海迁到北京。刘半农、胡适、李大钊等也先后到北大任教或工作。1918 年 1 月,《新青年》由陈个人主编改为同仁刊物,李大钊、鲁迅、胡适、钱玄同、刘半农等是主要撰稿人,并轮流分期担任主编。这样以北京大学为阵地,以《新青年》为中心,形成一个新文化阵营。启蒙运动的领导队伍壮大了,再加上第一次世界大战和十月革命对中国的巨大影响,全国各地知识分子和青年学生争相阅读《新青年》,该刊销量由创刊时的 1000 册增加到 1917 年的 15000 册。从 1918 年起,发动了两年多的启蒙运动由比较冷清的状态发展为具有广泛群众性的反对封建主义的思想解放运动。

(二)中国启蒙运动的内容

中国启蒙运动的基本内容是提倡民主与科学,宣传资产阶级民主主义,反对封建专制主义。民主与科学是新文化运动提出的两大基本口号,陈独秀在具有发刊词性质的《敬告青年》一文中提出:"国人而欲脱蒙昧时代,羞为浅化之民也,则急起直追,当以科学与人权并重。"[①]民主是专制的大敌,科学是蒙昧主义的反面,民主与科学大旗的举起,就是对封建专制主义和蒙昧主义的宣战。诚如《新青年》的一篇文章所说:"要拥护那德先生,便不得不反对孔教、礼法、贞节、旧伦理、旧政治。要拥护那赛先生,便不得不反对旧艺术、旧宗教。要拥护德先生又要拥护赛先生,便不得不反对

---

① 陈独秀:《敬告青年》,载《陈独秀文章选编》上册,三联书店 1984 年版,第 78 页。

国粹和旧文学。”[①]所以从具体内容上讲，又分为如下三个方面：

1. 提倡民主，反对专制，尤其是把批判的矛头指向封建儒学

新文化运动倡导的民主，有两层含义：一是指民主精神和民主思想。这包括个性解放、人格独立及自由民主权利等内容。二是指与封建君主专制制度相对立的资产阶级民主政治制度。新文化运动的倡导者指出：“民与君不两立，自由与专制不并存。”中国要在世界上生存，“必弃数千年相传之官僚的、专制的个人政治，而易以自由的、自治的国民政治”。新文化运动把攻击的矛头集中指向统治中国两千多年的以纲常为核心的封建主义思想文化，其核心是儒学，尤其是被袁世凯所尊奉的孔教。

在绵长的封建社会里，儒学的主要社会功能在于维护现存社会秩序。程朱理学被视为“儒学正宗”而被定于一尊，“集大成而继千百年绝传之学，开愚蒙而立亿万一定之规”，成为强化君主专制制度的精神支柱。近代中国从顽固派、保皇派、复辟派无不奉传统儒学为至宝，乞灵于孔孟之道，以抵制民主革命的洪流。以封建儒学为核心的严重戕害人们精神的旧文化，在过去的民主革命中却未受到有力冲击，破除封建儒学对思想的钳制，显然是人们觉醒奋起的前提。正是在这种意义上，新文化运动倡导者们把握了旧文化及其维护的旧制度的症结——专制与愚昧，以之作为扫除的对象。

第一，他们反对“尊圣”、“尊古”的文化专制主义，主张“不尚一尊”。认为必须破除“言必称尧、舜、禹、汤、文、武、周、孔，义必取于诗、春秋”的因循守旧的风习，实行“学术上破除迷信，思想自由”。[②] 他们不否认儒学孔道在其本身以内的价值，但是儒家只是

---

① 《〈新青年〉罪案之答辩书》，载《陈独秀文章选编》上册，三联书店 1984 年版，第 317 页。

② 载《新青年》第 2 卷第 4 号。

中国文化的一部分，中国文化是世界文化的一部分；如果将这一部分中的一部分“定于一尊”，“尊为道统”，把国内外一切思想学术统统踩在脚下，视为“异端邪说”，不但大背思想自由原则，而且使“神州学术不放光辉”，“即孔学亦以独尊之故，而日形衰落也。人间万事，恒以相竞而兴，专占而萎败。不独学术一端如此也”。[①]

第二，他们着重批判了以儒家三纲为中心的伦理道德和宗法制度，认为这是封建专制主义的核心和基础。指出：“况儒术孔道，非无优点，而缺点则正多。尤与近世文明社会绝不相容者，其一贯伦理政治之纲常阶级说也。此不攻破，吾国之政治、法律、社会道德，俱无由出黑暗而入光明。”[②]陈独秀称封建道德为“奴隶道德”，鲁迅斥封建礼教为“吃人礼教”，吴虞说儒家教忠教孝就是要把中国弄成一个“制造顺民的大工厂”[③]。封建宗法制度和纲常礼教残害人格，扼制人权，束缚个性，限制自由，阻碍社会进步。故欲建立现代民主国家，树立平等自由之新信仰，则对于“与此新社会新国家新信仰不可相容之孔教，不可不有彻底之觉悟，勇猛之决心，否则不塞不流；不止不行”[④]。

第三，他们认为，孔子之道不适合现代生活。《新青年》批孔，并不是要否定孔子的历史地位及其学说的价值，陈独秀、李大钊、吴虞等对此都有过说明，甚至称他“自是当时之伟人”。但他们认为孔道不适于现代社会。“本志诋孔，以为宗法社会之道德，不适于现代生活，未尝过此以立论也。”[⑤]“吾人讨论学术尚论古人，首当问其学说教义尚足以实行于今世而有益与否，非谓其于当时之

① 陈独秀：《答常乃德》，载《新青年》第2卷第6号。

② 陈独秀：《答吴又陵》，载《新青年》第2卷第5号。

③ 吴虞：《说孝》，载《吴虞集》，四川人民出版社1985年版，第173页。

④ 李大钊：《宪法与孔教》，载《新青年》第2卷第3号。

⑤ 陈独秀：《答佩剑青年》，载《新青年》第3卷第1号。

社会毫无价值也。"[①]陈独秀说,孔子生长在封建时代,所提倡之道德、礼教、生活态度、政治主张等,都是封建时代之产物,所心营目注,其范围不越帝王贵族之权力与名利,而与多数国民之幸福、权利无关。"吾人生于二十世纪之世界,取二十世纪之学说思想文化,对于数千年前之孔教,施以比较的批评,以求真理之发见,学术之扩张,不可谓非今世当务之急。"[②]

2. 提倡科学,反对迷信

激进民主主义者们在着力于民主宣传的同时,丝毫没有忽略科学。民主与科学,是两个密切联系的重大课题,相互依存,互为因果。两者都是我国摆脱中世纪状态的关键,成为引导启蒙运动的战旗。新文化运动倡导的科学,也有两个方面的含义:它主要是指与封建迷信、蒙昧无知相对立的科学思想、科学精神以及认识和判断事物的科学方法,同时也指具体的科学技术、科学知识。由于一切反动统治阶级总是推行不同程度的愚民政策,竭力使广大群众沦于愚昧、迷信和盲从的深渊,成为缺乏自觉性的"顺民",以维护现存社会秩序。因此,科学与愚昧、迷信和盲从的斗争就具有重要的社会意义。陈独秀号召人们用科学的态度来对待传统观念和一切社会问题,破除迷信,坚持真理,打破"宗教上、政治上、道德上自古相传的虚荣,欺人不合理的信仰",树立"真实的合理的"[③]信仰。《新青年》对自然科学的传播,宣传了唯物主义思想,打击了封建迷信,提倡科学,实际上也是提倡民主。

3. 反对旧文学,开展文学革命

在民主与科学的旗帜下,激进民主主义者还提出了文学革命的口号。封建的旧文学是封建统治者宣传封建思想的工具,为了

---

① 陈独秀:《答常乃德》,载《新青年》第3卷第2号。

② 陈独秀:《答佩剑青年》,载《新青年》第3卷第1号。

③ 陈独秀:《偶像破坏论》,载《新青年》第5卷第2号。

宣传民主与科学思想，必须进行一次文学革命。1917 年 1 月 1 日，胡适发表于《新青年》第 2 卷第 5 号的《文学改良刍议》一文，提出了以白话文代替文言文的主张。2 月，陈独秀发表了《文学革命论》，不仅提倡改变文学的形式，而且提倡在文学内容和创作方法上也要进行革命。提出："今欲革新政治，势不得不革新盘踞于运用此政治者精神界之文学。"他把文学改革明确地同反封建的思想革命联系起来，旗帜鲜明地提出了文学革命的三大主义：(1)推倒贵族文学，建设国民文学；(2)推倒古典文学，建设写实文学；(3)推倒山林文学，建设社会文学。从而为文学革命指明了方向。鲁迅用白话文写的《狂人日记》、《阿 Q 正传》等则在实践上把反封建礼教的革命内容和形式成功地结合起来。

当然，激进民主主义者们对封建专制主义的批判也有相当的片面性。一是未与当时的政治斗争、群众运动紧密结合，以为仅仅依靠在思想文化领域内的斗争，通过提倡新思想、新道德、新文化，就可以根本改造国民性，造就新国民，使中国成为一个真正的民主共和国，而没有揭示根本改造中国社会的必要性。二是有形式主义倾向。在启蒙思想家们看来，一切西方文化都是进步的，一切东方文化都是落后的，就连一些优秀的民族遗产，也被当作封建文化而否定了。尽管如此，他们对民主的提倡和对封建专制主义的斗争仍有着巨大的进步作用。它是一场空前的反封建的思想革命，对人民群众起了振聋发聩的重大启蒙作用，使人们从封建思想的束缚中解放出来，启发了觉悟，唤起了对国家民族命运的关心；它在思想界特别是青年知识分子中掀起了要求进步、追求真理、追求解放的热情，使他们认识到学习科学和革命思想的迫切性。这样，为中国迅速接受十月革命影响创造了条件，为五四运动做好了思想准备，不久，激进民主主义队伍本身也发生了分化，部分人开始了由民主主义向共产主义的转变。

二、陈独秀的民主思想

陈独秀是中国启蒙运动的发起者和领导人，是提倡民主反对专制的主将，曾被誉为“思想界的明星”①、“五四运动的总司令”。

(一)陈独秀其人

陈独秀(1879～1942 年)，安徽怀宁(今属安庆市)人，谱名庆同，科举名乾生，字仲甫，号实庵，辛亥革命后始用陈独秀之名。幼年丧父，随祖父习“四书”、“五经”，中秀才。青年时代，他就关心国家大事，其政治生涯从爱国主义开始，逐级向前展开。最初他信奉康有为、梁启超为首的维新派主张，但随着维新变法的失败，到 1902 年从改良派变为革命派，立志推翻清王朝的统治，因遭清廷通缉，逃到东京求学。次年春参加留学生拒俄义勇队并返国，先后在安徽、上海进行革命活动。辛亥革命后任安徽都督府秘书长。1913 年反袁失败被捕，释放后避居上海。次年又赴日，协助章士钊创办《甲寅》杂志。不久回国，1915 年 9 月，创办《青年杂志》，发起中国的启蒙运动。1917 年进京就职，专心致力于北大文科的改革。次年底和李大钊创办《每周评论》。五四运动后接受和宣传马克思主义，是中国共产党主要创始人和早期的主要领导人之一。1921 年 7 月在中共“一大”上被选为中央局书记。后在中共“二大”、“三大”上被选为中央执行委员会委员长，“四大”、“五大”上被选为中央委员会总书记。曾对中国革命做出过重要贡献，但在国民革命后期犯了严重的错误。1927 年 7 月离开中央领导岗位。1929 年 11 月被开除出党。后和托派分子结合，被推为中国托派组织的总书记。1932 年 9 月被国民党政府逮捕。1937 年 8 月出

① 毛泽东：《陈独秀之被捕及营救》，载《湘江评论》创刊号，1917 年 7 月 14 日。

狱。1942年病逝于今重庆江津。其著作被后人编辑为《独秀文存》、《陈独秀著作选》等。

陈独秀对当时帝制复辟和尊孔逆流的黑暗社会有深刻了解，加上他对欧洲各国"解放历史"的借鉴和对中国旧民主主义革命经验教训的总结，使其具有反对封建专制、提倡民主的坚决勇气和决心，成为启蒙运动中著名的民主派和被青年爱戴的导师，被人比作"思想界的孙黄"①。其文章之多，火力之猛，时士罕有其匹。

(二)新文化运动时期陈独秀的民主思想

新文化运动时期，是陈独秀民主思想发展的第一阶段，体现为以自由、人权为核心的资产阶级民主观。其主要内容有：

1. 高扬民主的旗帜与价值，宣传西方政治民主、思想自由，主张学习西方，走"解放"之路

陈独秀早期民主思想，首先着重于对民主价值的高扬和追求。他认为，近代欧洲的历史，是"解放历史"，"解放云者，脱离夫奴隶之羁绊，以完成其自主自由之人格之谓也"。② 在《法兰西人与近世文明》一文中，他热情地歌颂了法国资产阶级民主革命，认为"自由、平等、博爱"是"近世文明的精华"。与此同时，他极力反对中国的封建专制制度以及横行霸道的军阀统治，主张摧毁几千年来的"官僚的、专制的个人政治"，建起"自由的、自治的国民政治"，把中国建设成为一个"唯民主义"的国家。他认为，欲在政治上采取共和立宪制，决不能在伦理上保守纲常等级制，而应以自由平等博爱独立之说为新道德之"大原"。他强调伦理思想对政治的重大影响，说："自西洋文明输入吾国，最初促吾人之觉悟者为学术，相形见绌，举国所知矣；其次为政治，年来政象所证明，已有不克守缺抱

---

① 载《新青年》第3卷第2号。

② 独秀文：《敬告青年》，载《陈独秀文章选编》上册，三联书店1984年版，第74页。

残之势。继今以往,国人所怀疑莫决者,当为伦理问题。此而不能觉悟,则前之所谓觉悟者,非彻底之觉悟,盖犹在倘恍迷离之境。吾敢断言曰:伦理的觉悟,为吾人最后觉悟之最后觉悟。”①他指出:“法律上之平等人权,伦理上之独立人格,学术上之破除迷信、思想自由;此三者为欧美文明进化之根本原因。”因此,中国应学习西方,走“解放”的道路。

2. 解放思想,痛击尊孔复古逆流,强调实现民主政治必须批判与之相冲突的封建专制制度与文化,必须以封建纲常的破除为前提

启蒙运动一开始,陈独秀就向弥漫于思想界的封建复古思想逆流进行了勇敢的挑战。他在《青年杂志》创刊号上愤怒地指出,中国的封建文化和社会制度落后于欧洲几近千年,如果不立即改变,而是复古守旧,就无异于“驱吾民于二十世纪之世界以外,纳之奴隶牛马黑暗沟中而已”。他激昂地表示:“吾宁忍过去国粹之消亡,而不忍现在及将来之民族,不适世界之生存而归消灭也。”②他号召青年冲破网罗,解放思想,自主而不屈服,进取而不退隐,进步而不保守,讲究实用,摈弃虚文,敢于怀疑那些被人捧为天经地义而不切实用的陈腐教条,用理性和科学来衡量一切,判断其是否具有存在的价值。“物之不切于实用者,虽金玉圭璋,不如布粟粪土?若事之无利于个人或社会现实生活者,皆虚文也,诳人之事也。诳人之事,虽祖宗之所遗留,圣贤之所垂教,政府之所提倡,社会之所崇尚,皆一文不值也。”③这种不迷信任何经典权威,自信、求实、向上的积极进取精神,极大地振奋了当时在黑暗中苦闷悲观的青年,呼唤了思想解放高潮的到来。

---

① 陈独秀:《吾人最后之觉悟》,载《青年杂志》第1卷第6号。

② 陈独秀:《敬告青年》,载《青年杂志》第1卷第1号。

③ 陈独秀:《敬告青年》,载《青年杂志》第1卷第1号。

孔子是中国思想界两千年来最大权威，也是辛亥革命后封建复古主义者抬出来借以反对新文化的最大精神偶像。针对康有为等人的复古主义谬论，陈独秀从历史发展的角度，对近代的经济、政治、文化等各方面的情况进行了分析，得出了孔子之道在当代绝对行不通的结论。他揭露康有为等尊孔是为了恢复帝制的目的，“孔教与帝制，有不可离散之因缘”，“中国帝制思想，经袁氏之试验，或不至死灰复燃矣，而康先生复于别尊卑，重阶级，事天尊君，历代民贼所利用之孔教，锐意提倡，一若惟恐中国人之‘帝制根本思想’或至变弃也者”。[①] 孔教与共和势不两立，定孔教为国教，一是违背现代实际，二是违背思想自由原则，三是违背宗教信仰自由之原则，所以“主张民国之祀孔，不啻主张专制国之祀华盛顿与卢梭”荒谬绝伦。他指出，在民国的天下，一味地鼓吹尊孔复古，其结果只能是帝制的复辟，“袁世凯之废共和复帝制，乃恶果非恶因；乃枝叶之罪恶，非根本之罪恶。若夫别尊卑，重阶级，主张人治，反对民权之思想之学说，实为制造专制帝王之根本恶因。吾国思想界不将此根本恶因铲除净尽，则有因必有果，无数废共和复帝制之袁世凯，当然接踵应运而生，毫无足怪”。[②] 把专制思想的存在视为帝制复辟的“根本恶因”，这当然失之偏颇，但这一说法却能引起人们对专制思想的足够警惕。

陈独秀在痛击尊孔复古逆流的同时，对于鼓吹尊孔复辟的主要人物康有为进行了尖锐批评。他多次指出：今日之康有为，已经不是戊戌时代的康有为了，他早已背叛了自己的光荣历史，“当日所谓离经畔道之名教罪人康有为，今亦变而与夫未开化时代之人物之思想同一臭味。其或自以为韩愈、孟轲，他人读其文章，竟可

---

① 陈独秀：《驳康有为致总统总理书》，载《新青年》第2卷第2号。

② 陈独秀：《袁世凯复活》，载《新青年》第2卷第4号。

杂诸《翼教丛编》、《劝学篇》中，而莫辨真伪”①。

陈独秀认为，一定的社会制度的建立与巩固，必须有一定的伦理道德与之相适应。封建的纲常名教与封建君主专制相适应，自由、平等、独立的思想与民主政治相适应，要建立真正的民主政治，就必须破除传统的纲常名教。1917 年，有个读者向陈独秀提出一个问题：“能否以孔子教义挽救世风浇漓，振作社会道德？”陈答复说：旧的社会道德，在今日看来恰恰是最不道德，以这种道德来挽救今日社会，只能促使社会益加“世风浇漓”。“宗法社会之奴隶道德，病在分别尊卑，课卑者以片面之义务，于是君虐臣，父虐子，姑虐媳，夫虐妻，主虐奴，长虐幼。社会上种种之不道德，种种罪恶，施之者以为当然之权利，受之者皆服从于奴隶道德下而莫之能违，弱者多衔怨以殁世，强者则激而倒行逆施矣。以此种道德支配今日之社会，维系今日之人心，欲其不浇漓堕落也，是扬汤止沸耳，岂但南辕北辙而已哉！”②

陈独秀认为，封建的纲常名教、伦理道德之所以不能行于民国，之所以必须破除，最根本的一点，就是因为这些名教道德违反了自由、自主的原则，“君为臣纲，则民于君为附属品，而无独立自主之人格矣；父为子纲，则子于父为附属品，而无独立自主之人格矣；夫为妻纲，则妻于夫为附属品，而无独立自主之人格矣”。这么一来，天下所有人，或为臣，或为子，或为妻，无一人能逃此网罗，“不见有一独立自主之人者，三纲之说为之也”。由三纲而派生出来的各种“金科玉律之道德名词，曰忠，曰孝，曰节，皆非推己及人之主人道德，而为以己属人之奴隶道德也。人间百行，皆以自我为中心，此而丧失，他何足言”③。

---

① 陈独秀：《孔子之道与现代生活》，载《新青年》第 2 卷第 4 号。

② 陈独秀：《陈独秀答傅桂馨语》，载《新青年》第 3 卷第 1 号。

③ 陈独秀：《一九一六年》，载《青年杂志》第 1 卷第 5 号。

3. 民主政治的实现应以国民的觉醒为基础

辛亥革命失败了，其原因是什么？一切忧时爱国的人们都在思考总结。康有为等人认为是孙中山为代表的资产阶级革命派建立的民主共和国搞坏了的结果，陈独秀则认为民主共和国的建立本身并没错。他说，民主代替君主，自由代替专制，乃是新陈代谢的必然规律，不可抗拒的时代潮流。那么为什么辛亥革命以来，徒有民主其名，而无民主其实，甚至出现帝制复辟这样巨大的历史倒退呢？陈独秀没有把它简单地归于袁世凯个人品质问题，而着重从以下两个方面加以解答。一是由于存在守旧武人和守旧学者这两种人。"共和建设之初，所以艰难不易实现，往往复反专制或帝制之理由，乃由社会之惰力阻碍新法使不易行，非共和本身之罪也。其阻力最强者，莫如守旧之武人（例如中国北洋派军人张勋等）及学者（例如中国保皇党康有为等），其反动所至，往往视改革以前黑暗尤甚。"这是帝制复辟的社会基础。二是由于广大人民群众没有觉醒。他说："所谓立宪政体，所谓国民政治，果能实现与否，纯然以多数国民能否对于政治，自觉其居于主人的主动的地位为唯一根本之条件。自居于主人的主动的地位，则应自进而建设政府，自立法度而自服从之，自定权利而自尊重之。倘立宪政治之主动地位属于政府而不属于人民，不独宪法乃一纸空文，无永久厉行之保障，且宪法上之自由权利，人民将视为不足重轻之物，而不以生命拥护之；则立宪政治之精神已完全丧失矣。"[①]这里触及到一个根本问题：一个国家实行的是否是民主政治，不光要看一纸宪法上写着什么，更重要的是要看人民在国家政治生活中实际的地位和作用，是居于主人的地位，还是居于从属的地位。从这个思想出发，陈独秀认为，辛亥革命以来的"今之所谓共和，所谓立宪者，乃少数政党之主张，多数国民不见有若何切身利害之感而有所取

① 陈独秀：《吾人最后之觉悟》，载《青年杂志》第1卷第6号。

舍也。盖多数人之觉悟,少数人可为先导,而不可为代庖。共和立宪之大业,少数人可主张,而未可实现”①。要真正实现民主政治,不得不待诸广大人民的民主觉醒,即“吾人最后之觉悟”。他强调指出,要真正实现民主政治,就必须扫除一切仰赖政府、希冀贤人的不符合民主精神的错误想法。他说:“是以立宪政治而不出于多数国民之自觉,多数国民之自动,惟日仰望善良政府,贤人政治,其卑屈陋劣,与奴隶之希冀主恩,小民之希冀圣君贤相施行仁政,无以异也。古之人希冀圣君贤相施行仁政,今之人希冀伟人大老建设共和宪政,其卑屈陋劣,亦无以异也。夫伟人大老,亦国民一分子,其欲建设共和宪政,岂吾之所否拒?第以共和宪政,非政府所能赐予,非一党一派人所能主持,更非一二伟人大老所能负之而趋。共和立宪而不出于多数国民之自觉与自动,皆伪共和也,伪立宪也,政治之装饰品也,与欧美各国之共和立宪绝非一物。”②

陈独秀关于国民自己救自己、不要希冀伟人大老恩赐民主的观点,已明显有了群众创造历史的唯物史观的闪光,这是他当时进行民主主义启蒙宣传的原因所在,也是他日后接受马克思主义的思想基础之一。

(三)陈独秀早期民主思想的评价

陈独秀对民主思想的宣传有着极大的进步意义,产生了巨大影响。当年毛泽东、蔡和森等人就曾认为:“前人谭嗣同,今之陈独秀,其人者魄力雄大,诚非今日俗学所可比拟。”③周恩来、朱德等人也都说过,在“五四”时期受过陈独秀很大的积极影响。

陈独秀的民主思想具有积极作用,但他在革命理论和实践方

---

① 陈独秀:《吾人最后之觉悟》,载《青年杂志》第1卷第6号。

② 陈独秀:《吾人最后之觉悟》,载《青年杂志》第1卷第6号。

③ 张昆弟日记,转引自李锐《毛泽东的早期革命活动》,湖南人民出版社1980年版。

面，仍有不彻底性和脱离群众的毛病。他当时的世界观基本上是二元论，思想方法是形式主义的。由于受进化论的影响，曾以“生存竞争”的观点，去激励青年发奋自强，争取“优胜”，避免“劣败”。在政治改革上，甚至有时还提出过由北洋军阀、进步党“平分政权”之类的妥协主张。他还夸大所谓“先知先觉”的作用，轻视群众运动的伟大力量。尽管他口头上说实现民主政治必须依靠多数国民，但在具体问题上又夸大群众的缺点。

陈独秀作为激进民主派的代表，身上存在这样那样的缺点和错误是可以理解的，关键是他能在国内外革命形势迅猛发展的推动下，不断转变立场、观点和态度，不仅把《新青年》办得更有生气，而且和李大钊共同创办了《新青年》的姊妹刊物《每周评论》。陈独秀在发刊词中表明了办刊的宗旨是“主张公理，反对强权”，表明他把新文化运动和政治斗争已密切结合起来，他开始丢掉对帝国主义的幻想，巴黎和会中国外交的失败使他对帝国主义的本性有了进一步认识，而五四运动的爆发使他看到了人民的威力。他说，发挥国民爱国心，“这是国家的最大喜事”；解决中国问题的根本办法在于“平民征服政府”，解决政权问题，这是他政治思想的又一发展。他对民主政治的探索，从主张资产阶级民主到主张无产阶级民主。

在五四运动的鼓舞下，陈独秀不但认识上有了显著进步，而且亲自投身于伟大的斗争之中。1919 年 6 月 11 日，他因散发革命传单而被捕入狱，83 天的牢房囚禁，没有使他畏缩、怯懦，反而使其意志更为坚强。他说：“我们青年要立志出了研究室就入监狱，出了监狱就入研究室。”并认为“这才是人生最高尚优美的生活”。[①] 这时陈独秀开始放弃了对资产阶级共和国的追求，开始了对社会主义问题的探讨。认为“立宪政治与政党，马上都要成历史

---

① 陈独秀：《研究室与监狱》，载《每周评论》第 25 号。

上过去的名词了”[①]。“世界上的军国主义和金力主义，已经造了无穷罪恶，现在是应该抛弃的了。”[②]他对十月革命产生了希望。他说：二十世纪俄罗斯的革命是“人类社会变动和进化的大关键”[③]。当然，中国无产阶级如何进行“俄罗斯的革命”，才能得到“廿世纪‘德莫克拉西’”，陈独秀当时的思想还十分茫然；所谓“诚实的、进步的、积极的、自由的、平等的、创造的”[④]等等美好的想象，仍是他设计的新社会新时代的蓝图，自由、平等、博爱这些18世纪资产阶级革命时代的口号，在他的头脑中仍留有深刻的烙印。

三、李大钊的平民主义

李大钊和陈独秀一样，都是新文化运动的主要倡导者，著名的启蒙思想家。陈独秀以激进民主派著称，李大钊则以平民主义者而闻名。

李大钊（1889～1927年），字守常，河北省乐亭县人。出身于一个读书人的家庭，父母不幸早亡，自幼靠年迈的祖父抚养。少年时代，曾读了四年乡塾，1905年进入新式学堂永平府中学，开始接触现代西方资产阶级民主主义文化，有机会读到康有为、梁启超等人的著作。1907年考取北洋法政专门学校，更广泛接触到当时的新学。1913年在友人的资助下，东渡日本，入东京早稻田大学政治经济系学习，三年后辍学回国。在日期间，他目睹了日本侵华罪

---

① 陈独秀：《立宪政治与政党》，载《每周评论》第25号。

② 陈独秀：《〈新青年〉宣言》，载《陈独秀文章选编》上册，三联书店1984年版，第427页。

③ 陈独秀：《二十世纪俄罗斯的革命》，载《每周评论》第18号。

④ 陈独秀：《〈新青年〉宣言》，载《陈独秀文章选编》上册，三联书店1984年版，第427页。

行，看清了袁世凯与日本侵略者互相勾结的阴谋，使他的爱国主义思想与革命民主主义思想都有很大发展。这时，李大钊也有机会接触了日本马克思主义学者介绍的马克思的经济学和欧洲社会主义思潮的著作，这给他很大的启示。回国后积极参加新文化运动，先后任北京《晨钟报》总编辑、北京大学经济系教授兼图书馆主任，并参加《新青年》和《每周评论》的工作。1920 年在北京建立了共产主义小组，为筹备建党工作做出了巨大贡献。中共成立后任北方区委书记。在中共"三大"、"四大"上均当选为中央委员。1924 年赴莫斯科参加共产国际第五次代表大会。1926 年组织北方人民支援北伐战争，领导了北京人民的"三一八"游行示威运动。1927 年 4 月在北京被奉系军阀张作霖杀害。主要著作收入《李大钊选集》和《李大钊文集》中。

李大钊思想发展的特点，是随着时代和人民革命的潮流前进的。辛亥革命以后，他没有停留在旧民主主义，而是不断地向争取人民权利、人民幸福的人民民主主义迈进，这就是他的"唯民主义"或平民主义的政治思想。他所要求的民主，已经不是一般资产阶级民主，而是包含有争取工农群众的地位、争取工农群众当家做主的人民民主；他要求的"青春中华"国家，已不是孙中山主张的资产阶级共和国，而是要建立以工农为主体的新型民主国家。

李大钊的平民主义思想不是突如其来的，早在辛亥革命失败后，他的思想基点就放在对争取人民大众自由、民主权利的严重关切上面。袁世凯窃夺政权后，中华民国名存实亡，他对共和国的前途抱有"隐忧"，这里面深含对人民苦难的同情，对人民自由、民主、幸福的向往。他在《大哀篇》里，慨叹"共和自共和，幸福何有于吾民也"，实际上表达了希望争取"吾民幸福"的明确思想。他认为，共和国的唯一任务是为人民谋福祉，绝不应该仅仅是把皇帝一人专制换成大大小小军阀的专制。从 1914～1916 年间，他多次批驳主张复辟帝制者诬蔑人民大众无参政能力的谬论，肯定了人民群众不但有除旧布新的革命精神，而且有自立、自主的能力。

1916 年春，李大钊写成《青春》、《民彝与政治》两文，系统地阐述了他所持的对宇宙、人生、国家与民族前途命运的看法，明确地表达了唯物主义的世界观和鲜明的革命民主主义思想。《青春》已有了平民主义的思想基础，具体表现在：第一，李大钊认为宇宙无尽，其发展是无限的，永远是葆其青春的。宇宙的本质用两个字概括就是青春。在这种青春宇宙观的思想基础上，他提出新时代的革命青年，应以青春之精神，以慷慨悲壮、拔山盖世之气势，创造青春之国家。青年要树立积极进取的人生观，以天下国家为己任，发扬"江流不转之精神，屹然独立之气概，冲荡其潮流，抵拒其势力"，改造社会，改造国家。第二，号召人们起来冲破历史网罗，与传统旧思想决裂。他认为阻碍历史的绊脚石有两个：一是过去的"历史之桎梏"，二是当代的"黄金与权势之重荷"。革命青年的责任是要"冲决过去历史之网罗"，"破坏陈腐学说之囹圄"，"涤荡历史之积秽"，摒弃"虚伪机械之生活"，摆脱"黄金与权势"的支配和诱惑，"为世界进文明，为人类造幸福"。很明显，《青春》寄希望于青年，寄希望于未来。它是思想解放的号角，革命民主的强音。

李大钊在《民彝与政治》一文中，进一步提出反对一切专制政治、实行真正人民民主的政治。彝，是指彝器，它是古代帝王统治权威的象征。李大钊提出"民彝"的思想，是要人们从传统的只有帝王君主才有权使用的思想束缚下解放出来，树立民主的、人民大众的统治权威。他指出，几千年以来，封建帝制在人们思想上造成一种危害，即它总是让人们相信只有圣主贤君出世，才造福于人民；人民受这种思想的愚弄，听命大小专制者的摆布，思想不能解放。辛亥革命打倒了皇帝，但没有打倒帝王思想，袁世凯正是利用了这一点，把自己抬上皇帝宝座，搞封建主义复辟。总结历史的教训，李大钊认为"兹世文明先进之国民，莫不争求适宜之政治，以信其民彝，彰其民彝。吾民于此，其当鼓勇奋力，以趋从此时代之精神，而求此适宜之政治也。亦奚容疑”。民彝的实质，“则唯民主义为其精神”。鼓吹复辟帝制的人正好与此相反，他们把袁世凯看作救世主，“举国权而托诸其人”。袁世凯所以能窃国，一方面是因为他有野心，另一方面群众中的“英雄崇拜”的心理也是可被利用的条件。如果不除掉这种心理，人民群众的自立自主自信心发扬不起来，“长此以往，恐一桀虽放，一桀又来；一纣虽诛，一纣又起”。从这个意义上说，“民贼之巢穴，不在民军北指之幽燕，乃在吾人自己之头脑”。因此李大钊指出，防止封建主义复辟的重要条件之一，是扫除英雄崇拜、个人迷信，使广大人民群众起来争取民主，实行民主。李大钊在当时的突出之处，是从世界观的高度进一步划清了专制与民主的界限。他说:“盖唯民主义，乃立宪之本，英雄主义，乃专制之原。而立宪之所以畔夫专制者，一则置重众庶，一则侧重一人。”他主张要彻底破除个人迷信，如有鼓吹君主一人专制的，则视为国家的叛逆，做到这一点，中国的民主政治才有希望。

李大钊并不否认英雄人物的作用，也不是把杰出人物同群众对立起来，他强调英雄是从群众中产生的，离开了群众，英雄也就无用武之地，“离于众庶，则无英雄”。所谓英雄，“乃以代表众意之故而让诸其人之众意总积也”。“离于众意总积，则英雄无势力焉。”那种把英雄抬高到“人种”的地位，足以使人民群众“失却独立自主之人格，堕于奴隶服从之地位”。基于这样的唯物主义的历史观，使他能较好地解决个人与群众的关系问题。他尊重人民群众的历史地位作用，肯定了人民自立自主的权利。正因如此，十月革命后，当马列主义传播到中国时，他的平民主义思想更加自觉了。

1921 年 12 月，李大钊在中国大学讲演《由平民政治到工人政治》，讲演记录稿登在《晨报》上。不久又写了《平民政治与工人政治》一文，登在 1922 年 7 月 1 日出版的《新青年》第 9 卷第 6 号上。稍后又写了一本小册子，名曰《平民主义》，作为商务印书馆的百科小丛书之一，于 1923 年 1 月出版。在这三篇论著中，李大钊对平民主义作了如下论述：

第一，平民主义是世界的潮流，时代的精神。李大钊说："现代有一绝大的潮流遍于社会生活的种种方面：政治、社会、产业、教育、美术、文学、风俗，乃至衣服、装饰等等，没有不著他的颜色的。这是什么？就是那风靡世界的'平民主义'。"平民主义"在现在的世界中，是时代的精神，是唯一的权威者，和中世纪罗马教在那时的欧洲一样"。"我们天天所见的，都是'平民主义'战胜的旗，耳所闻的，都是'平民主义'奏凯的歌，顺他的兴起，逆他的灭亡。一切前进的精神，都自己想象着是向'平民主义'移动着的。"他认为平民主义是社会政治前进的巨大动力，从发展趋势来看其力量是无敌的。

第二，平民主义不仅是一种政治制度，而且是一种人生哲学。李大钊说："现在的平民主义，是一个气质，是一个精神的风习，是一个生活的大观；不仅是一个具体的政治制度，实在是一个抽象的人生哲学；不仅是一个纯理解的产物，并且是深染了些感情、冲动、念望的色泽。我们如想限其飞翔的羽翮于一个狭隘的唯知论者公式的樊笼以内，我们不能得一正当的'平民主义'的概念。那有诗的心趣的平民主义者，想冲着太阳飞，想与谢勒和惠特曼抟扶摇而上腾九霄。"在李大钊看来，平民主义不只具有政治意义，而且具有人类生活规范的意义，它不只是人们理智的追求，而且是感情上的需要。

第三，平民主义的真精神是"自由政治"。李大钊说："'多数政治'不一定是圆满的'平民主义'的政治，而自由政治(Free government)乃是真能与'平民主义'的精神一致的。自由政治的神髓，不在以多数强制少数，而在使一问题发生时，人人得以自由公平的态度，为充分的讨论，详确的商榷，求一公同的认可。商量讨论到了详尽的程度，乃依多数表决的方法，以验其结果。在商议讨论中，多数宜有容纳少数方面意见的精神；在依法表决后，少数宜有服从全体决议的道义。”又说：“这种政治的真精神，不外使政治体中的各个分子，均得觅有机会以自纳他的殊能殊操于公共生活中；在国家法令下，自由以守其轨范，自进以尽其职分；以平均发展的机会，趋赴公共福利的目的；官吏与公民，全为治理国家事务的人；人人都是治者，人人都非属隶，其间没有严若鸿沟的阶级。这里所谓治者，即是治理事务的意思，不含有治人的意味。国家与人民间，但有意思的关系，没有强力的关系；但有公约的遵守，没有强迫的压服；政府不过是公民赖以实现自己的政治事务的工具罢了。”李大钊进一步指出：“若把平民政治，亦放在‘力的法则’之下，那所呈现出的现象”将比一人专制更坏。强力“除在革命时期内，有用他以压服反对革命派的必要外，平时施用强力，适足以为政治颓废的标识”。

第四，工人政治是纯正的平民政治，真实的平民政治。“工人政治”一词是李大钊从西方政治学者那里借用来的。它的意思是“工人的统治”。在李大钊看来，“‘工人政治’，亦是本于‘平民主义’的精神而体现出来的”。“无产阶级的平民政治”是“平民政治的一种”。只有它“才是纯化的平民政治，真实的平民政治，纯正的平民政治”。它“把政治上、经济上、社会上一切特权阶级，完全打破，使人民全体，都是为社会国家做有益的工作的人，不须用政治机关以统治人身，政治机关只是为全体人民，属于全体人民，而由全体人民执行的事务管理的工具”。

第五，经过无产阶级专政达到“纯正的平民政治”。李大钊说：“自劳农俄国成立后，政治学者乃为这种新式的政治，立了一个新名词，就是‘工人政治’。”它的意思就是“工人的统治”，也就是无产阶级专政。他说：“在无产阶级专政的时期，这种政治，的确含有统治的意味，而且很严，大权集于中央政府，实行统治别的阶级，这就是以一阶级的权力，替代他一阶级的权力，以劳工阶级的统治，替代中产阶级的少数政治。这是在革命期间必经的阶级。随着无产阶级专政的经过，那 Ergatocracy 一语中的要素 Cracy 的意义，将生一广大的变动。原来社会主义的目的，即在废除统治与服属的关系。故当中产阶级平民政治的特色私有的规制完全废除至全失其复活的可能，社会主义的精神在实行社会主义制度之下普及于一般的时候，真正的'工人政治'便自然的实现。那时事物的管理，代表了人身的统治，因为除去老幼废疾者外，人人都是作事的工人。这种政治，就是为工人属于工人，而由工人执行的事物管理。这里所谓工人，当然没有男女的差别。随着阶级的消灭，统治与服属的关系，亦全然归于消灭。""现在的平民政治，正在由中产阶级的平民政治向无产阶级的平民政治发展的途中。"

李大钊平民主义政治理论的重大价值，在于他把无产阶级专政即工人政治，同长期流传的民主政治基本原理联系了起来，正是经过无产阶级专政，在无产阶级专政之后，纯正的平民主义就可以实现，民主政治才可以达到高级境界。这是民主真义的发扬，是民主发展的极致。这样，在人类民主政治发展史上，民主就不是消亡的问题，而是争取它圆满实现的问题。

四、鲁迅、吴虞、胡适等人的政治思想

除陈独秀、李大钊外，著名的启蒙人物还有鲁迅、吴虞、胡适等，他们的思想也很活跃，并各具特点。

（一）鲁迅的反封建礼教思想

鲁迅（1881～1936 年），名周树人，字豫才，鲁迅是他 1918 年为《新青年》写稿时用的笔名。浙江绍兴人，出身于逐渐没落的封建士大夫家庭。1898 年（18 岁）考入江南水师学堂学习海军，次年改入江南陆师学堂附设的矿务铁路学堂学开矿，毕业后被选派到日本留学，先在东京弘文书院补习日文约两年，后进入仙台医学专

门学校学医，后来认识到学医不能医治人们的愚昧，于是改学文学，并参加了反清革命团体“光复会”，从事爱国活动。1909 年离日回国，先后在杭州、绍兴等地教书。辛亥革命后应教育总长蔡元培邀请，任教育部部员，后又被任命为佥事。同时在北京大学、北京女子师范大学等校授课。

黑暗的社会，昏庸的官场，使鲁迅陷入寂寞和痛苦之中，并由此拿起笔，投入反封建战斗。1918 年，他一参加新文化运动，便成为反封建的“凶猛的闯将”和很有影响的启蒙思想家。“五四”以前，先后写了《狂人日记》、《我之节烈观》、《我们现在怎样做父亲》和一批随感杂文，比较集中地攻击了封建礼教。

《狂人日记》是鲁迅 1918 年 5 月在《新青年》杂志第 5 号上发表的第一篇用白话文写的小说。鲁迅用文学的形式无情地揭露了封建礼教吃人的本质。他借“狂人”之口说道：“我翻开历史一查，这历史没有年代，歪歪斜斜地每页上都写着‘仁义道德’几个字。我横竖睡不着，仔细看了半夜，才从字缝里看出字来，满本都写着两个字是‘吃人’！”还说“将来容不得吃人的人，活在世上”，发誓要打倒“吃人的人”，号召人们起来为争取过着“真的人”的生活而斗争，反映了鲁迅对礼教本质的深刻认识和彻底推翻封建旧制度的思想。鲁迅在 1919 年三四月又先后发表了《孔乙己》和《药》两篇著名小说，刻画出一颗颗被统治者愚弄得麻木不仁、愚昧无知的善良的人的心灵。鲁迅以上三篇划时代意义的文学作品，充满了民主革命的战斗精神，它对反对封建主义、唤起群众觉悟起了巨大作用。

鲁迅还通过时评、杂文对封建专制制度、旧伦理道德观念进行揭露和批判。《我之节烈观》就是批判封建主义“忠孝节”等奴隶道德和复古主义分子“表彰节烈”谬论的一篇战斗檄文。文中指出：“节烈”是“极难，极苦，不愿身受，然而不利自他，无益社会国家，于人生将来又毫无意义的行为，现在已失了存在的生命和价值”。鲁迅对被封建礼教摧残致死的“可怜人”给予深切的同情;对一切害人虫发出了愤慨的吼声,号召“要除去世上害已害人的昏迷和强暴”,实现“人类都受正当的幸福”的理想。

鲁迅还在《我们现在怎样做父亲》一文中,运用自然科学规律,批判了“父为子纲”以及“伦常”、“恩养”、“孝”、“烈”等旧礼教的反动性和反科学性,并认为儒学和神学都是科学的死敌。他指出:科学和“儒道诸公”的“鬼话”迷信,是根本对立的。“鬼话”只能使人陷于愚昧,“几至国亡种灭”。“真正的科学”才能启迪民智,救治中国。鲁迅寄希望于后代,认为:孩子应该超过自己,超过过去,“子孙对祖先的事,应该改变”,只有这样,才能一代比一代强,社会才能进步。他主张,觉醒的父母,应该解放自己的子女,“放他们到宽阔光明的地方去;此后幸福的度日,合理的做人”。

1921 年,鲁迅写了不朽的现实主义名著《阿 Q 正传》,通过阿 Q 这个典型的形象,深刻批判了封建主义制度在政治上、经济上和思想上对农民的压迫、剥削和奴役,给中国农民造成的深重苦难。这种苦难,一方面是农民直接感受到的并且一直在反抗的政治、经济上的迫害与压榨;另一方面是农民被毒化被禁锢了的思想上精神上的负担。鲁迅深刻指出,农民身上的沉重精神负担,病态反映,主要是封建阶级强加的,也是落后的生产方式所造就的,是他们本身所具有的。这就是阿 Q 为典型代表的“沉默的国民灵魂”,失败主义的“精神胜利法”。鲁迅认为,这是半封建半殖民地条件下中国农民身上,以及一般说来中国人民身上所特有的、应当加以改革的“国民性”。只有从这种“国民性”下解放出来,中国人民才能站起来。《阿 Q 正传》无情地鞭挞了赵太爷、假洋鬼子为代表的封建买办势力的丑恶灵魂,也善意地、饱含热情期望地讽刺、批评了阿 Q 的愚昧无知、麻木不仁、保守落后。它深刻地总结了辛亥革命失败的教训,指出了旧民主主义的局限,同时也预示了新民主主义的前景。

鲁迅反封建礼教的主张,对当时被封建传统观念统治的社会引起了极大的震动,唤起了青年民主思想的觉醒。

(二)吴虞的批判封建专制思想

吴虞(1872~1949 年),字又陵,四川成都人,出身地主家庭,自幼受封建传统教育。1905 年秋东渡日本,就读于法政大学。由于钻研欧美各国政法学说,产生了反孔、非儒思想。1907 年回国,在成都等地中学教书,在课堂上发表非孝、非礼的反孔议论,为人骇怪。1910 年因将暴虐的父亲的鼻子打破,为舆论所不容而被逐出教育界。1911 年因作文反对儒教及家族制度,遭到四川官府通缉,逃离成都,遁迹穷山。辛亥革命后重返成都,为报刊杂志写稿。1918 年起先后在四川、北京等地任教,晚年脱离现实斗争,过着隐居生活。

吴虞是从 1917 年起参加新文化运动的。最初他看了《新青年》发表的易白沙《孔子平议》一文,很为"欣然",写信给陈独秀,表示自己有一批类似文章要求发表,得到陈独秀的赞同。他于 1917~1919 年先后发表了《家族制度为专制主义之根据论》、《儒家主张阶级制度之害》、《吃人与礼教》等著名论文。

吴虞批判专制主义的最大特色,在于把封建社会中思想上的伦理学说、政治上的专制制度和社会组织上的家族制度联系起来,作为三位一体的东西加以考察,这在《家族制度为专制主义之根本论》一文中论述得最为集中。吴虞从分析三者之间的联系入手,认为家族制度是君主专制的基础,君主专制是家长专制的放大,封建伦理是维护这两者的精神支柱,"孝"于家长是"忠"于君主的基础,忠于君是孝于父的推广。他说:"详考孔氏之学说,既认孝为百行之本,故其立教,莫不以孝为起点,所以'教'字从'孝'。凡人未仕在家,则以事亲为孝;出仕在朝,则以事君为孝……由事父推之事君事长,皆能忠顺,则既可扬名,又可保持禄位……孝之范围,无所不包,家族制度之与专制政治,遂胶固而不可以分析。而君主专制所以利用家族制度之故……其为人也孝悌而好犯上者鲜,不好犯上而好作乱者,未之有。其于销弭犯上作乱之方法,惟恃孝悌以收其成功。"[①]吴虞指出,封建伦理道德中的"孝悌"二字,是"二千年来专制政治与家族制度联结之根本",儒家主张孝悌,其目的是"专为君亲长上而设,但求君亲长上免奔亡弑夺之祸",这从根本上来说是违反人道的,侵犯了君子卑幼者的"人格之权","流毒诚不减于洪水猛兽矣"。他认为,既然家族制度是专制政治的基础,那么,要彻底根除专制政治,就不得不革除家庭之专制,打碎先前的家族制度及"孝悌"之类的伦理道德。

在《儒家主张阶级制度之害》中,他再次强调,中国要富强,就必须扫除专制制度;要扫除专制制度,必须改变家族制度;要改变家族制度,必须彻底改革旧礼教,进行儒学革命。"儒教不革命,儒学不转轮,吾国遂无新思想、新学说,何以造新国民?悠悠万事,唯此为大已吁!"[②]

在《读荀子书后》中,吴虞更进一步指出,君主是全国的家长,也是全国的儒教之师。儒教学说与家族制度,都是维系专制制度的强大支柱,要实现真正共和,就必须彻底推倒这两根支柱。"政治改革而儒教、家族制度不改革,则尚余此二大部专制,安能得真共和也!"[③]

后来吴虞在读了鲁迅的《狂人日记》后称赞道:"我觉得他这日记,把吃人的内容和仁义道德的表面看得清清楚楚。那些戴着礼教假面具吃人的滑头伎俩,都被他把黑幕揭破了。"在此启示下,他写了《吃人与礼教》一文,引用许多历史事例来证明礼教吃人的观

---

① 载《新青年》第 2 卷第 6 号。

② 载《新青年》第 3 卷第 4 号。

③ 载《新青年》第 3 卷第 1 号。

点的正确。他说:“到了如今,我们应该觉悟:我们不是为君主而生的,不是为圣贤而生的,也不是为纲常礼教而生的,甚至‘文节公’呀,‘忠烈公’呀,都是那些吃人的人设的圈套来诳骗我们的。我们如今应该明白了!吃人的就是讲礼教的!讲礼教的就是吃人的呀!”[①]因此他认为,不打倒“吃人”的礼教,不改变中国的专制政治和家族制度,中国便不能维新富强。

吴虞批判纲常名教,以尖锐、泼辣、明快、深刻著称,影响很大,被胡适称之为“只手打孔家店的老英雄”。当然他对孔子的批判,也存有形式主义的偏向。

(三)胡适的个性解放与对封建贞节观的批判

胡适(1891～1962 年),字适之,安徽绩溪县人,出身于官僚地主兼商人的家庭。1904 年到上海求学,开始接触西方资产阶级文化科学,并受到中国资产阶级改良主义及民主主义思想的影响。1910 年 7 月去北京考取了清华官费赴美留学,初选攻农科。后改文科,1915 年人哥伦比亚大学研究院研究哲学,得博士学位,是实用主义哲学家杜威的学生。1917 年回国任北京大学教授,并参与编辑《新青年》,成为新文化启蒙运动的风云人物。

胡适是资产阶级知识分子的代表,在中国启蒙运动时期,他的政治思想,除提倡白话文、反对文言文,主张文学革命外,重要的还有主张个性解放和对封建贞节观的批判。胡适积极鼓吹自由和民主。他在《不老》一文中提出:“(1)养成一种欢迎新思想的习惯,使新知识新思潮可以源源进来;(2)极力提倡思想自由和言论自由,养成一种自由的空气,布下新思潮的种子。”[②]胡适认为这两条是“求得新知识新思想的门径”。他痛斥“社会最大的罪恶莫过于摧

① 《吴虞集》,四川人民出版社 1985 年版,第 771 页。

② 载《新青年》第 6 卷第 2 号。

折个人的个性、不使他自由发展”[①]。封建主义不承认人有个性、独立性。在封建礼教看来，所有的人都是君主的臣仆，父亲的孝子，每个女子皆丈夫的贤妻。封建等级，层层隶属，使人们失去自由，使社会发展生机遭到窒息。胡适为呼吁个性解放，妇女解放，介绍西方近世文明，发表了许多文章，1918 年 6 月他在《新青年》上发表的《易卜生主义》便是其中之一。他十分赞赏易卜生[②]的写实主义的创作思想与创作方法。他说：“易卜生把家庭社会的实在情形都写了出来，叫人看了晓得家庭社会真正不得不维新革命；这就是‘易卜生主义’。”[③]胡适在文章中，除具体介绍易卜生如何在作品中暴露社会和家庭的丑恶、宗教和道德的伪善等等外，还特别强调了易卜生主张个性解放的思想。他说，易卜生生平有一种完全积极主张，这就是“个人须要充分发达自己的天才性；须要充分发展自己的个性”。胡适并把易卜生的思想又发展了一步，公开宣扬资产阶级的利己主义，说“‘为我主义’，其实是最有价值的利人主义”。胡适鼓吹个性解放，有鼓动人们反封建的积极的一面，也有助长人们个人奋斗、脱离群众的消极的一面。

胡适对封建礼教的批判，很重要的一个内容就是对封建贞节观的抨击。这方面的文章有《贞操问题》、《论贞操问题》、《论女子为强暴所污》等。对于封建贞操论，自秦汉开始，统治者就极力提倡了，宋明以后愈演愈烈。所谓贞操，就其本来意义来说，无非是要女子对男子、妻子对丈夫的爱情忠贞专一。但无形的感情是无法用具体的尺度衡量的。怎样才算忠贞专一？到头来就形成了几则教条，所谓“从一而终”、“好女不事二夫”等等。妻子对丈夫即使毫无爱情，只要跟着他，便是贞妇；女子对男子，即使未识一面，只

---

① 胡适：《易卜生主义》，载《新青年》第 4 卷第 6 号。

② 易卜生：世界著名剧作家，挪威人。1848 年开始写作，共写出 26 部剧作。

③ 载《新青年》第 4 卷第 2 号。

要订婚后终身不嫁,便是贞女。这样,有无爱情退居为次要问题,而是否在形式上保持专一倒成为衡量贞操的唯一标准。当时北洋政府的《褒扬条例》中明文规定,对于"妇女节烈贞操可以风世"者,如同对于创造发明贡献卓著的人一样给予褒扬。所谓"节",是反对30岁至50岁的寡妇再嫁;所谓"烈",系指"凡遇强暴不从致死,或羞愤自尽,及亡夫殉节者";所谓"贞",系指在家守贞身故"及未符年例而身故者",实际是提倡未嫁女为故世未婚夫守贞。胡适认为,这些规定,"都没有成立的理由",并对之一一进行了驳斥。对于寡妇再嫁,胡适认为这完全是个人问题。妇人若是对她已死的丈夫真有割不断的情义,她自己不忍再嫁;或是已有孩子,不肯再嫁;或是年纪已大,不能再嫁;或是家道殷实,不必再嫁。处于这种境地,她自然守节不嫁。如果对她已故丈夫或无恩义,年纪尚轻;或无子女,家道又苦,处于这种境地,就完全不必守节,"为个人计,为社会计,为人道计,都该劝她改嫁"。如果不问具体情况,片面一味地要求妇女为丈夫守节,只晓得"饿死事小,失节事大","这是忍心害理,男子专制的贞操论"。基于这些理由,胡适公开表示,"故我极端反对国家用法律的规定来褒扬守节不嫁的寡妇"。① 对于烈妇殉夫,胡适认为,这也是个人恩爱的问题,应由个人意志决定,作为法律,无论如何不该褒扬妇人自杀殉夫,因为有的人殉夫,是本着死后团圆的迷信想法。表扬这种行为,等于在一定程度上怂恿了迷信思想。最后,胡适毫不含糊地指出:"以近世人道主义的眼光看来,褒扬烈妇烈女杀身殉夫,都是野蛮残忍的法律,这种法律,在今日没有存在的地位。"②

胡适从资产阶级平等思想出发,提出了与封建贞节观相对立的新的贞操观。他认为贞操问题,是男女双方共同遵守的道德,不

---

① 胡适:《贞操问题》,载《新青年》第5卷第1号。

② 胡适:《贞操问题》,载《新青年》第5卷第1号。

应单独要求妇女遵守。中国封建时代放纵男子、压迫女子的贞操观极端不平等："中国的男子要他们的妻子替他们守贞守节，他们自己却公然嫖妓，公然纳妾，公然'吊膀子'。再嫁的妇人在社会上几乎没有社交的资格；再婚的男子、多妻的男子却一毫不损失他们的身份。这不是最不平等的事吗？"[①]胡适指出，要讲贞操，就应该建立在男女平等的基础上，"贞操是男女相待的一种态度，乃是双方交互的道德，不是偏于女子一方面的"。从这个观点出发，他认为，男子对于女子、丈夫对于妻子，也应有贞操的态度，男子有不贞操的行为，如嫖妓娶妾之类，社会上应该用对待不贞妇女的态度来对待他。他指出："男子嫖妓与妇人偷汉犯的是同等的罪恶；老爷纳妾与太太偷人犯的也是同等的罪恶。"

封建贞操观只是片面地苛求女子而放纵男子，这是露骨的不平等。胡适指出贞操应是男女双方共同遵守的道德标准，这体现了平等的精神，是民主思想在贞操问题上的具体反映。

① 胡适：《贞操问题》，载《新青年》第5卷第1号。

第五章　三民主义思想的发展与畸变

孙中山提出的三民主义是中国资产阶级民主革命理论的精髓和核心。在旧民主主义革命时期，它为资产阶级革命派提供了一面战斗旗帜，对动员人们起来推翻封建专制主义的统治，结束两千多年的封建帝制，争取民主革命的胜利，起了积极作用。随着旧民主主义革命发展为新民主主义革命，孙中山思想实现了伟大转变，实现了从旧三民主义到新三民主义的重大发展。孙中山去世后，资产阶级右翼对日益深入的国民革命洪流产生了恐惧，开始篡改、曲解孙中山的三民主义，使三民主义发生畸变。

一、从旧三民主义到新三民主义的发展

（一）孙中山的旧三民主义

在旧民主主义革命时期，三民主义有一个民族→民权→民生主义的形成过程，又有一个民生→民权→民族主义的恢复过程。1893 年冬，孙中山纠合同志，于广州城南广雅书局南园的抗风轩开会，到会者有程耀宗、程璧光、陆皓东、魏友琴、郑士良、尤少纨诸人。在会上，孙中山提出了“驱除鞑虏，恢复华夏”的斗争口号。这

时仅是民族主义。1894 年 11 月,孙中山在檀香山建立兴中会,在入会誓词中提出"驱除鞑虏,恢复中国,创立合众政府"。会长名为"伯理玺天德",即英文 President,就是民主国家的总统。这时,由一民主义发展到了民族、民权二民主义。1903 年,孙中山在日本青山军事学校的学员誓词中提出:"驱除鞑虏,恢复中华,创立民国,平均地权。"1904 年,孙中山替美洲致公堂重订新章,提到了以"驱除鞑虏,恢复中华,创立民国,平均地权"为宗旨。至此,三民主义基本形成。1905 年 8 月,孙中山把十六字政纲作为刚刚成立的中国同盟会的纲领。10 月,同盟会机关报《民报》创刊,孙中山在《民报发刊词》中将十六字政纲概括为民族、民权、民生"三大主义"。12 月,冯自由在香港《中国日报》"广告栏"作介绍时,把这三大主义简称为"三民主义"。从此,"三民主义"便成了一个专用名词,并为国内外所公认。一年后,孙中山在《民报》创刊周年庆祝会上作了《三民主义与中国前途》的演说,对三民主义再一次作了详细论述。

首先,关于民族主义。民族主义即"驱除鞑虏,恢复中华"。一是反满,也就是推翻满洲贵族的统治,改变满清政府推行的民族歧视和民族压迫的反动政策。孙中山还强调了"驱除鞑虏"只是反对满族统治者,并不笼统地反对满人,指出"民族革命是要尽灭满洲民族"这话是错误的。二是"光复我民族的国家",争取民族解放和国家独立。《军政府宣言》声明:"中国者,中国人之中国;中国之政治,中国人任之。驱除鞑虏之后,光复我民族的国家,敢有为石敬瑭、吴三桂之所为者,天下共击之。"《兴中会宣言》开宗明义地指出,中国面临着"瓜分豆剖","蚕食鲸吞"的厄运。《〈民报〉发刊词》则将"外邦逼之"与"异种残之"并列为民族主义"殆不可以须臾缓"的基本原因。旧民族主义提出了清除国内的民族压迫、实现民族平等、建立"民族的国家"的目标,但没有明确地提出反对外国帝国主义的任务。

其次，关于民权主义。民权主义是三民主义的核心和重点。从兴中会笼统地提出"创立合众政府"到同盟会明确规定的"创立民国"都属于民权主义范畴。民权主义的基本原则是推翻封建君主专制制度，建立资产阶级民主共和国。民权主义的基本纲领是《军政府宣言》中所设计的资产阶级共和国方案："由平民革命以建国民政府，凡为国民皆平等以有参政权。大总统由国民公举。议会以国民公举之议员构成之，制定中华民国宪法，人人共守。敢有帝制自为者，天下共击之！"孙中山主张于民族革命的同时，进行政治革命，推翻封建君主专制政体，"我们推倒满洲政府，从驱除满人那一面说是民族革命，从颠覆君主政体那一面说是政治革命，并不是把来分作两次去做"①。政治革命的结果是建立民主立宪政体，须经军法之治、约法之治和宪法之治三个时期，在这一政体之下，人民拥有选举、罢免、创制、复决四大民权，政府则有司法、立法、行政、考察、监察五权，人民权与政府权分立，使权能区分，互相制约，各自发挥作用。

再次，关于民生主义。民生主义的中心问题是"平均地权"。"平均地权"的办法是："当改良社会经济组织，核定天下地价。其现有之地价，仍属原主所有；其革命后社会改良进步之增价，则归于国家，为国民所共享。"②旧民生主义虽然不能解决农民土地问题，但已看到了中国民主革命中解决土地问题的重要性。民生主义的另一重要问题是振兴实业。《兴中会章程》提到了"兴大利以厚民生"的思想。此后，他经常谈及要振兴实业。在武昌起义爆发后的归途中，他每到一国都在演说中谈到要振兴中国之实业。

在三民主义中，民族主义、民权主义和民生主义三个部分相互联系，互相补充，构成了一个统一的整体。孙中山说："我们革命的

---

① 《孙中山选集》，人民出版社 1981 年版，第 82 页。

② 《孙中山选集》，人民出版社 1981 年版，第 78 页。

目的，是为众生谋幸福，因不愿少数满洲人专利，故要民族革命；不愿君主一人专利，故要政治革命；不愿少数富人专利，故要社会革命。……达了这三样目的之后，我们中国当成为至完美的国家。”①

民国初年，三民主义有过曲折，也有所发展，然而其总精神仍不超出旧民主主义革命的范畴。中华民国成立不久，孙中山曾认为“今日满清退位，中华民国成立，民族、民权两主义俱达到，惟有民生主义尚未着手”②。三民主义只剩下一民主义。宋教仁组织国民党时，只提“采用民生政策”。袁世凯假共和、真专制的面目暴露后，使孙中山认识到民权主义并没有完成。1914 年 7 月，中华革命党成立时恢复为二民主义，《中华革命党总章》规定“本党以实行民权、民生两主义为宗旨”。孙中山又很快意识到推倒清朝，并未实现中国的民族独立，民族主义不可束之高阁。1919 年 10 月，中华革命党改组为中国国民党时恢复了三民主义的提法，纲领中提出以“巩固共和，实行三民主义为宗旨”。这一时期，旧三民主义的发展以民生主义最为突出，主要表现为孙中山对社会主义的探索及提出使中国全面实现近代化的方案——《实业计划》。《实业计划》中增加了“节制资本”的内容，还提出了利用资本主义国家的技术和资本来发展中国的国家资本主义的宝贵思想。民族主义方面明确提出了使国内各民族合为一个统一的大民族的“合族”思想。孙中山在其就任临时大总统的宣言书中说：“国家之本，在于人民。合汉、满、蒙、回、藏诸地为一国，即合汉、满、蒙、回、藏诸族为一人。是曰民族之统一。”他把“五族共和”作为建国纲领的内容，进一步发展和充实了民族主义。

三民主义是中国近代旧民主主义革命时期资产阶级所能提出

---

① 《孙中山选集》，人民出版社 1981 年版，第 86 页。

② 《在南京同盟会员饯别会的演说》，载《孙中山选集》，人民出社 1981 年版，第 93 页。

的比较完整的民主革命纲领。这个纲领成了鼓舞人民群众进行革命斗争的鲜明旗帜,极大地促进了革命的发展。但这个纲领也存在着严重的弱点。它没有明确提出反对帝国主义的口号和纲领,甚至幻想帝国主义会支持中国革命。它没有彻底的民主革命的思想,企图通过打倒满族统治者而实现民主权利,却没有把地主阶级作为整个封建统治阶级来反对,反而错误地把汉族地主阶级当作争取的对象。它也没有彻底的土地纲领,平均地权虽然接触到了农民的土地问题,但却不赞成"夺富人之田为己有",因此不能满足农民对土地的迫切要求。

随着时代的前进,孙中山顺乎潮流,为追求真理进行新的探索,把旧三民主义发展为新三民主义。

(二)旧三民主义向新三民主义的发展

辛亥之后,孙中山为捍卫民主革命的成果进行了不懈的努力,发动了二次革命、护国运动、第一次护法之役、第二次护法之役等一系列斗争,但上述斗争都失败了。正当他陷于绝望困境的时候,遇到了十月革命、五四运动和中国共产党的诞生,这使他看到了新的希望。受十月革命和五四运动的影响,在苏俄和中国共产党的真诚帮助下,孙中山思想实现了一生的伟大转变。

十月革命与五四运动的影响。孙中山关注俄国革命的消息。在十月革命爆发的第三天,由他指导的上海《民国日报》以"突如其来的俄国政变"为题,报道了"彼得格勒戍军与劳动社会已推倒克伦斯基政府"的消息。此后,该报不断刊登俄国革命的消息,赞扬十月革命并给予重要评价。1918 年夏,孙中山致电苏维埃政府和列宁,表示:"中国革命党对于贵国革命党所进行的艰苦斗争,表示十分钦佩;并愿中俄两党团结,共同斗争。"[1]8 月,列宁委托苏俄外

---

① 《孙中山选集》上册,人民出版社 1956 年版,第 492 页。

交人民委员齐契林复信给他，希望“共同进行斗争”，对他鼓舞很大。我国发生的五四爱国运动也鼓舞了他，使他看到了民众团结的力量强大。他说：“试观今次学生运动，不过因被激而兴，而于此甚短之期间，收绝伦之巨果，可知结合者即强也。”[①]学生们的爱国行动所显示的巨大力量，使卖国政府也怕起来，把三个卖国贼赶掉，这给孙中山留下了深刻的印象。

苏俄与共产国际的帮助。1919 年 7 月和 1920 年 9 月，苏俄政府先后两次发表对华宣言，宣布废除沙俄时代与中国政府签订的一切不平等条约。这种态度同帝国主义列强在巴黎和会上的蛮横行径形成了鲜明的对照。1920 年秋，孙中山会见来华的共产国际代表维经斯基，向他表示了“与遥远的俄国斗争结合起来”的愿望。1921 年 12 月，孙中山在桂林会见了共产国际派来帮助中国建党的马林。马林介绍了苏俄革命和建设的情况，并提出建议：一要建立一个联合各阶层，特别是工农群众的党；二要创办军官学校，培养革命军队骨干。孙中山赞赏这些建议。1922 年 4 月，孙中山在广州会见少共国际代表达林，并就国共合作问题进行了多次会谈。1922 年 8 月，苏俄代表越飞来华，稍后同孙中山的代表廖仲恺会谈，并于 1923 年 1 月 26 日发表了《孙文越飞宣言》，标志着孙中山联俄政策的公开确立，也标志着孙中山丢掉了对帝国主义的幻想，转而向苏俄寻求国际援助。8 月，孙中山派“孙逸仙博士代表团”赴苏考察，接着苏联派鲍罗廷来华。10 月 18 日，孙中山委任他为国民党组织教练员。

中国共产党的帮助。1921 年 7 月，中国共产党成立后给予孙中山以重大帮助。1922 年 6 月，中共发表《第一次对于时局的主张》，正确地评价了国民党，坦率地批评了国民党内部“往往有不一致的行动及对外有亲近一派帝国主义的倾向，对内两次与北洋军

① 《孙中山全集》第 5 卷，中华书局 1985 年版，第 140 页。

阀携手”的错误，指出“这种动摇不定的政策实有改变的必要”，提出了建立联合战线的建议。7月，中共“二大”明确提出了同国民党建立联合战线的主张，通过了《关于“民主的联合战线”的议决案》。8月，中共中央在西湖召开特别会议，决定共产党员加入国民党与国民党实行党内合作。孙中山欢迎中共这一决定，并亲自介绍李大钊、陈独秀等人以个人身份加入国民党。9月，孙中山指定陈独秀为“国民党改组方案起草委员会”的成员。稍后孙中山委派包括共产党人谭平山在内的九人组成国民党临时中央执行委员，李大钊为候补委员，全面负责国民党改组的各项准备工作。

经过充分准备，于1924年1月孙中山在广州主持召开了国民党第一次全国代表大会，改组了国民党，确定了“联俄、联共、扶助农工”三大政策，重新解释了三民主义，把旧三民主义发展为新三民主义。新三民主义思想主要反映在由鲍罗廷起草、孙中山亲自审订的国民党“一大”宣言和孙中山在这个时期所作的三民主义演讲中。

二、新三民主义的基本思想

(一)关于民族主义

民族主义过去主要是反满，现在明确地提出了反对帝国主义，并把这一任务摆在首位。《中国国民党第一次全国代表大会宣言》指出：“国民党之民族主义，有两方面之意义：一则中国民族自求解放；二则中国境内各民族一律平等。”指出“辛亥以后，满洲之宰制政策已为国民运动所摧毁，而列强之帝国主义则包围如故，瓜分之说变为共管”，亦即“武力之掠夺变为经济的压迫而已，其结果足使中国民族失其独立与自由则一也”。民族主义“其目的在使中国民族得自由独立于世界”，因而“民族解放之斗争，对于多数之民众，其目标皆不外反帝国主义而已”,明确地提出了“反帝国主义”的口号。《宣言》宣布以民族自决作为处理国内各民族关系的根本原则:“承认中国以内各民族之自决权,于反对帝国主义及军阀之革命获得胜利以后,当组织自由统一的(各民族自由联合的)中华民国。”

孙中山根据《宣言》所确定的上述宗旨,于1924年1月27日至3月1日作《民族主义》演讲[①]。在《民族主义》的讲演中,孙中山主要论述了下述三个问题:

第一,揭露了帝国主义的侵略本质,指出帝国主义就是侵略主义,帝国主义到处侵略,制造战争,扩张领土和谋求霸权。如现在俄国的疆土占欧洲一半,占亚洲也到一半,领土跨欧亚两洲,“他们这样大的领土,都是从侵略欧亚两洲而来”。像英国这样大的领土,也“没有一处不是用霸道造成的”,我国的香港就是英国人用武力割去的。帝国主义的侵略使中华民族的生存地位处于非常危险之中。它们不仅用“政治力”瓜分中国,使我国丧失了许多领土,还用“经济力”对中国进行残酷掠夺,使我国每年蒙受大约12亿元的巨大损失。帝国主义的侵略“弄到中国各地都变成了列强的殖民地”,弄到中国人的地位连高丽人、安南人都不如。

第二,赞扬俄国革命是人类的大希望,提出中国要学习苏俄革命的经验,并联合苏俄。孙中山说,虽然帝国主义大战之后“留下来的还是帝国主义。但是由这一次战争,无意中发生了一个人类中的大希望。这个希望就是俄国革命”。中国革命应该学习“俄国革命的好榜样”。

第三,强调要挽救中华民族的危亡,就必须恢复民族主义精神和我国固有的道德。其方法就是“能知与合群”。能知就是“到处

① 本节引文凡引自《民族主义》、《民权主义》、《民生主义》演讲者,不一一注明,可参见《孙中山选集》,人民出版社1981年版。

宣传，使人人都知道亡国惨祸"，使四万万人都知道我们处在生死关头，由于中国受帝国主义侵略和人口增加的压力，已是"大祸临头"、"死期将至"，然后"发奋起来和敌人拼一死命"。合群就是善用中国固有的团体（指家族、宗族），大家联合起来，也就是在宗族团体的基础上结成国族团体，"有了国族团体，还怕什么外患，还怕不能兴邦吗？"孙中山还对中国的固有道德作了某些新解释，强调了道德问题对恢复民族精神的作用。提出要恢复中国固有的道德，如忠孝仁爱信义和平等，"这种特别好的道德，便是我们民族的精神。我们以后对于这种精神不但是要保存，并且要发扬光大，然后我们民族的地位才可以恢复"。

孙中山还进一步指出，即使我们民族地位恢复以后，我们在民族主义方面的责任还没到头，"还要对于世界负一个大责任"，"对于弱小民族要扶持他，对于世界的列强要抵抗他"。

新民族主义由笼统反满发展到着重反帝，对帝国主义侵略本质的认识更深刻了，还强调人民奋发起来抵抗列强，充满着炽热的爱国主义热情。此外，新民族主义还充实了民族自决、国内各民族平等、联俄、"济弱扶穷"等新的因素，有了很大进步。

（二）关于民权主义

旧民权主义主要是提出了一些平等、自由、博爱的抽象口号，主张建立"为资产阶级所专有"的民权制度即资产阶级共和国。重新解释的民权主义宣布实行直接的、普遍的、革命的民权，主张建立"为一般平民所共有"的民权制度即各革命阶级联合专政的国家。《中国国民党第一次全国代表大会宣言》指出："近世各国所谓民权制度，往往为资产阶级所专有，适成为压迫平民之工具。若国民党之民权主义，则为一般平民所共有，非少数人所得而私也。"《宣言》规定"为国民者不但有选举权，且兼有创制、复决、罢官诸权"；民权"为一般平民所共有，非少数者所得而私"；民权"唯民国之国民乃能享之,必不轻授此权于反对民国之人",效忠于帝国主义及军阀者不得享受自由权利。

国民党"一大"后,孙中山于 1924 年 3 月 9 日至 4 月 26 日作《民权主义》演讲。他在演讲中,进一步批判了封建专制主义,批评了西方议会政治的弊病,阐述了新民权主义思想,提出了在国家政权问题上的一些新观点。主要内容有:

第一,抛弃了卢梭"天赋人权"的形而上学观点,指出民权是人类政治制度演进的产物,是时代的必然趋势。孙中山指出:"《民约论》中立论的根据,是说人民的权利是生而自由平等的,各人都有天赋的权利……所以这种言论,可以说民权是天生出来的。但就历史上进化的道理说,民权不是天生出来的,是时势和潮流所造就出来的。"根据进化观点,他把人类政治制度的进化分成四个阶段,即"洪荒时代"、"神权时代"、"君权时代"和"民权时代",指出民权的出现是社会发展的结果。现在的世界潮流已经到了民权时代,将来无论是怎么样挫折,怎么样失败,民权在世界上,总是可以维持长久的。这好比长江黄河的水流一样,水流的方向,或者有许多曲折,向北流或向南流的,但是流到最后,一定是向东的。民权潮流既然是不可抗拒的,"所以我们要希望国家长治久安,人民安乐,顺乎世界的潮流,非用民权不可"。"如果反抗潮流,就是有很大的力量像袁世凯,很蛮悍的军队像张勋,都是终归失败。"

第二,批判了欧美"代议政体"的弊端,提出了"权与能分开"的设想,主张以直接民权修正代议制度。孙中山说,欧美国家实行的"代议政体"即议会政治还有很多的缺点,"大家都知道现在的代议士,都变成了'猪仔议员'。有钱就卖身,分赃贪利,为全国人民所不齿"。如果"把国事都付托到一般'猪仔议员',让他们去乱作乱为,国家前途是很危险的"。产生这种情况,不是因为中国本身的问题,各国实行这种"代议政体"都免不了流弊,"不过传统中国,流弊更是不堪问罢了"。孙中山批判了"代议政体",但不是完全否定它，而是要修补它，挽救它，修补、挽救"代议政体"的主要措施是采用直接民权。他认为，在代议制政体之下，"人民选举了官吏议员之后，便不能够再问，这种民权，是间接民权。间接民权，就是代议政体，用代议士去管理政府，人民不能直接去管理政府"。因为人民不能直接管理政府，所以出现了许多流弊。故要让人民直接行使选举、罢免、创制、复决四个民权，让人民能直接管理政府。选举权就是选举官吏议员的权利和被选举的权利；罢免权就是对贪官污吏的撤换权；创制权是以人民的公意创立各种适合人民利益的法律和法令，而政府必须执行的权利；复决权是人民废除政府制定的不符合人民利益的法律和法令的权利。人民有四个民权，政府则有五个治权，这就是行政权、立法权、司法权、考试权和监察权。"用人民的四个政权，来管理政府的五个治权，那才算是一个完全的民权的政治机关。""有了这九个权，彼此保持平衡，民权问题才算是真解决，政治才算是有轨道。"实行"权与能分开"、实行直接民权的设想，反映出孙中山希望吸收人民直接管理国家以改善资产阶级代议政体的努力。

第三，反对"为资产阶级所专有"的民权制度，主张建立"为一般平民所共有，非少数人所得而私"的共和国。孙中山在解释这一基本思想时指出："提倡人民的权利，便是公天下的道理。公天下和家天下的道理，是相反的。天下为公，人人的权利都是很平的。""现在是民国，是以民为主的，国家的大事，人人都可以过问，这就是把国家变成大公司，人人都是这个公司内的股东，公司内的无论什么事，大家都有权去管理，这便是民权主义的精义。"他认为国家政权不应由皇帝一人专制，也不应为少数军阀、官僚、资产阶级所控制，而应"用四万万人来做皇帝"，工人、农民、小资产阶级和民族资产阶级都有参与国事管理的权利。

第四，对苏维埃制度表示了一定的赞赏。孙中山在评价这种新政体时指出："近来俄国新发生一种政体，这种政体，不是'代议政体’，是‘人民独裁’的政体。这种‘人民独裁’的政体，究竟是怎么样呢？我们得到的材料很少，不能判断其究竟，惟想这种‘人民独裁’的政体，当然比较‘代议政体’改良得多。”

新民权主义对人民直接管理国家进行了较为充分的考虑，已接近了人民民主主义或新民主主义。毛泽东在谈到新民权主义时说：“除了谁领导谁这一问题以外，当作一般的政治纲领来说，这里所说的民权主义，是和我们所说的人民民主主义或新民主主义相符合的。只许为一般平民所共有、不许为资产阶级所私有的国家制度，如果加上工人阶级的领导，就是人民民主专政的国家制度了。”[①]可见，孙中山的新民权主义作为一种资产阶级民主主义思想来说，已经达到相当的高度。

（三）关于民生主义

旧民生主义只提出了“平均地权”的空洞原则，新民生主义则提出了“平均地权”和“节制资本”两大口号和实施办法。《中国国民党第一次全国代表大会宣言》指出：“国民党之民生主义，其最要之原则不外二者：一曰平均地权；二曰节制资本。”平均地权的办法是“由国家规定土地法、土地使用法、土地征收法及地价税法。私人所有土地，由地主估价呈报政府，国家就价征税，并于必要时依报价收买之”。关于节制资本，《宣言》指出：“凡本国人及外国人之企业，或有独占的性质，或规模过大为私人之力所不能办者，如银行、铁路、航空之属，由国家经营管理之；使私有资本制度不能操纵国民之生计，此节制资本之要旨也。”孙中山抓住了土地和资本两大问题，使民生主义获得了新的生命力。

孙中山于1924年8月3日至8月24日作《民生主义》演讲，主要内容为：

---

① 《毛泽东选集》第4卷，人民出版社1991年版，第1477～1478页。

第一,把"平均地权"发展为"耕者有其田"的思想。1924 年 8 月,孙中山在演讲中指出:"至于将来民生主义真是达到目的,农民问题真是完全解决,是要'耕者有其田',那才算是我们对于农民问题的最终结果。……中国现在虽然是没有大地主,但是一般农民,有九成都是没有田的。他们所耕的田,大都是属于地主的。有田的人自多不去耕。照道理来讲,农民应该是为自己耕田,耕出来的农品,要归自己所有。现在的农民都不是耕自己的田,都是替地主来耕田,所生产的农品,大半是被地主夺去了。这是一个很重大的问题,我们应该马上用政治和法律来解决,如果不能解决这个问题,民生问题无从解决。"孙中山在广州农民运动讲习所作的著名讲演《耕者要有其田》中,也阐述了"耕者有其田"的主张,并提出要重视、仿效苏联解决土地问题的经验。

第二,论述了发达国家资本的主张。孙中山认为中国经济落后,生产不足,要解决民生问题,单靠节制资本是不够的,还要"发达国家资本",振兴实业。在民生主义的演讲中,他提出民生问题"必要加以制造国家资本,才可解决之。何谓制造国家资本呢?就是发展国家实业是也"。"振兴实业的方法很多:第一是交通事业,像铁路、运河,都要兴大规模的建筑;第二是矿产,中国矿产极其丰富,货藏于地,实在可惜,一定是要开辟的;第三是工业,中国的工业,非要赶快振兴不可。"他提出要用国家的力量来振兴三大实业,由国家管理资本,防止大资本归私人所有,并把三大实业的收益归大家共享,"那么全国人民便得享资本的利,不致受资本的害"。

第三,阐述了民生史观,并对唯物史观提出了责难。孙中山认为"社会之所以有进化,是由于社会上大多数的经济(利益)相调和,不是由于社会上大多数的经济利益有冲突"。他还说:"民生为社会进化的重心,社会进化又为历史的重心,归结到历史的重心是民生,不是物质。"他从他的"民生史观"出发否认阶级斗争是社会发展的动力,指出"人类求生存,才是社会进化的原因。阶级战争不是社会进化的原因，阶级战争是社会当进化的时候所发生的一种病症”。他认为唯物史观“没有发明社会进化的定律”，马克思只是一个“社会病理家”，这就否认了唯物史观所阐发的社会发展规律，否认了唯物史观对中国革命的指导作用。

第四，提出共产主义是民生主义的好朋友，主张国共合作，但同时又把民生主义与社会主义、共产主义混为一谈。所谓民生主义，孙中山用的英文词就是 Socialism。这个英文词通常被翻译成社会主义，孙中山以为翻译成民生主义更好。孙中山在演讲中说：“民生主义就是共产主义，就是社会主义。所以我们对于共产主义，不但不能说是和民生主义相冲突，并且是一个好朋友……共产主义既是民生主义的好朋友，为什么国民党员要反对共产党呢?”又说：“共产主义是民生的理想，民生主义是共产的实行；所以两种主义没有什么分别，要分别的还是在方法。”他还提出民生主义可以包含社会主义和共产主义。孙中山把民生主义等同于社会主义、共产主义或认为民生主义包括社会主义、共产主义，表明他对科学社会主义存有误解，但这促使他对马克思主义学说作了相当的研究和吸收。新民生主义成为一种最接近科学社会主义的空想社会主义。

新民生主义的经济纲领与中国共产党新民主主义经济纲领基本相同。毛泽东高度评价了孙中山先生“耕者有其田”与“节制资本”的思想，认为它与新民主主义经济政策达到了基本的一致。他在《新民主主义论》中指出，新民主主义要实行大银行、大工业、大商业收归国有。这也是国民党“一大”宣言的庄严声明。新民主主义要采取某种必要的方法，没收地主的土地，分配给无地和少地的农民，实行中山先生“耕者有其田”的口号。“中国的经济，一定要走‘节制资本’和‘平均地权’的路，决不能是‘少数人所得而私’，决不能让少数资本家地主'操纵国计民生'。"[①]毛泽东在《论联合政府》中又指出:"我们主张的新民主主义的经济,也是符合于孙先生的原则的。……在现阶段上,对于经济问题,我们完全同意孙先生的这些主张。"[②]诚然,新民生主义虽比过去有了显著进步,但它在实践性与彻底性上,同新民主主义经济纲领相比仍有一定的距离。

(四)新三民主义与三大政策

新三民主义与旧三民主义相比,除了上述内容上的差别以外,最根本的特点是与联俄、联共、扶助农工三大政策相联系。没有三大政策的确立,也就不会有新三民主义,正如毛泽东所说:"新三民主义或真三民主义,是联俄、联共、扶助农工三大政策的三民主义。没有三大政策,或三大政策缺一,在新时期中,就是伪三民主义,或半三民主义。"[③]

"三大政策"这一概念是国共两党在总结孙中山生前确定的革命方略的过程中被逐步明确和提出的。它的雏形大约形成于1925年12月。1925年12月4日和11日,国民党中央先后发表《对全国及海外全体党员解释革命策略之通告》和《召集第二次全国代表大会宣言》两个文件。前一个文件指出:"联俄与容纳共产派分子,则为本党求达革命成功之重要政策,先总理决之于先,第一次全国大会采纳于后。""若吾党之革命策略不出于联合苏俄,不以占大多数之农工阶级为基础,不容纳主张农工利益的共产派分子,则革命势力陷于孤立,革命将不能成功。"[④]这是最早把孙中山的"重要政策"概括为联合苏俄、以农工阶级为基础、容纳共产派分

---

① 《毛泽东选集》第2卷,人民出版社1991年版,第678~679页。

② 《毛泽东选集》第3卷,人民出版社1991年版,第1057页。

③ 《毛泽东选集》第2卷,人民出版社1991年版,第690页。

④ 载《政治周报》第1期,1925年12月5日。

子三个方面加以说明的文件。后一文件把孙中山在国民党“一大”确定的“根本方策”总结为五条，第一条为“明揭反对帝国主义之主张，同时更与世界革命先进之苏俄联合战线”；第二条为“结合农工民众之势力”；第三条为军队“与人民结合”，进而变军队“为人民之军队”；第四条为“容纳中国共产党党员，与之努力于国民革命之工作”；第五条为“严肃党的纪律”。“三大政策”概念正式完整的提出则是在1926年11月。1926年11月4日，陈独秀在中共中央政治局会议上作《关于国民党问题》的报告，提出“国民党中究竟有没有左派存在可以做和我们联盟的对象”的问题，他认为有左派，左派的政纲是“迎汪复职，继续总理联俄、联共、扶助农工三大政策”。[①] 这是目前所见到的第一次完整提出三大政策概念的文件。12月11日，周恩来在中共两广区委机关报《人民周刊》上发表《现时政治斗争中之我们》一文，提到国民党右派“做了许多反共、反俄、反工农以及勾结旧势力的工作，而左派很坚决地努力于国民革命和民主政治之实现，实行联俄、联共和扶助工农利益的三大革命政策”[②]。这是首次在共产党刊物上讲到“三大政策”。12月中旬，中共中央召开的汉口特别会议以拥护还是反对三大政策作为区分左右派的标准：“赞成继续孙中山、廖仲恺的联俄、联共和扶助工农这三个政策的分子是左派，反对者便是右派。”[③]这是首次在共产党的会议决议中正式使用“三大政策”的提法。“三大政策”的概念，一经提出，就为许多国民党领导人、国民党的各级组织、各群众团体和各界人士所普遍承认和采纳。据不完全统计，汉口《民国日报》从1927年1月至7月上旬所报道的国共两党领导人的演说文章、题词，国民党各级组织和人民团体制定的文件、发表的宣言、通

---

① 《中共中央文件选集》(2)，中共中央党校出版社1989年版，第426页。

② 《周恩来选集》上卷，人民出版社1980年版，第3～4页。

③ 《中共中央文件选集》(2)，中共中央党校出版社1989年版，第499页。

电,群众集会呼喊的口号、通过的决议、张贴的标语等,正式讲到“三大政策”的地方,不下百处。需要说明的是,尽管“三大政策”概念是在孙中山逝世后正式提出并被广泛认可的,但它是符合孙中山的晚年思想的,是符合国民党“一大”精神的。也就是说,“三大政策”经历了一个由事实上存在到作出科学概括、形成准确概念的过程。

新三民主义和三大政策是密切联系在一起的,它们是一个不可分割的整体。第一,三大政策促成了新三民主义的诞生。孙中山在不断奋斗、不断失败、又不断总结经验教训的过程中,逐渐认识到欲求三民主义的实现,必须抛弃以往依靠军阀反对军阀、幻想取得帝国主义帮助的错误做法,而另外寻找新的革命方法和依靠力量,形成了三大政策。在三大政策初步确立之后,在共产国际、苏联顾问和中国共产党的具体帮助下,孙中山圆满地召开了改组国民党的大会,重新解释了他为之奋斗多年的三民主义,使之具有更明确的反帝反封建的内容,带上更为充分的民主主义色彩。三大政策使三民主义增添了革命政策方面的崭新内容,弥补了旧三民主义的重大缺陷。第二,三大政策是新三民主义的核心和必然要求。如果没有联俄政策,不同社会主义国家联合,那就必然是联帝政策,必然同帝国主义联合。如果不联共,不要农工政策,那就必然要反共,必然不真心实意地扶助农工,就要导致革命失败。第三,三大政策为新三民主义的实行提供了基础和保证。三大政策确立后,孙中山的事业得到了积极扶助被压迫民族解放斗争的社会主义国家苏联的大力援助,得到了掌握先进思想武器而为民族解放英勇奋斗的无产阶级政党的踊跃参加,得到了占全国人口绝大多数的工人农民的积极支持,这就使三民主义有了实现的基础和保证。

顺应时代潮流把旧三民主义发展为与三大政策相联系的新三民主义,是孙中山晚年对中国革命做出的重大贡献,是中国现代政治思想上的一件大事。如果不把旧三民主义发展为新三民主义，就不能有国民党的改组，国民党就不能前进。新三民主义和中国共产党在民主革命阶段中的政纲即最低纲领基本相同，因此成为了第一次国共合作的政治基础。正是建立了三民主义同共产主义的统一战线，建立了第一次国共合作，才为1924年至1927年的国民革命奠定了基础。

由于阶级和时代的限制，孙中山的新三民主义也有局限性。民族主义方面，恢复"固有的旧道德"的提法是欠分析的。民权主义方面，不妥当之处就更多，如将民主与古代民本思想混淆，认为两千多年前孔子、孟子就主张民权，孔子所说"大道之行也，天下为公"，孟子所说的"民为贵，社稷次之，君为轻"等，都是民权思想的表现；认为"中国人民都是不知不觉的多"，"四万万人都是像阿斗"，所以要权能分开即"把国家的大事付托给有本领的人"，所以要由革命党人"训政"，训练人民做主人，如同诸葛亮扶助阿斗一样；认为欧洲人由于不自由，故要争自由，而中国人自由太过，学生还要宣传自由是不识时务；等。民生主义方面，最突出的是"民生史观"存在着严重的错误，否定阶级斗争，鼓吹调和。此外，如以民生主义包举共产主义，"慢慢商量来解决农民同地主的办法"等说法都是欠妥当的。三大政策方面，孙中山提出了联共和扶助农工，对工农群众的力量有一定认识，但总是过高估计资产阶级的历史作用，正如毛泽东指出的："孙中山主张'唤起民众'，或'扶助农工'。谁去'唤起'和'扶助'呢？孙中山的意思是说小资产阶级和民族资产阶级。但这在事实上是办不到的。……在帝国主义时代，小资产阶级和民族资产阶级不可能领导真正的革命到胜利，原因就在此。"①孙中山对马克思及其学说给予了较高评价，但同时又否定马克思主义学说的指导作用。他认为唯物史观"没有发明

① 《毛泽东选集》第4卷，人民出版社1991年版，第1479～1480页。

社会进化的定律”,认为“人类求生存”而不是阶级斗争才是社会进化的原因。他认为中国没有大富的特殊阶级,只有大贫与小贫之别,比较欧美的大资本家,中国的富翁也只是小贫,因此,不能用马克思的办法解决中国的问题。这类议论成了以后国民党右翼、国民党顽固派歪曲、篡改三民主义的借口。“打着红旗反红旗”是背叛正义事业的人惯用的手法,再完善的理论也难以避免被故意曲解的命运。

三、三民主义的畸变

(一)戴季陶的“纯正三民主义”

孙中山去世后,国民党右派理论家戴季陶以“三民主义真诚信徒”自居,在恢复“纯正的三民主义”的幌子下,阉割新三民主义,发展了其消极方面,形成了戴季陶主义,成为后来蒋介石集团反共反革命的理论基础。

戴季陶(1891～1949 年),又名传贤、天仇,字选堂,祖籍浙江吴兴(今湖州市),生于四川广汉。早年留学日本,1910 年任上海《天铎报》总编辑,次年因在该报发表反满文章被捕,后流亡日本、南洋槟榔屿并参加同盟会。武昌起义后回上海,任孙中山机要秘书。1919 年与沈玄庐在上海共同创办《星期评论》,宣传社会主义与劳工问题。1920 年曾参与中国共产党上海发起组筹备活动。随后与蒋介石、张静江、陈果夫等在上海经营证券交易所。1924 年 1 月,在国民党“一大”上被选为中央执行委员。1925 年孙中山逝世后,他公开反对三大政策和新三民主义。这年 5 月,国民党一届三中全会发表了戴季陶起草的《接受总理遗嘱宣言》,提出“建立以纯正的三民主义”的中心思想的国民党“最高原则”的建议。6、7 月间,戴季陶写成并发表了《孙文主义之哲学的基础》(1945 年版易名为《三民主义之哲学基础》)、《国民革命与中国国民党》两本小册子,标志着戴季陶主义的形成。戴季陶主义的出现,不仅为国民党反共提供了理论依据,而且也使得三民主义的意识形态特点更加突出,为日后国民党实权派构建官方意识形态提供了新的思路和方法。

戴季陶主义的主要内容为:

第一,炮制“孔孙道统说”。戴季陶把孙中山说成是孔子思想的继承者,认为其三民主义“完全是中国的正统思想,就是继承尧舜以至孔孟而中绝的仁义道德的思想”,“是两千年以来中绝的中国道德文化的复活”。[①] 指出:国民党三民主义的责任只在于复兴中国固有文化,恢复智、仁、勇、诚的伦理思想。三民主义实际上成了封建复古主义。还提出:孙中山的“三民主义”已经被中共篡改过了,应该清除共产主义思想的影响,修正新三民主义为“纯正的三民主义”。

第二,宣扬“民生主义本体论”。戴季陶指出:“三民主义并不是三个部分,就本体上看,只有一个民生主义,就方法上看才有民族民权民生三个主义。”[②]三民主义就是“民生哲学”,而民生哲学的基础是“仁爱”,民生主义最要紧的是增加中国的生产能力以满足人民的衣、食、住、行、育、乐六个要求。这样一来,三民主义只剩下民生主义,而民生主义又被歪曲为希望统治阶级对被压迫者实行“仁政”和增加生产能力的问题。把“民生哲学”作为三民主义的思想基础,戴季陶的用意颇深:可使三民主义带有更多哲学色彩,增强其学理性;突出民生主义地位,表明三民主义对于解决人民生活的重视,增强其吸引力;以“民生”作为历史发展的重心,从而可以消解阶级斗争,达到反对马克思主义的目的。戴季陶以民生史

① 戴季陶:《孙文主义之哲学的基础》,载《孙文主义讨论集》,1927 年 3 月版。

② 戴季陶:《孙文主义之哲学的基础》,载《孙文主义讨论集》,1927 年 3 月版。

观取代唯物史观，以“仁爱说”取代马克思主义的阶级斗争学说。他指出，“仁爱是人类的生性”，爱人利他的仁心不是一定要同阶级才能够具备，要求被压迫者不要“取阶级斗争的形式”而要以“仁爱之心”感动压迫者，同时，希望统治阶级对被压迫者也实行“仁爱”。戴季陶利用孙中山说过的中国只有“大贫与小贫的分别而已”的话，否认中国存在阶级和阶级对立，认为只有觉悟者与不觉悟者的对立。他宣称：“我们今天在国民革命进程中，为农民工人而奋斗，绝不须用唯物史观做最高原则：争得一个唯物史观，打破了一个国民革命，绝不是革命者所应取的途径。”[①]彻底暴露了其反对马克思主义的真面目。

第三，鼓吹团体“排他性”、“独占性”和“共信不立，互信不生，互信不生，团结不固”的理论。戴季陶认为，国共两党没有“共信”，因此就不可能“互信”，也不可能团结。戴季陶据此提出：国民党要生存就必须独立，共产党员就必须退出国民党，或者放弃共产主义信仰，去作一个单纯的国民党员。

第四，鼓吹三民主义信徒，争夺革命领导权。戴季陶说：“中国的政治，应该完全掌握在信奉三民主义的中国青年手里”，他要青年去做“三民主义的民国的官，掌三民主义的权，切不可错用了精神，误认了目标”。他号召三民主义信徒团结起来，把三民主义的革命党恢复起来，跟着国民党建设三民主义的国家社会。

戴季陶主义出笼后，博得了国民党右派的喝彩，同时也理所当然地受到中国共产党人的批判。针对“道统说”，中共北方区委在《关于反对戴季陶主义的决议》中指出：“中山主义是革命观，而不是孔子道德说，中山主义是革命的战斗理论，而不是和平的道德学说。”[②]瞿秋白撰文指出，把三民主义说成继承孔孟道统“完全是想

① 《国民革命与中国国民党》，1925 年 7 月版，第 49～60 页。

② 转引自《中国现代史稿》，黑龙江人民出版社 1980 年版，第 177～178 页。

把革命当做慈善事业，当做孙中山、戴季陶等一些'君子'爱民的仁政"。针对"仁爱说"，瞿秋白指出：所谓以"仁爱之心"感动压迫者的说法"不但是纯粹的空想主义，而且是要农工民众停止自己的斗争，听凭上等阶级的恩令和指使，简单些说，便是上等阶级要利用农工群众的力量来达到他们的目的，却不准农工群众自己有阶级的觉悟"。[1] 陈独秀也说："厂主以仁爱之心待工人，地主以仁爱之心待佃农，这是百年难遇的传奇材料。"针对所谓团体排拒性的谬论，陈独秀指出：国共两党合作是有其理想共同点和利害共同点为之维系的，这个"共信"是"对外谋民族解放，对内谋政治自由，换句话说，就是打倒帝国主义打倒军阀"。[2] 瞿秋白一针见血地指出："试问这是什么排拒性呢？事实上是资产阶级排拒无产阶级。""根本上还是要C·P完全退出国民党，根本上要消灭C·P，消灭无产阶级的政党。"[3]中国共产党人对戴季陶主义的批判，揭露了所谓"纯正的三民主义"歪曲、反对新三民主义的实质，坚持了马克思主义的阶级斗争学说，坚持了国共合作。

（二）西山会议派的假三民主义

孙中山逝世后，国民党"元老"邹鲁、谢持、居正、林森等，于1925年11月在北京西山碧云寺召开所谓"国民党一届四中全会"，形成西山会议派。西山会议派是国民党内第一个跳出来反共反人民的政治派别。西山会议派打着"三民主义"的旗帜，实则反对三民主义。

他们"变更"新三民主义的联俄政策，攻击苏联是"赤色帝国主

---

① 《中国国民革命与戴季陶主义》，载《瞿秋白选集》，人民出版社1985年版，第181、184页。

② 《给戴季陶的一封信》，载《向导》第129、130期，1925年8月。

③ 《瞿秋白选集》，人民出版社1985年版，第190页。

义”。西山会议派仍然打着“打倒一切帝国主义”的口号，但对帝国主义的含义已作了新的解释。他们指责苏联“带有帝俄时代之遗传病”，“彼所以结好于我者，为彼非为我也”，还说列宁废除沙俄时期的一切不平等条约是处于“危机之秋”的权宜之计。[①] 他们咒骂苏联是貌为平等待我实则不平等待我的“赤色帝国主义”[②]。西山会议通过了《顾问鲍罗廷解雇案》、《决定本党今后对于俄国之态度案》等，反对联俄政策。

他们背弃新三民主义的联共政策，主张“反共清党”。西山会议派指责共产党“盲目模仿苏俄”，是苏俄支配中国的工具。攻击“共产党在中国主张阶级斗争，实不合社会之需要。盖阶级斗争之说，至易破坏国民革命，吾人为统一国民革命阵线之故，势必截断其主张”。诬蔑共产党借机宣传共产主义，“处处要占国民大多数的农民、工人只接近他们党，而不使本党接近”。诋毁共产党在孙中山逝世以后，“更积极进行其妨碍本党之行动，不徒入据本党之策源地以自大，尤复极尽其离间挑拨之能事，强析本党同志为左右派以逞其迎拒，甚至暗中截断本党与民众之声气，毁坏本党之信仰”[③]。攻击自共产党员加入国民党以来，“只见有害，不见有利”，扬言只有“实行清共”，才能“护党救国”，否则，“再过一年，恐青天白日之旗，必为红色矣”。西山会议通过了《取消共产党员的国民党党籍宣言》、《为取消共产派在本党的党籍告同志书》等反共决议、文件。

西山会议派口头讲的是实行三民主义，但实质上曲解、阉割、违背了孙中山的革命三民主义。在民族主义方面，以所谓被征服民族“与战胜民族抗”和复兴“王道之文化”取代了反帝原则。他们

---

① 《中国国民党“第二次全国代表大会”宣言》，1926 年 4 月 8 日，载《清党实录》。

② 《张继致汪精卫等书》，载《清党实录》。

③ 《中国国民党“第二次全国代表大会”宣言》，1926 年 4 月 8 日，载《清党实录》。

召开的所谓国民党“二大”通过宣言宣称:“民族间生存竞争,至今犹为不可避免之事实;由生存竞争而形成的两壁垒,其一为战胜民族,其一为被征服民族。……是以本党之民族主义,主张融合此人类四分之一人口以与战胜民族抗。”还提出“人类四分之一人口而赋有王道之文化者,惟我中华民族耳”,但可惜“我中华民族亦有遗忘其固有之文化,不知民族主义为何物者”。在民权主义方面,以“全民政治”的口号取代了凡反对帝国主义及军阀者得享民权,“效忠于帝国主义及军阀者”不得享有民权的原则。在民生主义方面,鼓吹“仁爱”论,否认阶级斗争学说,以希望地主觉悟以减轻农人之困苦,希望资本家施恩使工人得较美生活的调和主义取代了“平均地权”和“节制资本”两个口号。他们说:“夫人类本非性善,中国向来革命,以仁义号召。欧美近世革命,以平等、自由、博爱、人道号召,尚未免于杀戮恐怖,况以斗争号召者,欲人类不供其牺牲者几何。故共产党阶级斗争之号召,实人类前途之大忧。”[①]声称绝不能像共产党那样唆使佃夫与地主、工人与厂主、学生与教职员战争,而要用阶级调和的办法解决民生问题。

西山会议派反对联俄联共、反对新三民主义的言论受到了中国共产党人和国民党左派的批判。中国共产党人通过《政治周报》、《新青年》、《向导》等刊物,发表批驳西山会议派的文章,其中有毛泽东的《邹鲁与革命》、《北京右派会议与帝国主义》,陈独秀的《国民党右派大会》等。

(三)蒋介石、汪精卫等曲解三民主义[②]

蒋介石总以孙中山的最忠实继承人和最虔诚的信徒的面目出

① 《张继致汪精卫等书》,载《清党实录》。

② 蒋介石、汪精卫的政治思想在第二、三章中设有专章,故这里仅从他们曲解三民主义的角度作简要提示。

现,嘴里常挂着三民主义,但他所说的三民主义已经不是孙中山联俄、联共、扶助农工的三民主义,而是打着“三民主义”招牌的法西斯主义。他把孙中山的民族主义变成了依赖外国、大汉族主义和恢复封建道德,把孙中山的民权主义变成了以“训政”为名行一党专政之实和“一个领袖”独裁专制主义,把孙中山的民生主义变成了维护地主阶级土地所有制、发展官僚资本和摧残民族资本。他不再把共产主义当作三民主义的好朋友,而是视其为“敌人”,要求肃清、禁绝共产党与共产主义。

以汪精卫为领袖的改组派指责蒋介石派已把“革命的三民主义变成了复古的封建主义”,其实,改组派的三民主义也成为离开了三大政策的假三民主义。汪精卫派否认国民党有过三大政策尤其是有过联共的政策。顾孟余 1927 年 7 月 15 日在武汉国民党中央执行委员会第二十次扩大会议上说:“所谓三大政策,即找遍了总理遗教、历次宣言以及各种决议案,找不出这么一个东西。”三大政策“是共产党替我们想出来的”,“共产党代我们定的”。陈公博 1928 年在《革命评论》第 8 期发表《再论第三党》一文,声称只是“共产党之先生们(在民国十五年十月)才创出所谓三大政策”,“民国十三年国民党改组时期,只有‘容共’,并没有听见‘联共’”。

汪精卫叛国投敌后,也打着“三民主义”的旗号炮制其卖国理论。他把孙中山的民族主义歪曲为只反对英美不反对日本帝国主义的大亚细亚主义,宣扬中日两国为共建“东亚新秩序”、实现大亚细亚主义而并肩战斗。把孙中山的民权主义曲解为“以一个党一个主义为中心”的专制独裁主义。还片面地抓住孙中山在《民生主义》讲演中指责马克思主义原理的消极内容,把民生主义篡改成反对马克思主义、反对社会主义和共产主义的谬论。

(四)叶青的假三民主义

叶青,原名任卓宣,四川南充人。1920 年赴法勤工俭学,在法国加入共产党。1927年国民革命失败后，他在长沙被捕叛变，为蒋介石效劳。30年代他在上海办《二十世纪》及《研究与批判》，专门鼓吹反共哲学。抗战爆发后，他办《抗战向导》，撰写反共文章。1939年初正式加入国民党。叶青从背叛中国共产党后，一直借三民主义之名攻击中国共产党，特别是在抗战时期形成了一套假三民主义的反共理论。其主要内容：

第一，歪曲与篡改孙中山的三民主义，制造伪三民主义，排斥共产主义和民主主义。

叶青首先全面歪曲了孙中山的三民主义。在哲学基础方面，他说孙中山的方法论是综合逻辑，既主张形式逻辑，又有辩证法；说孙中山的民生史观，既包括物质，又兼有精神，攻击马克思主义的辩证法和唯物论是“一偏之见”[①]。在内容体系方面，他说孙中山的民族主义是以民族为本位，以世界大同为目的，用以否定共产主义的国际主义；说民权主义是“全民政治”，国人“皆有参政权”，而无产阶级专政是阶级民主，民权不充分；说“民生主义就是社会主义又名共产主义”，二者不同的仅是“方法”[②]，民生主义主张不用武力而达到和平转变，攻击马克思主义的阶级斗争论不适合中国国情。在实际政策方面，他说：孙中山的联俄、联共、扶助农工三大政策不是“主义”，而是可随时代变化的“政策”，“时代过去，政策作罢”，“毛泽东把‘联俄联共扶助农工三大政策’看作‘新三民主义’，就不懂得这种区别”。[③]

叶青在歪曲孙中山的三民主义的同时，还极力反对共产主义。他将三民主义与共产主义进行了“对比”，认为二者有同有不同，同者是趋向于大同世界，不同者主要是各自所走的道路。三民主义

---

① 叶青：《我反共经验底总结》，载《政治评论》第33卷，第34页。

② 叶青：《三民主义比较研究大纲》，载《时代思潮》第40、41期。

③ 叶青：《怎样研究三民主义》上编，1943年11月版，第516页。

主张在中国“举政治革命社会革命毕其功于一役”,主张把种族革命、政治革命、社会革命合而为一次革命,一次革命前半期政治革命使用武力,后半期社会革命“不必用武力”。“共产主义不能同时解决民族民权民生三个问题”,“分成两次解决不合于中国底需要,而第一次由无产阶级领导和第二次用阶级斗争方法更与中国底实际情形不相宜,且有碍于三个问题底解决,同样不合于中国底需要”。[①] 可见,他集中攻击的是中国共产党人的阶级斗争、暴力革命、不断革命论和革命阶段论的思想。他歪曲马克思主义“没有民族主义和民权主义”,“因为它把自己看成无产阶级底主义,它所主张的民族革命和民主政治都只是政策而非主义”,它只是一种解决民生问题的经济思想和社会思想,而且是就其“理想”和“目的”来说的[②],其手段在中国是不可取的,“阶级斗争在‘不均的社会当然可用’;在患贫非患不均的社会如中国‘使用不着’”。他提出,中国用不着阶级斗争、武装暴动、无产阶级专政那一套,只需采用“举政治革命社会革命毕其功于一役”的一次革命,采用“国营实业”等经济方法,就可“和平转变”到“国家社会主义”。其结论是“中国是三民主义的世界”,“共产主义应该脱离开中国”。[③]

叶青不仅反对共产主义而且还排斥民主主义。他认为,三民主义与民主主义在主张由人民行使主权,政治应当由人民共管,以选举制度保证人民的主权这几点是相同的,但三民主义主张集团主义和社会本位,民主主义则要求个人主义和个人本位,由此产生许多差别,这些差别也正是三民主义优于民主主义的地方。三民主义从民族的全民的立场出发而不是从个人出发追求自由平等权利,“以个人的克己论达到了社会的幸福论”,是“真正的全民政

---

① 叶青:《中国政治问题》,第 23、21、24 页。

② 叶青:《中国政治问题》,第 23、21、24 页

③ 叶青:《怎样研究三民主义》上编,1943 年版,第 9～21 页。

治”,而民主主义是“真正的阶级政治”。三民主义还以“天下为公”作格言,以世界大同为归宿,这与民主主义限于本国、本民族的自由平等也是不同的。由此可见,在民主、自由、平等的范围方面,三民主义要比民主主义广大得多。叶青还认为,三民主义主张权能分立,使人民有权,政府有能,既信任群众,又信任领袖,也优于民主主义的“信任群众而不信任领袖”。①

第二,借讲“三民主义”鼓吹“一个主义、一个政党、一个领袖”的法西斯主义。叶青所鼓吹的“三民主义”实质上是法西斯主义,他认为“三民主义”与法西斯主义相同者多,不同者少:在哲学基础方面,三民主义主张社会本位,法西斯主义“以个人应为全体牺牲,可谓相同”;三民主义主张力行哲学,“法西斯主义看重行动……这当然是相同的”;三民主义主张互助,“法西斯主义亦否认阶级斗争为社会进化的主力”。在经济政策方面,民生主义与法西斯主义有若干是一样的,“这就是发达生产,统制经济,调和劳资等。更重要的是在政治制度方面,“法西斯主义主张一个主义,一个政党,一个领袖,即主张集中主义。民权主义亦系如此”。② 他在这个问题上大做文章进行鼓吹。

鼓吹“一个主义”。叶青在其反共理论著作《怎样研究三民主义》一书的“序言”里声称要“使三民主义成为中国唯一的主义”。在第四章中,他把三民主义、民主主义、无政府主义、法西斯主义等进行对比,宣扬三民主义比其他主义都好,三民主义可以包容其他的一切主义,因而在中国只能有三民主义一个主义,其他主义尤其是马克思主义都必须取消。

鼓吹“一个党”。他认为“国民党是一切党派中的骄子,它以外的党派根本不能同其讲平等。其他党派不仅今天,就是将来也没

---

① 叶青:《怎样研究三民主义》下编,1943 年 11 月版,第 6、7 页。

② 叶青:《怎样研究三民主义》下编,1943 年 11 月版,第 20～23、58 页。

有独立存在的理由”。他说“把各党派融合为一个唯一的极大的国民党”，是造成“统一局面”的有效办法。他攻击中国共产党是外铄而引起的，他要求“现在应该继续”和“巩固一党专政”。[①] 他表示自己要“为一党政治而斗争”。

鼓吹“一个领袖”。他写了一篇《蒋委员长底事业》，把蒋介石吹捧为“不仅是革命底领袖，统一底领袖，抗战底领袖，而且是民族底领袖。其事业甚为伟大”。认为“中国变革时代底历史，除开前半期是由孙中山先生支配外，后半期即由他底事业所造成”，要求对蒋介石“绝对信任”、“绝对服从”。

可见，叶青鼓吹的“三民主义”是为蒋介石集团的封建买办法西斯主义辩解的，是反共反马克思主义的反动理论。

中国共产党人著文对叶青的假三民主义进行了揭露和批判。这些文章有张闻天的《拥护真三民主义反对假三民主义》，王稼祥的《关于三民主义与共产主义》，董必武的《共产主义与三民主义》，艾思奇的《关于三民主义的认识》，吴黎平的《叶青的假三民主义就是取消主义》，钱俊瑞的《论民生主义底本质》等。毛泽东在《新民主主义论》中更是对叶青的反动理论进行了有力的批驳。针对“一次革命论”，毛泽东指出：“有些恶意的宣传家，故意混淆这两个不同的革命阶段，提倡所谓‘一次革命论’，用以证明什么革命都包举在三民主义里面了，共产主义就失了存在的理由；用这种‘理论’，起劲地反对共产主义和共产党，反对八路军新四军和陕甘宁边区。其目的，是想根本消灭任何革命，反对资产阶级民主革命的彻底性，反对抗日的彻底性，而为投降日寇准备舆论……‘一次革命论’者，不要革命论也，这就是问题的本质。”针对“把共产主义暂时收起”的叫嚣，毛泽东指出：“资产阶级顽固派就跑出来说：好，你们共产党既然把社会主义社会制度推到后一个阶段去了，你们既然又

① 叶青：《党派问题》，时代思潮社 1939 年版，第 32～36 页。

宣称‘三民主义为中国今日之必需,本党愿为其彻底实现而奋斗’,那末,就把共产主义暂时收起好了。这种议论,在所谓‘一个主义’的标题之下,已经变成了狂妄的叫嚣。这种叫嚣,其本质就是顽固分子们的资产阶级专制主义。但为了客气一点,叫它作毫无常识,也是可以的。”针对共产主义“已包括于三民主义之中”的谬说,毛泽东说明了三民主义和共产主义的异同。指出相同部分是两个主义在中国资产阶级民主革命阶段上的基本政纲。但也有不同部分:“(一)民主革命阶段上一部分纲领的不相同。共产主义的全部民主革命政纲中有彻底实现人民权力、八小时工作制和彻底的土地革命纲领,三民主义则没有这些部分。……(二)有无社会主义革命阶段的不同。……(三)宇宙观的不同。共产主义的宇宙观是辩证唯物论和历史唯物论,三民主义的宇宙观则是所谓民生史观,实质上是二元论或唯心论,二者是相反的。(四)革命的彻底性的不同。”[①]这说明,绝不能把三民主义与共产主义混淆,更不能以“已包括于三民主义之中”为由要求“收起”共产主义。

真正地拥护和继承了孙中山的新三民主义的,是以宋庆龄、邓演达为代表的国民党左派和中国共产党人。中国共产党人始终信仰共产主义、马克思主义。但是,中国共产党在民主革命阶段的纲领与新三民主义所要求的是一致的。因此,1937 年 7 月,《中国共产党为公布国共合作宣言》郑重声明:“孙中山先生的三民主义为中国今日之必需,本党愿为其彻底的实现而奋斗。”中国共产党人是孙中山的事业和思想的继承者,但又为更崇高的理想、更壮丽的事业而奋斗。

---

① 《毛泽东选集》第 2 卷,人民出版社 1991 年版,第 684、685～686、687～688 页。

第六章　自由主义思潮的现代流衍

20世纪上半叶，现代中国历史上始终存在着一个主要由资产阶级、小资产阶级知识阶层组成的政治派别，他们承继了19世纪末严复、梁启超等启蒙思想家所开启的自由主义思潮，以自己的观点、立场、学识和方法为身处十字街头的中国指点迷津，寻找出路。虽然他们所做的一切并不能导引中国到达理想的彼岸，但却在中国历史上留下了一条清晰的印痕。

一、从戊戌变法到五四运动：中国自由主义的兴起与发展

在西方，自由主义一直被作为反对封建专制和宗教禁锢，反对独裁、集权、维护人的尊严和自我发展权利的最重要的理论武器。作为一种舶来品，其被引入中国，也是与中国先进知识分子对近代中国出路的探寻结合在一起的。19世纪末，在中国面临瓜分豆剖危机的历史背景下，戊戌启蒙思想家严复率先将自由主义作为救亡图存的工具与手段移植到中国来。

在维新运动逐渐高涨的1895年前后，严复以出色的文字著译

和思想宣传等形式，成为戊戌维新运动的重要成员。其对这场运动乃至近代中国的贡献，主要表现为对自由主义运动的创始和对近代思想的启蒙。这一时期问世的严氏作品《论世变之亟》、《原强》、《辟韩》、《原强续篇》和《救亡决论》等文章，为我们展示了严复关于自由主义思想的有关内容。

严复认为，“自由”是人的天赋权利，即“民之自由，天之所界”，不仅不可剥夺，而且一个人只有得到“自由”，才称其为完全意义的人。否则，则“固有其生也不如其死，其存也不如其亡”。[①] 在这里，严复将“自由”视为人的自然属性，以强调“自由”之重要。同时，严复也指出，获取自由不能不择手段，反复强调“人得自由，而以他人之自由为界”的原则，认为只有如此，才能行之无弊[②]。

近代时期，资本主义的风涌潮动将落后的中国残酷地置于殖民列强的炮口之下，工业文明与农耕经济的天壤悬殊，坚船利炮与大刀长矛的优长劣短，贪婪凶残与愚昧无知的鲜明对比，导致了中国的被动挨打、甚至亡国灭种。民族危机刺激着中国有识之士探源东西方之差别，寻求疗救中国的良方。严复探源的结论是：中西学术、政治的根本差异，就是“自由不自由异耳”。因为“自由”是国家富强、民族独立的基础与先决条件，固西方之所以在许多方面胜过中国，根本就在于西方“以自由为体，以民主为用”。与同时代其他思想家更多地关注西方“平等”观念有所不同，严复认为“自由”才是西方资本主义的本质，“民主”不过是“自由”的一种外在表现。谓“民主”作为一种政治制度，只有在承认人的权利、肯定人的价值的基础之上，才有可能，才有意义。[③]

与西方遵从“自由”，从而国富民强、称雄世界的道理一样，严

---

① 王栻主编：《严复集》，中华书局 1986 年版，第 35、3、12 页。

② 严复译：《天演论》，商务印书馆 1981 年版，第 34 页。

③ 王栻主编：《严复集》，中华书局 1986 年版，第 11 页。

复认为,在激烈的国际竞争中,造成中华民族屈辱挨打、危在旦夕的原因,正是中国人没有自由,言“夫自由一言,真中国历古圣贤之所深畏,而未尝立以为教者也”。且“自秦以降,为政虽有宽苛之异,而大抵皆以奴虏待吾民”,结果使“民智因之以日窳,民力因之以日衰”[①]。严复认为,无所谓“天不变,道亦不变”,“必为我自由,而后有以厚生进化;必兼爱克己,而后有所和群利安,此自有生物生人来不变者也。此所以为不变之道也”。[②] 既然中国落后的症结在于中国人缺乏“自由”、缺少“自治”能力,那么,严复便将“民之能自治而自由”,视为中国实现富强的基础与前提。他满怀信心地断言,只要中国实现了自治、自由,数十年后就将与欧洲各国“方富而比强”。[③]

与严复借他山之石异曲同工的是,谭嗣同将自由主义意识从中国传统思想中蜕变出来,结合戊戌时期的社会现实,进行了历史性的彰扬。鸦片战争前夕,龚自珍在《病梅馆记》中,即对封建专制制度摧残个性发展、压抑个人自由的罪恶进行过淋漓的暴露与鞭笞,表现出自由主义意识的萌动。谭嗣同继承了地主阶级经世派的传统,在其《仁学》一书中,反映出中国近代自由主义精神的觉醒。在中西思想文化交汇的历史条件下,谭嗣同将传统思想糅合西方文化进行创造性的转化,将中国传统的哲学概念“仁”定义为“通”,并申述“通”之四义为:中外通、上下通、男女内外通、人我通,表达了一种要求泯消一切差别、彻底实现社会平等的近代观念。

最能体现谭嗣同自由主义思想的莫过于他对五伦中“朋友”一伦的解释。他激烈抨击三纲五常的封建伦理道德观念,指出五伦

---

① 王栻主编:《严复集》,中华书局 1986 年版,第 1~3 页。

② 王栻主编:《严复集》,中华书局 1986 年版,第 51 页。

③ 王栻主编:《严复集》,中华书局 1986 年版,第 27,35 页。

中只有“朋友”一伦，因其“总括其交，曰不失自主之权而已矣”[①]，于人生无弊而有益。这种对个体自主之权的重视和强调，在《仁学》中也以“心力”说和提倡自由意志的形式表现出来。而且，除了重视个体自由这一观念之外，谭嗣同的自由思想中还寄寓着“冲决网罗”、扫除一切樊篱的战斗进取精神。

戊戌政变后，思想界经过1899年的短暂沉寂，自1900年至1903年重又复兴。这一时期，思想家们对“自由”的认识更加深化，梁启超以其对“自由”的认识及论述，成为这一阶段自由主义思想家的又一代表。

梁启超认为，生命与权利是人之所以为人的两大要素，二者缺一不可。而“权利”自由的内涵，“自由”不过是权利之“表征”[②]。

对“自由”之意义的论述，是梁启超自由思想最为鲜明、有特色的地方，其对“自由”意义的理解，既有与大多数思想家共同的地方，如谴责专制体制对人民的束缚与摧残，呼吁政治的改良与进步，希望中国人民争得政治上的权利与解放等，也有与众不同的独到之处，如认为“自由”之价值，“非对于压力而言之，对于奴隶性而言之”[③]。这是他对“自由”意义最重要的“新解”，也是他“新民”学说的理论基石。

梁启超非常重视人格的独立自由，将自由分为外在的与内在的两个方面，认为政治自由只是外在的自由，精神自由才是内在的自由。如果国民没有独立自由的人格，即使自由的环境已具备，障碍已排除，也不可能获得真正的自由；就是获得了一定的自由，这种自由也只是暂时的，不可能长久地维持下去。联系中国的实际，梁启超认为奴隶性正是中国人缺乏独立人格的集中表现。在专制

① 《谭嗣同文选》，中华书局1981年版，第187页。

② 李华兴、吴嘉勋编：《梁启超选集》，上海人民出版社1984年版，第138页。

③ 李华兴、吴嘉勋编：《梁启超选集》，上海人民出版社1984年版，第227页。

制度的长久压抑下，奴隶性已成为中国人固定的内在心理因素，精神上表现为愚昧、畏缩，政治上则表现为依附、无求。针对这种情况，梁启超提出了“除心奴”的“新民”之道，从思想根本入手，配合政治上的反专制，内在、外在双管齐下，对国民性进行根本改造。梁启超进一步指出：因为“自由”是“精神界之生命”，所以“除心奴”的根本方法就是向国民灌输自由思想，以期国民的人格觉醒。

20 世纪初中国思想家对“自由”认识的深化，还表现在摆脱了前一阶段仅就“自由”论“自由”的局限，而将对于“自由”的论述范围扩大到了政治、经济、文化等社会生活的各个方面。

关于思想自由，梁启超主张应摆脱儒家思想对中国思想界的束缚，反对将孔子神化，认为“孔子之所以为孔子，正以其思想之自由也”。言“吾爱孔子，吾尤爱真理”，“为二千年来翻案，吾所不惜，与四万万人挑战，吾所不惧”。①

关于言论自由，严复认为“只是平实地说话求真理，一不为古人所欺，二不为权势所屈而已。使真理事实，虽出之仇敌，不可废也；使真理事诬，虽以君文，不可从也”②。

在个体自由与群体自由的关系上，思想家们普遍地将个体与群体、个人利益与社会利益结合起来考虑，并没有将个人自由绝对化。同时，严复也认为，只要个人自由没有妨碍他人或社会，社会就无权干涉，任何君主或政府均不得剥夺个人自由。另外，群体自由亦不能通过个性自由的毁灭来实现，即使是提倡爱国，也绝不是非得牺牲个人不可；保卫国家安全的目的是保护国家中每个人的安全，因为“国家之安全非他，积众庶小己之安全以为之耳”。③ 但在当时民族危机的迫切形势下，严复主张个体自由并不是当时最

① 李华兴、吴嘉勋编：《梁启超选集》，上海人民出版社 1984 年版，第 306～313 页。

② 王栻主编：《严复集》，中华书局 1986 年版，第 134 页。

③ 王栻主编：《严复集》，中华书局 1986 年版，第 126、1022～1023 页。

迫切需要解决的问题,“所急者,乃国群自由,非小己自由也”[①]。

梁启超虽然也承认“团体自由”为“个人自由之积”,但他一直将团体自由置于个人自由之上,认为“自由之极则”,是“团体之自由,非个人之自由”。并视自由有“野蛮”与“文明”之别,认为将个人自由凌驾于团体之上是“野蛮自由”,反之,以个人自由服从团体自由才是“文明自由”。[②]

除了理论上的阐释,维新运动期间,思想家们创办的学会、报刊、新式学堂,对社会习俗进行的某些革新等,无不体现出其追求自由、争取独立人格的政治实践。总之,戊戌启蒙时期的自由主义喧嚣,向中国人民展现了一个全新的精神世界,在一定程度上改变了中国人僵化闭塞的社会心理和狭隘守旧的思维方法,卓有成效地造就了后继之一批又一批具有新思想、新追求的民族民主主义者。只是由于当时这种近代自由主义思潮在历史观上主张渐进改良,随着反清革命的发展,很快便被淹没在激进主义的声浪中。

民国成立后,自由主义思潮复苏,并很快在五四运动中走向高潮。“五四”时期是中国近代自由主义的鼎盛时期。此时,自由主义不再仅仅是少数先知者的呐喊,而是新文化运动的倡导者们整整一代人的追求和提倡,以渐成之风潮,激荡于“五四”时期的意识形态。

五四新文化运动中的自由主义表现为:在政治上,提倡民主,要求政治自由,主张抛弃官僚的专制的个人政治,而易以自由的、自治的国民政治。但同时,鉴于民初政治腐败的实际情况,自由主义思想家认定政治革命不足以救中国,故转而从思想文化入手,寻求奠定政治变革的基础;在思想上,反对尊孔论,要求打倒孔丘这个思想界的皇帝,废除儒学的思想统治地位,表达了“无论何种学

① 王栻主编:《严复集》,中华书局1986年版,第981页。

② 李华兴、吴嘉勋编:《梁启超选集》,上海人民出版社1984年版,第227～229页。

派，均不能定为一尊，来阻碍思想文化之自由发展”的思想自由、信仰自由的信念；在人生观上，提倡以个人为本位的自由主义取代以家族为本位的封建集体主义，强调人格独立和个性解放；提倡科学、提倡白话文，也是这一时期自由主义思想的内容之一。

1915 年 9 月，陈独秀在《青年杂志》的发刊宣言《敬告青年》里率先指出：天生我等，各有自主之权，绝无以奴隶自处之义务。我们必须像近世欧洲那样，破坏君权，求政治之解放；否认教权，求宗教之解放；均产说兴，求经济之解放；女子参政，求男权之解放；由此脱离奴隶之羁绊，完我自主自由之人格。由此启动了“五四”时期对自由主义的再次彰扬，而同时期的胡适和蔡元培，则是这一阶段自由主义思潮最典型的代表人物。

胡适是严复以后中国自由主义的主要代言人。“五四”时期，他发起白话文运动，提出文学改良的八项主张，要求文学表达人真实的情感和思想；他鼓吹易卜生主义，提倡发展个性、个人承担责任的“健全的个人主义”；他主张“一点一滴的改造”，反对“根本解决”，力主和平渐进的改良主义原则；他倡导“大胆的假设，小心的求证”的实验主义方法，提倡“宁可疑而错，不可信而错”的怀疑精神和“拿证据来”的实证态度；他号召以“评判的态度”重估贞操、孝道、孔教等传统的价值，要求全力西化。可见，在胡适身上，较为全面地体现了近代自由主义的主要特征。

著名教育家蔡元培把自由主义推行到教育领域。1917 年，蔡元培以辛亥革命元老的资格出任北大校长，提出了“循思想自由原则，取兼容并包主义”的办学思想，将自由主义落实到教育实践当中。“对于教员，以学诣为主”，只要所授课程“言之成理，持之有故”，就“听其自由发展”；其在“校外之言动，悉听自由”①。在蔡元培的身体力行之下，北大一时间成为荟萃各种人才、容纳各种学

① 《蔡元培全集》第 3 卷，中华书局 1984 年版，第 271 页。

说，学派林立、百家争鸣的学府。除《新青年》外，又出现了以提倡自由主义著称的《新潮》刊物，培育出如傅斯年、罗家伦这样一批日后活跃于政坛的自由主义分子。

五四新文化运动在中国自由主义思潮流衍过程中的意义是非同小可的。它承接着戊戌时期自由主义在中国的最初萌动，将这一思潮大加彰显。它提出了个性解放和确立主体人格的历史课题，以此向统治中国千百年的传统伦理主义文化的群体本位精神提出了挑战，从而从人格层面深刻地揭示了传统农业社会向现代工业社会过渡的历史趋势。

二、20 年代初资产阶级改良主义的“联省自治”与“好政府主义”思潮

五四启蒙运动是在内忧外患的严峻动荡岁月里进行的。中国历史没有给启蒙留下充裕的时间和环境，五四运动后，随着中国革命的深入和救亡图存的紧迫，在救亡的政治使命愈来愈超越启蒙的情况下，新文化运动的阵营出现分化，以胡适、丁文江为代表的资产阶级知识分子仍坚持自由主义理想，而陈独秀、李大钊等信奉过自由主义的知识分子则转而接受了马克思主义。1919 年下半年和 1920 年初，在胡适、李大钊之间发生了问题与主义的论战，这是自由主义者“一点一滴”的改良主义与马克思主义者“根本解决”中国社会问题的主张之间的冲突。自由主义还遭到来自文化保守主义方面的批评，胡适和梁漱溟之间围绕中国文化的出路是西方化还是东方化进行辩驳，丁文江和张君劢等人围绕科学能否支配人生观展开争论。批判文化保守主义者提出的种种观点，成了 20 年代前中期自由主义者在文化战线上的重要工作。

这一时期，自由主义者在政治上的主要活动是提倡“联省自

治”与“好政府主义”。

“联省自治”思潮在中国流传有年。戊戌维新时期，资产阶级改良派即已提出这一思想。辛亥时期的资产阶级革命派，甚至孙中山本人，也曾把争取地方自治视为中国政治民主化的路径之一，从而使这种联邦式的资产阶级共和国方案在中国一直有着一定的市场。1922年至1923年间，“联省自治”经资产阶级改良主义分子的提倡，更形成一股规模不小的浪潮。

“联省自治”的内容，从政治上说包括两方面的含义：其一是主张各省自治。由各省自己制定省宪，依照省宪自组省政府，统治本省。其二是由各省选派代表，组织联省会议，制定宪法，以完成国家的统一，使中国成为联邦制的资产阶级共和国。

制定省宪法，是“联省自治”的倡导者们放在首位的主张。1921年11月，《东方杂志》特刊两期《宪法研究号》，分析民国以来之所以造成武人干政、大小军阀把持着中央和地方政权，从而使民不聊生、毫无自由所言的原因，在于中国缺乏宪法，指出：“吾国今后唯一要图，无过于急速制定宪法以立国本。”[①]而国家宪法的制定有赖于省宪法的出台，故制定省宪法应是当务之急。

不止有言论，1920年以后，各地成立了许多旨在推行省自治的政治团体。比如，在北京成立的江苏、安徽、江西、山东等12个省和北京市代表组成的各省区自治联合会，由直隶、山东、河南、山西等14省代表组成的自治运动同志会以及成立于天津的直隶、沂南、山东、热河等五省一区自治运动联合办事处，成立于上海的旅沪各省区自治联合会等。这些组织及团体通过通电、发文章、集会演说等方式，倡言省自治，活跃一时。

在联省自治的喧嚣声中，章太炎、胡适等从资产阶级改良立场出发，曾参与其间，高谈阔论其有关设想。1920年11月，章太炎

① 胡适：《联省自治与军阀割据》，载《努力周报》第19期，1922年9月10日。

在《联省自治虚置政府议》一文中认为，“近世所以致乱者，皆由中央政府权藉过高”，从而诱使军阀觊觎，以致争相抢夺总统、总理之职位。解决的办法无非是针对这一情况，“联省自治虚置政府”。“各省人民，宜自治省宪法，文武大吏以及地方军队，并以本省人充之；自县知事以至省长，悉由人民直选；督军则由营长以上各级军官会推。”至于中央政府，只需“颁给勋章，授予军官之权，其余一切，毋得自擅”。① 胡适也认定中国致乱的原因，系由军阀权能过大引起，要谋中国之统一，则不宜实行单一的国家组织，必须增加地方权限，采取“省自治的联邦制”。1922 年 9 月，胡适发表《联省自治与军阀割据》一文，提出了“建设在省治上面的联邦国家”的主张。

联省自治思潮属于资产阶级改良主义意识范畴，是民国以来资产阶级争取中国政治民主化的探索之一。虽然这种将民主自由之希望寄托于制宪、省自治的设想并不符合中国的实际，但却是晚清以来自由主义者不满专制独裁、试图以西方民主政治规划中国政治蓝图的重要构想。当然，在许多有识之士已接受马克思主义学说，开始以阶级斗争、暴力革命的观点审视中国问题的 20 年代，“联省自治”的消极性也是显而易见的。

“好政府主义”是这一时期自由主义者在政治上的另一主张。但谈论政治却并不是这一主张的始作俑者和主要角色胡适的初衷。胡适 1917 年从美国归来时，是怀抱以思想文化之变革替中国政治建筑一个革新的基础的理想，发誓“二十年不谈政治”的。但在新文化运动开展后不久，胡适很快放弃了其“二十年不谈政治”的想法，以 1920 年 8 月 1 日与蒋梦麟等七人共同发表《争自由的宣言》为标志，并在次年成立一个研究政治、探讨社会问题的“努力会”，把“谋求中国政治的改善与社会的进步”作为宗旨，代表自由

---

① 章太炎：《联省自治虚置政府议》，载《章太炎政论选集》下册，中华书局 1977 年版。

主义知识分子站到议政、干政的前台。在此前后，胡适为中国政治开出的药方就是“好政府主义”。

1921 年，胡适在《晨报》副刊上发表《好政府主义》一文，提出既不把政府看作神权的，也不把政府看作绝对有害无利的，只把政府看作工具。工具主义政府观的提出，预示着自由主义者为贯彻其政治主张将要与政府权力结合，胡适也由此背离了当初不谈政治的誓言，从此一发而不可收，走上了议政道路。

1922 年 5 月 14 日，由胡适发起和起草、蔡元培领衔的中国十六名著名自由知识分子联名在《努力》周报第 2 期上发表了《我们的政治主张》。在这篇文章中，由社会改造转向政治改造的自由知识分子们，提出了组织一个“好政府”是改革中国政治最起码的要求论点。他们所谓的“好政府”有两个方面的含义：一是“要有正当机关可以监督防止一切营私舞弊的不法官吏”。二是“充分运用政治的机关为社会全体谋充分的福利”，“充分容纳个人的自由，爱护个性的发展”。他还提出政治改革的三个基本原则：第一，要求一个“宪政的政府”；第二，要求一个“公开的政府”，包括财政的公开与公开考试式的用人等；第三，要求一种“有计划的政治”。胡适等更提出由“好人”组成一个“宪政的、公开的、有计划”的“好人政府”。

“好政府主义”主张是由胡适首先提出的，这种主张的政治哲学基础是他的“有政府主义”或称“政府工具主义”。当时，无政府主义思潮经刘师复、黄凌霜、区声白等几代知识分子的张扬在中国已经颇有影响。胡适对无政府主义的观点则颇不以为然。他既不把政府神化，亦不把政府视为有害无利，而是主张把政府看作工具，一种“人类发明的最大工具”，是“社会用来谋最大多数人的最大福利的工具”。这种工具“若用的得当，乃是督促社会进步，打破社会惰性的唯一利器”。

“好政府主义”仍然是自由知识分子社会改良主义的变种，在这里，胡适等人将政府视作是社会合法秩序的象征，认为社会的任何变革都必须在合法秩序的范围内，通过立法等和平手段逐渐推进。鉴于北洋军阀统治时代政治混乱、无序、动荡的现实，胡适的观点是不该乱谈无政府主义，而应该提倡好政府主义。

关于如何在现存政治秩序中实现"好政府"，胡适等人提出了"好人政治"的方法。在《我们的政治主张》中，胡适肯定地指出："好人"出来奋斗，是"政治改革的唯一下手功夫"；认定"中国所以败坏到这步田地，虽然有种种原因，但'好人自命清高'确是一个重要的原因"。丁文江对胡适这种"精英政治"的思想表述得更为具体。他在《少数人的责任》一文中，依据达尔文的生物学观点，提出自然界存在着一种超人，他们是大自然的精英，是主宰社会进步的少数人，认定"组织政府当然是少数人的事"[①]。在胡适看来，"好人"的标准有两条：一是人格上可靠，二是才具上有为。显然，胡适、丁文江是将中国政治的希望寄托在像他们自己一般的少数知识精英身上。

《我们的政治主张》后来一直被视作中国"自由主义的观点的第一次系统的概括"[②]的宣言，它所涉及的政治监督、谋全民的福利、发展个性、宪政的政府、公开的政府等主张，无不是自由主义者所一直追求的政治目标。其中对民主的向往是值得肯定的，只是现代政治发展到20世纪，核心是如何统治的问题，只有首先建立起法律的权威和规范，民主政治才能获得制度化的保障，至于执政者是否符合道德意义上的"好人"标准，并不是最要紧的。"好人政府主张"中对执政者善、恶的重视，实际上是中国传统政治文化圣王思想在作祟，这一方面表明自由主义的内心深处游荡着道德理

① 丁文江：《少数人的责任》，载《努力周报》第67期，1923年8月26日。

② 格里德：《胡适与中国的文艺复兴》（中译本），江苏人民出版社1989年版，第200页。

想主义的传统幽灵，另一方面也预示着“好人政府主张”此路不通。

事实印证了上述推断。“好政府主义”曾上演过一幕短剧。1922年9月19日，曾在《我们的政治主张》上签名的王宠惠、罗文干、汤尔和等在军阀吴佩孚的支持下组织了“好人政府”。一时间，胡适等人不免大喜过望。期望这些“好人”上台之后，能够通过一个宏伟的规划，将中国政治逐渐引入他们所期望的轨道。但是，“好人政府”手中并无行政实权，实际上只是被玩弄于军阀股掌之间的无足轻重的角色。由于军阀之间矛盾纠结，情况复杂，“好人政府”在夹缝中难求生存。在军阀的干预下，这个“好人政府”仅存在了72天就夭折了。它的垮台证明“好政府主义”不过是20年代中国自由主义的政治乌托邦，它以一种典型的实验主义宣告了自身的破产。“努力”的结果是一无所获，这对自由主义者无疑是一次沉重的打击。

三、现代评论派的政治主张

1924年底，消沉不久的中国自由主义知识分子再次集结。一批曾经留学欧美的大学教授和文化人，在北京创办了综合性周刊《现代评论》。从这时开始，到1928年底《现代评论》停刊前的四年时间里，他们以该刊为阵地，评论时政，参与社会，侃侃而论哲学、政治、经济、法律、文艺，以“现代评论派”的姿态，再次成为众人注目的群体。

现代评论派是由多方面的文化人汇集而成的松散的联盟。在变化迅速的半殖民地半封建社会的历史条件下，文人的思想本来就易变，加之这个派别组织的松散和人员的庞杂，故对现代评论派成员很难用一种色彩勾勒清楚。他们中有当时和以后都具革命或进步倾向的文人，如杜国庠、刘弄潮、张崧年、田汉、胡也频、陈启修、欧阳予倩、竺可桢、吴伯箫、刘开渠、李健吾、焦菊隐等，他们属现代评论派的左翼。而像李仲揆、丁西林、陈翰笙、张奚若、顾颉刚、高一涵以及创造社的一些成员，当时的政治态度则处于中间或中间偏左状态。这部分人后来也逐步成为革命的拥护、支持者乃至中坚力量。胡适、陈西滢、王世杰、唐有壬等或在当时写过一些具有严重错误的文章，或后来成为国民党的官僚和官方学者，属现代评论派中的右翼。

情况复杂的现代评论派，以“自由主义”和“独立的精神”相标榜，本着“无顾忌、无偏党、无阿附”的原则，以评论时政为己任，“说自己想说的话”[①]。其基本主张如下：

1. 对北洋军阀既有认同、附和，也有批评、谴责

20年代，作为国民革命对象的北洋军阀是时政的热门话题，以关心时政自任的现代评论派没有回避这个问题。对待军阀，他们从自由主义的立场出发，采取了调和折中的态度，对其既有揭露，亦有开脱。

如北京政变后，以段祺瑞为首的北洋军阀政府和以孙中山为首的南方革命派围绕着善后会议和国民会议问题展开了斗争。此时，现代评论派刚刚问世便当仁不让地卷入了孙段斗争当中。开始，现代评论派的态度明显倾向段祺瑞的善后会议一边。他们认为：“民国今后的根本组织，不能不由一个代表全体人民的国民会议来决定”，但在目前，这个国民会议却“没有现成的地盘助他实现”[②]，因此，他们劝“主张国民会议的人”现在只须作“宣传”的功夫，而将解决时局的重任托付给善后会议。在他们看来，只有这个善后会议，才是“今日解决时局比较切实的一个步骤”和“实际方法”，只有这样的会议才有“达到解决时局的目的之希望”。[③] 正是

① 《〈现代评论〉出版了！》，载《学艺》月刊第6卷第6号。

② 王世杰：《国民会议的基本地盘》，载《现代评论》第1卷第4期。

③ 周鲠生：《善后会议是否应当参加》，载《现代评论》第1卷第6期。

因为他们将希望寄托在了善后会议的召开上，故与段祺瑞等北洋军阀势力站在了一条战线上，要求人们应对善后会议“予对同情之援助”，而不要一概“反对或冷视”[①]，要“大胆地参加”，而“不可持一味反对的态度”。[②]

但同时，他们也对北洋政府表达了种种的不满和怀疑，反军阀的文字也比比皆是。如言“我们对于现在的执政府是很不满意的；我们对于他的解决时局的诚意和能力也是怀疑的”[③]。事实不幸被他们所言中，待段祺瑞借善后会议“敷衍军阀，愚弄人民”的伎俩败露之后，现代评论派便收回了寄托在它身上的希望，转而公开揭露善后会议的虚伪、不实，指出这个会议完全是一个“变相的军阀会议”。[④]它宣告了“段氏政策的试验”的“根本失败”，认为“段政府失了存在的理由”，并毅然与之决裂，决心依靠民众，“组织民众势力”，“与军阀决最后之胜负，建立真正之和平民治的基础”。[⑤]

应该看到，现代评论派对北洋政府的认同主要集中在对其善后会议主张这个具体问题上，这种认同是基于其认为该会议能够解决当时时局这一前提之上的。并非因为他们与段祺瑞有着共同的利益和主张，实际上，作为资产阶级自由派，他们与段祺瑞等军阀分子的分歧是更主要的。

2. 对民众的反帝斗争既不赞成，又表现出反帝爱国的思想倾向

帝国主义是近代造成一切中国灾难的总根源。对帝国主义在中国犯下的滔天大罪，现代评论派无意掩饰。在先后见诸《现代评论》杂志的《上海租界的杀气》、《上海租界的惨剧》、《沪案后援会的

① 周鲠生：《我们所要的一个善后会议》，载《现代评论》第1卷第2期。

② 周鲠生：《善后会议是否应当参加》，载《现代评论》第1卷第6期。

③ 周鲠生：《我们所要的一个善后会议》，载《现代评论》第1卷第2期。

④ 高一涵：《善后会议议员的出席问题》，载《现代评论》第1卷第5期。

⑤ 刘光一：《今后之时局》，载《现代评论》第1卷第14期。

组织》、《沪案进行应取的途径》、《论上海英捕枪杀中国人事》、《英人竟簸弄中国人内乱了》、《英国侵略中国的概况》等文章中,他们对近百年来帝国主义侵略中国的种种行径进行了淋漓尽致的揭露和声讨,并对"五卅"运动中如何开展反帝斗争提出了自己的见解和看法。但同时,现代评论派在对待帝国主义的态度上也有复杂、矛盾的一面,主要表现在看不惯当时轰轰烈烈的人民群众的反帝斗争,尤其反对青年学生参加到反帝的行列中。比如,胡适在《爱国运动与求学》中即说:"帝国主义不是赤手空拳打得倒的;英日强盗也不是几千万人的喊声震得死的。"劝导学生不要"跟着人家乱跑乱喊",而要"立足脚跟,打定主意","充分利用学校的环境与设备","努力把你这块材料铸成个有用的东西"。① 他们认为群众的反帝运动不宜取"直接行动"的手段,否则会引起"庚子义和团杀外人烧教堂,给国家惹出八国联军进京的乱子"来。陈西滢在《闲话》一文中甚至发出"打! 打! 宣战! 宣战! 这样的中国人,呸"②这样的绅士腔调,对群众的反帝斗争予以嘲讽,这些言论明显地与当时疾风暴雨式的群众反帝爱国运动是不协调的。

3. 对待马克思主义的矛盾态度

在对待马克思主义以及中共和苏俄的态度上,现代评论派同样充满了矛盾。对马克思主义他们有过不少"批评",甚至攻击。例如,陈西滢即公开宣称:"我是不信唯物史观的",声言自己"偏向反共产",从而抵制共产主义运动行之中国。但同时又承认"中国的政治,我相信实在可以用唯物史观来解释,也只可这样的解释";并称赞中国"在实行共产制度方面……很有成绩",言中国可以视为苏俄以外的"第一共产的大国"。③ 对中共和苏俄表示了某种

① 载《现代评论》第2卷第39期。

② 陈西滢:《闲话》,载《现代评论》第2卷第29期。

③ 陈西滢:《闲话》,载《现代评论》第2卷第49期。

认同。

《现代评论》中既刊登了一些歪曲苏俄、曲解苏俄对中国革命的援助的文字，也有大量宣传、肯定苏俄的文章见诸之上，对马克思主义的评价也是毁誉参半，众说不一。

总之，国民革命时期的现代评论派在一些重大政治原则问题上表现出来的这种多侧面、不确定甚至是相互矛盾的情况，正是自由主义政治派别在缺乏生存土壤的现代中国所必现的尴尬。

四、人权派的形成与人权运动

由于代表资产阶级、小资产阶级知识分子思想意识的自由主义思潮，在历史观上始终不改改良主义的立场，对国民革命时期兴起的暴风骤雨般的工农革命抱有某种由衷的恐惧，故在异常激烈的阶级搏斗中，他们作出了投向国民党阵营的抉择，于 1927 年春夏开始，自由主义与国民党政权曾有过一段蜜月期，只是，这个时期过于短暂。

建立在革命者血泊之中的蒋介石政权，在实现了“清党”及联合各派新军阀从奉系军阀手中夺取北部中国，完成了形式上的统一之后，即开始全力以赴于“一党专政”独裁局面的出现。1928 年 7 月，蒋介石在北平各界的讲话中即开始强调“以党治国”，谓要“谋中国人思想统一”，“必须以党治国”。在“一个主义”、“一个政党”的口号下，他们以党统权，以言代法，剥夺人民的民主权利，强行推行思想统制，不仅不容忍共产主义，也同样不容自由主义。如 1931 年 5 月，蒋介石在国民会议开幕词中便声称共产主义“尤不适合中国产业落后情形，及中国固有道德”，而“自由民治主义之政治理论”之说亦缺乏实行的背景，如一定要实行，则必将出现类似“意大利法西斯蒂党专政以前之纷乱情形”。蒋介石说到做到，在国民党的统治下，人权、民主、自由一概没有保障，“批评政治的报纸、杂志随时有被禁止取缔的危险，人民随时有被党部、行政机关及军人逮捕……拉去强充军役的危险”。[①] 在这种白色恐怖的气氛中，自由派知识分子终于“忍无可忍，便出来说话了，说出与现在时局有关的话来了”[②]。这些说话的人便集合成自由主义的人权派。

人权派又称“新月人权派”，是从“新月社”中分化出来的。“新月社”本是一个文学流派，先是于 1923 年底由胡适、徐志摩等人组织了聚餐会，后于 1924 年在北京松树胡同正式租房挂牌成立俱乐部，1927 年徐志摩等在上海成立新月书店，不久又创刊《新月》杂志。原以只谈文艺、不附和任何政治派别相标榜，但 1929 年 5 月以后却改变了初衷，开始谈起了政治，人权派也便从新月社八十多位成员中凸现出来，成为现代史上名噪一时的自由主义政治派别。

人权派成员由留洋欧美的知识分子组成，人称“博士集团”。他们赞美西方资产阶级民主制度，崇尚思想自由，奉行“批评和讨论政治是国家个个国民的责任”，对国民党专政下一党独裁局面的不满诱发了人权派的生成，而促使人权运动最终亮相的直接原因，则是国民政府 1929 年 4 月 20 日发布的所谓《保障人权命令》。在逐步完成了对人民权利、自由的层层剥夺之后，国民党政府在《保障人权命令》中却标榜什么“世界各国人权均受法律之保障，当此训政开始，法治基础急宜确立。凡在中华民国法权管辖范围内，无论个人或团体，均不得以非法行为侵害他人身体、自由及财产。违者依法严惩不贷”[③]。国民党这种贼喊捉贼的伎俩，导致了人权派对它的直接攻击。胡适在 1929 年 4 月出版的《新月》杂志第 2 卷第 2 期上发表《人权与约法》一文，对“命令”的虚伪进行了揭露和

① 梁实秋：《孙中山先生论自由》，载《新月》第 2 卷第 9 期。

② 《新月月刊敬告读者》，载《新月》第 2 卷第 6、7 期合订本。

③ 载 1929 年 4 月 23 日《国民政府公报》。

驳斥，指出“个人或团体固然不得以非法行为侵害他人身体、自由及财产，但今日我们最感觉痛苦的是种种政府机关或假借政府与党部的机关侵害人民的身体、自由及财产”。胡适一针见血地指出，“命令”对人权的保障是“只许州官放火，不许百姓点灯”。

继胡适发难之后，罗隆基、梁实秋、潘光旦、王造时等也争相撰文，对国民党统治下“人权被剥夺得几乎没有丝毫剩余”的社会现实，进行了无情的揭露和批评，要求当局“快快制定约法以保障人权”①，决心努力争回人权，一场以《新月》为阵地，以争约法为中心的人权运动就此展开。

在长达三年的时间里，人权派共发表政论性文章30多篇，在阐发其资产阶级“保障人权”、“确立法治基础”、“实行专家政治”等基本政治主张时，亦对国民党的独裁统治进行了揭露和抨击。其基本内容如下：

第一，否定“一党专制”，主张实行资产阶级“民治”制度，主张国家政治。人权派认为“党治”是可以的，英美皆是，但反对“一党独裁”、“党外无党”，“党治”与“一党独裁”不可混为一谈。他们一针见血地指出国民党实行的政策是“党权高于一切”的“一党独裁”，“我们是极端地反对独裁制度的，我们极端反对一人，或一党，或一阶级的独裁”。要求国民党能开放政治，研究、容受并采纳他们的主张，“组织全国大联合的超党派的政府”，并应立即召集国民大会，制定宪法，根据宪法建立一个合乎时代潮流的政治制度，从而使国家的政治制度建立在平民政治的原则上。② 他们认为，“中国目前政治上的紊乱状况，根本的罪孽，是在不懂政治的人把持国家的政权，不懂行政的人包办国家的行政”，而这种罪孽又是“武人政治”和“分赃政治”造成的；要打破武人政治和分赃政治，必须实

---

① 胡适：《人权与约法》，载《人权论集》，新月书店1930年1月初版。

② 罗隆基：《我们要什么样的政治制度》，载《新月》第2卷第12期。

行专家政治;认为“征集全国人才,组织贤能政府”,实行“专家政治”,“才能达到政治上彻底刷新的目的”。[①]

第二,批评国民党的“人治”、“独裁”,要求“人权”和“法治”。针对国民党政府践踏法律、肆意剥夺人民正当权利的种种现象,人权派认定“人权破产是中国目前不可掩盖的事实”[②]。罗隆基在《我的被捕的经过与反感》一文中揭露说,现今是“党指挥军警,军警代行司法”,“‘反动’罪名任意诬诌,‘嫌疑’字眼到处网罗。得罪党员,即犯‘党怒’,一动‘党怒’即为‘反动’,整个社会呈现出有冤莫白,举国狱啸,无辜被戮,遍地鬼哭”[③]的惨状,而这一切都是“人治”的恶果,认为要改变这种状况,关键在于实行“法治”。“法治”是消除专制、获取“人权”的必要手段。所以人权派得出结论:争人权的人先争法治,争法治的人先争宪法,制定宪法、保障人权是当务之急。关于“人权运动”所要争取的人权,罗隆基在《论人权》的长文中共罗列了35条细目,几乎涉及了人民权利的方方面面,包括保障人的生命、保障国民私有财产、国民平等地享受一切政治权利、国民有接受教育的权利,有思想、言论、出版、集会的自由等等。

1931年5月,国民会议通过了《中华民国训政时期约法》,这个《约法》是1928年10月国民党《训政纲领》的具体化。其中心内容是一党专政、个人独裁、人民无权,并未体现法治的真义。对此,人权派是清醒的,并不以《约法》的出台为法制的实现。他们及时揭穿了《约法》的欺骗性,认为照《约法》的规定所组织的国民政府只能“成一个独夫专制的政府,或成为一个多头专制的政府,而绝对走不上民主政治的轨道”。[④] 人权派不仅批评《约法》,甚至根本

① 罗隆基:《告日本的国民和中国的当局》,载《新月》第3卷第12期。

② 罗隆基:《论人权》,载《人权论集》,新月书店1930年1月初版。

③ 罗隆基:《我的反捕的经过与反感》,载《新月》第3卷第3期。

④ 罗隆基:《对训政时期约法的批评》,载《新月》第3卷第8期。

就不承认“训政”,言“国家的组织,他的性质上就不容有‘训政’这回事”[①];认为国民党搞“训政”,这本身就是对人权的一种剥夺。

第三,对国民党以限制言论自由而强行实现思想统一的企图,人权派也提出了异议。他们要求言论自由,指出:“言论自由,就是‘有什么言’,出什么言;‘有什么论’,发什么论。”“言论自由这名词,就是指法律不得干涉的自由。是指国会不得制定法律,取缔人民的言论而言。”言论自由应当是绝对的,“无事不可言,无事不可论。天下事没有绝对的自由,就成为绝对的不自由”。他们认为,“天下没有固定的绝对的真理”,真理也不可能“被一人一家一族所把持霸占”。统一的思想只是思想的僵化,不是谋思想的变化。思想不必要强求统一,也不能统一。他们义正词严地指出:言论自由固然危险,但压迫言论自由的危险比言论自由的危险更危险[②]。并得出结论说:在思想言论自由这一点上,国民党是反动的[③]。

人权运动是资产阶级自由派知识分子向国民党暴政的抗争,这种抗争仍然不改20年代以来的自由主义方式,是温和的。胡适在《我们走那条路?》一文中重申了其反对暴力革命的改良主义。他提出,制约中国社会发展的因素有疾病、愚昧、贪污、扰乱“五大仇敌”,革命即是打倒这五大仇敌,反对把封建主义和帝国主义作为革命的对象。主张“用自觉的改革来替代盲动的所谓‘革命’”,攻击共产党领导的革命斗争是“煽动盲动残忍”,“扰乱国家社会的安宁”。从同样的立场出发,自由主义者也对国民党武力剿共的做法提出了批评。罗隆基要求实行“以思想代替思想的方法”取代军事剿共,认为只要实行思想自由,实行以“民治”代替“党治”,共产

① 罗隆基:《我们要什么样的政治制度》,载《新月》第2卷第12期。

② 罗隆基:《告压迫言论自由者》,载《新月》第2卷第6、7期合订本。

③ 胡适:《新文化运动与国民党》,载《人权论集》,新月书店1930年1月初版。

学说和共产党就可以不剿自灭。[①]

除了搞政治的胡适、罗隆基外,新月派的其他成员,如搞文艺理论的梁实秋,在人权运动期间也写了《论思想统一》等文字,以自由派的立场,表达了对现实政治的某种看法;徐志摩等则用诗歌或其他文学形式,挥洒他们渴望个性解放、执著追求自由的理想。

大革命失败后,国内阶级关系发生了巨大变化,以中国共产党为代表的人民大众与蒋介石国民党为代表的大地主、大资产阶级的矛盾,成为主要矛盾。国民党蒋介石凭借手中掌握的执政权,在全国推行法西斯独裁统治,实行白色恐怖。在这种情况下,人权派以对英美等国民主政治的追求和对国民党独裁统治的批判及否定,在形势上顺应了当时全国人民反对国民党独裁统治的斗争。故 1932 年中国民权保障同盟成立时,自由主义者曾与左翼知识分子结成过某种联盟,有一批自由主义者如胡适、蔡元培、林语堂等参加了同盟,胡适甚至一度担任了同盟的北京分会主席。

在中国历史处于国共两党为首的两个阶级生死较量的非常时期,人权派既抨击国民党的专制独裁,又不认同中国共产党领导的革命运动,这种首鼠两端的态度,决定了其面临左右夹击的现实困境。中国共产党的党刊《布尔什维克》对人权派的政治思想进行过批判,最有代表性的一篇是瞿秋白的《中国人权派的真面目》。国民党政府也始终认为人权派成员属危险分子,视其思想、言论为大逆不道的异端邪说而对人权派横加迫害。1929 年 11 月,国民党中宣部出版了《评胡适反党义近著》一书,给胡适等人扣上"违反党义"、"诋毁党义"的帽子,国民党中央教育部对胡适"加以警告",胡适遂于 1930 年 5 月辞去上海中国公学校长职务。1930 年 11 月 4 日,罗隆基被上海公安局以"人言反动"、"污辱总理"、"共产嫌疑"等罪名逮捕拘留,并被取消上海光华大学的教授资格,使人权运动

① 参见罗隆基《论中国的共产》,载《新月》第 3 卷第 8 号。

遭受镇压。

随着民族危机的加深，人权派逐渐采取与国民党合作的立场。1931 年 1 月 18 日，胡适致信陈布雷，表示期望与蒋介石在“共同认识”上达到一个“互相认识”。“九一八”事变后，罗隆基表示：“在国事危机存亡的时候，我们决不拿言论自由作幌子来与当局为难。”丁文江、胡适于 1931 年 10 月被蒋介石召见，对“大局有所垂询”。抗战爆发后，胡适出任了国民政府的驻美大使，在抗日救亡的洪流中，自由主义者“独立”的声音趋于低落。

五、抗日战争胜利后政治自由主义的高潮与“中间路线”的幻灭

和着民族救亡的历史主旋律，自由主义思潮起起落落。如果说抗战时期中国的自由主义者由于采取同国民党政权大体一致的立场，其独立的声音逐渐消沉的话，那么，抗战胜利后，扑朔迷离的时局，似乎又透出希望之光，中国自由主义者一度又活跃起来。胡适、施复亮、杨人鞭、张东荪、周绶章、张君劢、章乃器、章伯钧、罗隆基、储安平等一大批人士再次集结在自由主义的旗帜下，以《世纪评论》、上海《大公报》、《观察》周刊等报刊为阵地，发表自己对时局和中国政治前途的种种看法，使自由主义大潮骤起。

抗日战争胜利后的时局为自由主义的勃兴提供了又一契机，国共两党的严重对峙，是这一思潮重新崛起的一个千载难逢的机缘。抗日战争结束以后，各种政治势力都希冀参与国家政权，特别是国共双方更是围绕着建国问题展开了针锋相对的政治和军事较量。国民党蒋介石欲坚持一党专政，继续实行专制独裁，坚持先军队国家化，再政治民主化。共产党主张建立民主的联合政府，先实现政治民主化，再实行军队国家化。双方斗争激烈，内战危险迫在

眉睫。这种局面在自由主义者眼里就成了争取政治多元化的大好时机。他们认为，国共双方在短时期内都难于一决雌雄，需要一个中间力量从中斡旋，以打破两党武力对峙的局面，推进政治民主化的进程。亦即他们在国共两党的对峙中发现了施展自己政治抱负的机会和可能，试图在国共两党的建国方案外，寻求"中间路线"，走"第三条道路"，以实现他们萦怀已久的民主政治。1946 年 6 月，张东荪在《再生》杂志第 118 期上发表了《一个中间性的政治路线》，较早提出了中间路线的主张，宣称："中国必须于内政上建立一个资本主义与共产主义中间的制度。"罗隆基也有类似的表述，宣称："中国要防止内战，在我个人看来，唯一办法，只有第三个有力的大政党产生，以缓冲国共两党的武力对峙与冲突。"[①]设想在中国建立一个以中间力量为主体的政府，国共双方都把军队交给政府统一管辖，以化解国共之间以武力为后盾的对立。施复亮则把解决中国政治问题的希望更加明确地寄托到自由主义人士的身上，称"中国民主政治的实现，必须有待于自由主义者的势力"。因为"只有自由主义者，才能始终坚持民主的原则和民主的精神来从事民主运动，解决政治问题"[②]。周绶章更从全球角度对中间路线的可行性进行了论证。他说："放眼看看今日的世界局势，虽然还是资本主义与共产主义两大势力在那里冲突激荡，而有识之士却已洞烛此两大路线的缺点，欲谋所以补偏救弊之道。美国之第三党之壮大，英国工党之辉煌成就（内政方面），等等都足以助长自由主义分子的信心，深信在资本主义与共产主义两大路线之外，确有完美合理的道路等。自由主义思想的国际性既已形成，其精神之

① 罗隆基：《中国需要有第三个大政党》，载《观察》第 3 卷第 77 期，1948 年 7 月 24 日。

② 施复亮：《论自由主义者的道路》，载《观察》第 3 卷第 22 期，1948 年 1 月 24 日。

发扬光大自是意料中的事。”[①]可见，自由主义者关于第三条道路的设计，是受了英国工党的费边社会主义、罗斯福的“新自由主义”的影响。

借助着舆论的力量，自由主义者娓娓动听地诉说着自己关于时局、关于前途、关于民主的设想，试图化干戈为玉帛，让国民党放下屠刀，使共产党放弃信仰，共同迈向他们的政治目标。

政治自由依然是自由主义者最为推崇的。按照他们的理论，政治自由的意义就是建设民主，拥护民主。这种民主是以思想的自由和自由的思想为前提的，民主可使一国的政权真正掌握在多数人民的手里，由多数人民的意志来决定有关的国策，以保障人民的基本自由。就当时中国的政治现状而言，自由主义者特别提出，中国的民主政治内容应该体现在多党制的实行上。张东荪称：我们“主张各党共存，都能发展，这就是民主。除了各党共存合作以外，另求民主，这不是曲解民主，便是有意造成假民主。总之，各党协商，由共同而得一致，由不同而互相钳制，这乃是真民主”[②]。另外，自由主义者是以容忍作为实现多党制的手段的。他们认为，容忍比自由更重要，没有容忍，就没有自由可言。民主建国会甚至将其写进了自己的宣言中，提出：“各政治党派必须以国家利益为前提，相忍相让，通过政治的民主化，以达成军队的国家化。”[③]

经济自由也是自由主义者的追求之一。他们既对官僚资本与封建土地制度深恶痛绝，也对西方资本主义经济制度的无序状态所引发的种种弊端怀有疑虑。权衡之下，认定“必须采用计划经济，尤其必须采取进步的计划经济”，因为经济的计划性，可以达到

---

① 周绶章：《为真正的自由主义分子打气》，载《中国现代思想史资料选编》第5卷，浙江人民出版社1983年版。

② 施复亮：《中间路线与挽救危局》，载《时与文》周刊第1卷第8期，1947年5月2日。

③ 《中国民主建国会成立宣言》，载《民主建国会成立纪念专刊》。

一种经济平等，经济平等了以后，自由更可增加。在这方面，他们推崇苏联的经验，认定苏联的经济模式才是“我们建立民主制度极好的参考资料”，须“拿苏联的经济民主来充实英美的民主政治”。[①] 将这两者的嫁接，用来建构中国的民主框架。经济民主的主张体现了自由主义者对他们所代表的民族资产阶级阶级利益的关注。

在历史观上，自由主义者仍然信奉和平改革，认定无论是政治自由还是经济自由，都必须通过和平改革而不是暴力革命的途径实现。在他们的观念里，暴力革命等同于兵连祸结，于国无利，于民有害。只有用立法的方法，一步一步地改良，一点一滴地求进步，才是适宜的。经济上也是主张和缓的方式，尽量利用资本主义的优点去发展生产力。土地改革则不采取没收封建地主阶级土地的过激方式，而是要集中力量，用和平的手段解决土地问题，以解除农民的痛苦。总之，他们希望在避免社会震荡、兼顾各阶级利益的前提下，调和阶级矛盾，和平地发展资本主义的生产关系。

陶醉于自由主义梦幻之中的自由主义分子，还引发了一场关于什么是“自由主义”的讨论。胡适在《自由主义》一文中强调自由主义就是“尊重自由”，包括自由、民主、容忍反对党、和平的渐进的改革四个方面。周绶章解释：自由主义绝非“没有主义”，自由主义者“以自由为主义，相信唯有不受任何偏见的束缚，通过自由的道路才能得到真理”，自由主义“以天下之是非为是非，以人民之公利害为利害，而不受任何政治教条、党八股的束缚”；自由主义绝非“帮闲主义”，绝非为统治者作御用工具而讨一官半职；自由主义绝非“投机主义”，相信“大多数人民的趋向是正确的”；自由主义绝非“尾巴主义”、“民族失败主义”，自由主义者是最爱护国家主权，最

① 《中国民主同盟历史文献》，文史资料出版社 1983 年版，第 15～77 页。

看重民族利益的。[1] 这一时期，除胡适等少数人仍坚持个人本位的自由主义外，大多数自由主义者都主张兼采自由主义与社会主义的“新自由主义”，即：“在政治和文化上自由主义者尊重个人，因而也可说带了浓浓的个人主义色彩，在经济上，鉴于贫富悬殊的必然恶果，自由主义者赞成合理的统制，因而社会主义的色彩也不淡。”[2]他们把这种“新自由主义”称为“民主社会主义”、“自由社会主义”、“新资本主义”、“新社会主义”等。

40 年代，中国的自由主义分子绝不单纯是坐而论道，他们的政治参与行为此一时也比以往任何时期都积极。为了使希望成为现实，自由主义者活跃于 40 年代的中国政治舞台，先后成立了民主同盟、民主建国会、民主促进会、九三学社等民主党派，这些团体合成一股较强的政治势力。在这些党派的政纲中，处处闪烁着自由主义的思想、理论、观念。1945 年 10 月，民盟召开临时全国代表大会，会议通过的《政治报告》提出要“把中国造成一个十足地道的民主国家”，提出了建设“中国型的民主”的目标，这种制度就是“拿苏联的经济民主来充实英美的政治民主”。会议通过的《纲领》提出，“国家保障人民身体、行动、居住、迁徙、思想、信仰、言论、出版、通讯、集会、结社之基本自由”。1946 年 1 月，中国民主促进会第二次会员大会通过了《对时局的宣言》，也提出了实行民主的纲领，并指出：“我们为争取民主，须先自动地实现言论、出版、集会、结社、人身的自由，反对一切摧残人民自由的举动。”民主建国会等其他民主党派的政纲也都颇具自由主义的色彩。他们频繁活动，一再呼吁停止内战，用和平的方式解决国家的一切问题，可是舆论在阶级大搏斗的风浪中是如此的苍白，停战协定一毁再毁，政协决

① 周绥章：《为真正的自由主义分子打气》，载《中国现代思想史资料选编》第 5 卷，浙江人民出版社 1983 年版。

② 《自由主义的信念》，载 1948 年 1 月 8 日上海《大公报》。

议被公然践踏，和平方案成为一纸空文。国民党的专制独裁仍是有恃无恐，镇压爱国民主运动，对各民主党派施加政治压力，甚至罗列了种种罪名强加于民盟，宣布其为“非法团体”，强令其解散。残酷的现实粉碎了自由主义者“和平、改良”的梦幻，宣告了第三条道路的不通，他们不得不在国民党和共产党所代表的两条路线中作出抉择。民社党、青年党被蒋介石拉着参加了“制宪国大”、“政府改组”和“行宪国大”。而伪国大的召开不过是粉饰太平、“改组政府”则只是挂羊头卖狗肉的闹剧，与自由主义者的理想相去甚远。民盟在遭受国民党镇压后，于 1948 年 1 月召开一届三中全会，宣布恢复组织，会议通过的《政治报告》否定了中间路线，称“自从本盟被南京反动独裁政府勒令解散以来，一切所谓‘中立’、‘中间’的说法和幻想，实早已被彻底粉碎了”；确立了拥共反蒋的路线，表示“今后自当积极的支持以人民的武装去反抗人民的反动的武装”。5 月 5 日，民革、民盟、民进等民主党派的领导人，响应中国共产党召开新政协的号召，在人民解放军“宜将剩勇追穷寇，不可沽名学霸王”的进军声中，进入解放区，并相继发表声明，表示愿意接受中国共产党的领导，放弃原有的自由主义的主张。1949 年，随着共产党在大陆取得完全的胜利，国民党溃败到台湾，自由主义阵营最终分裂，胡适、傅斯年、蒋廷黻等辗转去了台湾。罗隆基、章乃器、章伯钧、储安平等则留在了大陆。40 年代以来，自由主义者关于第三条道路的鼓吹归于沉寂。

起源于西方的自由主义思潮随着西学东渐向近世中国迎面扑来，在民族救亡的历史呼唤中，影响了几代中国知识分子，在思想界起过重要的启迪作用，但却始终未能成为中国社会的主流思潮，这一方面是由于中国社会各种因素的交互作用，没有为它营造出较为适合的土壤；另外，自由主义理论本身的脆弱，也是决定其在中国难以立足的重要原因。

六、自由主义宪政思想与民主宪政运动

近代以来的宪政思潮与运动可以一分为三：一是晚清政府、北洋政府与国民党政府的宪政思潮与运动；二是中国共产党追求的新民主主义、社会主义宪政思潮与运动；三是资产阶级性质的宪政思潮与运动，或者说是自由主义性质的宪政思潮与运动。在以上三派之中，一般认为与宪政思想和宪政政治有着密切关系的自由主义，在民国时期不仅发挥了对于思想界推动宪政之努力的引领作用，而且提出了明确的宪政主张，并多方致力于将之贯彻到政治实践中。

中国转变为半殖民地半封建社会后，开始了旧民主主义性质的宪政思潮与运动。1885 年中法战争失败后，郑观应、陈虬、陈炽等早期维新思想家开始认识到西方资本主义国家之所以富强，并不在于船坚炮利，而在于资本主义的民主政治，在于政权的力量保障了资本主义工商业的自由发展。因此，他们把希望寄托在改变封建专制政体、实行君主立宪的改革上。他们提出了设立议院，“合君民为一体，通上下为一心”的君主立宪思想。郑观应是较早言及宪法的思想家之一，他于 1895 年明确提出了“开国会，定宪法”的主张，稍后在诗文中多次讲到宪法。“政归立宪始文明”，“变政有先后，维新立宪纲”。1895 年甲午中日战争失败以后，随着民族危机的加深，资产阶级宪政思潮进而转化为宪政运动。1898 年的戊戌变法是资产阶级主义宪政运动的一次重要尝试。以康有为、梁启超、严复为代表的维新派，主张设立议院，开国会，制定宪法，确立君主立宪制政体。1898 年 1 月，康有为在上清帝第五书中，吁请光绪帝“采择万国律例，定宪法公私之分”。6 月 17 日，康有为上书皇上：“中国之在大地，为数十国中之一国，非复汉唐宋明大一统之时。其为治，当用诸国并列流通比较之法，不能用分毫一

统闭关卧治之旧。……考泰西论政，有三权鼎立之义。三权者，有议政之官，有行政之官，有司法之官也。”传统政治的积弊是行政与议政不分，“是以手足代谋思之任”。他认为当务之急是：“开立法院于内廷，选天下通才入院办事。皇上每日亲临，王大臣派为参议，相与商榷，一意维新。草定章程，酌定宪法。”梁启超于1901年发表的《立宪法议》，首次较全面阐述了宪政常识。他指出：“宪法者何物也？立万世不易之宪典，而一国之人，无论为君主、为官吏、为人民，皆共守之者也，为国家一切法度之根源。此后无论出何令，更何法，百变而不许离其宗者也。西语原字为 the constitution，译意犹言元气也。盖谓宪法者，一国之元气也。”提出可以以宪法为尺度，将政治、政体分为两类与三类：“世界之政有二种：一曰有宪法之政（亦名立宪之政），二曰无宪法之政（亦名专制之政）。采一定之政治以治国民谓之政体。世界之政体有三种：一曰君主专制政体，二曰君主立宪政体，三曰民主立宪政体。今日全地球号称强国者十数，除俄罗斯为君主专制政体，美利坚、法兰西为民主立宪政体外，自余各国则皆君主立宪政体也。”指出有限政府是立宪政体的基本特征：“立宪政体，亦名为有限权之政体；专制政体，亦名为无限权之政体。有限权云者，君有君之权，权有限；官有官之权，权有限；民有民之权，权有限。故各国宪法，皆首言君主统治之大权及皇位继袭之典例，明君之权限也；次言政府及地方政治之职分，明官之权限也；次言议会职分及人民自由之事件，明民之权限也。”又强调保障民权是立宪政体的要义与根基：“民权者，所以拥护宪法而不使败坏者也。……苟无民权，则虽有至良极美之宪法，亦不过一纸空文，毫无补济，其事至易明也。”1902年，康有为以数百万侨民的名义上书朝廷，请下诏“立定宪法，以垂后世，立与民权，以保国祚”。迫于压力，1908年8月27日，清王朝颁布《九年预备立宪逐年推行筹备事宜谕》和《宪政编查馆资政院会奏宪法大纲暨议院法选举法要领及逐年筹备事宜折》。

在戊戌维新运动失败后，以孙中山为代表的资产阶级革命派反对君主立宪，主张实行欧美各国的民主议会政治，建立资产阶级共和国。1911 年的辛亥革命推翻了清朝专制政府，建立了资产阶级革命派领导的南京临时政府。临时政府公布了中国宪法史上第一部资产阶级共和国性质的宪法——《中华民国临时约法》。但在辛亥革命的果实被袁世凯夺取后，《中华民国临时约法》成了一纸空文，建立资产阶级宪政的希望落空。

“五四”之后，以胡适、罗隆基、张君劢为代表的自由主义知识分子大力宣传自由宪政思想，这条宪政思想脉络经过 20 世纪 30 年代不绝如缕地曲折发展，在抗战时期逐渐进入政治实践领域，民主宪政运动不断高涨。

张君劢早年曾追随梁启超从事立宪活动，是政闻社的骨干人物，自 30 年代起又先后组建或参与组建过中国国家社会党、中国民主政团同盟和中国民主社会党，参加过两次民主宪政运动，并起草过 1922 年《国事会议宪法草案》和 1946 年《政治协商会议宪法草案》，前者成为曹锟《贿选宪法》的蓝本；后者经过修改后成为《中华民国宪法》的底本。因此，张君劢也被台湾学者公认为“宪法之父”。

胡适在 20 世纪 20 年代初主张“好政府主义”的《我们的政治主张》中就明确提出：“我们要求一个‘宪政的政府’，因为这是使政治上轨道的第一步。”在国民党实施“训政”后。胡适等自由主义知识分子表达了确立法治基础、尽早实施宪政的政治主张，与国民党的“训政”进行抗争。他在《人权与约法》一文中提出：“在今日如果真要保障人权，如果真要确立法治基础，第一件应该制定一个中华民国的宪法。至少，至少，也应该制定所谓训政时期的约法。”在《我们什么时候才可有宪法——对于建国大纲的疑问》一文中，胡适对于孙中山的宪政三段论提出质疑：“我们可以明白中山先生的主张训政，只是因为他根本不信任中国人民参政的能力。所以他要一个训政时期来培养人民的自治能力,以一县为单位,从县自治入手。……参政的能力也是这样的。民治制度的本身便是一种教育。人民初参政的时期,错误总不能免的,但我们不可因人民程度不够便不许他们参政。人民参政并不须多大的专门知识,他们需要的是参政的经验。民治主义的根本观念是承认普通民众的常识是根本可信任的。"胡适进一步质问:"宪政之治正是唯一的'入塾读书'。唯其不曾入塾读书,故急须入塾读书也。……我们姑且让一步,姑且承认共和是要训练的。但我们要问,宪法与训练有什么不能相容之点?为什么训政时期不可以有宪法?为什么宪法之下不能训政?"胡适最后指出:"人民需要的训练是宪法之下的公民生活。……我们不信无宪法可以训政;无宪法的训政只是专制。我们深信只有实行宪政的政府才配训政。"在 1932 年《独立评论》创刊号上,胡适撰《宪政问题》一文,写道:"宪政论无甚玄秘,只是政治必须依据法律,和政府对于人民应负责任,两个原则而已。"1937 年初,他在《新年的几个期望》中表达的第一个期望就是"今年必须做到宪政的实行"。

抗战时期,兴起了两次民主宪政运动。抗战时期的第一次宪政运动,是 1939 年秋天发端的。这年 9 月,国民参政会一届四次会议在重庆召开。作为中间党派的青年党、国社党和第三党领袖左舜生、张君劢和章伯均共同领衔,提交了《请结束党治立施宪政以安定人心发扬民力而利抗战案》等提案。《请结束党治立施宪政以安定人心发扬民力而利抗战案》说明了实施宪政的五点理由,并提出了实施宪政的三项办法:第一,由"政府授权国民参政会本届大会,推选若干人组成宪法起草委员会,以制定一可使全国共同遵守之宪法"。第二,"在国民大会未召集以前,行政院暂时对国民参政会负责,省市县政府分别对各级民意机关负责"。第三,"于最短期内颁布宪法,结束党治,全国各党派一律公开活动,平流并进,永杜纠纷,共维国命"。在中间党派和共产党参政员的共同努力下,这次会议通过了《请政府定期召集国民大会实行宪政决议案》，并成立了国民参政会宪政期成会，作为协助政府促成宪政的咨询机构。第一次宪政运动很快在大后方各地开展起来，但又很快不了了之。在宪政运动推动下，1941年，作为民盟组织前身的“中国民主政团同盟”正式成立，中国民主同盟是最早把自由宪政理念转变为政纲。1943年，国际局势和中国抗战局势都发生了重大变化，国际国内对建立民主政治、实施宪政的呼声也不断提高。在这种情况下，1943年9月召开的国民党五届十一中全会通过了《关于实施宪政总报告之决议案》。蒋介石于9月25日在国民参政会宣布内政外交方针要点时，也明确提出将组织“宪政实施筹备会”。国民参政会于第二天提出的《设立宪政实施筹备会和经济建设期成会两机构案》也得到大会通过。这样，由民主政团同盟为主发动的第二次宪政运动开始提上了日程。抗战胜利后，在以民盟为代表的中间党派推动下，宪政运动在战后中国发展至高潮。作为民主宪政运动的主导力量，中间党派的主要成员多有留学经历，有的甚至在留学期间主攻政治学、哲学、法学或社会学，作为西方社会主流思潮的自由主义政治哲学深深吸引着他们。抗战时期“国民参政会宪政期成会”制定的《期成宪草》和1946年各党派“政治协商会议”拟定的《宪法草案》关于中国宪政民主模式的设计，便是以西方宪政制度为参照，这无疑与作为其设计者的自由主义思想家的学识、经历和思维方式有直接关联。

第七章　国家主义思潮的兴衰

国家主义派是20世纪20年代出现的由资产阶级知识分子和政客组成的政治派别。其骨干分子多为“五四”时期少年中国学会中的右翼分子，他们于1923年底在法国巴黎成立组织。因其标榜国家主义，所以被称为“国家主义派”。随着该党党魁曾琦、李璜等很快自法国回国，与在国内的国家主义者左舜生等于1924年10月在上海创办《醒狮》周报，故又被称为“醒狮派”。该党初名为“中国国家主义青年团”，后定名为中国青年党，但党名最初保密。1926年，青年党召开第一次党员代表大会，选举曾琦为中央执行委员会委员长，以“国家主义之精神、全民革命的方式外抗强权，力争中华民国之独立与自由，内除国贼，建设全民福利的国家”为宗旨。直至1928年中国青年党在香港召开第四届全国代表大会，发表《公开党名宣言》，“中国青年党”的名称正式见诸于世。

国家主义派以“国家至上”、“民族至上”作幌子，抹杀阶级斗争，攻击马克思主义，并以“内除国贼”、“外抗强权”相标榜，反对中国共产党及其领导和影响下的革命力量，反对社会主义苏联，为北洋军阀服务。后又追随国民党，反对共产党。

一、国家主义派在中国的出现

国家主义是产生于18世纪欧洲的一种政治思潮，是欧洲资产阶级民族运动的产物，是一种资产阶级民族主义思潮。

较早提倡国家主义的代表之一，是18世纪末19世纪初德国的唯心主义哲学家费希特。费希特哲学体系的中心概念是“自由意志”。他的代表作是他的著名讲演《告德意志国民》。他认为德意志民族复兴的关键在于德意志民族性的自觉、恢复和发展。发展自己的民族性，光大自己的民族文化，以求精神与道德的复兴，是为复兴德意志民族的根本。他认为，土地、经济或政治的组织都不是形成民族的要素，“所谓民族，乃是一个神圣的道德的组织，而为各分子真我的表现，精神生活的源泉和安身立命的所在地。一个人要想实现自我，满足精神的要求，获得长生久视之道，只有尽忠于他的民族和祖国，使之屹立于宇宙间”，“忠爱祖国乃是一种神圣的宗教生活”。他认为普鲁士失败的原因，是因为大家把个人看得太重，把国家看得太轻。他强调，国家是至高无上的，个人的道德责任，在于牺牲一切，拥护国家。

费希特的理论为德意志民族的复兴奠定了精神的基础，成为战胜法国的有力武器。1870～1880年为国家主义的全盛时期，它在抵御外族侵略、实现民族统一和促进资本主义发展方面曾起过一定的积极作用。

到19世纪末20世纪初，资本主义发展到了帝国主义阶段，国家主义则发展成为野蛮的军国主义。特别是在第一次世界大战和俄国十月社会主义革命后，国家主义与法西斯主义相融合，成为法西斯主义侵略别国和压迫本国人民的帮凶。国家主义已经成为国际和平的障碍和发动侵略战争的遮羞布。

“国家主义”的提法早在清末民初就已经出现，并且在寻求拯救危亡的出路的种种讨论中经常被提及。例如，梁启超在世纪之交写的《答客难》中就有如下议论："有世界主义，有国家主义。无义战，非攻者，世界主义也；尚武敌忾者，国家主义也。世界主义，属于理想，国家主义，属于事实，世界主义，属于将来，国家主义，属于现在。今中国岌岌不可终日，非我辈谈将来，道理想之时矣。"[①]再如，朱执信在《国家主义之发生及其变态》的长文中表示自己"主张国家主义"，并对国家主义作了如下的解释："所谓国家主义，类以民族为基础，以同一民族之不能结合，于是各个受他民族之压迫，因之其民族间起一求心运动，而倡国家主义，即十九世纪初期日耳曼之国家主义是也。"[②]其后，邵力子、于右任等人又提出了"神州国家主义"，欲以此"澡雪国魂，昭苏群治，回易众听，纪纲民极"。[③] 这些"国家主义"主要是唤起国人的民族自救意识，以挽救民族危亡的意思。到民国初年，国家主义的提法更加流行，甚至于不少党派把它写入自己的政纲之中，如共和党的政纲中就有"保持全国统一，采用国家主义"，"以国家权力扶植国民进步"之语；而进步党政纲中也有"采取国家主义，建设强善政府"的主张。在这些提法中，"国家主义"一词，是强调国家统一，政府有力，以谋求整个民族的进步和发展。在清末民初两个时期，国家主义，都有优先强调国家、民族整体利益的含义。但后来国家主义派的"国家主义"与上述那种泛泛而言的国家主义不同，它是作为一种明确的理论追求和运动方向而提出来的。

中国国家主义派的主要代表是曾琦、李璜、左舜生、陈启天、余

---

① 梁启超：《答客难》，载《梁启超文选》，中国广播电视出版社 1992 年版，第 222 页。

② 朱执信：《国家主义之发生及其变态》，载《朱执信集》上册，中华书局 1979 年版，第 348 页。

③ 于右任：《〈神州日报〉发刊词》，载《于右任集》，陕西人民出版社 1989 年版，第 309 页。

家菊等。曾琦(1892～1951年),字慕韩,四川隆昌人,曾留学日本、法国,1918年参加发起"少年中国学会",曾任教于上海大夏、法政、学艺、同济等大学,为中国青年党主要创始人之一。李璜(1895～1991年),别名幼椿,四川成都人,参加"少年中国学会",曾任教于武昌大学和北京大学,为中国青年党创始人之一。左舜生(1893～1969年),谱名学训,湖南长沙人,曾参加少年中国学会,留学法国,先任中华书局编译所新书部主任,后任教于上海复旦和大夏大学,曾参与办《醒狮报》并任总经理。1925年加入中国青年党,1935年任该党执行委员会委员长。陈启天(1893～1984年),字修平,湖北黄陂人,曾任中华书局编辑,主编《中华教育报》,参加少年中国学会。余家菊(1898～1976年),字景陶,湖北黄陂人,留学英国,参加少年中国学会。曾任教于中国大学、东北大学、武昌师大和东南大学。从这些人的简历看,国家主义派的骨干分子都是从少年中国学会分化出来的。

少年中国学会是"五四"时期人数最多的带有统一战线性质的文化团体。会员的成分比较复杂,信仰也各不相同。国家主义者在学会中曾有重要影响,学会主办的《少年中国》月刊出过"新国家主义"专号,由陈启天起草的《国家主义与中国前途》一文经学会常务会议讨论在《少年中国》第4卷第9期上发表。随着马克思主义在中国的广泛传播,革命的深入发展,这个兼容并包的团体内部发生了比较尖锐的矛盾和斗争。要不要以马克思主义作为学会的宗旨,要不要走俄国人的道路,是具有初步共产主义思想的知识分子同资产阶级右翼知识分子斗争的中心问题。李大钊等人主张要以马克思主义为学会的宗旨,要走俄国人的道路,而曾琦、李璜等右翼知识分子则坚决反对。他们主张要实行国家主义。

从1922年下半年起,曾琦、李璜、左舜生、陈启天、余家菊便宣传他们从18世纪欧洲资产阶级民族运动中学来的国家主义。于是在中国逐渐形成了一个以反共为目的的国家主义派,它的形成为中国青年党的建立做了思想上和组织上的准备。

在国家主义派中，最早宣传国家主义的是李璜和余家菊。1922年底，余家菊与李璜合著《国家主义教育》一书。第二年，左舜生将该书在上海中华书局出版，引起国内外少年中国学会会友的注意。年底，陈启天在南京少年中国学会聚会中，宣读了他的《国家主义和中国前途》一文，并在《少年中国》月刊上发表。这是他们鼓吹国家主义的开始。在以后的两年内，国家主义派在《少年中国》、《中华教育界》、《新闻报》、《教育汇刊》、《先声周报》等刊物上连篇累牍地宣传国家主义。同时，在中华书局出版了大量小册子，其中有《释国家主义》、《国家主义正名》、《国家主义今昔观》、《国家主义浅说》、《国家主义概论》、《国家主义论文集》、《国家主义讲演集》、《国家主义小史》等，全面地系统地阐述了国家主义的基本理论。

国家主义派在思想体系形成之后，便急于组织正式的政党。

1921年7月，中国共产党成立，使中国革命面貌焕然一新。1922年7月，中共"二大"提出了彻底反帝反封建的民主革命纲领。其后，在中国共产党的领导下，工农运动有了新的发展，而国共合作也正在酝酿，反帝反封建的革命统一战线即将形成。这预示着以反对帝国主义和北洋军阀为主要目标的国民革命高潮即将到来。在这种形势之下，国家主义派骨干分子曾琦、李璜、何鲁之、张子柱等人，预感到"大乱将作，国命或为之斩"，认为"非有新革命组织，不足以对抗共产党"。于是，他们利用1923年5月山东临城劫车案发生后，"列强倡议共管中国铁路"之机，发起组织旅法各团体救国联合会。因内部意见不合，会内发生争吵，并酿成斗殴。曾琦借此大肆宣扬，"不团结，无组织，不足以救国"，遂与李璜、何鲁之、张子柱等于1923年10月发起组党。他们以土耳其凯末尔创立的"青年党"为楷模，着手创建"中国青年党"。

1923年12月2日，中国青年党在法国巴黎玫瑰村共和街举行了结党式。参加者有曾琦、李璜、何鲁之、李不韪、张子柱等12人。结党式上讨论并通过了曾琦起草的党纲、党章和建党宣言。由于当时党员人数太少,未按党章规定选举委员长及执行委员,只是决议临时成立党务与宣传两组,公推曾琦为党务组主任,张子柱为宣传组主任。至此,中国青年党正式成立。① 该党的成立,标志着国家主义派在中国正式形成了有组织的政治派别。

二、中国国家主义派的政治主张

"国家主义"是一个未必系统但却相当庞杂的理论。关于"国家主义"的定义,曾琦说:"国家主义者何?在一定领土以内,其国民团结一致,以内求本国之进步,外御异族之侵凌者也。"②这么说似乎稍嫌空泛。李璜根据法文辞典的解释,给国家主义下了以下四条定义:"国家主义乃是对于其所属的国家而特有的一定的志愿";"国家主义乃是被压迫的国性的政治上的要求";"国家主义乃是疾视一切所有不以国家的旧信仰为根本的学说";"国家主义乃是反乎国际主义而言"。③ 后来曾琦在阐释国家主义的学理基础的讲演中一字不改地照引了这四条定义,并给每条加上自己的说明,使其意义更为明确:第一条,所谓"一定的志愿","例如中国人无不愿中国强盛,朝鲜人无不愿朝鲜独立,此种志愿,即国家主义之精神也"。第二条,"国性者,全国人民之共通性也。例如法国人好自由,中国人好和平,皆国性之表现也。凡一国家被他国压迫,

---

① 孙子和编:《民国政党史料》,台北正中书局1981年版,第267、268页。

② 曾琦:《国家主义与中国青年》,载少年中国学会编《国家主义论文集》第2集,上海中华书局1926年版,第148页。

③ 李璜:《释国家主义》,载少年中国学会编《国家主义论文集》第1集,上海中华局1926年版,第5~6页。

而其国民誓死以图反抗，此种反抗即为国家主义。……国家主义为反抗压迫而起，盖其性质原为自卫的而非侵略者也”。第三条，“国家主义虽重进步而恶守旧，然对于本国传统精神之优良者，必须保存而光大之。例如我国社会素重道德，所谓‘礼义廉耻，国之四维’，此种传统精神，必须存而勿失”。因此，要反对“重物质而轻精神，为金钱而丧人格”的唯物史观。各国“因土地历史关系，必有其特殊的制度”、“万不能以他国习尚制度强行诸本国，我国从前维新家照抄日本制度，今日共产党照抄俄国制度，皆违反国情，为国家主义所不容者也”。第四条，“国际主义即大同主义，此种思想，原为我国孔子所倡导。……此种理想，非不高尚，特就世界之情势论，要未可一蹴而跻耳。……”列强“不以人类待我，吾又安能与之讲世界大同？此时唯有力图自强，俟本国完全独立自由后，再进而谈大同，庶不为人所笑耳”。①

中国青年党宗旨是该党政治主张的高度概括，现就该党宗旨中涉及的“国家至上”、“民族至上”、“全民革命”、“全民福利”、“对抗强权”、“内除国贼”等问题进行一点具体分析，以对国家主义派的政治主张有一个全面的了解。

（一）宣扬超阶级的国家观，鼓吹“国家至上”、“民族至上”

概括地说，国家主义派宣扬的“国家主义是以超越个人、民族、宗教、阶级、党派的利益而拥护整个国家利益的主义”②。而它的核心是“国家至上”、“民族至上”。从根本上否认国家的阶级性质和社会各阶级在国家中的不同地位，是国家主义的关键所在。

---

① 曾琦：《五四运动与国家主义》及《国家主义之学理的根据》，载沈云龙辑《曾慕韩先生遗著》，（台北）文海出版社 1971 年版，第 138、139、146～147 页。

② 《国家主义浅说》，中国青年党、中国国家主义青年团 1929 年 10 月编印（下引该书，版本均同），第 9 页。

宣扬超阶级的国家观，是国家主义派鼓吹国家主义的一项重要内容。他们抽掉了“国家”的阶级内容，在国家问题上制造了极大的混乱。他们对国家的定义作了这样的概括：国家是“一定的人民，占有一定的土地，保有一定的主权；而此人民本其自爱的心情和其生活的条件，此土地也，不容人侵夺，此主权也，不容人干犯；有前人时时缔造的艰难，即有后人世世保守的责任，有一种特殊文化的贻留，即有一种相当感情的回顾；因而国家不独有其实质，又复具有其灵魂”[①]。又说：“国家之起源，乃生于人心之自然作用”，是“人性的要求”。人从开始就是有组织的，所以“组织”从古到今，是各种形式的国家的唯一“要素”。人们所以要“组织”，是自然的“人性的要求”的结果。这种要求可以分为两个方面，一方面是物质的，即人类要求衣食，要求性欲，要求抵抗自然界和生物界的敌人，所以“需要合群”，并且需要有组织的群；另一方面是精神的，人类有社会本能，有爱好群的“天然心理”。因此，“人之爱群，天性然也”。人就是在物质和精神这两方面要求的“驱迫”下，自然地向着组织发展，国家也就自然地产生了。

很明显，国家主义派国家观的哲学基础是历史唯心主义。它神化了国家，即把国家看作是一种极为简单的宗教崇拜物，不允许对它的实质和功能作一番复杂的审视和剖析。它否认生产力与生产关系、经济基础与上层建筑的辩证关系，因而它就不可能正确地解释国家的起源和国家的阶级实质。实际上他们宣扬的完全是资产阶级的国家观。

国家主义派在宣扬资产阶级国家观的同时，鼓吹“国家至上”。他们极力宣称，国家政权是自然存在的，不体现任何阶级的意志，各阶级的权利，是国家“自然授给的”。“国家有最高性，故为自主

---

① 李璜：《释国家主义》，载方庆秋主编《中国青年党》，档案出版社 1988 年版（下引此书，版本均同），第 25 页。

的，其存在不待他人之承认，其权利不受他人之限制，仅以自己的意思而存在，而决定其权利的范围。……国内一切团体和个人，皆于国家的承认之下始可以享受权利。”“国家是最高无上的，个人的道德责任，在牺牲一切，拥护国家。”他们甚至美化军阀专制主义国家的“功德”，李璜说，我们每个人一生下来就得到国家很大的“泽惠”，“无论穿衣，吃饭，谈话，睡觉，读书，一举一动，皆要靠国家所有的制度为之规定，文化为之导引，文物使之享受，信仰使之依归”。[①] 所以“国家主义的要义，在以国家为前提，个人依国家而存在，无国家即无个人”，“我们要牺牲个人，尽忠于国家”。如果不能为国尽忠，人生是没有价值的。

国家主义派不仅宣扬超阶级的国家观，而且极力鼓吹超阶级的国家意识。他们所谓的国家意识，是基于人们对过去的回忆，“这种回忆并且是全民族，无分阶级，都是一样具有的”[②]。在国家主义派看来，国家的职能“其在精神上足以维系一国国民的心情，在物质上足以保障一国国民的幸福”，所以“一个国家被侵凌了而全国国民都要起来抵抗，便全靠这个共同回忆而发的情感，绝不是只靠利益的观念”。[③] 他们还认为这种超阶级的国家意识是产生国家主义的基础。“国家意识成立，爱国的观念也就发展”，随着环境的比较和外部的刺激，“此种观念越发发达，而成为有系统的理想，这便是国家主义”。他们由此得出结论，即“国家主义是以超越个人、民族、宗教、阶级、党派的利益而拥护整个国家的利益的主义”。它要求以国家利益为前提，在遇到国家利益与民族、宗教、阶级、党派、个人等利益冲突时，任何民族、宗教、阶级、政党、个人都要以国家利益为重，都要牺牲自身的利益而服从于国家的利益，要

---

① 李义彬编：《中国青年党》，中国社会科学出版社 1982 年版，第 143 页。

② 李璜：《释国家主义》，载方庆秋主编《中国青年党》，第 31 页。

③ 李璜：《释国家主义》，载方庆秋主编《中国青年党》，第 31 页。

以国家利益为本位去思考和认识一切问题。

国家主义派超阶级的国家观是十分荒谬的。这是由于在通常情况下，超阶级的民族意识是不存在的。从中国近现代历史看，帝国主义主要是间接地通过所支配的统治阶级和统治集团对中国进行侵略与掠夺，各帝国主义对中国实行“国际共管”和“协同侵略”。这样，在我国统治阶级和被统治阶级之间是没有共同利益可言的。统治阶级和统治集团在所依靠的帝国主义支持下，通过压迫和奴役被统治阶级谋取本阶级本集团的利益，被统治阶级只有通过不断的反抗以至从根本上推翻统治阶级才能实现本阶级的政治、经济要求。所以，在通常情况下，国家主义派所提倡根本否认国家的阶级性的“民族至上”和“国家至上”，毫无疑问是为了强化统治阶级的国家权力，是掌握国家机器的统治阶级至上，“以国家为本位”就是把维护和巩固统治阶级的统治作为一切问题的出发点。所以，国家主义是为统治阶级服务并备受当权者青睐的一种反动思潮。

（二）以“全民革命”反对马克思主义关于阶级和阶级斗争的理论

国家主义派为了欺骗、麻痹人民，打起“全民革命”、“全民福利”的幌子，鼓吹阶级合作，攻击马克思主义关于阶级和阶级斗争的理论，企图从根本上否定以马克思主义为指导思想的中国共产党。

国家主义派否定中国半殖民地半封建社会形成过程中产生的阶级分化，无视中国资本主义的发展和中国工人阶级的成长壮大的客观事实。他们认为，中国社会到了近代，“旧式的封建阶级已因政治的平民化而早已消灭，新的资产阶级因产业的落后而无从发达，因此，中国根本无发生阶级分化及对抗的可能”。具体来说，就是由于中国产业落后，除了几个通商口岸外，内地找不到新式工业,通商口岸的工业也大都是外国的资本,中国的资本不发达,当然就没有资产阶级。“今日的中国人几乎全部都是小资产阶级。”既然没有资产阶级,也就谈不上有无产阶级。“士人、商人固不必说,农人多数拥有土地,土地即是极少,但在中国今日生活程度的水平线上,已经不算是相差过远,至于工人更不能算无产阶级,上海、无锡等处的工人,每月平均有二三十元的收入,比小学教员的待遇还好,哪里能算无产阶级呢?”[1]中国的农业“自耕农者多,佃农者少”,阶级分化尚未形成。国家主义派还认为,马克思主义以经济作为标准来划分阶级是错误的,太片面了,太狭窄了,这是没有看到“一国国民不会是因经济生活有差别而便要解体;反之,乃是因感情相同而愈益集合”。

国家主义派否定近代中国有阶级存在的目的,在于反对马克思主义关于阶级和阶级斗争的理论。他们指责阶级斗争是共产党“故意挑拨阶级的冲突”造成的,是“药不对症”,是“无理取闹”。他们认为:“劳力者与资本家均为共同生产者,应互相协调,乃能促进生产,分享利益。一旦争斗起来,便要使生产停顿,两败俱伤,有何利益?”所以,阶级斗争只会造成互相仇视,旦夕不安,产业破坏,工农失业,利权外溢,全国受害等结局[2]。这些充分说明,国家主义派反对阶级斗争,而主张阶级合作。为了证明阶级合作的存在,他们把南洋烟草公司为了战胜外国公司而自己取利,在“五卅”运动中支援外国公司的罢工工人这件事,说成是“阶级合作”的典型大加宣传。

在否定阶级、阶级斗争,宣扬阶级合作的基础上,国家主义派高喊“全民革命”的口号,主张“在国家主义的旗帜下,无论何种职业的国民均可一致趋赴,协力图强”。“主张各阶级合力同心去从

---

① 《国家主义浅说》,第45页。

② 李义彬编:《中国青年党》,中国社会科学出版社1982年版,第228页。

事于革命运动，并且来日全民革命之后，也要一样主张各阶级合力同心去从事建设工夫……”[①]“国家者全国人之国家，不是几个人或一阶级的人所能私有的。”[②]“因此国家主义者的立国政体必须是全民共和，而不是独夫或一阶级专政。”[③]他们承认提“全民革命”的口号，是为了反对共产党领导的人民革命。他们说：“我们不称国民革命而称‘全民革命’的原故，是特别针对中国共产党的一阶级革命而言的”，“自从中国共产党加入国民党以后，中国国民党所主张的国民革命四个字，便被共产党人解释得简直成了阶级斗争”，而阶级斗争“破坏国民革命”，“故我们反对阶级斗争，而主张‘全民革命’”[④]。我们知道，国家主义派所极力反对的国共合作开展的“国民革命”，是无产阶级联合农民阶级、小资产阶级和民族资产阶级以共同反对北洋军阀政府的革命，国家主义派以“全民革命”抵制、反对“国民革命”，其目的是从根本上否定“国民革命”，为封建军阀张目，掩盖他们作为北洋军阀政权政治代表的本来面目。

（三）鼓吹“全民政治”和“全民福利”

“全民政治”和“全民福利”，是国家主义派追求的政治目标和经济目标。余家菊在《国家主义概论》中说：“国家主义，最终要求甚为简单，一言以蔽之曰：全民政治与全民福利是也。”那么，什么是“全民政治”呢？他解释说，“全民政治”，就是全国“民众合治”，也就是要建设民有、民治、民享的“全民政治国家”。按他的说法，既然国家是“全民”的，是由“民众合治”的，那么在全民中占最大多数的工人、农民就应当得到管理国家的权利。但他又认为，管理国

① 李璜：《释国家主义》，载方庆秋主编《中国青年党》，第43页。

② 李璜：《释国家主义》，载方庆秋主编《中国青年党》，第43页。

③ 李璜：《释国家主义》，载方庆秋主编《中国青年党》，第43页。

④ 《国家主义浅说》，第29页。

家的权利不能给工农，因为“劳工与农民，既劳其筋力于耕耘操作之中，焉有余力以干与国政。且在今日教育尚未普及，劳农知识多极幼稚，又焉有余力以过问国政乎？”可见“全民政治”只是招牌，其实质是想维护大地主大资产阶级的专政。

国家主义派认为，“政治既由全民主持之，则政治之目的，当然在全民福利之增进”。对于如何实现“全民福利”这个目标，他们认为，必须充分发挥现存国家的作用，“用国家政府的力量来干涉国民经济生活”，“因此不但不必推翻或取消现存的政治组织，而且承认国家便可以实现经济生活的公道……”[①]。其具体办法就是现存国家对外实行“保护主义”，对内实行“干涉主义”。所谓对外实行“保护主义”，“就是用关税自主征收外货的方法，以防止外国货制造品之多量输入，以保护本国生产者的一定销场，便于使国富不致过度的亏损，国货可以自由的发达”。所谓对内实行干涉主义，“就是用国家的能力，来防止个人各为其私利而害及社会的经济生活，并且来调节私利的自由竞争的冲突，以使一国的人的经济生活都能够平均的发展”。[②] 再具体地说，在生产方面，“对于长远为公众利益所关心而不能令私人本其私利去办的这种企业，国家都要出来办理或监督。如道路、运河、邮电、自来水以及铁道、矿山、银行的事业”[③]。在分配方面，就是用“抽税”的办法，让有产者拿出一些钱来帮助维持工农的生活。

很显然，国家主义派所吹嘘的“全民福利”，充其量也不过是运用军阀政权的力量，在不触及帝国主义和封建专制主义制度的前提下，进行一些改良，以缓和社会矛盾，麻痹人民的革命意志，达到

---

① 李璜：《国家主义的经济政策》，载《国家主义论文集》第2集，上海中华书局1926年版(下引该书，版本均同)，第34页。

② 李璜：《国家主义的经济政策》，载《国家主义论文集》第2集，第31页。

③ 李璜：《国家主义的经济政策》，载《国家主义论文集》第2集，第37～38页。

维护大地主、大资产阶级反动统治的目的。

(四)所谓“外抗强权”,不是反对帝国主义,而是反对社会主义的苏联和共产国际

国家主义派提出的“外抗强权”与“内除国贼”是从“五四”时期提出的“外争国权,内惩国贼”的口号演变而来的。“五四”时期的这个口号的基本精神是反帝反封建。而国家主义派高喊这两个口号却完全篡改了它的革命内容。

国家主义派高喊“外抗强权”,但他们不仅不真反帝国主义,而且还极力为帝国主义的侵略进行辩护。他们说:“近数十年来中国国权之丧失,非全由外人之侵略,而实多为国人放弃之事实”,不仅“清末如是,近十几年亦复如是”。[①] 更有甚者,他们把帝国主义对我国的侵略说成是理所当然的事。他们说,假如英国不对外发展,则全国工人就有失业的危险。日本如不维持侵华政策,就找不到钢铁、棉花等原料,人口就要被饿死。他们公开反对提“打倒帝国主义”的口号,曾琦曾指责四川“同乡会”在“五卅”运动的宣言中用了帝国主义一词。他们编造了种种不能提“打倒帝国主义”的理由,说“‘打倒国际资本帝国主义’一语,含有干涉他国内部组织之意”[②];“我们现在连帝国主义的爪牙的军阀,都没有力量剪除,我们还配反对其主人帝国主义么?”[③]帝国主义“仍各有利害矛盾”,因为他们“彼此的态度不能一致”,“绝对不会伸手干涉”。[④] 如果我们提反对帝国主义,他们会一致对付我们;从我们的实际情况看,应该以“解决内政为主”,不要讨论对外问题,等等。他们还诬

---

① 《第十四度国庆纪念与国民党应有之觉悟》,载《爱国青年》第 11 期。

② 曾琦:《〈内除国贼外抗强权〉释义》,载《醒狮》周报第 2 号。

③ 灵光:《中国的国家抵抗及其步骤》,载《醒狮》周报第 18 号。

④ 《国家主义浅说》,第 71 页。

蔑武汉工人纠察队在共产党领导下，经过斗争收回英租界，是“过激”行为，“挑衅行为”。他们竟然颠倒黑白，把英帝国主义为阻止北伐军解放南京，调动军舰炮轰南京造成流血惨案，说成是由于“共产党捣乱地方秩序，危及外人生命”而造成的。[①] 可见，国家主义派的“外抗强权”不仅不是反对帝国主义，反而还充当了帝国主义的奴才和走狗。

国家主义派高喊“外抗强权”，真正要反的却是社会主义苏联和共产国际。他们诬蔑共产党人坚持联合苏联，联合国际无产阶级，被压迫民族和人民，在争取民族解放的斗争中互相支持，互相帮助，“皆为妄想”。他们说：“望俄国人帮助，真是所谓望梅止渴……简直是‘饮鸩止渴’的办法。”他们甚至攻击中国人民争取苏联对中国革命的援助，是“前门尚未拒虎，后门已迎狼入室”。诬蔑苏联对中国革命的支持是由于“苏俄之共产主义不得志于西方，然后改取‘东进政策’。……乃以我中国为共产主义之试验场，试验成功，乃共产主义之侥幸，试验失败，牺牲中国亦无害于俄”。[②]

国家主义派认为，“而所谓‘国际’也者”，与第一次世界大战前沙皇俄国提倡的“大斯拉夫主义”和德国提倡的“日耳曼主义”没有什么区别，是“同样含有侵略性的东西，仍然是帝国主义的变相，为我们主张独立自主的国家主义者所极端反对的”。

国家主义派还认为，帝国主义有白色、赤色之分。美、日、英德等建立在资本主义基础上的帝国主义是白色帝国主义，苏联建立在社会主义基础上的帝国主义是赤色帝国主义。“所谓世界革命，只是俄国的一种外交战略”，俄国自1917年十月社会主义革命后，“在国际间始终陷于孤立的地位，列宁想打过这个难关，于是定下世界革命的外交策略。希望一面利用世界无产阶级与俄国的敌人

---

① 李义彬编：《中国青年党》，中国社会科学出版社1982年版，第177、178页。

② 余家菊：《国家主义概论》，第78～79页。

帝国主义冲锋，又一面利用世界无产阶级与俄国的敌人帝国主义决战，而俄国则站在第三国际之上操纵指挥，绝不直接参战”。若败，“至多只是无产阶级与弱小民族吃亏”，若胜，“俄国便可实现赤色帝国主义的好梦，称霸世界”。正因为如此，国家主义派把苏俄和共产国际看作是强权并极力加以反对。

(五)所谓“内除国贼”，不是反对封建军阀，而是反对中国共产党

国家主义派高喊“内除国贼”，但他们对真正的国贼——新、旧军阀，不但不反对，反而以其为靠山。有时也骂几句，那是他们内部矛盾的反映。国家主义派的骨干分子与旧军阀大都有勾结，为其出谋划策，助纣为虐。曾琦与张作霖、孙传芳交往，青年党内颇有微词，他辩解说：“不得已而奔走南北，广交军界领袖，借其掩护以图生存。”[①]余家菊为孙传芳炮制过“三爱主义”(即爱物、爱人、爱世界)，曾琦为张作霖拼凑了“四民主义”(即民族、民权、民生、民德)。国家主义派的机关报《醒狮》周报，公开颂扬军阀段祺瑞，说他“诚不是坏人，其满心爱国热诚，我们亦不难承认”。他们还在军阀吴佩孚的军队中讲演，公开叫嚷：“凡反赤的军队都是爱国的军队。”因此，当时许多军阀都标榜自己是“国家主义者”。

旧军阀垮台，国家主义派又积极寻求以新军阀蒋介石作为新的靠山。对蒋介石的反共活动积极支持，以示追随之意。当蒋介石为了打击共产党，提出“党务整理案”时，他们表示满意，鼓动蒋介石和共产党要“一刀两断”。“四一二”反革命政变发生后，国家主义派对蒋介石表示敬意，“深赞其勇敢”。声称对蒋介石的“倒共工作可在联合战线上充分予以协助”，并希望蒋介石对他们“立即

① 李义彬编：《中国青年党》，中国社会科学出版社 1982 年版，第 189 页。

放下一切猜忌和成见，开诚布公地联合一切反共势力"[①]，共同反共。

很明显，国家主义派"内除国贼"中"国贼"不是封建军阀，他们真正视为"国贼"的则是"一些主张亲日、亲美、亲英、亲俄的政党"，并发誓"要一律除之"。不言而喻，这里所说的"一些"政党，指的是中国共产党和中国国民党，而主要是指中国共产党。左舜生曾毫不掩饰地说过："所谓'强权'，在当时自然所包括者广；所谓'国贼'，大概便以共产党为主体。"[②]他们指责共产党人提倡"毫无人道"的阶级斗争，鼓动爱国民众去流血牺牲，是"祸国最大之恶势力，誓竭全力以扑灭"[③]。此外，"共产党人不但早已勾结苏俄势力，干预政治会议等，开外人干涉内政之端，抑且蓄意激动外人，谋以中国问题牵入国际漩涡"，"共产党乃苏俄之鹰犬，实我国之国贼也"。[④] 1927 年 9 月，正当蒋介石在血腥屠杀共产党人和革命者时，曾琦向蒋介石发出所谓忠告："第一，反共宜求彻底，不可再事敷衍。""第二，反共同时并须反俄，不可一面驱逐共产党，一面又敷衍俄国。""第三，开除共产党后，须设法使其不得挟老国民党员及孙大人以自重，依然冒称国民党。""第四，开除共产党，须直以敌党视之，勿再误认为友。""第五，开除共产党后，勿遽认为祸患已绝。"[⑤]事实说明，国家主义派从意识形态到政治主张都是同中国共产党完全对立的。他们要内除的"国贼"就是中国人民的优秀代表——中国共产党。

---

① 《救国与唯一的问题》，载《醒狮》周报第 139 期。

② 李义彬编：《中国青年党》，中国社会科学出版社 1982 年版，第 105 页。

③ 李义彬编：《中国青年党》，中国社会科学出版社 1982 年版，第 210 页。

④ 李义彬编：《中国青年党》，中国社会科学出版社 1982 年版，第 220 页。

⑤ 方庆秋主编：《中国青年党》，档案出版社 1988 年版，第 171 页。

三、中国青年党对于国家主义的政治实践

上面说过，中国青年党建党的目的就是为了反对共产主义和中国共产党。曾琦即直言不讳地说："时中国共产党已成立，得俄之援助，大肆活动于国内外，而国民党孙中山又有联俄容共之议。予深知大乱将作，国命或为之斩，因决意另组新革命党。"①由此可见，中国青年党是为了挽救"国命"，适应反俄反共的需要而产生的。他们是聚集在国家主义的旗帜之下，以反俄反共为职志的政党。

1924 年 7 月，由国共合作发动的国民革命正迅猛发展，周恩来等旅法中国共产党人按党的批示回到国内，"慕韩预料国内的共产活动必日益加强，认为非跟踪追击不可"。于是，曾琦、李璜等亦回国，将中国青年党的活动中心从巴黎移到国内。据李璜回忆说，当时曾琦"以哀者的心情，抱勇士赴难的决心，准备回国与国际共产党奋斗到底"②。他们在回国的途中即商定回国的任务是宣传国家主义、全民政治及组织中国青年党开展活动。具体活动方针是"先行办报，从主义与政策的宣传，以吸引青年知识分子；期之三年，有了可以信赖的干部同志，站住脚后，然后再将青年党公开出来，以与国共两党相周旋"③。按照他们的行动方针，回国后首先办报。1924 年 10 月，《醒狮》周报创刊，由曾琦任主编，左舜生任总经理，李璜、陈启天、余家菊等分别担任撰稿任务。这样，《醒狮》周报实际上成为中国青年党的机关报。

据统计，《醒狮》周报有 90％的文章是攻击和谩骂苏俄和中国

① 李义彬编：《中国青年党》，中国社会科学出版社 1982 年版，第 93 页。

② 李义彬编：《中国青年党》，中国社会科学出版社 1982 年版，第 100 页。

③ 李义彬编：《中国青年党》，中国社会科学出版社 1982 年版，第 101 页。

共产党的。他们指责共产党人与苏俄相勾结,一起在中国制造阶级斗争,“是想中国的民众都被共产党牺牲的干干净净,好单让共产党来做俄国敕封的皇帝罢了”①。

他们指责“共产党制造出来的无产阶级即流氓阶级”,只会“捣乱社会”、“祸害国家”、“共产党活动的最大结果,只能做到国破家亡人死,连他们自已也随着牺牲”。②

为了反共,中国青年党成立之后,“三四年来发行反共之书籍五十余种,发行反共之定期刊物三十余种”③。在这些书刊中竭力宣传国家主义,攻击中国共产党和苏俄,形成了一股甚为猛烈的反苏、反共和反国民革命的攻势。

在宣传国家主义的同时,中国青年党“在国内外各地积极发展,并组织各种社团”。在这些社团的基础上,于 1925 年 12 月 15 日,成立“全国国家主义团体联合会”以及北京、南京、武汉三个分会。国家主义团体联合会宣言指出,中国“方今内有军阀与共产党之横行,外有列强与苏俄之侵略,吾侪信仰国家主义者抱‘内求统一,外求独立’之目的,持‘内不妥协,外不亲善’之态度,完全立于背水之阵,以与国贼强权相周旋。倘各个团体‘单独作战’,则势分而弱,必将为敌所乘!若团结一致,‘共同作战’……则‘内除国贼,外抗强权’,不难拯同胞于水火,跻祖国于富强”④。

1925 年冬,中国青年党总部由巴黎移至上海,旅欧的党员也陆续回国。1926 年夏,中国青年党在上海召开了第一次全国代表大会。会议的主要任务是修订党章,扩大宣传,健全组织,会议选举曾琦、李璜、陈启天、余家菊、张子柱等七人为中央委员,曾琦为

① 李义彬编:《中国青年党》,中国社会科学出版社 1982 年版,第 239 页。

② 李义彬编:《中国青年党》,中国社会科学出版社 1982 年版,第 227 页。

③ 李义彬编:《中国青年党》,中国社会科学出版社 1982 年版,第 223 页。

④ 李义彬编:《中国青年党》,中国社会科学出版社 1982 年版,第 122 页。

委员长。会后，中国青年党于8月1日以中国国家主义青年团第一次全国代表大会的名义发表对时局的宣言：极力攻击中国共产党“勾结外人以干国事，利用外力以排异己”；认为“国民革命军武力统一之日，即是共产党包办国事之时；共产党一党专政之日，即是苏俄新帝国主义者扩张领土之时”；攻击第三国际“是苏维埃政府用以征服弱小民族的一种御用机关而已”；号召全国民众中的真正革命者“集合在国家主义之下准备‘内除国贼，外抗强权’”。[①] 总之，一切都围绕着反苏反共这一主题。

由于国家主义派的这种政治态度和立场，使他们对任何反共活动，都加以肯定，加以赞扬，最终使自己走上政治反动的道路。国民党右派在西山召开非法的一届四中全会反对联共政策，国家主义派即“表示十二万分的敬佩和希望”。“中山舰事件”发生后，他们又起劲地鼓动国民党应与共产党“一刀两断，用武力铲除共产党”[②]。“四一二”政变后，国家主义派的报刊立即停止对蒋介石的批评和攻击，转而表示与其联合，共同倒共。面对工农红军和革命根据地的建立、发展的大好形势，国家主义派头目即办起《铲共半月刊》，为国民政府的“剿共”出谋划策。“九一八”事变后，民族危机极为严重，主张“阶级合作”、标榜“外抗强权”的国家主义派，不仅不赞成共产党人停止内战，团结对外的主张，反而非要坚持“继续彻底剿共。因共产党效忠苏俄，为害中国，不亚于日祸”[③]。在民族危机面前，国家主义派的“爱国良能”、“国家观念”、“卫群保种”的一套宣传，统统不管了，而一味地要“剿共”和内战。事实充分说明国家主义派是逆潮流而动的反动派。

国家主义派的顽固的反共立场，决定了它们最初不可能为国

---

① 方庆秋主编：《中国青年党》，档案出版社1988年版，第98、100、101页。

② 李璠卿：《对蒋介石整理党务案之怀疑》，载《醒狮》周报第87号。

③ 李义彬编：《中国青年党》，中国社会科学出版社1982年版，第250页。

共合作时期的国民党所容。但它在这一时期的反共历史,却为其日后与国民党的合作打下了政治基础。共同的反共立场和一致的政治目标使它们互相引为知己,在此后的半个多世纪中,虽然青年党与国民党之间由于不同的利害冲突而时有争吵,但每到国家政局的重要转折关头,它们总是互相结盟、互相提携、共渡难关的。

中国青年党自1923年底成立以来在较长时间内对外保密,曾一度用中国国家主义青年团的名义公开活动。青年党的头目认为,如果长期处于秘密状态,既不利于反共活动,更谈不上能捞取政治上的好处。他们自己认识到:"不与国民党合作,又不免放松了共产党,而且使党的活动感觉困难。"为此,中国青年党在1929年9月召开的第四次全国代表大会上发表《公布党名宣言》,积极准备走向公开。在这前后,中国青年党一面激烈地批评国民党的一党专政,一面又利用各种关系,靠近蒋介石,与国民党合作,但一直未能得手。直到"九一八"事变后,国民党的态度有所松动,青年党立即宣布"停止对国民党之攻击言论",以求谋得合法地位便于公开活动。不久,蒋介石因"安内攘外"政策的需要,在庐山召见左舜生,而后又与曾琦、李璜等发生联系。

中国共产党努力倡导和组织抗日民族统一战线,国民党也希望争取政治解决的办法来解决中共问题,国共双方多次接触和商谈,形成了以第二次国共合作为基础的全民族抗日统一战线,这就使国内各党派都能在国民党的统治下合法存在,中国青年党也不例外。在抗日战争时期,一方面,中国青年党抗战是积极的,抗战立场也是坚定的,能与国民党反共顽固势力保持一定的距离,并积极参加反对国民党一党专政的民主宪政运动。1941年中国青年党与中国国家社会党、中华民族解放行动委员会、全国各界救国联合会、中华职业教育社、乡村建设协会,联合无党派人士张澜等,组成中国民主政团同盟,后改组为中国民主同盟。民盟总部原来设在青年党中央党部,一时盟务由青年党主办,青年党头目的政治野心也愈加膨胀。但另一方面，在抗战相持阶段到来之后，中国青年党中的一部分人却追随汪精卫叛国投敌，当了汉奸。他们以“中国青年党中央政治行动委员会”的名义参加了汪伪傀儡政权，采取了两面适应的策略。

抗战胜利后，为争取国内的和平、民主、团结，中共中央派毛泽东等赴重庆与国民党谈判，议定国家大政方针应由各党派“政治协商”解决。国民党既要维护一党独裁，又要装潢民主政治的门面，拉拢青年党，并制造多党合作的假象。在酝酿政治协商会议代表时，青年党在国民党的唆使下，公然与民主同盟作对，要以独立于国民党、共产党、民盟三大政党之外第四党的身份参加政治协商会议。中国共产党从大局出发，为团结民盟和无党派民主人士，在保证民盟和社会贤达代表不变的情况下，通过增加总名额和减少国共两党代表名额的办法让青年党实现了独立出席政协的要求。但民盟立即宣布将青年党开除出盟的决定。这样，在国民党蒋介石的进一步拉拢下，青年党愈加亦步亦趋地紧跟国民党，走上了与国民党蒋介石合流的道路。

全面内战爆发后，国民党蒋介石彻底撕毁政协决议，召开一党包办的非法的“国民大会”，中国共产党和民主同盟等民主党派都拒绝参加，但中国青年党却违反政协决议单独向国民党提出青年党参加“国大”代表名单①，公开投入国民党蒋介石的政治怀抱，它与中国民主社会党一起充当了蒋介石国民党践踏民主和进行反共内战的御用工具，完全堕落为民族的罪人。1947 年 4 月，中国青年党参加组建所谓三党联合政府。在“改组”后的国民政府中，曾琦、常燕生、何鲁之、余家菊任国府委员，陈启天、左舜生、杨永浚、郑振文任政务委员，陈启天兼任经济部长（原任命李璜，李坚辞不就），左舜生兼农林部长。此外，青年党中还有 13 人任立法委员，6

---

① 李义彬编：《中国青年党》，中国社会科学出版社 1982 年版，第 306 页。

人任监察委员。青年党几十年求官谋职的愿望总算得到了一些满足。曾琦为此还写下了“追命江湖廿四秋,朝堂初入泪交流”这样感激涕零的诗句,不仅充分暴露了他们出卖灵魂的真面目,同时也不打自招地道出了他们数十年来不遗余力地鼓吹国家主义的政治主张,只不过是为了能够早日捞取一官半职。他们鼓吹“全民政治”,号召人们参与政治,原不过是自己急于“参与政治”的欲望与野心的表露;他们极力反对共产党主张的“阶级斗争”、“阶级专政”,原来只是怕共产党挡住他们做政客、谋官职的道路。

中国青年党这种违背政协决议、助纣为虐的行径遭到了全国人民的反对。中国共产党、中国民主同盟等民主党派以及国民党民主派对此进行了严厉的批判,并且青年党的这种卖身投靠也未得到美国政府的赏识。因此,当一个政党丧失自己的政治立场,违背自己的诺言,沦为另一个政党或政治集团的附属物后,它的政治生命就基本上宣告停止了。由此,也可以说,参加“国民大会”和“国民政府”,是中国青年党历史上永远洗刷不掉的耻辱点,也是该党由发展到停顿、分裂、衰落的转折点。青年党头目的官椅尚未坐热,国民党的统治已全面崩溃,青年党便追随国民党蒋介石去了台湾。从此,内部矛盾重重,陷于瓦解状态。而这时对国民党来说,青年党已丧失利用价值,便采取了任其随意发展自生自灭的态度。遭到冷落的青年党头目们,在孤独中静心反省,总算认识到自己曾经鼓吹过的国家主义,如“国家观念”、“全民政治”、“全民福利”等是十分荒唐可笑的。曾琦在他的遗嘱中也无可奈何地表示,国家主义政治的实现无望,哀叹自己“生平抱负,百无一展”。所有这些充分说明,国家主义思潮在中国已经走向了衰败。

第八章　旨在改良农村的乡村建设思潮

中国是一个农业大国，中国的问题很大程度上其实就是农村、农民的问题。五四运动以后，随着忧患意识的被重新唤起，一些关心国家命运的人们越来越认识到，农村问题、农业问题、农民问题等已经成为关乎中华民族命运的基本或中心问题，特别是第二次国内革命战争时期，由于阶级矛盾的尖锐，社会形势的复杂，更多的人意识到占中国劳工阶级绝大多数的就是那些农民，改进乡村社会，乃是挽救中国命运的关键，于是，致力于乡村教育、乡村建设的风气一时成为时尚。在名目繁多、背景复杂的“乡村建设”运动中，主张不尽一致，性质也不尽相同，但其基本性质而言是一场社会改良运动，即在维护现存社会制度和秩序的前提下，采用和平的方法通过兴办教育，改良农业，流通金融，提倡合作，移风易俗等措施，复兴农村，进而实现“民族自救”。这其中有以下代表人物及主张。

一、以梁漱溟为代表的“乡村建设派”的政治主张

梁漱溟(1893--1988 年),原名焕鼎,字寿铭,广西桂林人,始信奉佛学,继崇尚孔学,后加入中国同盟会,可谓思想多变。1917 年,出任北京大学印度哲学讲席,“五四”时期,属“东方文化”派。1922 年出版了《东西文化及其哲学》,奠定了其后“乡村建设”运动的理论基础。1924 年,辞离北大。他从 1928 年开始倡导乡村主张,讲述《乡治十讲》。1929 年曾任河南村治学院教务长并接办北平《村治月刊》。1931 年,应召至山东邹平创办“山东乡村建设研究院”,任研究部主任兼院长,正式使用“乡村建设”一词,并创办了《乡村建设月刊》,积极推行乡村建设运动,寻求“改造旧中国,建设新中国”的路向。研究院下设研究部、乡村服务训练部、实验县和农场,并出版《乡村建设》刊物。1933 年,又将山东菏泽县划为实验区,在此基础上,于 1934 年 4 月在菏泽设研究院第一分院。与其同时,梁漱溟还进行了一系列理论著述,发表于 1933 年的《中国民族自救运动之最后觉悟》(《村治论文集》)和 1937 年的《乡村建设理论》(亦名《中国民族之前途》),容纳了他“乡村建设”的理论体系。

30 年代的中国,乡村建设运动界掀起了一场全国范围的农村改良潮流。在这股潮流中,梁漱溟所领导的“乡村建设”被认为是“最有力的一派”,其独树一帜的乡建理论格外引人注目。

梁漱溟先生认为:中国问题主要在农村,农村的问题又主要表现在“文化失调”,即“中国现代的历史是一部‘乡村破坏史’,最糟糕的破坏是‘精神破产’。被破坏的儒家乡村其实是一个保存了大量传统礼俗、价值观的地方,是一个意义的聚集地”。梁漱溟从事的乡村建设运动的实质是构造一种“儒家生活世界”、一种意义

秩序。

梁漱溟的“乡村建设”主张，主要体现在他的《乡村建设理论》和邹平“乡村建设实验”中。综括他的理论及实践，可见其乡建主张内容如下：

1. 认为中国传统社会组织构造属“伦理本位，职业分立”，不存在阶级、阶级压迫和阶级斗争，进而否定中国共产党的革命道路

梁漱溟对中国社会的认识非同一般。他称西洋是个人本位、阶级对立的社会，而中国旧社会则是“伦理本位、职业分立”。伦理本位的社会特征是人与人之间的“彼此互以对方为重；一个人似不为自己而存在，乃仿佛为他人而存在者”。[①] 经济上“夫妇、父子，情如一体，财产是不分底”。自兄弟、亲戚以至朋友，经济上“彼此顾恤，互相负责”，“隐然亦有似一种共产”；政治方面“但有君臣间、官民间相互之伦理的义务，而不认识国家团体关系。又比国君为大宗子，称地方官为父母，举国家政治而亦家庭情谊化之”。[②] 在梁漱溟看来，由于中国人的家庭观念特别重，故“伦理关系始于家庭，而不止于家庭”。这样，发乎家庭的伦理骨肉之情就推广至全社会及一切相关之人。“因情而有义。父义当慈，子义当孝，兄之义友，弟之义恭，夫妇、朋友乃至一切相关之人，随其亲疏、厚薄，莫不自然互有应尽之义。”[③]这样，梁氏就以伦理情谊和互相的义务关系，替代了中国社会几千年的阶级对立和阶级压迫。梁漱溟认为，长期以来，中国社会只有职业之分立，而没有阶级之分野。他说：中国与西洋不同，西洋是阶级对立的社会，中世纪有农奴与贵族之对立，近代有资本家与劳工的对立，“然中国社会于此前后两

---

① 《乡村建设理论》，载《梁漱溟全集》第 2 卷，山东人民出版社 1990 年版，第 168 页。

② 《乡村建设理论》，载《梁漱溟全集》第 2 卷，山东人民出版社 1990 年版，第 169 页。

③ 《乡村建设理论》，载《梁漱溟全集》第 2 卷，山东人民出版社 1990 年版，第 168 页。

者一无所以”[1]。社会成员各做各的工，各吃各的饭，只有一行一行不同的职业，而没有两面对立的阶级。

梁氏同时认为，中国社会的职业分立同样表现在政治生活中。指出，西洋由于经济上垄断于贵族资本家，而在政权上出现了贵族资本家专权的现象。而中国在经济上始终没有形成垄断，在政治上也未形成垄断，故中国社会内部，士、农、工、商诸民无权力大小之区别，有的只是职业分工的不同，大家并列共处，彼此之间没有矛盾冲突，利益一致，权利平等。

在这里，梁漱溟用“伦理本位”将中国社会置于亲切祥和的温情之中，用“职业分立”勾销了几千年来的阶级对立和搏杀，“伦理本位”和“职业分立”交相为用，描绘出梁氏特色的中国社会蓝图：“密于家庭，疏于社会，几无所谓国家；贫富贵贱转易流通，几无所谓阶级；彼此相与之间，松软温和，几无所谓压迫；如是散漫无纪，流转不滞，软和无力的人群社会，其阶级对立的形势根本不可见。”[2]而革命“必须有阶级”，它只能产生于重视集团生活，因而存在阶级对抗的社会里，中国由于士、农、工、商各业“人人机会均等，各有前途可求”，不存在阶级，“故无革命”。[3] 据此，他的结论是：“我们政治上的第一个不通的路，是欧洲近代民主政治的路，而我们政治上的第二个不通的路，就是俄国共产党发明的社会主义的路。”[4]提出要用他的“乡村建设”运动，代替中国共产党领导的农村革命。至此，梁漱溟完成了其从否定中国社会阶级对立、阶级斗争入手，进而否定中国共产党搞阶级革命、走共产主义之路的历史必然性。

---

① 《乡村建设理论》，载《梁漱溟全集》第 2 卷，山东人民出版社 1990 年版，第 170 页。

② 《中国民族自救运动之最后觉悟》，中华书局 1935 年版，第 179 页。

③ 《乡村建设理论》，乡村书店 1937 年版，第 33～34 页。

④ 《中国民族自救运动之最后觉悟》，中华书局 1935 年版，第 163 页。

梁漱溟认为,中国自古只有治与乱,从无革命,近代以来才产生了一场又一场的革命,及至后来又有共产党领导的革命运动,但这些革命只是那些不懂中国社会结构的"先知先觉"知识分子为"奔赴"个人的理想而导致的主观要求,"很少是出于这社会里面事实上客观上的要求"[①]。梁氏尤其认为,共产党的阶级革命,更是中国社会不需要的,因为中国近代产业工人不但数量少,而且由于他们生活地位比其他粗笨工人和农民都优越,因而他们乐意"维持现状而生活得安全,不愿革命"。而农民又"散漫非常,不成阶级",再加上"乡村社会的锢蔽","传统的观念和习惯太深","消极忍耐性太强",因此他们更"与革命无缘"。嘲笑共产党发动农民革命"简直是碰壁不通"。[②] 同时,梁漱溟认定共产党把帝国主义和封建军阀视为革命对象也是错误的,其理由是:从帝国主义方面看,由于国际资本帝国主义的长期侵略,造成了中国"一面吃亏愈大,而一面亦愈依赖于他"的局面,所以无论"以武力的反抗,或经济上不合作来反抗,眼前都不行"。另外,由于帝国主义是另一国家,彼我是国际关系,国家间只有国际战争,无革命可言。因此"以帝国主义者为目标,完全是一骗人的空话"。[③] 论及封建军阀,梁漱溟的观点是"革命是否认一种统治秩序及其背后根本的最高国权",其主要对象是"秩序",其次才是人。而军阀既不是秩序的问题,也不是人的问题,"为中国革命对象的中国社会旧秩序,早随满洲皇帝之倒而不存;此不成秩序之军阀制度固革命(指 1911 年辛亥革命——引者)的产物,非革命对象矣"。[④] 对于封建地主,由于梁氏根本不承认它是个压迫剥削阶级,所以便根本否认其是革命的对

① 《乡村建设理论》,乡村书店 1937 年版,第 66 页。

② 《中国民族自救运动之最后觉悟》,中华书局 1935 年版,第 173～174 页。

③ 《中国民族自救运动之最后觉悟》,中华书局 1935 年版,第 99～100 页。

④ 《乡村建设理论》,乡村书店 1937 年版,第 102 页。

象，因此，他认为“凡以军阀为民主革命的对象，以有钱有地的人为社会革命的对象，均属错误笑话”。梁漱溟不仅认定共产党在中国搞革命缺乏阶级基础和革命对象，甚至认为被共产党视为指导思想的马克思主义也只适用于欧洲社会，以此观测中国、印度这些文化开发落后的社会，则不免可笑。因此，梁氏断言共产党“将无成功之望”，共产党“强为革命”，只能使中国社会更加“秩序纷乱”。[①]故中国问题的解决，绝不能走共产党搞阶级革命的路。

2. 主张通过复兴以“理性”为根本的儒家文化来复兴民族国家

梁漱溟否定了解决中国问题的其他路向，将中国问题的解决寄托在自己所提倡的“乡村建设运动”中，而其“乡村建设”思想的核心，则是中国传统的儒家文化思想。他主张用封建传统思想复兴民族国家，改造世界。

梁漱溟认为，人的意欲是一切文化的源泉，意欲的不同，产生了不同的文化。他把人类现实社会的存在和发展概括为两方面的问题，即人对自然的问题和人对人的问题。围绕这两个问题，有三种人生态度，一为意欲向前要求，二为非己的意欲转换、调和、持中，三为意欲转为向后要求。三种人生态度又导致了东西方文化的三种路向：一为注重人与物的关系，即为了物质的满足与需要而向前用力，对外改造环境，征服自然，使社会日新月异，创造了以“民主与科学”为特质的近代西洋文明——第一路向文明。梁氏认为这是一种低级的物质文明，当然已没有了前途。二为关注人与人之间的关系，在追求良好的人际关系、追求人生价值实现的过程中，“向里用力”，即不断地进行内省，修炼品性，努力克制“欲望”，培养道德情操，持“调和”、“持中”、“反求诸己”的人生态度，这就是中国的文化——第二路向文化。它比西方的物质文化要胜出一

① 《乡村建设理论》，乡村书店 1937 年版，第 75 页。

筹。三为注重人与自身的关系。超越物质和精神两大问题，解决问题的方法与前两种文化都不同，不是寻求解决，而是欲从根本上取消这种问题或要求，即取消意欲，进入忘我境界，持放弃追求现世幸福的禁欲态度，这是以印度佛教文明为代表的意欲向后的文化——第三路向文明。在这三种文化中，中国及印度文化属早熟型。上述人类文化“三路向说”及中国、印度“文化早熟说”，是梁氏关于人类社会发展的两个基本观点。他指出，第一路向文明，虽然解决了人类生存的物质问题，但在面临精神问题日益成为社会发展的首要问题的趋势下，其已走到了尽头；第三路向文明，虽是人类社会文化的最高发展阶段，但由于当今世界正处于物质问题没有完全解决，且精神问题有待解决的阶段，因而其是不符合现世社会发展需要的。因此，梁氏认为，代表人类社会最近未来发展方向的，既不是西洋第一路向文明，也不是印度第三路向文明，而是中国第二路向文明。他以此解释和预测人类社会发展的“规律”，认为人类社会的发展必然由第一种文化进入第二种文化，最后发展到第三种文化。“东方文化”、“中国固有文化”的复兴，便是全世界文化的复兴。据此，他反对学习西方，反对资产阶级新文化，尤其反对以俄为师，反对马克思主义、共产主义的文化思想，极力主张研究和发扬光大“东方精神”、“中国固有文化”。

梁漱溟所张扬的“东方精神”及“中国固有文化”，指的是印度和中国封建时代的宗教和孔学。他认为，中国的问题是“极严重的文化失调”问题，中华民族的自救和复兴有赖于民族文化的重建。重建民族文化须以中国的“礼”为根本，吸收西方的“民主”、“科学”两大特质，从而建成一种新文化、新文明，恢复“伦理本位、职业分立”的理想社会。梁漱溟视这种旧调重弹的“中体西用”论为中国的救国前途和人类社会发展的根本方向。上述计划的实施只有依靠像他这样有封建教养的知识分子，以“乡村建设理论”为指导，走乡村建设的道路才行得通。梁漱溟于邹平“山东乡村建设研究院"、"乡农学校"的建设中进行过身体力行的实验。

"山东乡村建设研究院"及"乡农学校"皆兼具教育机关和政权机关的双重功能。尤其是乡农学校,既具有自治机关的性质,也对乡民担负教育的职责,包括兴办社会事业,提倡社会改良活动,向乡民灌输封建伦理思想和政治观点。以国民党党义和国民政府法令为教材,"训导"学众以"团体"为重,为"团体"服务,遵守"规约"、"纪律",敬长睦邻,谦和亲善。将此村学之义推广到乡学,使村学、乡学、县政府、乡村建设研究院等组织成为"小家庭之伦理的关系",逐渐由一县一乡的实验扩大到全中国。全国成为一个大家庭,落实了"伦理本位","民族自救之最后一着"也就完成了,这便是他"乡村建设"运动的总体设想。

以梁漱溟为代表的"乡村建设派"的理论及主张是基于历史唯心主义世界观提出的,这种企图在资本主义和共产主义之间选择第三条道路,即通过复兴以"理性"为根本的儒家文化来复兴民族国家的企图,只是一种幻想。这一点早已为乡村建设的历史实践所证明。

二、晏阳初等"平民教育派"的政治主张

五四运动后,人们争相探寻中国社会的发展前途,思想文化领域非常活跃。一批具有资产阶级民主思想的知识分子,受西方资产阶级启蒙主义的影响,向往资本主义国家的教育制度和教学方法。恰在此时,美国资产阶级实验主义哲学家杜威来华讲学,在其教育理论和政治主张的煽扬下,中国资产阶级知识分子更加深信"教育救国"和"教育万能",把教育视作救国拯民的曙光。

与国内泛起的教育救国思潮相呼应,侨居法国的中国留学生晏阳初、傅葆琛等在对海外华工进行管理的过程中也深感"华工最受痛苦的原因在不识字,没有知识",决心对他们实施教育,并仿效

西方资产阶级教育家的做法，编辑《华工周报》、《醒报》和《新知识读本》等，在法对华工进行义务识字教育。

国内首先有北京高等师范学校的教职员和学生组织了"平民教育社"，1920～1923年间，各省亦纷纷组织学生会，创设平民学校与通俗学校，鼓吹教育平民主义化，平民教育已成风涌潮动之势。1921年，晏阳初从美国归来，抱定志向先作普及"文字教育"的工作。上海全国青年会创设平民教育科，由晏阳初主持，着手对平民教育工作进行调查研究。至此，国内外平民教育派合流，拉开了中国平教运动的序幕。

1924年8月，中华教育改进社举行年会，朱其慧以中华平教总会筹备会的名义，邀请各省教育界代表集会北京清华园，召开第一次全国平民教育会大会，以为平教运动的中心。大会选举董事40人，推举朱其慧担任董事长、晏阳初为总会总干事，集合了如陶行知、朱经农、张伯苓、杨若堃、钱玄同、林语堂、赵元任等一大批热心平教运动的知识分子。中华平教促进会总会的成立，推进了全国平教运动的蓬勃开展，宣传工作力度加大，总会刊行了三种定期出版物:《农民旬报》、《新民旬报》、《平民汇刊》，并出版普通平教出版物30余种。各地宣传平教运动的刊物也如雨后春笋，层出不穷，有北京高师平民教育社所编《平民教育》、天津女界爱国同志会和天津学生联合会所编《平民》、上海复旦大学平民社所编《平民周刊》、北京社会问题杂志社所编《社会问题》及四川平教分会所编《平民教育》等。各地成立的平教会分会也星罗棋布，总会还在直隶定县确立了推广平教的实验区。尤其进入30年代以后，晏阳初接受了由梁漱溟发起的"乡村建设"这个名词，平教运动与乡村建设运动结合在一起，互相推动，更使平教运动一发不可收。

"除文盲，做新民"是贯穿平教运动始终的根本宗旨。晏阳初更解释为"平民教育的目的是教人做人。做什么人？做'整个的人'。什么叫做'整个的人'？第一要有知识力，第二要有生产力，第三要有公共心”[①]。为此，他主张平民教育必须同时进行三种教育，即文学教育——民智，生产教育——民生，公民教育——民德。纵览平教运动的理论及实践，可对其主张作如下概括：

1. 平民教育是“教育救国”思想指导下的改良主义教育运动

平民教育运动的兴起，是与对中国出路的探寻联系在一起的。倡导者认为，中国之所以受到列强的侵略和军阀的摧残，致使社会经济凋敝、平民生活痛苦，其真正的原因就是“由于平民知识太缺乏”。务农的不知选种防虫和施肥，致使“岁岁歉收，民食不足，乞赈外人，贻羞世界”；做工的不知科学生产和提高劳动生产率；经商的不懂商品价格和市场规律，以致“对外不知如何抵抗列强，对内不知如何铲除国贼，唯有俯首帖耳，如豕如羊，任人宰割”。[②]“试看去年上海的五卅惨案，今年国务院门前的三一八惨案，这类刺激可谓强烈极啦……可是考之事实，究竟怎样呢？难道不是仅有少数知识阶级的人奔走呼号，大多数的民众都视若无睹，不关痛痒吗！他们所以如此，不能群起追随领袖，做强有力的后盾，岂非由于缺乏知识吗？”[③]他们还援引日本、德国由落伍而后来居上的实例，说明提倡国民教育，必致内政修明、民智增进、军事膨胀、扬威海外。在此，平教派是将平民教育视作改变中国落后挨打局面的良方，如《劝学歌》中所写：“中国危亡，人所共知，如何挽救，读书识字。人不知字，是为文盲。事要到头，全无主张。平民学校，开眼药方。人人识字，民智国强。”甚至平民教育派还将平民教育视为改良社会、建设新型政治等包治百病的良方，言“平民教育毕竟是一切事业的总根本；故谓平民教育一日不普及，人类事业一日不发达”。“平民教育是建设民国的根基，是改良社会的利器，可谋家庭

---

① 《平民教育概论》，载《教育》第 19 卷第 6 号，1927 年 6 月。

② 《平民教育运动与平民的生活》，载《新教育评论》第 3 卷第 2 期，1926 年 12 月。

③ 《“平民”的公民教育之我见》，载《新教育评论》第 1 卷第 21 期，1926 年 4 月。

的幸福，可助个人的进步”[1]，而且“欲平民政治实现，不可不先普及平民教育”[2]。可见平教派对平教运动寄有厚望，希望依靠教育的革新达到社会的改良，逐欧美之后尘，将中国建设成名副其实的资产阶级共和国。

2. 平民教育是实施乡村建设的步骤之一

晏阳初在推广识字运动的过程中愈来愈认识到中国最大多数的人民，是生活在农村中的农民，这百分之八十五以上的农民，蕴存着无限的力量，是复兴民族建设国家的根本。基于此，他把注意力逐步转向农村，30 年代，他的平民教育已注入到乡村建设之中。

晏阳初认为，“一个国家，如果百分之八十五以上的人民，没有取得最低限度的教育的机会，不能得到最低限度的教育工具，不认识本国的文字，没有取得知识的基本知识是危险的一件事”。中国革命的基本问题是“愚、穷、弱、私”四大问题，这“愚、穷、弱、私”四大患，在农民身上表现尤为严重。消除四大患的根本方法就在于教育，提倡用教育来“改革社会”、“复兴农村”。晏阳初鼓励各省、市、县都要设立平教会，开办平民学校，开展四种教育，即以“文艺教育救愚”、以“生计教育救穷”、以“卫生教育救弱”、以“公民教育救私”。在其接受了“乡村建设”的口号后，晏阳初进一步提出了教育与建设的关系：建设的过程亦即教育的过程，实施教育的时候实际上也是在从事建设，与四大教育相配套，又有文化建设、经济建设、卫生建设和政权建设四大建设。在这里，晏阳初不提阶级的冲突与搏斗，力图抹杀阶级界限，调和阶级冲突，宣称平民教育是平等主义的教育，不是阶级主义的教育，是为造就一般公民的教育，不是造就少数贵族或有特殊势力人的教育。他把中国的问题偷梁换柱为“愚、穷、弱、私”，用教育替代革命，把平教运动作为解决贫

---

① 《平民教育》(四川)第 1 卷第 4 期，1927 年 8 月。

② 《平民教育的客观价值》，载《新教育评论》第 4 卷第 12 期，1927 年 8 月。

富不均、"普觉众生"问题的中和剂，看成是"官民合作"、"矫政治流弊"的润滑剂，以此消弭广大劳动人民的反抗意识，其消极性是不言而喻的。

3. 以县政建设实验，抵制中国共产党领导的土地革命和抗日救亡运动

1932 年国民党全国第二次内政会议后，晏阳初等平民建设运动与国民党政权的联系加强，晏本人出任国民党"河北县政建设研究院"院长，继续在定县搞县政实验。由于县以下一切公务人员皆为实验部的职员，实际上研究院与国民党政权已难分你我。同时，在实验推广过程中，他们把农民组成所谓"公民服务团"，规定团员有"随时接受特种训练的义务"，"严守纪律的义务"，这几类似于国民党政府推行的保甲制度。日本发动"九一八"事变、华北事变后，民族矛盾空前尖锐，地处抗日前线的河北定县，他们的实验区一不提农民的土地问题，二不提反帝反封建的革命斗争，三不提抗日救亡运动，仍大肆宣扬扫盲、卫生、改良农作物品种和栽培技术，用平和的资产阶级改良磨蚀农民的阶级和民族斗争意识，抵制土地革命运动和抗日救亡运动。尽管这一时期就教育而言，晏阳初等平教运动的倡导者不能说没有成绩。例如，1933 年定县有 7600 余人毕业于初、高级平民学校；1926 年至 1936 年十年间，毕业人数不下十几万。但在阶级矛盾及民族矛盾均异常尖锐的情势下，回避主要矛盾，引导人们将矛头指向愚、穷、弱、私等所谓四大患，显然倒置了因果，起到了混淆视听的作用。其不合时宜也是显而易见的。

当然，在现代中国繁纷复杂的政治舞台上，许多派别及集团由于人员的庞杂、视角的多维、观点的纷呈，往往不是一种色彩可以勾画得清楚的。平教派自 20 年代兴起，至 40 年代仍不见消歇，几乎与现代史相始终，他们的呼吁呐喊、躬行实践往往也体现出某种多维甚至是矛盾的地方。他们的某些言论，如官僚地主"整天不用

劳动，只须用最低的工资榨取贫农或佃农的膏血”；而贫农佃户“每天从早到晚，一年无夏无冬……手胼足胝，精疲力竭，还不能得一身之衣，一口之食”；“官吏的苛索，军队的抢掠，及土匪的打劫；像这样厉害的生活压迫，加到多数靠手工谋生的小百姓头上，如何担当得起”；劳动群众的正当请求，被“动辄加以赤化罪名，予杀予夺，莫敢反抗；丧心的政府，正可借此时机，狐媚外人，为虎作伥，从而摧残，以至演出世界空前的五卅惨案”①等，无疑是对半殖民地半封建深渊中工农大众悲惨命运的不平和控诉，他们也认为“中国今日的危险，就在‘顺民’太多。我们若是希望中国强盛，必得叫这些‘顺民’一齐变成‘叛民’，反抗丘八军阀，反抗土匪强盗，反抗捣乱政客，反抗卖国官僚，反抗欺侮我们的外国人，作全民革命，建设真正国民政府”②。这些言词，无不具有反帝反封建的爱国民主倾向。

三、陶行知的乡村教育理论与实践

陶行知投身乡村教育，目的也是为了依靠教育手段，拯救积贫积弱的中国。他说：“国家是大家的，爱国是每个人的本分。顾亭林先生说得好，‘天下兴亡，匹夫有责’。我觉得凡是脚站在中国土地，嘴吃中国五谷，身穿中国衣服的，无论男女老少，都应当爱中国。不过各人所处地位不同，爱国的方法也不能尽同。”③作为从事教育之学者，“我们生在此时有一定的使命，这使命就是运用我们全副精神来挽回国家厄运并创造一个可以安居乐业的社会交与后代。这是我们对于千万年来祖宗先烈的责任，也是我们对于亿

① 《平民教育运动与平民的生活》，载《新教育评论》第 3 卷第 2 期，1926 年 12 月。

② 《青年教育与平民教育》，载《教育》第 18 卷第 1 号，1926 年 1 月。

③ 《陶行知文集》，江苏人民出版社 1981 年版，第 70 页。

万年后子子孙孙的责任”①。要振兴中华，陶行知选择了教育，而这种教育是平民教育，他将目光投向乡村，投向平民。

1923 年 6 月，陶行知、晏阳初、朱其慧等人在南京成立了平民教育促进会。同年 8 月，陶行知等又成立了中华平民教育促进会。该会在宣言中明示：“一个共和国的基础，稳固不稳固全看国民有知识没有，国民如果受过相当教育，能够和衷共济，努力为国家负责，国基一定稳固。”声称：“我们如想挽救全国不安的景象，除了把平民教育推行全国之外，决无第二个好办法。”

陶行知的平民教育是与乡村建设联系在一起的。他认为，“中国以农立国，一百个人当中有八十五个住在乡村里，平民教育是到民间去的运动，也就是到乡间去的运动”。他主张在农村设立平民学校和平民读书处是普及平民教育的有效方法，同时要建立系统完整的教育，这就必须使师范教育下乡，即所谓“我们的新使命，是要征集一百万个同志，创设一百万所学校，改造一百万个乡村”。“为中国一百万个乡村创造一个新生命，叫中国一个个的乡村都有充分的新生命，合起来造成中华民国的伟大的新生命。”②陶行知反对师范学校设在城里的做法，说“城居的师范生平日娇养惯了，自然是不愿到乡间去。就是乡下招来的师范生，经过几年的城市化，也不愿回乡服务了。所以师范学校虽多，乡村学校的教员依然缺乏”。因此他主张重视乡村师范学校的作用，因为“乡村师范学校负有训练乡村教师，改造乡村生活的使命。师范学校在乡村里设分校，在乡村的环境里训练乡村师资已经是朝着正当的方向进行了。我们的第二步办法就是要充分运用乡村环境来做这种训练的工夫。我们要想每一个乡村师范毕业生将来能负改造一个乡村之责任，就须当他未毕业以前教他运用各种学识去改造乡村之实

---

① 《陶行知文集》，江苏人民出版社 1981 年版，第 65 页。

② 载《陶行知年谱稿》，教育科学出版社 1982 年版，第 22 页。

习。这个实习的场所，就是眼前的乡村，师范所在地的乡村。舍去眼面前的事业不干而高谈将来的事业，舍去实际生活不改而单在书本课程上做工夫，怕是没有多大成效的。我们不要以为把师范学校搬下乡去就算变成了乡村师范学校。不能训练学生改造眼前的乡村生活决不是真正的乡村师范学校”。①

认识到位，实践随行。1926 年冬，陶行知与赵叔愚等以中华教育改进社的名义设立乡村师范学院，“根据中心学校办法，招收中等以上各级学校三年级生加以特殊训练，俾能实施乡村教育并改造乡村生活”。以培养具备农夫的身手、科学的头脑、改造社会的精神三种素质的人才为目标，本着“寓教育于生活”的原则，围绕着“教学做合一”的方法设置课程，进行教学。所设新课程有：

甲，中心学校活动教学做。包括国语、公民、历史、地理、算术、自然、园艺农事、体育游戏、艺术、童子军及其他 10 项学生活动。

乙，中心学校行政教学做。包括校舍整理、校景布置、设备、卫生、教务、经济等 6 项。

丙，分任院务教学做。包括文牍、会计、庶务、烹调、洒扫整理、缮写、招待等 7 项。

丁，征服天然环境教学做。包括科学的农业、基本手工、卫生及其他共 4 项。

戊，改造社会环境教学做。包括村自治、平民教育、农民娱乐、乡村生活调查、农民娱乐等 5 项。②

所谓“教学做合一”，按照陶行知等人的解释，即“教的法子根据学的法子；学的法子根据做的法子。事怎样做就怎样学，怎样学就怎样教。比如种田这件事要在田里做，就要在田里学，也就要在田里教，教学做有一个共同的中心，这个中心就是‘事’，就是实际

---

① 《陶行知文集》，江苏人民出版社 1981 年版，第 92 页。

② 《陶行知年谱稿》，教育科学出版社 1982 年版，第 22 页。

生活，教学做都要在‘必有事焉’上用功”[①]。

1927年1月，为更加广泛地推广平民教育和示范乡村建设，陶行知在南京神策门外的农村晓庄买地为校址，亲自筹建培养乡村师资的乡村师范学校，为“全国乡村教育运动一齐都要立他一个基础”。在晓庄师范的开学典礼致辞中，陶行知说：“我们没有教室，没有礼堂，但是我们的学校是世界上最伟大的，我们要以宇宙为学校，奉万物为宗师，蓝色的天空是我们的屋顶，灿烂的大地是我们的屋基。”“寓教育于生活之中。”晓庄师范设有共同生活分任委员会，成员分别承担农村的卫生、生产、伙食及其他日常事务，在实践中培养成员的互助精神和做事能力，并有由全校师生参加的教育先锋团，自己管理自己，以此培养学生的自治能力。陶行知的做法深为梁漱溟认同。1928年，梁漱溟到晓庄学校参观，对陶行知的办学经验表示赞同，认为这“一合于教育道理，二合于人生道理，三注重农村问题”，对该校寄予厚望，称“我们盼望本校的学生，一面能够教导儿童，办一所良好的乡村学校；一面又能够辅导民众，将他自己所办的学校成为改造乡村社会的中心”。陶行知不负所望，到1929年上半年，又将晓庄学校进一步扩大，共分成五个学院和一个幼稚教育研究会，其教学成效也令世人瞩目。

陶行知从乡村教育入手，胸怀远大的志向，其赋予晓庄学校的神圣使命即是：“第一步要谋中国三万万四千万农民之解放，第二步要助东亚各国农民之解放，第三步要助全世界农民之解放。这个学校不但要做中国教育革命之出发点，并且要做世界教育革命之中心。”[②]亦即，建立乡村师范，只是陶行知实行中国乡村教育、致力于乡村建设的第一个时期，通过实验，去检验关于乡村教育的种种方法。第二个时期再根据实验的结果，训练许多合于乡村生

① 《陶行知文集》，江苏人民出版社1981年版，第151页。

② 《陶行知文集》，江苏人民出版社1981年版，第694页。

活的教师和人才，再依靠这些受过训练的人才将有关经验进行推广，使乡村教育遍及全国。

陶行知身处中国半殖民地半封建社会这一特定时代中，他无私的爱国精神，体现在其怀抱教育救国的宗旨，认识到中国以农立国的国情，致力于乡村教育的推广与普及。在他们的努力下，从1925年到1935年，全国各地农村建立的民众教育实验区多达193处。陶行知更将其1917年至1946年逝世的后半生，全部贡献给了中国的乡村教育事业。

四、黄炎培与中华职业教育社的农村改进实验

职业教育是近现代的产物，是来自西方的舶来品。黄炎培是近现代职业教育的早期开拓者，其对职业教育的认识形成了一套系统的理论。他认为职业教育是解决生计的最佳途径，谓："今吾中国至重至要至困难问题，厥惟生计；曰求根本上解决生计问题，厥惟教育；曰吾中国现时之教育，决无能解决生计问题之希望；曰吾中国现时之教育，不惟不能解决生计问题，且将重予关于解决生计问题之莫大障碍。"[①]如何解决生计问题？他提出"救济"的"三旨"是："推广职业教育"，"改良职业教育"，"改良普通教育，为适于职业之准备"。[②]

黄炎培对于职业教育目标的认识是不断发展的。随着教育界面临的新问题迭出不穷，黄炎培的认识亦与日俱进，逐渐将职教目标扩大为："为个人谋生之准备，一也；为个人服务社会之准备，二也；为世界增进生产力之准备，三也。"[③]五四运动后，"科学与民

① 《黄炎培教育论著选》，人民教育出版社1993年版，第81页。

② 《黄炎培教育论著选》，人民教育出版社1993年版，第82页。

③ 《职业界人才问题为教育界所当注意者》，载《职业与教育》第2期。

主”以及“个性解放”成为无人不知的口号。黄炎培对职业教育目标的认识吸收了新文化运动中一些合理的思想，提出将“谋个性之发展”列为职业教育的目标之一，并将这一思想概括为“使无业者有业，使有业者乐业”十二个字。

在忧患意识的驱动下产生的黄炎培的职教思想中还洋溢着爱国主义的情怀。1918 年 5 月，在中华教育改进社成立一周年之际，黄炎培提出了著名的职业教育“三旨”说。“九一八”事变后，面对迫在眉睫的民族危机，黄炎培感到有必要因时调整自己 1918 年所提出的职业教育的目标，故对“三旨”之二的“为社会服务之预备”作了重新解释，释为“为民族谋独立与繁荣”[①]。并一再申明以他为首的“这一群人是有爱国心的，职教社就创立在利用富民的一念上”[②]。我们“唯一的信仰，就是爱国、报国”。

黄炎培是“教育救国论”的鼓吹者，笃信通过教育能够革除中国所存在的各种弊端。具体说来，他认为职业教育的功能包括：(1)使受教育者能获职业，从而摆脱生活的困扰，解决生计问题。(2)沟通实际。黄炎培认为传统的中国教育是文弱的，结果是导致“人绝尘而奔，我蛇形而伏”。因为中国“无新学识以应用于实际，无新人才以从事于改良，教育不与职业沟通，何怪百业之不进步”。黄炎培甚至断言：“吾国百业之进步，亦实现时教育有以致之也。”[③]即欲使百业奋勇猛进，唯有沟通教育与职业一途。(3)“要救中国，只有办学堂。”这是黄炎培早年对职业教育功用的重要认识。在他看来，中国乃至人类世界之所以扰扰不宁，均由于物质经济条件引起。由是爱群之心泯灭，优胜劣汰，弱肉强食。中国欲立于不败之地，只有藉办学堂，别无他途。在这种认识的基础上，加

---

① 《中华职业教育宣言》，载《教育与职业》第 154 期。

② 1947 年 5 月 6 日《大公报》。

③ 《黄炎培教育论著选》，人民教育出版社 1993 年版，第 82 页。

之自己对欧美等国职业教育的考察，使他对职业教育情有独钟，认为办学堂以办职业学堂为先。从此他以职业学校救国的认识从未改变。(4)职业教育还是救治中国传统教育的一剂良药。黄炎培指出："求学必求当世必需之学，教人必教之为当世不可少之人。"而中国历来的教育却与上述宗旨背道而驰，空疏无用，脱离生活，实在是一种很危险的现象。认为欲救治中国教育，必须倡导实用教育，谓"世安有不实无用而尚得谓教育耶"?"今兹教育，非于实用的方面施大革新不可。"而职业教育又是最地道的实用教育，如黄氏所言："职业教育者，在学说上为后起之名词，在社会上为切要之问题，在教育上实为最新最良之制度也。"[①]

在投身职业教育实践的过程中，黄炎培也特别关注农村问题，最早提出了划区实验与发展农村教育的问题，以其为首的中华职业教育社的农村改进实验，是 20 年代到 30 年代风涌一时的乡村建设思潮的重要组成部分。

早在 1925 年 8 月，黄炎培即在山西发表了《山西划区试办乡村职业教育计划》，提出了选择实验地区的标准，在乡村推行职业教育组织以及解决经费的种种办法等。随后，职教社又提出《试验农村改进计划》，宣传划区实验农村教育的意义。1928 年，中华职业社具体制订了 11 条划区试验农村改进事业的范围和标准，规定选择实验区的条件为："甲，人口在三千以内者；乙，地积在十方里以外二十方里以内者；丙，交通便利者；丁，无极不治安之状态者；戊，其地力有给养其人民之可能者；己，无其他故障，足以妨碍试验进行者。"试验区改进事业共包括 22 个项目，成功的标准为"以无旷土，无游民，村民生活状况日趋改善，知识日进，地方生产日增为合格"等等。中华职业教育社的农村改进实验是黄炎培职业教育理论在农村的推广，他们那种把发展农村教育与开发农村经济、解

① 《黄炎培教育文集》第 1 卷，中国文史出版社 1994 年版，第 237 页。

决农民生计、改变农村风俗相联系是思想无不是黄氏职教思想中教育与职业、教育与生产密切联系主张在农村这个特殊环境中的具体运用。黄炎培及中华职教社的教育家们希望通过这种乡村改进试验区的活动,在不触及与改变农村经济关系的前提下,达到改善农民生活、普及教育及兴办其他公益事业的目的。愿望总是善意的,也取得过一些成绩,如先后办成了江苏昆山县徐公桥第一试办区、江苏镇江黄墟农村改进试验区、江苏吴县善人桥农村改进试验区、沪郊农村改进区等。于农村教育的提高和生产的发展并非没有益处。但若寄解决中国农村问题的希望于此之上,则只能是一种改良主义的幻想。

第三编

形形色色的非科学社会主义思潮

第九章　无政府主义思潮的泛滥与消歇

无政府主义，又译为“无强权主义”、“无治主义”或“安那其主义”，是一种小资产阶级的社会政治思潮。无政府主义盛行于19世纪后半期的欧洲，代表人物有德国的施蒂纳、法国的蒲鲁东和俄国的巴枯宁、克鲁泡特金。蒲鲁东在其著作《什么是财产》一书中首先提出“无政府主义”概念，施蒂纳和蒲鲁东提出了无政府主义的主要原则，而巴枯宁则使无政府主义成为一种政治思潮。克鲁泡特金主张所谓共产主义的无政府主义，把无政府主义发展到了一个新的阶段。无政府主义的基本主张是：主张绝对的个人自由，反对一切权力与权威，否认一切国家政权与任何政治组织，要求建立无命令、无权力、无服从与无制裁的“无政府”社会。无政府主义自19世纪末20世纪初传入中国，1906年到五四运动前后以天义派、新世纪派与师复主义为代表的中国无政府主义理论得以形成与发展，从1921年到40年代，无政府主义由鼎盛到衰落。

一、无政府主义的最初传入

无政府主义反映了濒临破产的小生产者对社会的愤懑。中国早期宣传无政府主义的人经常引用日本人幸德秋水的两句话：无政府主义的盛行由于人们对今日国家社会的绝望，专制政府是无政府主义的制造厂。19 世纪末 20 世纪初，清政府镇压了戊戌变法、义和团运动、拒俄运动等爱国运动，与列强签订了《辛丑条约》，彻底暴露了其卖国、反动、腐朽、残酷的面目。在这种情况下，少数激进分子为表达其对现状的不满和反专制、争自由的激情，开始宣传强调破坏的无政府主义。

19 世纪晚期，《万国公报》、《西国近事汇编》等中文书刊已零星报道了关于无政府主义和俄国虚无党的消息。资产阶级改良派对无政府主义和虚无党作了较早的介绍宣传。严复在 1895 年写成的《原强》中提到“均贫富之党”与“毁君臣之议”，康有为在 1902 年完稿的《大同书》中提到“革命日出，党号无君”，指的就是无政府党和虚无党。1901 年，梁启超写的《难乎为民上者》一文，也提到“无政府党”一词。1903 年梁启超发表了《论俄罗斯虚无党》一文。

日本是中国人早期接触无政府主义思想的“中转站”。20 世纪初国内出版的无政府主义书籍，原作者基本上为日本人，翻译者又大都为留日的中国人。这些书籍重点介绍与宣传俄国虚无党的思想与行动。1902 年上海广智书局发行英国人克喀伯《俄罗斯大风潮》一书，介绍俄国民粹派的活动，译者马君武称无政府主义者是一种“新主义”。1902 年翻译过来的另一本有影响的书是日本人幸德秋水的《广长舌》，由商务印书馆出版，该书共收入 32 篇文章，其中《无政府之制造》一文对中国产生了较大的影响。1903 年，广智书局出版了日人福井准造所作的《近世之社会主义》和日人西川光次所著的《社会党》两本宣传无政府主义的书。前一书介绍了蒲鲁东的生平、著作和学说及无政府主义的沿革和思想主张，后一书详细介绍了欧洲的虚无主义派。这年底，上海还出版了自然生(即张继)译纂的《无政府主义》一书，分上、下两编，上编题为《无政府主义及无政府党之精神》，下编题为《各国无政府党》，是根据日文书刊中无政府主义思想资料编译的。1904 年上海东大陆图书译印局刊行的《自由血》一书，由金一（天翮）翻译，依据的是日人烟山太郎的《近世无政府主义》一书，这是当时介绍虚无党的文献中内容最为充实、篇幅最大的一部。1904 年还出版了江西一青氏的《虚无党女英雄》和冷血的《虚无党》，两书均以俄国民粹派的活动和人物为素材。当时，还出现了一批介绍和宣传无政府主义的文章。

这一时期的无政府主义宣传矛头直指专制主义，是当时启蒙革命宣传的一部分，是与整个资产阶级民主革命潮流汇合在一起的。宣传者指出：人类天性是自由的，君权、法律、宗教都是强加的桎梏，因此除了自然法则之外，不应该承认任何权威。金一在《自由血》绪言中明白地指出："虚无党何也？自由之神也，革命之急先锋也，专制政体之敌也。"20 世纪初年介绍无政府主义和虚无党的文章、著作中，暗杀主义占有突出的地位。他们鼓吹"十步之内，剑花弹雨，浴血相望，八驺万乘"①。在当时历史条件下，无政府主义思潮矛头对准专制主义，所起的作用主要是积极的，包括暗杀的宣传也在一定程度上具有唤醒人们反对专制主义的革命意识的作用。但也应看到，无政府主义的消极作用也已开始暴露出来，出现了脱离当时革命潮流的某种离心倾向。如暗杀的宣传就过分夸大了个人的作用，把希望寄托在少数人的手枪炸弹上面，助长了脱离组织、脱离群众的个人英雄主义。

二、天义派与新世纪派

1907 年 6 月，《天义报》与《新世纪》创刊，形成了以旅日与旅法的人员为主、活动于域外的中国无政府主义派别——天义派与新世纪派。

---

① 葛懋春等编：《无政府主义思想资料选》，北京大学出版社 1984 年版，第 53 页。

在中国首先打出无政府主义旗帜的是吴稚晖、刘师培等人。1907 年 6 月，中国留日学生刘师培、张继、何震等人，组织了“以无政府主义为目的”的社会讲习会，出版《天义报》和《衡报》。《天义报》从 1907 年 6 月至 1908 年 1 月，共印行 19 期，为半月刊。1908 年 4 月，另出《衡报》以续之，同年 10 月被日本警方查封。《天义报》与《衡报》的实际主持人是刘师培与其妻何震。刘师培（1884～1919 年），字申叔，又名光汉，江苏仪征人，1901 年中秀才，1902 年中举人。受革命思潮影响，绝意仕进，与蔡元培创办《俄事警闻》。1907 年初，与其妻何震同赴东京，加入同盟会。1907 年 6 月，开始鼓吹无政府主义，先后在《天义报》、《衡报》上发表数十篇文章，并在社会主义讲习会上进行了多次演讲。后变节充当两江总督端方的幕僚。辛亥革命后，投靠袁世凯，为“筹安会”成员。

与此同时，在巴黎的吴稚晖等人组织了“新世纪社”，出版《新世纪》周刊。《新世纪》自 1907 年 6 月 22 日创刊，至 1910 年 5 月 21 日停刊，共出版 121 号。还出版了《新世纪丛书》一集。新世纪派的主要成员是吴稚晖、李石曾、褚民谊，其经济上的支持人是张静江。

天义派、新世纪派两派的基本观点是一致的。他们从无政府主义的理论基石，即人的绝对自由与抽象平等出发，要求排除强权的代表——政府。刘师培认为，平等、独立、自由，是天赋的人类基本权利，“独立、自由二权，以个人为本位，而平等之权必合人类全体而后见，故为人类全体谋幸福，当以平等之权为尤重”①。与西方一般谈论无政府主义的人从绝对自由的出发点不同，刘师培突出了人类平等的原则。他指出，为了达到人类平等的原则，必须做到“无中心，无畛域”，而政府和国家则是人类平等的大障碍。新世

① 震、申叔：《论种族革命与无政府革命之得失》，载《天义报》第 6 卷，1907 年 9 月 1 日。

纪的宗旨是:“《新世纪》之大旨:曰众生一切平等,自由而不放任。”[①]在他们看来,自由就是无政府,平等就是共产,实现这一真自由与真平等的无政府共产主义,是终极目标之所在。在主张绝对自由、反对强权、排斥国家政权、当前推翻满清政府、最终废除政府等方面,天义派与新世纪派是一致的。

但两派的宣传又各有特色,在某些问题上甚至存在明显的差别,如:

第一,在中西文化的取向上,天义派钟情于国粹,新世纪派则带有更多的欧化倾向。天义派将近代西方无政府主义思想溶解于传统中国思想文化中,认为无政府主义在中国是自古就有。他们认为,政治上“中国自三代以后,名曰专制政体,实则与无政府略同”;思想上儒、道二家“主于放任”,尤其是道家“欲废灭一切之人治,一任天行之自然”。声称无政府主义“在欧美各国为理想之谈,然中国数千年来,即行无政府之实,今也并其名而去之,亦复何难之有”,“由是以观,则实行无政府主义,以中国为最易,故世界各国无政府,当以中国为先”。[②] 新世纪派受西方文化影响较大,有较多的自然科学知识,反对崇仰旧学。新世纪派以介绍世界无政府主义人物事迹和译载主要著述为重点内容。《新世纪》周刊上发表过《巴枯宁学说》、《克鲁泡特金学说》等文章,发表的克鲁泡特金著作译文有《互助》、《法律与强权》、《国家及其过去之任务》、《面包略取》等。《新世纪》大力推崇科学,并将无政府主义的宣传与科学结合。他们认为,一切强权和迷信都是反科学的,宣称实行无政府主义是新世纪的革命,其基础是科学的日益发展。新世纪派主张“尊

① 《与友人论新世纪》,载《辛亥革命前十年间时论选集》第 2 卷下册,三联书店 1960 年版,第 984 页。

② 震、申叔:《论种族革命与无政府革命之得失》,载《天义报》第 6 卷,1907 年 9 月 1 日。

今叛古”，对传统文化采取了激烈批判的态度，甚至主张要以“焚书坑儒之精神”对待固有的文化[①]。

第二，在历史观问题上，天义派主张复古，仇视物质文明，反对资本主义。而新世纪派则赞成进化，向往资本主义。刘师培相信，社会愈落后，愈野蛮，人民的自由愈多，“文明日增，则自由愈减”[②]。新世纪派没有把资产阶级革命和资本主义制度看成是历史的倒退，而认为与中世纪相比，是一个很大的进步。他们一方面批评资本主义制度的弊端如贫富悬殊、未体现真正民主等，另一方面对它表示欣羡和赞赏。《新世纪》第66期刊载了《支那立宪党之模型》一文，对英国资产阶级的发达大加赞赏，提到英国的都市“满街电车、火车、公园、戏园、演说厅、公学堂，万象皆新，道路整洁，建筑辉煌。区区三岛雄飞而为世界先，未始非由实业之发达也”。建议国人振兴工业、效法英国。

第三，天义派、新世纪派与资产阶级革命派都赞成革命，但天义派主张在革命成功后立即废除政府、反对在革命后建立资产阶级共和政体，对革命派基本上采取了不合作的立场，而新世纪派以民主民族革命为通向无政府革命目标的“过渡物”，主张在实现无政府主义的目标前实行共和政治以为过渡，主张与革命派“合力以达革命之目的”。刘师培设想在推翻清朝统治后即不设政府，“与其经数次之革命而后实行无政府，曷若于初次革命后即行无政府，为一劳永逸之计”[③]。新世纪派一方面宣扬无政府主义，另方面又承认共和政治是必要的过渡阶段。吴稚晖在《新世纪》第121期发表的题为《我是少年》的文章中提出：“第一步改良支那之革命”是共和革命，革命之后，“还要什么总统，什么大臣，那官的光明灿烂，

---

① 《〈人类原始说〉编后附注》，载《新世纪》第39号。

② 葛懋春等编：《无政府主义思想资料选》，北京大学出版社1984年版，第108页。

③ 葛懋春等编：《无政府主义思想资料选》，北京大学出版社1984年版，第96页。

花样十足,定然多于现在满洲之穷官,香于满洲之臭官”。第二步,才是无政府革命,“那种革命,是全世界第一笔总账,到真正新世纪的革命告成,全世界亦可无官”。

第四,两派强调以下层劳苦大众的斗争来实现无政府革命,但新世纪派侧重于会党,天义派则寄望于农民。《新世纪》第 42 号发表了一篇题为《去矣!与会党为伍》的文章,号召用“无政府共产”的理论去改造会党。天义派则特别强调“农民革命”的意义。《衡报》第 7 号“农民号”专刊,发表了《无政府革命与农民革命》的长文,提出了“欲行无政府革命,必自农民始”的主张。

两派还有其他一些有特色的思想,如天义派倡导妇女解放、介绍马克思主义和新世纪派的“三纲革命”、人性博爱说、“以教育为革命”等。

三、民国初年的“师复主义”

1912 年中华民国成立后,传播无政府主义的热点从海外移到国内。代表人物是刘师复。师复是中国信仰无政府主义最坚决的人,师复主义成了中国无政府主义的典型形态。刘师复(1884～1915 年),广东香山县人。原名绍彬、恩复,因立志反清,光复故国,故易名思复。1912 年 7 月又因信仰无政府主义,废姓,改称师复。1904 年,刘师复留学日本,在东京加入同盟会。1906 年从日本归国,在家乡创办隽德女学,提倡女子教育。1907 年 6 月,在广州密谋杀害清朝水师提督李准,事败未遂被清政府监禁。1909 年,被营救出狱后赴香港,潜心研究早期无政府主义者李石曾、吴稚晖等人刊行的《新世纪》中所宣扬的无政府主义。他继续从事暗杀活动,发起组织了支那暗杀团,以推翻强权、推行无政府主义相号召,此时其思想开始发生变化,并与同盟会中断了联系。1912 年 5 月,刘师复等人在广州建立了中国第一个无政府主义团体“晦鸣学舍”,同时出版发行《无政府主义》等小册子。7月,与莫纪彭等组织“心社”,宣扬“破除现代社会之伪道德恶制度,而以吾人良心上之新道德代之”。1913年8月,主持发刊《晦鸣录》,这是国内刊行的第一个专门宣扬无政府主义的刊物。1914年7月,又在上海成立“无政府共产主义同志社”,并将《晦鸣录》更名《民声》,以作为其宣扬无政府主义的主要阵地。

刘师复的无政府主义思想,主要是受俄国无政府主义者克鲁泡特金的无政府主义和托尔斯泰的泛劳动主义、无抵抗主义思想的影响而形成的一种中国的无政府主义学说。正如刘师复自己所说,他是一个“完全服膺克氏(即克鲁泡特金)学说者”[①]。“吾人欲表揭一正确之定名以号召天下,莫若名之曰‘无政府共产主义’(简称则曰无政府主义),从事此主义者曰‘无政府共产党’(简称曰无政府党)。”[②]他还公开宣称:“克鲁泡特金,吾党中泰斗。”“克氏学说,实不愧为吾党之经典。”[③]刘师复无政府主义的基本观点可概括如下:

第一,主张个人绝对自由。无政府主义者的共同特点,就是从唯我的极端个人主义出发,主张个人的“绝对自由”。认为只有“唯一者”即“我”才是世界的核心,是世界历史的动力,甚至就是世界历史本身。刘师复的无政府主义也不例外,宣称其“无政府主义的妙理,就是自由两个字”[④]。这是刘师复无政府主义的“根本思想”。这种“绝对自由”表现在政治上,极端反对管理和代表制,“凡为统治制度之机关,悉废绝之”;在生产领域,要求自由组织没有任何章程和规则的“公会”;在分配方式上,要求对劳动所得产品,“自

① 刘师复:《答迦身》,载《师复文存》,上海书店出版社1992年版,第167页。

② 刘师复:《无政府共产主义释名》,载《师复文存》,上海书店出版社1992年版,第15页。

③ 刘师复:《克鲁泡特金之为人及其言论》,载《民声》第8号。

④ 刘师复:《告非难无政府主义者》,载《民声》第30号,1921年。

由取用之”;在男女之间,要求废除家庭关系和婚姻制度,“实行男女自由结合”;在道德问题上,要求废除一切宗教和一切信条,达到人人自由,“无所谓义务与制裁”。总之,刘师复所宣扬的“无政府社会,是人人平等”、“人人自由”、“人人自治”的“幸福”的“绝对自由的社会”。

刘师复所主张的无政府主义的“自由”,是受克鲁泡特金的“互助”思想之影响,从抽象的人性出发,认为人类的本能是互助的,是性善的,这种本能是社会进化的动力,决定着人类可以自由,决定着“人人都能自治,不要人家管束”①。“人与人相交,你不侵犯我的自由,我也不侵犯你的自由,便是真自由。个人与个人结交,互相敬重其自由,便是个人的自由,团体与团体相结合,互相敬重其自由,便是社会的自由。”②他把人类的进步说成是这种人的“自由意志”的表现,说成是因为人有了“个人绝对自由”的结果,并以此作为其全部“理论”的根基。

基于这种“个人绝对自由”的理论,无政府党没有领袖,没有党纲,没有组织机关,只有自由聚集之场所,用作无政府主义的传播聚谈,开会不设主席,个人自由发言,谈完了事;入党不要任何手续,只要主张无政府主义,即为党员。凡所行事,“皆自由独立,不受指挥,不俟全体之决议,即或有联结多人同时并举之事,亦只由同意者,合力为之”③。刘师复组织的“心社”,即采取这种“绝对自由主义,无章程,无规则,亦无一切组织,各凭一己良心相结合”④的形式。

第二,反对任何政府和强权,主张废除国家。刘师复认为强权

---

① 《无治主义学理上的根源》,载《新中国》第1卷第3号,1919年。

② 刘师复:《论社会党》,载《民声》第9号,1914年。

③ 刘师复:《论社会党》,载《民声》第9号,1914年。

④ 《师复启示》,载《晦鸣录》第2期,1913年。

违反了个人的自由和意志，强权被铲除了，即百事皆了。人人都有自由生活的权利，人人都有自治的本能，根本不需要强权来统治。无政府党的革命目标，就是铲灭强权，建立一个“无地主、无资本家、无首领、无官吏、无代表、无家长、无军队、无监狱、无警察、无裁判所、无法律、无宗教、无婚姻制度之社会”[①]。

在刘师复看来，强权有种种，而政府则是强权的巨擘，也是强权的渊源。他认为任何强权的存在无不受政府之保护。对政府，刘师复有一套较为完整的理论。对何为政府，刘师复说:“政府者，剥夺自由扰乱和平之毒物也。”关于政府的起源，他说是“起于强权”，是“野蛮之世，一二枭悍者自居部落，称为己有，奴役其被征服之人，复驱其人与他部落战，互为敌国，此国家所由来，政府之从出”。对于政府，刘师复认为“政府为万恶之源”，自有政府而和平全失。因为“自有政府，乃设种种法令以绳吾氏，一举手，一投足，皆不能出此网罗之陷阱之中”，因此“凡有政府之世，人民必无真自由”。[②] 刘师复还给国家列举了一系列“罪名”:一是国家制度、法律限制了个人自由；二是国家保护阶级制度，制造不平等；三是国家坚甲利兵，破坏和平；四是国家圈定范围，妨碍人类共同生活。因此，“凡无政府党无不以反对强权为职志”，扫除一切含有强权性质之恶制度，废除军队，废除法律，废除强权，废除政府，“本自由平等博爱之真精神，以达于吾人所理想”之无政府共产主义社会[③]。

刘师复反对一切强权和废除政府的思想，是因袭克鲁泡特金的学说而来，并没有提出新的内容。这种思想是建立在追求个人绝对自由的资产阶级个人主义基础上的，是当时一些激进的知识分子要求个性解放的反映。刘师复反对强权和国家的态度，是与

---

① 刘师复:《论社会党》，载《民声》第 9 号，1914 年。

② 刘师复:《无政府浅说》，载《晦鸣录》第 1 期，1913 年。

③ 刘师复:《江亢虎之无政府主义》，载《民声》第 17 号，1914 年。

其对国家和政府起源的唯心主义理解紧密联系着的。他认为国家和政府的出现，私有制的产生，纯粹是由于暴力掠夺的结果，既然国家和政府起源于暴力，那么，只要排除强权力量，就会铲除一切罪恶的根源。这种看法早就受到了马克思主义经典作家的批判。

刘师复反对强权和国家的态度，与其对国家消亡途径的唯心主义理解也是密不可分的。他不懂得，在当时的中国，建立资产阶级共和国是符合社会发展规律和广大人民群众利益的，是历史的进步。他也不懂得，无产阶级革命在获得胜利后，应该利用国家这个组织形式，建立无产阶级专政，镇压敌人的反抗和实行社会的经济革命，尽快地发展生产力，以便为国家的逐步消亡和向共产主义社会的过渡创造条件。相反的，他却在无产阶级革命的条件还没有成熟的时候就进行这样的革命，又把这种革命看成必须从废除国家这个政治组织开始，从消灭一切形式的政府和权威开始。刘师复这种不看现实、一味想人为地废除一切国家和政府的理论，其实是一种荒唐的空想主义。

第三，幻想建立无政府共产主义社会。无政府主义者不承认政府、国家有存在和发展的必然，鼓吹建立无政府主义共产主义社会。刘师复在《无政府共产主义同志社宣言书》一开头就提出："无政府共产主义者何？主张灭除资本主义制度，改造共产社会，且不用政府统治者也。"①他认为在当时，资本主义制度是平民第一仇敌，是一切社会罪恶之源泉，因此必须进行无政府革命，建立无政府共产主义社会，变争夺之社会为人人各尽所能、各取所需、贫富平等、生活幸福、工作自由的协爱社会。他把无丝毫以人治人之强权谓之为"无政府"，引无政府于共产主义，是之谓无政府共产主义。他还对这种社会作了具体描绘：一切生产要件如田地、矿山、工厂、耕具、机器等等，归之社会公有，劳动所得之结果如食物、衣

① 载《民声》第17号，1914年。

服、房屋以及一切用品，均为社会公物。这些社会公有物，人人皆得自由取用之，而无所限制。

怎样才能实现这种理想社会呢？刘师复认为，采取个人恐怖、实行工团主义是实现无政府主义的根本途径。刘师复提倡个人暗杀，藐视广大劳动人民的伟大革命力量，诬蔑劳动群众是“愚民”，把革命的成功寄托在所谓个别“先觉者”的冒险行动上。在提倡个人暗杀的同时，他还反复强调工团主义，并把工团主义作为无政府主义者的八大纲领之一。他在《致无政府党万国大会书》中宣称：“无政府其目的，工团主义其手段。”二者不可分离。他还极力宣扬工团主义所主张的总同盟罢工，不仅是社会革命唯一有力的武器，也是无政府党的神圣事业。

刘师复提出了一些实现无政府共产主义社会的具体手段：(1)用报刊、书册、演说、学校等等，传播吾人主义于一般平民，务使多数人晓然于吾人主义之光明、学理之圆满以及将来组织之完善，及知劳动为人之天职，互助为未来之良德。(2)当传播时期中，各视其时势与地方情形，可兼用两种手段．一是抵抗，如抗税、抗兵、抗役、罢工、罢市等。二是扰动，如暗杀、暴动等。(3)平民大革命，推翻政府及资本家，而改造正当之社会也。认为只要采取这些手段，无政府共产主义社会就建立起来了。

刘师复的无政府主义是在20世纪初中国资产阶级民主革命蓬勃发展的历史条件下产生的。他的思想在当时社会生活中所起的作用基本上是消极的。但也应该看到，在辛亥革命失败以后，刘师复所提出的种种主张在一定程度上反映了中国资产阶级、小资产阶级知识分子对辛亥革命的失望和对封建军阀的痛恨以及他们企图寻求没有剥削、没有压迫的未来社会的愿望，具有一定的反封建作用。

四、“五四”前后无政府主义的泛滥

1915 年 3 月，师复病逝，其学生、同志赵太侔、黄凌霜、区声白等在各地成立组织，印发小册子，继续传播无政府主义。随着新文化运动的兴起，各种“新思潮”纷纷涌进，无政府主义在这种背景下也广为流传。据统计，“五四”时期的无政府主义团体约达 70 个，出版的刊物约达 70 种，出版的书籍 35 种左右。1916 年，无吾、真风、求同等人在南京组织“群社”。1917 年 5 月，太侔、超海(黄凌霜)等在北京大学组织成立“实社”。1918 年，山西无政府主义者尉克水组织成立“平社”。1919 年，以上三个团体与师复组织的“民声社”合并成立了进化社，并在上海出版《进化》月刊，成为“五四”时期众多思潮的重要一支。同年建立的无政府主义团体还有由郑仲勋在广州发起的“社会主义同志会”与原南京“群社”成员真风等与天津的姜般若联合组织的“真社”。1920 年建立的无政府主义团体约为 7 个，最活跃的是易家钺、郭梦良、朱谦之等在北京大学建立的奋斗社。1922 年约为 18 个，1923 年约为 40 个。无政府主义宣传刊物一般由无政府团体创办，如实社出版的《自由录》、进化社出版的《进化》月刊、奋斗社出版的《奋斗》旬刊、学汇社出版的《学汇》副刊、互助社出版的《互助》月刊等。出版的书籍大都是刘师复在《晦鸣录》和《民声》杂志上发表的文章，如《无政府浅说》、《无政府讨论集》等。《新世纪》杂志上登载的文章也被汇集出版。翻译的著作有克鲁泡特金的《近世科学与无政府主义》等。

“五四”时期，中国无政府主义者的内部形成了不同的派别，主要有:(1)以黄凌霜、区声白为代表的“正统”无政府主义。这两个人均为北京大学学生。他们标榜为“师复主义”的继承人，主张绝对自由，反对一切强权，认为只有打倒强权，人类才能“自由”，人类“互助”的“本能”才能实现。由于俄国十月革命的发生，他们从否认国家、反对强权的基本立场出发，集中攻击十月革命及其所建立的苏维埃制度。(2)以朱谦之为代表的“新虚无主义”。他是北京大学一位思想偏激的学生，在哲学上受叔本华的意志主义与悲观主义、柏格森的直觉主义影响较深。他认为“无政府革命还是半截的、不彻底的”，最彻底的革命在把宇宙间的一切组织都推翻，革到无天无地、无人无物的境界。新虚无主义者相信只要存在着人类，就必然存在着强权，而要消灭强权，就必须灭绝人类，故他们大力提倡人类自杀。(3)以郑太朴为代表的“中国式的无政府主义”。他认为：“中国底历史，向来是无政府的历史。”“无政府主义之在中国实在是最合适了。”他申明自己不是克鲁泡特金主义者、巴枯宁主义者或普鲁东主义者，而是“中国式的无政府主义者”，主张“若果要实行无政府主义，必定要参酌中国的社会情形才可，决不能贸然把某个西洋无政府主义者的学说拿来生吞活剥如法炮制地装上”①。他虽声称“中国式的无政府主义”，实则并未提出什么具体主张。尽管“五四”时期无政府主义形成了不同派别，其实在基本主张上是一致的，严格地说并无流派之分，只是杂然纷呈而已。

“五四”时期无政府主义的宣传虽处在热潮阶段，但在很大程度上是早期宣传的重复，尤其是继续宣扬师复主义。这里，简略看一下其基本主张：

(1)主张个人绝对自由。“五四”时期的无政府主义者继续从极端个人主义出发宣扬极端自由主义，他们认为一个人生活在世界上，应该是自由自在的，不受任何一点个人以外的力量的束缚，个人的自由丝毫不容侵犯。黄凌霜声称：“无政府主义以个人为万能，因而为极端自由主义，所以无政府主义乃个人主义的好朋

---

① 太朴：《论中国式的安那其主义答光亮》，载《民国日报》副刊《觉悟》，1921年7月17日。

友。”[①]从主张个人绝对自由出发，他们反对一切组织纪律。区声白这样解释“绝对自由”：“如果在一个团体之内，有两派的意见，赞成的就可以执行，反对的就可以退出，赞成的既不能强迫反对的一定做去；反对的也不能阻碍赞成的执行，这岂不是自由吗？”[②]

(2)反对强权和国家，尤其是反对无产阶级专政。“五四”前后的无政府主义者从反对一切强权和暴力的观点出发，反对布尔什维克，反对无产阶级专政。他们宣称：“我们不承认资本家的强权。我们不承认政治家的强权，我们一样的不承认劳动者的强权。”“对于主张用兵的，不管是‘赤卫军’、‘自卫军’，都是反对；对于主张战争的，不管是阶级战争、国际战争，都是反对。”[③]他们指责布尔什维克国家“抹杀个人”、“滥用强权”、“独裁专制”、压制劳动者，说什么“强权本来就不好，因为他同个人自由立于反对地位，布尔塞维克却事事用强权……这是摧残个人，这就非人道”[④]。他们表示反对一切强权，包括无产阶级的强权。他们说：“强权是什么东西！我们不承认资本家的强权，我们不承认政治家的强权，我们一样不承认劳动者的强权，‘强权’这个东西，早就应该伸腿！”[⑤]

(3)建立人人平等，“各尽所能，各取所需”的无政府共产主义社会。无政府主义者抨击私有制度，而以公有制度作为他们的理想社会图式。他们主张在废除强权以后，政治生活由自由组织的各种公会和团体主持，社会平等，个人独立。经济上，一切生产资料和消费资料都归全社会所有，每个人竭自己所能为社会出力，劳动成为享受和义务；每个人尽自由所需领取社会公有的财物。

---

① 黄凌霜：《评〈新潮〉杂志所谓今日世界之新潮》，载《进化》第2号。

② 区声白：《讨论无政府主义》，载《新青年》第9卷第4号，1921年8月。

③ A·D：《我们反对“布尔什维克”》，载《奋斗》第2号，1920年2月。

④ 《为什么反对布尔塞维克》，载《奋斗》第8、9号合刊，1920年4期。

⑤ A·D：《我们反对“布尔什维克”》，载《奋斗》第2号，1920年2月。

1918 年，黄凌霜就在《劳动》杂志第 1 卷第 4 号上发表的《工读主义进行之希望》一文中说："将来社会进化，达至如何地步虽不可得知，工与学合为一途，工人即学者，学者亦工人，造成'各尽所能，各取所需'之正常社会，有可预料。"1920 年成立的"工读互助团"是对无政府共产主义理想社会的一次实践。这个团体的倡导者王光祈描绘他们的新生活是"人人做工，人人读书，各尽所能，各取所需"，"日出而作，日入而息，凿井而饮，耕田而食，帝力——政府——于我何有哉！"[①]这一美丽的乌托邦在尝试几个月后很快破灭。

(4)互助主义与工团主义。这是无政府主义的两根支柱。前者回答无政府共产主义何以可能的问题，后者回答通过什么途径实行无政府革命的问题。

互助论是克鲁泡特金的无政府主义的理论基础。在他看来，互助是包括人类在内的一切生物的本能，人类据此本能，可以建立起和谐的社会生活。人类的互助本能必将战胜强权，一个没有国家和政府、人人互助的平等自由社会定能实现。"五四"时期的无政府主义者大肆宣扬了互助说。黄凌霜在 1917 年出版的《自由录》第 1 集上以《竞争与互助》为题，批判"物竞天择"说而赞扬互助论。随后，李石曾翻译了克鲁泡特金的《互助论》前四章连载于《东方杂志》第 16 卷第 5 至第 10 号上。1919 年在广州出版的《民风》周刊和 1920 年出版的《北京大学学生周刊》也登载过《互助论》的部分译文。互助主义产生了广泛的影响，中国最早的马克思主义者李大钊也写了一篇《阶级竞争与互助》的文章。

"五四"时期无政府主义者的工团主义宣传的内容主要是劳动主义，建立工团组织，直接行动。所谓"劳动主义"就是向劳动者宣传劳动的意义，强调劳动者是社会的主人，揭露抨击不劳而获的剥

---

① 王光祈：《工读互助团》，载《少年中国》第 1 卷第 7 期。

削行为，从而启发劳动者进行“社会革命”的觉悟。进行“社会革命”的主要方法是“直接行动”，即不要任何政党的领导，也不需建立革命的武装，只由那些被工团主义思想“武装”起来的群众推翻政府，直接夺取生产资料，建立“各尽所能，各取所需”的社会，这种“直接行动”当然是虚狂的，只能给群众带来无谓的损失。

在马克思主义成为中国思想界先进思潮的主流之前，无政府主义以其与专制统治势不两立的姿态对引导人们反抗专制、憧憬光明起过积极作用。直到“五四”时期，无政府主义对活跃思想、启发人们思考问题、反对专制统治，仍具有进步意义。许多早期共产党人如毛泽东、周恩来、恽代英、陈延年等，都是经过无政府主义这个环节，走向马克思主义的。但随着马克思主义在中国的广泛传播，无政府主义者加紧了反对马克思主义的宣传，无政府主义作为反对马克思主义的主要敌手，主要起阻碍社会进步的作用。与无政府主义进行斗争成了早期马克思主义者的主要任务。1920 年 9 月，陈独秀在《新青年》第 1 卷第 8 号上发表《谈政治》一文，以无产阶级专政思想批判无政府主义，马克思主义与无政府主义的论战发生了。经过一年多的论战，无政府主义思想为真正的革命者所唾弃，一些原来信仰无政府主义的青年转向信仰马克思主义，无政府主义的影响日益缩小。

五、无政府主义的衰落

在发生了马克思主义与无政府主义的论战后，“五四”时期热闹一时的无政府主义便开始走向它的衰落期。“五四”时期进行无政府主义宣传的骨干分子此时已离开无政府主义运动或退居次要地位。如黄凌霜已转而宣传民生史观和唯生论，吴稚晖、张静江、区声白、刘石心等进入政界，成了国民党的官员，其中，吴稚晖、张静江还是蒋介石策划政变的谋士，郑贤宗则加入了中国共产党。

无政府主义者的惨淡经营与日趋高涨的国民革命高潮相比显得格格不入。1924 年至 1927 年的四年中,约有 18 个无政府主义团体建立。20 年代中期,宣传无政府主义的代表人物是芾甘、卢建波、张履谦、毛一波、卫惠林、吴克刚、秦抱朴、毕修勺等。较重要的团体和刊物有北京的"学汇社"出版《学汇》,广东的"民钟社"出版《民钟》,南京的"民锋社"出版《民锋》,上海的"互助社"、"自由人社"出版《互助》和《自由人》等。1924 年底《学汇》停刊,1926 年《民锋》改在上海出刊,1927 年初《民钟》迁往上海,无政府主义者活动的中心便只剩下上海一地了。这一时期,无政府主义宣传的重点是:(1)反对"国民革命"。比如沈仲九在《我的国民党观》中全面抨击了新三民主义,而三木的《从事实上批评国民党》一文诬蔑广州的国民党实行的是"民不聊生,民困财困,民生涂炭"的"三民"主义。(2)攻击马克思主义。《民钟》、《互助》等刊物发表了大量反马克思主义的文章,其中一部分与鲁智的《马克思主义批评》一起被收入 1928 年出版的《马克思主义的破产》一书中,毛一波也写了《社会主义批判》、《马克思主义评论》、《马克思经济学批评》等小册子。(3)主张改良主义,反对阶级斗争和暴力手段,幻想以"感化"作为浸润人心和改造社会的方法。(4)使无政府主义"国粹化"。如悟虚在《中国古代无政府主义思潮之一瞥》中把老子、庄子封为无政府主义的大师;朱谦之在 1927 年出版的《大同共产主义》一书中,则以儒家的大同理想为底本,给现代无政府主义披上古代的服装。

为挽回无政府主义运动的颓势,一些人开展了"自救运动"。抱朴、毕修勺等人提出要搞好宣传;宋仙等人提出改变"各行其是"的组织原则而建立严密的组织;剑魂提出工作重心应转向农村;张履谦、卢剑波、毛一波等人打出"科学的无政府主义"的旗号,企图在理论上修补无政府主义;巴金等人提出无政府运动不能脱离实际,应积极参加国民革命运动。这些问题的提出,只是加剧了无政府主义者内部的争吵,使其更加四分五裂。"无政府主义的派别和它的人数一样多”，这一弱点埋伏了使其走向覆灭的病根。

1927年4月“四一二”政变发生后，使无政府主义的分化更为剧烈。毕修勺、李少陵等人走上了从“安国合作”到“溶安于国”的道路，放弃了自己的“安那其主义”的信仰，成了国民党的达官贵人。巴金虽还自称为无政府主义者，但实际进行的是以文艺为工具做民主主义的启蒙工作。1928年底，国内仅存的无政府主义者的刊物《民锋》被国民党当局查封，主要编辑人卢剑波被明令通缉。剩下寥寥无几的鼓吹者形影相吊，不成气候。1928年，李石曾等人在上海筹办劳动大学，聚集了一些无政府主义信徒，出版《革命周报》刊物，并出版了几本丛书；上海自由书店也出版了《克鲁泡特金学说概要》、《蒲鲁东的人生哲学》等十余种无政府主义理论书籍。

抗日的洪流涌起后，国民党当局的高压政策有所松动，沉默了许久的无政府者又开始呻吟。原“民锋派”的骨干卢剑波、张履谦等于1937年4月在成都出版了《惊蛰》月刊，至1939年停刊。随后，卢剑波又在成都创刊了《破晓》，一直维持到1941年。这两个刊物把眼光转向社会和现实，宣传了“全面抗战”、妇女解放等主张。《惊蛰》、《破晓》的刊行是中国无政府主义离开政治舞台前的最后一次亮相。此后，作为一种政治思潮的无政府主义就在中国消失了，而作为一种社会文化思潮，它的影响还长期存在。

第十章　其他非科学社会主义流派

五四运动前后，随着马克思主义在中国的传播，各种非科学社会主义思潮也相继传入中国，并且对中国的思想界发生了不同程度的影响，其中比较突出的有社会民主主义、空想社会主义和基尔特社会主义等。它们在传入中国之后，还都打起拯救中华的旗帜，甚至借用马克思主义的只言片语来推行自己的观点和主张。所以，马克思主义学说在中国的传播和发展，也是在同各种非科学社会主义流派争论中前进的。

一、江亢虎的“社会主义”

(一)江亢虎与中国社会党

江亢虎(1883～1954 年)，原名绍铨，江西弋阳人，出身官僚地主家庭。1901 年春赴日留学，受到日本社会民主主义思潮和无政府主义思想影响。半年后回国，被直隶总督袁世凯聘为北洋编译局总办和《北洋官报》总纂。不到一年，复去日本留学。1903 年，他独揭“无宗教、无国家、无家庭”的“三无主义”。1904 年因病辍学回国。1907 年，他第三次东渡日本，开始涉猎西方无政府主义著作，宣扬“三无主义”，成为中国最早鼓吹无政府主义的人之一。1910年3月，江亢虎得到官贵补助出国旅游，经日本而至欧洲各国，翌年春取道西伯利亚回国。在欧洲考察期间，江亢虎受第二国际的影响很深。他感到社会主义已成20世纪最流行之主义，对于它只能采取因势利导的态度，压制是徒劳的。同时他还认为，中国不像欧美那样多的大地主大资本家，社会主义在中国鼓吹必更易，赞同必更多，推行必更速。于是，他立志倡导社会主义，是国内“社会主义研究”的第一人。1911年7月，在上海发起成立“社会主义研究会”，出版宣传刊物《社会星》。11月改组为中国社会党。但不足两年，在袁世凯政府的压迫下，社会党解散，江亢虎也离国去美。1920年回国定居，次年4月去苏联游历，6月以社会党人身份列席了共产国际第三次代表大会。1922年回国，1924年6月重组中国社会党(次年1月更名为“中国新社会民主党”)。1926年10月，随着北洋军阀的日趋瓦解，再次将该党解散，逃往美国和加拿大。1934年回国。1939年11月，他又宣布恢复中国社会党。1940年3月，担任汪伪“国民政府”委员、考试院院长，充当汉奸。随着日寇的投降和汪伪政权的垮台，中国社会党在中国大陆上也彻底瓦解，江亢虎也被蒋介石抓获入狱。解放后移押上海提蓝桥监狱，1954年12月病死狱中。著有《江亢虎文存初编》、《江亢虎最近言论集》。

(二)江亢虎的政治主张

早在日本留学期间，江亢虎便提出了“无国家”、“无家庭”、“无宗教”的“三无主义之说”。1911年春，江亢虎游历欧洲归国，其“三无主义”言论悄然发生变化，把“世界社会主义”杂糅其间，自称为“纯粹社会主义”并以社会主义者自居。归国后，发表《介绍地税归公之学说》，向国人介绍美国人亨利·乔治的“地税归公”即“单税社会主义思想”。6月初，他在杭州惠兴女学作了《社会主义与女学之关系》的讲演，首次打起“社会主义”的旗号。不久，又成立了“社会主义研究会”，并发表宣言。之后，他把其“社会主义”主张概括为三个方面：

一是“教育公共”。他说：“余所谓教育公共者，自初生至成人，无贫富贵贱，同在公共社会中，受一致之教育。如此则智识平等，智识平等则能力平等，而经济自平等矣。”①

二是“营业自由”。他说：“所谓营业自由者，一届责任年龄，即使各谋生计，人竭其才，自求多福。如此则贤者可以绝尘高步，不肖者亦不敢游手好闲，而义务权利调节得宜矣。”②

三是“财产独立”。他认为：“财产必由自力得来，其支配权即以有生时期为限，虽父子兄弟夫妇，界画较然，不相嬗迭，死后一律充公。”③

“社会主义研究会”改组为中国社会党后，江亢虎根据他的“社会主义”思想为该党制定了八条纲领，即：赞同共和；融化种界；改良法律，尊重个人；破除世袭遗产制度；组织公共机关，普及平民教育；振兴直接生利之事业，奖励劳动家；专征地价税，罢免一切税；限制军备，并力军备以外之经营。八条纲领，作为民国元年社会党的政治主张，涉及到政治制度、经济制度、教育制度和军事制度等方面的内容。其中赞同共和、改良法律、尊重个人、振兴直接生利之事业等条文，具有比较明显的资产阶级民主主义思想。而融化种界、破除世袭遗产制度等条文，则又有无政府主义的色彩。

1922 年 8 月江亢虎赴俄考察回国后，发表了一个宣言，声称，此次“由俄考察归来，学说得所折中，进行亦较有把握”，“今后惟一

---

① 《社会主义研究会开会记》，载《社会星》第 2 号，1911 年。

② 《社会主义研究会开会记》，载《社会星》第 2 号，1911 年。

③ 《社会主义研究会开会记》，载《社会星》第 2 号，1911 年。

希望，只在政体与经济制度上之根本改革”。[①] 为此，他正式向国内舆论界公布了自己的“新民主主义”和“新社会主义”。8 月 25 日，又在《东方杂志》上发表《新民主主义新社会主义说明书》，对其主张作了诠释。

江亢虎的“新社会主义”主要有三项内容：

第一，“资产公有”。江亢虎认为社会主义的精髓是要废除资本私有制度，禁止私人掠夺他人劳动之所得。他提出要区分“资产之品类与性质”。他把金钱、机器、商品凡用以生利者为之“资”，土地、矿物、森林等凡天产者谓之“产”。“资产”按品类与性质，有的应归国有，有的归省有，有的归县或市或村有。归公的方法是“发行债票，估价收买，分期还本而不给利。外人资产亦同此例，惟依国债惯例行之。至私人或会社于金钱房屋物品等不用以生利者，仍得享有之”。他进而提出：“天产之租金，资本之利息，断然当归人民全体，以充地方公益事业之用；而对于劳动结果之课税，一切罢免之。”[②]

第二，“劳动报酬”。江亢虎认为资本制度既倒，则金钱物品不过是个人劳动的结果，已非社会罪恶之源泉，一切只供消费而不能更用以生利。于是他主张：无论是劳心劳力，凡“劳动者，各尽所能”，“报酬者，各取所值”。他说：“物之不齐，物之情也，质禀有优劣，用力有勤惰，功能有大小，成效有迟速。若其所得一律从同，非第无以示激扬促进化而已；按之情理，亦似平而实不平；则悖经济界之天则。”[③]江亢虎提出这种分配原则，具有马克思主义所主张的各尽所能、按劳分配的意思。但是，江亢虎把这种原则看作经济界和分配制度上的天则，则与马克思主义主张的按劳分配仅是社

① 《第二次欧游回国宣言》，载《社会问题演讲录》附录。

② 《新民主主义新社会主义说明书》，载《东方杂志》第 19 卷第 16 号，1922 年。

③ 《新民主主义新社会主义说明书》，载《东方杂志》第 19 卷第 16 号，1922 年。

会主义阶段的一种分配原则是不同的。

第三,“教育普及”。江亢虎认为,人类生存必须物质方面之营养与精神方面之教育。在资产公有的情况下,国家所收入的利润,足以支付人类生存必须之费用。因此,政府应注意大力办理社会教育、福利事业。使得人人都有平等受教育的机会,人人都可以享受社会福利,达到“社会一般之平等”,实现“个人单独之自由”。①

江亢虎在提出“新社会主义”的同时,还提出了“新民主主义”。由于这种“新民主主义”打着社会主义的旗号,因此带有鲜明的社会民主主义倾向。具体有三项要目:

第一,“选民参政”。江亢虎认为选民必须受过一定的教育,有一定的文化程度,再经过立法机关进行的普通法政知识考试。考试及格后,才能具备选民的资格,才能有选举权和被选举权。选民必须有所属的职业。选民的比例,根据各职业来确定。

第二,“立法一权”。江亢虎认为三权分立学说被法政学家奉为天经地义,但实际上是做不到的。他提出“立法一权”的主张。即将原来行政、立法、司法三个部门合并,使立法权“超越”于其他两权之上。国会、省会、县会等各互选行政委员,处理中央及地方政府之事,司法为其中的一个部门,而皆由立法机关产出。江亢虎认为,这样做的好处是:“权既不集于少数,而政亦不出于多门,理论实际,两无窒碍,远胜旧制也。”②

第三,“职业代议”。江亢虎认为现行国会组织法选举法,只不过是一两个特殊阶级最少数人的胜利而已。如何消除这种弊病呢?他主张:“以职业为单位,以地方为区域,以选民人数为比例,平均分配投票权代议权。”③他认为这样一办,职业人口多的就多

① 《新民主主义新社会主义说明书》,载《东方杂志》第19卷第16号,1922年。

② 《新民主主义新社会主义说明书》,载《东方杂志》第19卷第16号,1922年。

③ 《新民主主义新社会主义说明书》,载《东方杂志》第19卷第16号,1922年。

举议员，那么农、工、商的议员就必然多于士（即官僚、军人、资本家、教育家等）的议员，这就公道了。

江亢虎的“新民主主义”，以其社会改造论为前提，以对资产阶级代议制的批判为基础，以选民参政、立法一权、职业代议为主要内容，以“新社会主义”为指归和特色，是近代中国一个独具特色的社会民主主义政纲。

（三）江亢虎“社会主义”学说的实质

江亢虎的“社会主义”学说，虽然前后有所不同，但它的实质并没有多大变动。他是把中国“古来有之”的大同主义、无政府主义、国际共产主义运动中的社会民主主义糅杂在一起的混合物。

第一，它是中国封建主义的大同主义。江亢虎对中国古代大同思想有自己的见解。他曾宣称：“社会主义”即“大同主义”，“社会主义已隐约发现于神话时代，周秦之间，流行极盛”。① 无论从学说上看，还是从制度上或风俗上说，“易书诗之记载，孔孟之绪言，周秦诸子之著作，其吻合社会主义者，随在而是”②。

第二，它带有浓厚的无政府主义色彩。江亢虎欣赏并鼓吹过无政府主义，但他对作为无政府主义的基本信仰——反对国家和强权，不但不信奉，而且后来居然宣扬起“国家社会主义”来，他的许多言论存在着自相矛盾。例如，他欣赏过“无国家”、“无家庭”、“无宗教”的“三无主义之说”；宣扬过“资产阶级个人主义”的“社会主义”；鼓吹过“遗产归公”、“教育公共”，“各取所需，各勤所职”的主张；但他又说，赞同“无国界而有政府说”③，不赞成暗杀、暴动，

① 载《社会星》第1号。

② 载《社会星》第2号。

③ 《江亢虎文存初编》，现代印书馆1944年版，第148页。

而主张"普遍的鼓吹"①。

第三,它是第二国际改良主义的变种。辛亥革命之前,他明确宣布,他的"社会主义","非激烈危险之主义","非破坏之主义"②,明确表示反对政治斗争和民族革命。辛亥革命之后,他虽然表示"赞成共和",支持孙中山出任临时总统,宣传男女平等和妇女解放,主张实行民生主义等,对民国初年的资产阶级民主革命运动起了一定的促进作用,但却不赞成"暴乱行为"。在袁世凯篡夺辛亥革命胜利果实以后,他再三表白他的"社会主义"和中国社会党属于"和平派",对袁氏政府"有利无害",甚至请求袁世凯"实行国家社会主义"。在1912年10月召开的中国社会党第二次会议上,他力主把"本党于不妨害国家存立范围内主张纯粹社会主义"的内容列入党纲。

江亢虎和中国社会党企图通过和平和合法手段夺取政权、去实现其"社会主义"在半殖民地半封建的中国是完全做不到的,或迟或早要被时代所抛弃,甚至堕落成反对革命的反动派。

二、周作人与新村主义

周作人(1885～1967年),原名遐寿,又名启明。浙江绍兴人。鲁迅先生的胞弟。清末留学日本。"五四"前后,任北京大学等校教授。"五四"前夕,他将"新村主义"系统地介绍到中国来。"五四"文学革命时期,他系统地把欧洲文学史和文艺思想介绍过来,成为当时公认的文艺启蒙大师和理论权威;同时还撰写了大量散文。但"五四"后期,随着政治形势的变幻,他在思想上趋向消极。抗日战争初期,他的政治思想更为堕落,出任汪伪国民政府委员、

---

① 载《洪水集》,上海社会星社1913年版,第82页。

② 载《社会星》第2号,1911年。

伪华北政务委员会常务委员兼教育总署督办等伪职。1945 年 12 月，被国民党政府以汉奸罪收监。1949 年 1 月，被保释出狱。全国解放后，一直在人民文学出版社从事翻译、著述工作，著有《鲁迅的故家》、《鲁迅小说中的人物》等。

五四运动前夕，法国的“鹰山共产村”、美国的“兰路共产村”与日本武者小路的“新村”，都被介绍到中国。其中以武者小路的“新村”影响最大。

日本武者小路实笃（1885～1976 年），出身于贵族，受欧文的空想社会主义、克鲁泡特金的互助论和托尔斯泰的泛劳动主义影响，于 1910 年开始提出“新村主义”，目的“便在提倡实行过人的生活”。“新村主义”包括两条重要原则：第一，“以协力与自由，互助与独立为生活的根本”。第二，“各人先尽了人生必要的劳动义务，再将其余的时间，做个人自己的事”。前一条是“新村”内部的基本原则，后一条是对成员的要求和给予成员的权利。根据这两条原则，武者小路“想造一个社会，在这中间，同伴的益，便是我的益；同伴的损，便是我的损；同伴的喜，便是我的喜；同伴的悲，也便是我的悲”。武者小路想通过建立“新村”，以免将来的革命，“省去一回无用的破坏损失”。①

1918 年，武者小路等二十余人在日本九州日向买了 40 多亩土地，盖了三间房子，组成了“新村”。武者小路还梦想全世界普遍建立“新村”，设想一个人“无论到了何处，只要劳动，或是执有劳动义务期满的证据，便不要金钱，可以生活；可以随意旅行，随意游览，随意学习。……一个人到了无论哪里，都有同一的义务，同一的权利”②。

早在辛亥革命时期，江亢虎就鼓吹过武者小路的“新村主义”。

① 《日本的新村》，载《新青年》第 6 卷第 3 号，1919 年。

② 《日本的新村》，载《新青年》第 6 卷第 3 号，1919 年。

不过，由于当时武者小路还刚刚创立这种“新村主义”，江亢虎只是在着重宣扬别的主义的时候顺便提到或作了粗略的介绍，所以“新村主义”对当时中国的影响极小。

1919 年 3 月，周作人在《新青年》杂志上发表了《日本的新村》一文，不仅详细地介绍了武者小路关于“新村主义”的基本思想理论及当时准备实施的情况，而且还把它同别的主义和学说作了比较，把新村主义思潮带进了中国思想界。文章开头就说：“近年日本的新村运动，是世界上一件很可注意的事。从来梦想 UtoPiα（乌托邦）的人，虽然不少，但未尝着手实行，英国诗人 Coleridge 等发起的‘大同社会’也因为没有资本，无形中消灭了。俄国，托尔斯泰的躬耕，是实行泛劳动主义了；但他专重‘手的工作’，排斥‘脑的工作’；又提倡极端的利他，抹杀了对于自己的责任；所以不能说是十分圆满的。新村运动，却更进一步，主张泛劳动，提倡协力的共同生活，一方面尽了对于人类的义务，一方面也尽各人对于个人自己的义务；赞美协办，又赞美个性；发展共同的精神，又发展自由的精神，实在是一种切实可行的理想，中正普遍的人生的福音。”

周作人的这篇文章发表以后，引起了许多人对“新村主义”的关注。为了进一步宣扬“新村主义”，周作人在该文刊登后不久，于同年暑假期间专程赴日本九州日向，参观了武者小路创办的第一座“新村”。他根据亲眼所见，认为新村的生活，一面是极自由，一面却又极严格。村人的言行作息，却自负责任，并无规章条律，只要与别人无碍，便可一切自由；但良心自发的制裁，要比法律严重百倍，所以人人独立，却又在同一轨道上走，制成协同的生活。在周作人看来，这是十分理想的生活。回国后，他一方面在天津、北京作讲演，继续撰文鼓吹和宣扬“新村主义”，其介绍新村运动的文章还有《新村的理想与实际》、《新村的精神》、《新村运动的解说》等。另一方面，他还着手组织了一个所谓“新村北京支部”，负责宣传工作和介绍人们去日本参观新村。

由于周作人对新村主义的积极宣传和提倡，武者小路的新村主义在中国发生了较大的影响。除去《新青年》杂志和《新潮》、《晨报》等刊物刊登宣传新村主义的文章以外，《少年中国》、《批评》、《新人》等杂志也都刊载了介绍新村主义的文章。接受新村主义影响的人，大多具有爱国主义和民主主义思想。例如，1918 年 6 月，毛泽东和蔡和森等人曾计划在长沙郊区岳麓山建立人人平等互爱的新村，因故未成。1919 年春，毛泽东又重拟建设新村的计划。他说："我数年来梦想社会生活，而没有办法。七年（即 1918 年）春季，想邀数朋友在省城对岸岳麓山设工读同志会，从事半耕半读，因他们多不能久在湖南，我亦有北京之游，事无成议。今春回湘，再发这种想象，乃有在岳麓山建设新村的计议。"①此外，李大钊、恽代英、林育南等也都曾经接受过新村主义的影响。五四运动发生后，恽代英在 11 月 1 日的日记中写道："我与香浦（即林育南）谈，都很赞成将来组织新村。我们预备在乡村中建造简单的生活，所以需费不多。村内完全废止金钱，没有私产，各尽所能，各取所需。举一人做会计，专管对外金钱出入的事，举一人做买办，专管向外处购买或出售各事。村内衣服都要一致，能男女都一致更妙。会食在一个地方。设图书室，工作厂。对内如有女子儿童的教育事业，应该很注意，因为是新村全体幸福所托。对外鼓吹文化，改造环境的事业，亦很要注意。我想，我们新村的生活，可以农业为根本，兼种果木，兼营畜牧。这样做去，必然安闲而愉快。"②尽管李大钊、毛泽东、蔡和森、恽代英等曾经接受过"新村主义"的影响，但他们经过五四运动的洗礼，经过比较、探索和实践，终于由民主主义者转变为马克思主义者，成为中国最早一批共产主义知识分子。

---

① 毛泽东：《学生之工作》，载《毛泽东早期文稿》，湖南出版社 1990 年版，第 449 页。

② 《恽代英日记》，中共中央党校出版社 1981 年版，第 652～653 页。

“新村主义”在中国的进一步发展，直至以其实验的失败而告终，是由王光祈实现的。这就是菜园新村主义和工读互助主义的昙花一现。

在世界历史上，各种流派的空想社会主义，尽管在马克思主义产生以前对历史发展有过一定的促进作用，但是由于它不是以社会发展规律为科学依据的，不合历史发展的实际，因而屡遭挫折而破产。“新村主义”在近代中国的出现，也毫无例外地以失败的衰落而告结束。

周作人虽然可以作为鼓吹“新村主义”式的空想社会主义的代表人物，但是，他的政治思想也并非只这一种主张。在受“新村主义”影响之前，他也是个民主主义者；此后不论从其政治思想还是从其文艺理论来看，他也并未放弃资产阶级民主主义。

三、王光祈的“菜园”新村主义和工读互助主义

工光祈(1892～1936 年)，字润玙，笔名若愚，四川温江人。其祖父王泽山是晚清四川的著名诗人，父早卒，童年只靠寡母劳动生活。但后来，他却靠其祖父的受业弟子四川总督赵尔巽资助，到成都去读完小学和中学。1914 年又到北京中国大学攻读法律，1918 年毕业后，他先后任成都《群报》和《川报》驻京记者。“五四”前后，他在北京广泛地接触到各种社会主义思潮，深受其影响，思想非常活跃。1918 年 6 月，他和李大钊等议定共同发起成立少年中国学会，被推为筹备部主任。1919 年 7 月，少年中国学会正式成立，又被推选为执行部主任。1919 年底曾发起组织北京工读互助团，进行一种脱离当时社会实际的乌托邦式的“新生活”实验，旋即失败。1920 年 5 月赴法并转德留学。1932 年起在波恩大学东方学院讲授中国文艺，曾获音乐博士学位。1936 年 1 月病逝于波恩。

王光祈不仅是少年中国学会的发起者和组织者、著名的社会

活动家，而且是一些外来新思想的积极鼓吹者、空想社会主义的实践家。

第一次世界大战使不少中国人对曾经向往的资本主义制度感到失望，他们不再相信19世纪法国式革命能够挽救中国。十月革命的胜利，则更使很多人对社会主义产生希望，各种人都讲起社会主义来。可是，其时人们对社会主义还是模糊的信仰，并没有几个人能够分清科学社会主义、无政府主义、基尔特社会主义及各种改良主义的社会主义主张。王光祈的“菜园”新村主义和工读互助主义就是在这种对社会主义的模糊认识中发展起来的。

1919年7月，少年中国学会成立不久，王光祈就在《少年中国》杂志上发表文章和书信，鼓吹少年中国要“创造一种新生活的组织”，提出要在乡间搞“菜园”新生活的设想。他说：“我们先在乡间租个菜园，这个菜园距离城市不要太远，亦不要太近，大约四五里路为最宜。这个菜园不要太大，亦不要太小，只要够我们十余人种植罢了。菜园中间建筑十余间房子，用中国式的建筑法，分楼上楼下两层。楼上作我们的书房、阅报室、办公室、会客室、藏书室、游戏室，等等。楼下作我们的卧室、饭厅等等。园子西南角上建筑一个厨房。东北角建筑一个厕所。房子后身砌上一个球场。园子周围挖下一条小溪。溪边遍植柳树，柳树旁边就是竹篱，竹篱里头就是我们的菜园了。兹将每日课程列表如下。(一)种菜两钟，(二)读书三钟，(三)译书三钟，其余钟点，均作游戏阅报时间。我们园中要附设一个平民学校，附近农家子弟，均可以到学校读书，不纳学费。……我们有家眷的，可以同住，我们穿的衣服、鞋子，都归他们办理。厨中事情，由我们自己担任，是不雇佣仆役的。”①

王光祈为什么主张种菜园呢？他说：“种菜收效最快”，菜园新生活，一靠收入，二靠译书稿酬。译书“赚以红利，以一半作为译者

---

① 《少年中国》第1卷第2期，1919年8月。

的津贴，以一半作为共同生活的费用”。这样，“我们在乡间，半工半读，身体是强壮的，脑筋是清楚的，是不受衣食住三位先生牵制的，天真烂漫的农夫，是与我们极表亲爱的，我们纯洁青年，与纯洁农夫打成一气，要想改造中国，是很容易的”。①

不难看出，王光祈精心设计的这个在乡下种菜园的“新生活”蓝图，正是对周作人鼓吹的新村主义的具体化，同是一种田园诗般的幻想，试图用这种办法来“改造中国”，是绝对行不通的。事实是，这种设想，还没有付诸试验就化为泡影了。

随后，王光祈又把菜园新村主义改头换面后移植到城市中来。1919 年 12 月 4 日，他在《晨报》上发表了《城市中的新生活》的文章，说过去他“注重乡村间的新生活，今天我所提倡的是城市中的新生活”。要试行这种“新生活”，必须成立“工读互助团”的小组织。“这种组织比‘新村’容易办到。因为‘新村’需要有土地，而且我们现在生活的根据，又在城市。所以这种主张比较切实可行，更为需要。”②此后，王光祈四处奔走游说，竭力鼓吹其新主张。结果，很快得到了李大钊、陈独秀、蔡元培、胡适、周作人等著名人士的支持，其中最出力的，当首推陈独秀，并引起一大批青年男女的响应。他们不仅很快募集到 1300 元的活动经费，而且于 12 月 24 日在北京正式成立了工读互助团，参加者达数十人。起初只有两组，后增为四组。团员一面从事办俭洁食堂、放电影、洗衣、制造小工艺品等；一面分别去各校听课，实行半工半读。在北京的带动下，各大城市也纷纷成立或筹备起工读互助团和类似的团体。

1920 年 1 月，王光祈在《少年中国》杂志上发表了《工读互助团》的著名文章。文章一开头就说：“工读互助团是新社会的胎儿，是实行我们的理想的第一步。现在北京方面已成立了，各省亦将

---

① 《少年中国》第 1 卷第 2 期，1919 年 8 月。

② 《少年中国》第 1 卷第 7 期，1920 年 1 月。

次第组织,这真是一个很可喜的现象。若是工读互助团果然成功,逐渐推广,我们'各尽所能,各取所需'的理想渐渐实现,那么,这次工读互助团的运动,便可叫做'平和的经济革命'。"①

接着,王光祈详尽描绘了他所设计的理想"新社会"蓝图的一些基本特征。

其一,是实行"工读互助"。王光祈自称他的"主义"为"工读互助主义",将为推行这工读互助主义所建立的团体为"工读互助团"。他说:"在这种团体里的团员,必须具备两种资格:(一)做工。(二)读书。"又说:"若要新社会实现,必先养成一种互助劳动的习惯。""养成一般劳动互助习惯,以便将来改革社会。"②因而,互助团的"团员每日每人必须做工四小时"。其他时间可以入校听讲,"不能入校听讲者,得由本团聘请教员,每日教授二钟"③。他疾呼:"实行半工半读主义,庶几可以达教育和职业合一的理想。"④

其二,是实行"各尽所能"。王光祈提出:"工作以时间为标准,不以工作结果为标准,譬如甲只要两点钟便可织一匹布,乙需要四点钟始可以织一匹布,但是甲仍然应该做四点钟的工,以尽其所能。"又如:"甲乙二人,甲可以举重一百斤,乙可以举重五十斤,若甲故意只拿八十斤,其结果虽比乙多拿三十斤,但是我们的心褒乙而贬甲,因为乙系尽其所能,而甲系不尽其所能。"⑤他解释说:"我们既主张互助,自应强者帮助弱者,智者帮助愚者。将来办理久了,已养成互助习惯,即简章中所谓'每日每人必须工作四小时'的

---

① 《少年中国》第1卷第7期,1920年1月。

② 《少年中国》第1卷第7期,1920年1月。

③ 《少年中国》第1卷第7期,1920年1月。

④ 《少年中国》第1卷第7期,1920年1月。

⑤ 《少年中国》第1卷第7期,1920年1月。

规定都应该取消,纯由团员本互助的精神,以尽其所能罢了。"①

其三,是实行"各取所需"。工读互助团简章规定:"团员生活必需之衣食住,由团体供给。团员所需之教育费医药费书籍费,由团体供给,惟书籍系归团体公有。"简章还进一步说明:"团员所必须的生活费用,由团体供给。现在团体对于团员所供给的各种费用,尚略有限制。将来办理久了,已养成互助习惯,便可由团员自由取用,以实行'各取所需'的原则。"②

其四,是实行"工作所得为团体公有"。工读互助团的简章规定:团员"工作所得,归团体公有"。并且进一步解释说:"工作所得必须归团员公有。团体的盈虚利害,便是团员的盈虚利害,团员的痛苦幸福,便是团体的痛苦幸福,因为团员是团体的一部分。"③

由上不难看出,王光祈的工读互助主义"理想社会",半是空想社会主义,半是无政府共产主义的产物。

如何实现这一"理想社会"呢?王光祈说:用"平和的经济革命"。他直言不讳地承认:"工读互助团是一种'不流血的经济革命'。故就捐助的方面而言,决不是'蹴尔而与之'的慈善事业。""若就提倡的人而言,专为接济几位苦学生,而不惜终日奔走以经营之,亦太值不得。因为他们的目的,不是接济苦学生,是在创造新社会。"④王光祈还进一步说明发起组织工读互助团的动机。他说:"现在社会制度不良,平民生计日艰,虽有优秀青年,亦为境遇所迫,不能读书。"又说:"我们天天在文字上鼓吹改革社会,从未有改革社会的实际运动。这种互助组织,便是我们实际运动的起

① 《少年中国》第1卷第7期,1920年1月。

② 《少年中国》第1卷第7期,1920年1月。

③ 《少年中国》第1卷第7期,1920年1月。

④ 《少年中国》第1卷第7期,1920年1月。

点。"①然而,被王光祈称誉为"新社会的胎儿"、"实际运动的起点"的工读互助团,充其量也只不过是一种社会改良运动,它成立后没有维持多久,就解散了。

工读互助主义和工读互助团失败的直接原因,如李大钊所说的"精神上已不能团结,经济上也不能维持"②。

从经济上看,在当时的社会历史条件下,那些既没有劳动习惯和生产技术又缺乏管理经验的青年学生,依靠半日做工,甚微的所得,很难维持正常生活。结果就使工读互助团把募得的有限款项赔光、用净之后,陷于绝境。

从精神上看,许多青年原来受工读互助主义所谓"各尽所能,各取所需"、"所得归公"、"自由取用"、"不受衣食住三位先生的牵制"等豪言壮语所鼓舞,被王光祈鼓吹的"新生活"和"新社会"的理想所动心,并受到一种获得许多名流支持的社会思潮所推动。他们精神上感到振奋,纷纷投身于这种"新生活"的试验。但没过多久,由于经济来源枯竭以及亲友和社会上的种种非议,团员精神涣散,思想分歧,美妙的理想破灭了,工读互助团也随之瓦解和崩溃。

从根本上来说,新村主义和工读互助主义一类空想社会主义的设想与试验,之所以很快破灭和失败,是同近代中国半殖民地半封建的社会实际紧密联系的。企图脱离现实斗争,去寻求世外桃源,是毫无出路的乌托邦,是必然要失败的。灾难深重的中华民族,面对帝国主义列强的野蛮侵略和封建主义的残酷压迫,只能通过革命的道路,走向自由和幸福。尤其是五四运动以后,随着马克思主义在中国的广泛传播,中国工人阶级队伍的壮大和工人运动的兴起,中国社会已经进入科学社会主义同中国工人运动相结合的新的历史时期。在这个历史时期,任何脱离中国实际的空想社

---

① 《少年中国》第1卷第7期,1920年1月。

② 《新青年》第7卷第5号,1920年4月。

会主义思想一经出现，就会被正在兴起的民主主义和社会主义革命历史潮流所淹没。

王光祈的“菜园”新村主义和工读互助主义，虽然在实质上属于乌托邦社会主义思想范畴，但在当时起过相当积极的作用。它冲击了“劳心者治人，劳力者治于人”的剥削阶级的思想意识，对后来形成的知识分子与工农相结合思想的发展，也不无作用，对团结进步青年共同探讨改造社会的正确道路，也有一定意义。一些初步接受共产主义思想的人，从工读互助团的失败中，得到一些有益的教训：改良的道路不能改造中国，只有阶级斗争，发动工农群众，才是改造中国的出路。

四、张东荪的基尔特社会主义

（一）张东荪等挑起了关于社会主义的论争

张东荪（1886～1973 年），字圣心，浙江余杭县人。早年赴日留学，毕业于东京帝国大学。辛亥革命时回国，曾任南京临时政府内务部秘书。1913 年参加立宪派梁启超操纵而为袁世凯御用的进步党。1916 年袁世凯死后，归附于梁启超、汤化龙等组织的研究系（即“宪法研究会”）。后在上海主编《时事新报》。1919 年在北京创办《解放与改造》杂志（次年更名为《改造》）。1927 年后在燕京大学主讲哲学。1931 年 10 月与张君劢等人发起组织再生社，次年 5 月创办《再生》杂志。1934 年 10 月参与召开再生社代表大会，正式成立中国国家社会党，为该党主要创始人之一。1941 年参加中国民主政团同盟，历任民盟华北总支部委员、主任委员、民盟中央委员、常务委员。1946 年 8 月国家社会党与民主宪政党合并为民主社会党，为主要领导人之一。11 月退出民社党，宣传资产阶级中间路线。1949 年 10 月中华人民共和国成立后，任中央人民政府委员、政务院文化教育委员会委员等职，1973 年 6 月在北京病逝。

十月革命前，张东荪对所有传入中国的社会主义思想一律持反对态度。十月革命后，他更激烈地反对科学社会主义。他攻击科学社会主义是“过激主义”，认为对于这种“过激主义”，“完全拒绝之，为势极不能，完全承诺之，其果亦不良”，最好是使其“稳健化”，“采纳其主义中之含有至理者，先行改良社会组织，使人民于经济上得相安，于心理上得其平，然后对于过激之谬说，提起正确之舆论以宰制之，则其势必渐杀也”[①]。五四运动发生后，张东荪不仅在《时事新报》上挂出“社会主义研究”的招牌，而且在《解放与改造》半月刊上，发表了许多“研究”社会主义的文章。如张东荪为《解放与改造》创刊号撰写的两篇文章，一是标明为“社论”的《第三种文明》，二是标明为“读书录”的《罗塞尔的政治思想》。这两篇文章明白说出了张东荪为什么要宣扬“社会主义”和他宣扬的是什么社会主义。

张东荪把人类文明分为三个时期三种文明。第一种文明是宗教的文明，第二种文明是个人主义与国家主义的文明，第三种文明是社会主义与世界主义的文明。他认为第一次世界大战把第二种文明的破罅一齐暴露了，国家主义和资本主义已到了末日，只能按照社会主义和世界主义这第三种文明的原则来改造全世界。他宣称：“现代的社会主义是经过无数的修正，无数扩充的最后结果，不单是马克思一人的学说了。”[②]他决心参与“修正”、“扩充”马克思学说，以阻止科学社会主义在中国的传播。

张东荪从马克思的社会主义、无政府主义的社会主义和基尔特社会主义中，选择了基尔特社会主义。1919 年 9 月，他明确表

---

① 张东荪：《世界公同之一问题》，载 1919 年 1 月 15 日《时事新报》。

② 张东荪：《我们为什么要讲社会主义》，载《解放与改造》第 1 卷第 7 号，1919 年。

示："改造世界的方法以罗塞尔的主张为最好。"[①]即把基尔特社会主义当作最妥善的学说。1920年7月，他又宣称："思想倾向于工会的社会主义之原理"[②]，亦即倾向基尔特社会主义。

基尔特社会主义，又称"行会社会主义"。基尔特原是欧洲中世纪时期的一种行会组织，是由商人、手工艺者、工匠师傅、学徒等为了互助、沟通信息和保护本行业利益而组成的各种协会。基尔特社会主义运动则诞生在20世纪最初10～20年间，最早是在英国费边社中发展起来的，后来在技术工人、教授、雇主、记者中获得更多的同情者，逐渐在英国矿工联合社、铁路工会、邮电工会、全国教授会、劳工独立党中占有优势地位。1915年在伦敦正式成立全国基尔特联合会。基尔特社会主义者鼓吹由劳动者通过协作关系来支配实业运动，把工会从劳动者"自己"组织，改造成为"管理"组织，实行"产业自治"。一旦基尔特发展到包括全体人民时，资本主义就可以和平地被基尔特社会主义所取代，无需进行阶级斗争和无产阶级革命。

基尔特社会主义在20世纪20年代初传入中国，并引起一定的反响。1920年9月，英国著名哲学家罗素应梁启超的邀请来华讲学，曾鼓吹过基尔特社会主义。罗素在讲演时，攻击苏俄的社会主义，认为中国经济、文化太落后，改造中国只能从开发财源、兴办教育入手，否认中国有阶级差别和阶级斗争，反对进行革命。罗素的观点得到了张东荪、梁启超等人的积极响应和赞赏。1920年10月，张东荪等人陪同罗素去湖南讲演。从湖南回到上海后，张东荪于11月6日在《时事新报》上发表了一篇《由内地旅行而得之又一教训》，将罗素的观点加以发挥。12月，他又在《改造》杂志上发表

---

① 张东荪：《第三种文明》注[1]，载《解放与改造》第1卷第1号，1919年。

② 张东荪：《中国之前途：德国乎？俄国乎？》，载《解放与改造》第2卷第14号，1920年。

《现在与将来》一文,系统地阐述了他的“社会主义”理论。1921年2月,梁启超也在《改造》杂志上发表《复张东荪书论社会主义运动》,对张东荪的观点予以支持、发挥和补充。同年9月,他们在《时事新报》的《社会主义研究》旬刊上公开打出“基尔特社会主义”的旗号,宣称:“我们是基尔特社会主义者。”[1]基尔特社会主义作为一种思想派别,正式登上中国的政治舞台,公开向科学社会主义挑战。

(二)张东荪的基尔特社会主义的主要内容

首先,张东荪认为中国社会的发展方向是资本主义,不是社会主义。

张东荪在其《一个申说》中说:“我始终固守我的阶段说。我的阶段说是什么? 简言之,资本主义必倒而社会主义必兴。”[2]但他又认为中国当前的出路在于用资本主义方式发展实业,而不是社会主义。他说:“中国的唯一病症就是贫乏,中国真穷到极点了”,“除了在通商口岸与都会的少数外”,大多数中国人“都未经历过人的生活之滋味”。因此,“救中国只有一条路,一言以蔽之,就是增加富力。而增加富力就是开发实业”,“罗素先生观察各地情形以后,他也说中国除了开发实业以外无以自立。我觉得这句话非常中肯又非常沉痛”。[3] 他还借用别人的话说:“中国现在没有谈论什么主义的资格,没有采取什么主义的余地,因为中国处处都不够。”[4]他攻击谈论社会主义的人是“好高骛远”,说什么“我们苟不

① 《社会主义研究宣言》,载《时事新报》副刊《社会主义研究》第1号,1921年。

② 《改造》第3卷第6号,1921年。

③ 张东荪:《由内地旅行而得之又一教训》,载《时事新报》,1920年11月5日。

④ 张东荪:《由内地旅行而得之又一教训》,载《时事新报》,1920年11月5日。

把大多数人使他得着人的生活，而空谈主义必定是无结果"[①]。

为了证明中国没有走社会主义道路的可能性，张东荪等人极力歪曲中国社会的经济关系和阶级关系，认为中国没有兴起社会主义运动的条件。张东荪说，中国"除了交通埠头因为有少数工厂才有工人以外，简直是没有。况且他们要发生阶级意识还不知要经过多少次经验的教训。在他们的阶级意识未发生以前，这种未自觉的劳动者，人数又少，直不能有何势力"。"上海一隅虽发生了许多工会，然都是无聊的政客所为，与工人无关。"至于农民所受地主的痛苦亦"没有十分深刻的印象"[②]，他们"大抵蠢然一物，较原始人类之状态，所差未必甚大"[③]。在这种条件下，决不可宣传社会主义，如果一定要宣传，"有一点可以预知，就是劳农主义的宣传。工人听了不过是罢工，没有什么要紧；农人不识字，他是不听的；商人因利害相反，听了就反对；独是兵与寄生阶级之贫困者，一听便可入几分"。其结果一定是，"真的劳农主义决不会发生，而伪的劳农革命恐怕难免"。"假定伪劳农革命发生，不过在已过的许多内乱上再添一个内乱罢了"，"不消说不能福民而必定是害民"。[④] 于是，他得出结论："现在只能谈到改良劳动者的生活状态，而不能发生社会主义的运动。"[⑤]对于当时各地共产主义小组的相继建立，张东荪攻击说："党是代表那阶级的，若他背后没有阶级，必不成立。中国现在离劳动阶级的完成与自觉尚早。"[⑥]他反复强调中国的发展方向只能是"造成一个绅商阶级"，在城乡"开发

---

① 张东荪：《由内地旅行而得之又一教训》，载《时事新报》，1920年11月5日。

② 张东荪：《现在与将来》，载《改造》第3卷第4号，1920年。

③ 《东荪先生的"长期忍耐"》，载《新青年》第8卷第4号，1920年。

④ 张东荪：《现在与将来》，载《改造》3卷4号，1920年。

⑤ 张东荪：《现在与将来》，载《改造》3卷4号，1920年。

⑥ 张东荪：《现在与将来》，载《改造》第3卷第4号，1920年。

实业”,“世界的资本主义未消灭一天,则中国一天势必顺着此轨而进”。[①]

其次,张东荪认为中国“很远”的将来可能实现的社会主义,也只能是基尔特社会主义。

当张东荪等鼓吹资本主义和改良主义,遇到早期马克思主义者的批判后,从1921年9月开始,便在《社会主义研究》旬刊上,专门登载鼓吹基尔特社会主义的文章,大量翻译英国基尔特社会主义代表人物潘悌、霍布逊和柯尔的学说。不久,张东荪又选用徐六几等做助手,花大力气宣传基尔特社会主义。张东荪说:“所谓社会主义其内容或经多少变化亦未可知,要总不是现在有缺点的社会主义(现在各种社会主义都有缺点,不过,在我看来,基尔特社会主义比较上最圆满罢了)。我承认各种社会主义皆有缺点;但我相信,以人智之进步,终究会依着现在社会主义之根本的趋势,发现一个比较上最圆满的社会主义。大凡最晚出的比较上必是最圆满的——如基尔特社会主义是最晚出的,所以他在比较上是最圆满的。”[②]然而,张东荪又认为,这种“最圆满的社会主义”,在目前也只能供学者们继续研究,能否实行便不能不把他推到“很远”的将来。而中国的当务之急,还是应该勃兴“绅商阶级”,发展资本主义,而且要在“各国共管”的条件下勃兴资本主义。他甚至说:“我以为中国之前途有两条路”,“就是‘共管’与‘赤化’。共管不消说自然是各国共同管理中国”。“我所谓绅商阶级之勃兴乃是共管之一方面,——或可说有密切关系。我固然明白若没有共管一层,绅商阶级是不会勃兴的。至于赤化则无论总是假的。”[③]在这里张东荪道出了“各国共管”的卖国道路,而他所诅咒的“赤化”,实际上是

① 张东荪:《现在与将来》,载《改造》第3卷第4号,1920年。

② 张东荪:《一个申说》,载《改造》第3卷第6号,1921年。

③ 张东荪:《一个申说》,载《改造》第3卷第6号,1921年。

他继续恶毒攻击的科学社会主义的传播和社会主义革命的兴起。

中国的基尔特社会主义者在向科学社会主义挑战时，主要攻击马克思主义的阶级斗争学说。张东荪宣称，基尔特社会主义者一不组党，不想以党的势力执政柄以支配全国；二不与任何军队发生关系。他认为，“无论何种政党一杂中国人的性质便为万恶之源”，“中国的军队绝对不能用于有益于社会的方面——除了消灭他们”。[①] 那么，解决中国社会问题应采取什么手段呢？张东荪在回答“我们的使命是什么”这一问题时说：“我以为有两条路：第一条是现在即宣传社会主义、劳农主义，并进一步组织团体；第二是在静待中择几个基础事来做。从第一而说，我们是制造伪劳农革命”，因此，我们“当取第二条路”。而在这第二条路中，他选择的基础事是“普通的文化事业”、“广义的教育事业”、“切实的研究”和“协社的实行”。他强调指出：“我们只能干文化教育与协社等事业，而于主义的详细内容，则须研究后再确定。”[②]他还希望资本家能良心发现，政府助一臂之力，把工人按行业组织起来，资本家把企业管埋权逐渐交给工人。他说：“凡是社会自己在那里活动而政府从旁援助没有不是事半功倍的。”他设想“于政治以外无论在社会何方面但求划得一部分”，便可使基尔特社会主义“操练起来”。[③]

(三)早期马克思主义者对基尔特社会主义观点的批驳

对于张东荪、梁启超等人的言论，陈独秀、李大钊、李达、何孟

---

① 张东荪：《社会改造与政治势力》，载《时事新报》副刊《社会主义研究》1922 年 1 月 6 日。

② 张东荪：《现在与将来》，载《改造》第 3 卷第 4 号，1920 年。

③ 张东荪：《社会改造与政治势力》，载《时事新报》副刊《社会主义研究》1922 年 1 月 6 日。

雄等早期共产主义者，相继撰文进行批驳，进行了持续两年之久的关于社会主义的论战。早期共产主义者指出，问题的焦点不在于是否要“增加富力、开发实业”。这在谈论社会主义的人，不仅从来没有反对过，并且也认为必要；不仅认为救现在的中国应当如此，并且认为谋人类的幸福本须如此。问题的实质在于，中国社会的发展方向和用什么方法解决中国的社会问题。因此，早期共产主义者对基尔特社会主义的批驳主要围绕以下两个问题展开的。

第一，中国社会发展的方向是资本主义还是社会主义？

针对张东荪、梁启超等人主张要发展资本主义的观点，早期共产主义者指出，中国不应该走资本主义道路。他们指出：资本主义的自由竞争和私有制“这两大原则是现社会中万恶的根源”①。资本主义生产的无政府状态，造成供过于求，产生经济危机。因此，“资本主义生产制一面固然增加富力，一面却增加贫乏”。外国都市中贫民窟和中国通商口岸的贫民窟都是证明，处在资本主义制度下的工人和几乎没有工业的内地劳动者一样，过着非人的生活。② 他们明确指出：“今日中国想发展实业，非由纯粹生产者组织政府，以铲除国内的掠夺阶级，抵抗此世界的资本主义，依社会主义的组织经营实业不可。”③“社会主义生产组织是有秩序有政府的状态。”所以，“将来的社会经济组织必归着于社会主义”。④

早期共产主义者还批驳了张东荪等人歪曲中国阶级关系、鼓吹中国没有真正劳动者的谬论。他们指出，“中国工业的发达虽不如欧美、日本”，但随着资本主义经济的发展，近代产业工人已经出现，无产阶级已经形成，且“中国无产阶级所受的悲惨，比欧美、日

① 李达：《讨论社会主义并质梁任公》，载《新青年》第9卷第1号，1921年5月。

② 《独秀复东荪先生的信》，载《新青年》第8卷第4号，1920年12月。

③ 《中国的社会主义与世界的资本主义》，载《李大钊选集》第356～357页。

④ 李达：《讨论社会主义并质梁任公》，载《新青年》第9卷第1号，1921年5月。

本的无产阶级所受的更甚”。[①] 因而中国无产阶级反抗资本家的斗争一直没有中断过，他们是中国革命的基本力量。“只有劳动团体能够达到中国独立之目的。”[②]

第二，是搞基尔特社会主义还是坚持科学社会主义？

针对张东荪、梁启超等人反对马克思主义的阶级斗争学说，反对无产阶级革命，主张阶级调和，早期共产主义者指出，所谓对资本家采取“唤起觉悟”和“矫正态度”的主张，是“实在不能苟同”的“滑稽的办法”，资本主义的自由竞争和财产私有若不彻底解决，让唯利是图的资本家取劳资协调态度，让资本家“宽待劳动者，无非是免得受罢工的损失”，“使劳动者安于奴隶状态而不思反抗”。[③] 这是“受资本家豢养的”“绅士式的智识阶级”缓和“社会改造”的伎俩，是“庸医杀人！”对劳动者来讲是无任何意义的空言。[④] 早期共产主义者还指出：“社会主义是用以代替私有制度、资本制度的一种新的社会组织。这种新的社会组织是旧社会中的治者阶级所反对的，我们要实现这个新组织，不能不先打倒旧组织，赶走旧的治者阶级。”他们认为，“惟有革命，社会主义才能达到，所以我们看革命为第一义。反对革命，就是反对社会主义的实现，就不是社会主义，所以我们的同志看革命为社会主义的灵魂”[⑤]。要组织政党，用武力解除旧社会中治者阶级的武装。

早期共产主义者，高举社会主义的旗帜，坚持十月革命的道路，对张东荪的改良主义的批判，使中国要不要社会主义，中国要

① 李达：《讨论社会主义并质梁任公》，载《新青年》第9卷第1号，1921年5月。

② 《独秀复东荪先生的信》，载《新青年》第8卷第4号，1920年12月。

③ 李达：《讨论社会主义并质梁任公》，载《新青年》第9卷第1号，1921年5月。

④ 李达：《讨论社会主义并质梁任公》，载《新青年》第9卷第1号，1921年5月。

⑤ 新凯：《再论共产主义与基尔特社会主义》，载《新青年》第9卷第6号，1922年7月。

什么样的社会主义，以及用什么手段来实现社会主义，这些中国人民最关心的问题更明确了。张东荪等鼓吹的基尔特社会主义也逐渐为中国思想界所唾弃。

张东荪等人以比较完备的理论形态，提出中国应该发展资本主义，而不应该实行社会主义；如果实行社会主义，也应该实行基尔特社会主义。尽管他的这种理论表面看也夹杂着某些合理的成分，例如，他们肯定资本主义的发展在当时中国社会的意义，明确表示不同意“现在中国就实行社会主义”等等，但他们的理论的基本出发点是反对科学社会主义，反对一切革命斗争的。他们的社会主义是伪社会主义。特别是在五四运动后反对社会主义、鼓吹资本主义和改良主义，是与历史发展相背离的。

五、赞成社会主义未来目标的第三党

第三党即中国国民党临时行动委员会，是以建立平民政权为主要政治目标的小资产阶级革命政党。它酝酿于 1927 年下半年，中间经过中华革命党阶段，正式成立于 1930 年 8 月。第三党是国民党民主派与蒋介石反动派斗争的产物，也是在国共两党尖锐斗争的形势下出现的一个新党派。第三党是中国民主党派的雏形或萌芽，以邓演达为其领袖。

邓演达（1895～1931 年），字择生，广东惠阳人。从 1909 年起，先后进广东陆军小学和保定军校。1920 年参加孙中山组织的粤军。1924 年 5 月黄埔军校成立，担任教练部副主任兼学生总队长。1925 年春，因为受到蒋介石的心腹王柏龄的排挤，辞职游历欧洲，在德国研究政治经济。同年冬经过苏联回国后，出席了 1926 年 1 月在广州召开的国民党第二次全国代表大会，当选为中央执行委员会候补委员，又担任黄埔军校的教育长。北伐战争开始，担任国民革命军总司令部政治部主任；攻克武昌后，兼任湖北省政务委员会主任和北伐军武汉行营主任，是武汉政府中著名的国民党左派领导人。1927 年 3 月，参加国民党二届三中全会，当选为中央执行委员、中央政治委员会委员、中央军委主席团成员和农民部长并任军委总政治部主任。他坚决维护国共合作。大革命失败前夕，秘密经苏联到达德国。1930 年 5 月秘密回到上海，集结同志。8 月，创建中国国民党临时行动委员会，担任中央干部会总干事。1931 年 8 月正准备武装起义，因叛徒告密在上海被捕。入狱后坚贞不屈，正气凛然，同年 11 月 29 日被国民党当局秘密杀害于南京。

第三党的政治主张，集中反映在《我们的政治主张》和邓演达的一些重要文章中。

第一，关于中国社会的结构和发展方向。

第三党认为中国社会很复杂。“整个的中国社会，还滞留在封建势力支配阶段，还是前资本主义时代。同时又因为帝国主义势力支配着中国的缘故，使中国社会益呈复杂的状况。”①据此分析，他们得出“中国是一个半殖民地的国家，半独立的国家”的结论。这种从社会结构、经济结构和帝国主义的支配作用三方面对中国社会所作的分析是比较正确的。但由于他们肯定中国“还是前资本主义时代”，也就是封建社会，尤其是忽视了在国民党南京政权建立后的大资产阶级势力的支配地位。所以，他们对于中国社会的性质，从而对国民党政权的性质的认识是不很确切的。

在分析中国社会历史进程时，第三党指出，中国社会将来的发展方向肯定是社会主义社会，但从中国社会现阶段的前程而言，则是“由大多数平民群众自己起来推翻帝国主义及封建军阀的统治，建立平民政权”②。然后，由平民政权运用国家的力量，建设大规

---

① 《我们的政治主张》，载《革命行动》第 1 期，1930 年 9 月 1 日。

② 《我们的政治主张》，载《革命行动》第 1 期，1930 年 9 月 1 日。

模的国营和公营的产业，防止私人资本主义，以“国家资本主义”作为过渡时期的经济组织，向社会主义社会前进。在这里，他们主张推翻帝国主义和封建军阀的统治是对的。但是，不承认无产阶级的革命领导地位，其他一切都是无法实现的。

第二，关于中国革命的性质和党的性质。

第三党在《我们的政治主张》中，不承认中国革命的性质是无产阶级领导的新式的民主革命，也不承认欧美式的资产阶级领导的民主革命，又认为当前不具备社会主义革命的条件。那么，中国革命的性质究竟是什么呢？他们说：中国革命“是一个复杂性的革命，具有民族、民权、民生三种革命性而以社会主义为归宿的革命”。他们的民族革命是要“彻底的肃清帝国主义在华势力，取消一切不平等条约，使中国民族完全解放”；他们的民权革命是要建立以工农为重心的平民政权；他们的民生革命则是主张“耕者有其田”，“土地国有”，发展国家资本主义，逐步向无剥削的社会主义迈进。第三党承认中国革命的对象“是以同时并存的三种革命对象——帝国主义者、封建军阀地主以及依附前两者为生的高利盘剥的反动的资本主义——为对象的”，同时，他们又认为革命者是“大多数的平民群众”，但他们不承认共产党领导的新民主主义革命，这也就回避了客观存在的革命性质问题，使他们关于革命性质的说法陷于混乱。

关于党的性质问题，《我们的政治主张》说：“我们的党是代表大多数劳动群众利益的党。”“凡是自食其力而不剥削他人的，无论是直接的或间接的参加生产行程的分子，都应该是劳动者”，包括“工厂工人，手工业者，自耕农，佃农、雇农，及设计生产、管理生产与担任运输分配等等及其他辅助社会生产的职业人员”，总称为“平民群众”。由于第三党是以小资产阶级的三民主义为指导思想，“平民群众”中，基本上是工、农、小资产阶级，所以，它实际上是以小资产阶级为领导的小资产阶级政党。在中国历史已经进入无产阶级领导的新民主主义革命时期，打算由小资产阶级的政党来领导革命，建立“平民政权”，是行不通的。

第三，关于建立“平民政权”的方法。

第三党认为，应该用革命的方法和手段，推翻蒋介石的南京独裁政权，建立平民政权。这就首先应形成平民群众的组织，例如职业组织——工会、农会、商会等，准职业组织——妇女组织、学生会、兵士组织等，只有这样才能唤起和组织平民群众，才能充分发挥他们的作用，实现党的历史使命。关于平民政权的性质和统治形式，他们认为，平民政权就是以工农为重心的斗争同盟，应保持这个重心。他们规定平民政权的最高权力机关是“国民大会”。在这个国民大会中，直接参加生产的农民、工人占 60%，其他职业团体的代表占 40%，以确保工农优势。各地方权力机关为省民大会、县民大会、乡民大会等。在中央政权和地方政权的权限问题上，主张缩小中央权限，实行地方自治。他们认为，“只有这个分权的原则，才能使庞大而落后的中国，向上发展”①。

对于夺取政权，第三党既主张“使用武力的斗争来推翻和摧毁统治者之政治机关和权力机关”②，又主张开国民会议，由人民职业团体代表组成的国民会议，去接收政权。他们认为，要保持政权，从根本上扑灭军阀产生的根源，必须造成人民的武力，建立平民军队。但是，他们并不提倡到革命群众中去建立，而是把希望寄托在国民党军队的策反上面。1930 年夏秋间，邓演达利用在国民党军队中的关系和影响，组织了一个“黄埔革命同学会”，开展了对蒋介石军队的核心——黄埔系军人的瓦解活动。1931 年 7 月，第三党中央讨论了武装起义推翻蒋介石反动统治的问题。为了首先解决向各个准备参加起义的部队派遣党的领导干部，第三党中央

---

① 《邓演达文集》，人民出版社 1981 年版，第 352 页。

② 章伯钧：《我们最近的政治主张》，中国革命问题研究会 1932 年 11 月印行。

决定在上海秘密举办干部训练班。8 月 17 日，帝国主义的巡捕和国民党特务突然袭击干部训练班，邓演达等人被捕，不久被秘密杀害，第三党组织也遭到严重破坏。

第三党主张反帝反封反蒋，主张进行“平民革命”，“建立平民政权”，是对蒋介石独裁政权的否定，对推动全国的反蒋民主革命运动，起了动员和促进的作用，具有进步意义。但是，第三党毕竟是一个小资产阶级的政党，也不可避免地具有小资产阶级的历史局限性。比如，他们认为共产主义不适用于中国国情，中国共产党决不能解决中国革命问题等等；他们没有认识到孙中山所致力的国民革命失败后再也不能起死回生，幻想在国共两党之间另走第三条道路，建立“平民政权”是行不通的。中国共产党领导中国人民经过 22 年的武装斗争，推翻了蒋介石的独裁政权，赶走了帝国主义，夺取了新民主主义革命的彻底胜利，第三条道路也彻底破产。

第十一章　托陈取消派及其政治主张

托陈取消派是陈独秀等人同中国的托洛茨基反对派结合而成的政治派别。中国托派的最初来源，是直接受到托洛茨基及托洛茨基主义影响的少数留苏学生。托洛茨基认为斯大林应对中国大革命的失败负责。这一看法得到陈独秀的认同。因此，陈独秀曾参加中国托派的活动，但后来退出。从 1928 年初成立第一个托派组织到 1949 年托派组织在大陆瓦解，在近 21 年的时间里始终也未形成自己的理论体系。托洛茨基的"不断革命论"是中国托派的理论基础。反资产阶级的"社会主义革命"是中国托派的政治纲领。

一、中国托派组织的历史沿革

（一）中国托派组织的由来

中国托派的产生有其一定的国际背景和国内原因。在国际上，中国托派是在国际托洛茨基派的直接影响和指导下形成的。托洛茨基（1875～1940 年），俄国人。早年参加俄国社会民主党。十月革命中领导武装起义担任过联共中央政治局委员、军事委员会主席。1923年之后开始进行政治派别活动，列宁逝世后，反对列宁关于在苏联建设社会主义的理论与实践。1929年11月被开除出党。同年底被流放逐出苏联。以后在土耳其、法国、挪威、墨西哥等地继续进行反苏活动。1940年8月死于墨西哥。托洛茨基在亡命国外期间写成《共产国际纲领草案批评》(第三部分为《中国革命的总结和前瞻》)，指使其党徒传播托洛茨基主义。托洛茨基主义以托洛茨基"不断革命论"来歪曲马克思主义不断革命论；在民主革命阶段否认建立工农民主专政的必要性，主张直接建立"工人政府"；在社会主义革命时期，否认一国可以建成社会主义。这是一种以"左"的词句来反对列宁主义的机会主义。在中国革命问题上，托洛茨基反对共产党加入国民党的国共合作路线，认为帝国主义时代资产阶级没有革命性，只有反动性，而且"越到东方越反动"。大革命失败后，托洛茨基认为这是斯大林和共产国际在中国推行错误路线的结果。中国托派就是托洛茨基直接领导下的一个外国组织。

从国内来看，中国托派是陈独秀右倾主义错误的恶性发展。在大革命后期，陈独秀用"二次革命论"右倾机会主义错误指导这次革命，不懂得掌握政权与武装的重要性尤其是放弃对于武装力量的领导权，使党在大革命的危急时刻处于被动地位。中国共产党召开了"八七"会议清算了陈独秀的右倾机会主义。但陈独秀对共产国际把大革命失败的责任全归于他一个人身上而不满。这便在生性倔强的陈独秀的思想里埋下了日后成为中国共产党反对派的种子。"八七"会议以后，他便处于消极状态，拒绝党中央及共产国际派他去国际"讨论中国革命问题"以及参加"六大"的决定；"完全不接受中央指派他的工作"①，整天埋头于研究中国文字拼音问

① 《中共中央政治局关于开除陈独秀的党籍并批准江苏省委开除彭述之、汪泽楷、马玉夫、蔡振德四人决议案》，1929年11月15日。

题。党中央机关刊物《布尔什维克》出版时，瞿秋白叫他写文章，他只写“寸铁”一类的东西交来应付。这种消极一是由于他对中共处理问题的不满，正如毛泽东同志所说的“太着重了个人的责任”的“缺点”[①]；一是由于他对党的“八七”会议和六大路线的反对。但消极还是表面的，思想上却在紧张地思索着，用他自己的话说：“自1927年中国革命遭受了悲惨的可耻的失败后，我因亲身负过重要责任，一时实感无以自处，故经过一年之久，我差不多完全在个人的反省期间。”[②]他想通过“反省”，“彻底认清这个失败的教训并找出新的出路”[③]。同时，他还经常把自己的意见写信提供给中央常委，一方面承认第一次大革命失败了，另一方面又认为蒋介石的上台是“资产阶级得了胜利”[④]。但因与中共观点不合，未得到满意的答复。1929年5月间，陈独秀通过“正统”托派分子尹宽的介绍，接触到了托洛茨基关于中国革命的几个重要文稿：《致拉狄克的信》(1927年3月3日、3月4日、3月22日)、《致亚尔斯基的信》(1927年3月29日)、《中国革命与斯大林大纲》(1927年5月7日)以及另四篇文章。不久，刘仁静回国，也带回托洛茨基的三篇重要著作并交给了陈独秀，陈独秀请郑超麟等人翻译后也开始阅读，时在1929年8月至9月。这三篇著作是：《中国革命的回顾与前瞻》(1928年6月8日)、《共产国际第六次大会后的中国革命问题》(1928年10月4日)和《中国布尔什维克列宁派的纲领草案》(此系刘仁静回国时绕道土耳其拜会托洛茨基后根据托氏意见写成的。1928年8月)。他惊喜地发现，托洛茨基的许多观点，同他的观点不谋而合。因此，像铁屑遇到磁铁一样，被紧紧地吸引住

① 《毛泽东选集》第3卷，人民出版社1991年版，第938页。

② 《答国际的信》，1930年2月27日。

③ 《关于中国革命问题致中共中央的信》，1929年8月5日。

④ 陈独秀等：《我们的政治意见书》，1929年12月15日。

了。尤其是托洛茨基指责斯大林把中国大革命失败的责任全推给陈独秀一个人，更中陈独秀的下怀，讲了他想了很久但又想不通的问题。应当指出，对于大革命的失败，共产国际不承担应有的责任，而把责任完全推给陈独秀是不适当的。托洛茨基说："过去五年中，没有一个共产党员，受共产国际机会主义领导之害有如中国共产党那样酷烈。"[①]陈独秀、彭述之看后"亦完全同意托氏的基本观点，因而我们（指彭述之和陈独秀——作者注）开始在中共内部组织左派反对派……"[②]。从 1929 年秋天开始，陈独秀政治立场和政治思想倾向于"托派"且秘密酝酿成立托派小组织。

（二）各托派组织的成立及其统一

中国早期托派，基本上是由两部分人组成的：一部分是莫斯科留学生中的托派分子，一部分是以陈独秀为首的在大革命期间担任过重要领导职务、执行了共产国际错误路线后又主张取消主义的那些人。中国最早的托派组织就是由第一部分人组建的。

"我们的话派"。1928 年 2 月由莫斯留学生托派分子在上海成立的中国第一个托派组织。1925～1927 年，中国共产党为了培养革命干部，曾派出一批批党员、青年团员到莫斯科的东方劳动大学和中山大学学习。当时，莫斯科中山大学校长拉狄克是托派，一部分中国留学生参加了托派活动。1927 年苏联"十月革命节"梁干乔、区芳、陈亦谋、宋逢春等人与苏联托派一起在"红场"上进行了反对斯大林的游行，从而被遣送回国。1928 年初在上海成立"中国革命布尔什维克列宁主义反对派"，其中央机构名为"全国总干事会"（简称"总干"），由梁干乔、区芳等人负责。1929 年 4 月，该组织创办油印小 32 开的机关刊物《我们的话》（仿托洛茨基在土

① 托洛茨基：《共产国际第六次大会后的中国问题》，1928 年 10 月 4 日。

② 《彭述之简史》，载香港《明报旬刊》，1968 年 6 月号第 18 期。

耳其办的《我们的言论》命名)，被称为“我们的话派”。由于此组织是由在苏联留过学的托派分子组建的，故常以“正统”自居。起初，陈独秀主动要求加入这个组织，但遭到刁难。

“无产者社”。正当陈独秀接受托洛茨基主义的时候，中共正处在“立三路线”统治时期。1929 年 5 月，中国东北发生了“中东路事件”。陈独秀就此事件向中共中央写了三封信陈述自己的看法，并且对中共的政治路线也谈了自己的看法。但由于中共党内处在“立三路线”这种“左”倾错误思想统治时期，不仅未对陈独秀的意见认真考虑，还把这“三封信”作为开除陈独秀出党的主要依据之一，这一点上，当时的中共中央有着不可推卸的责任。当然中共的这一态度与看到陈独秀接受了托派思想有关。但总而言之，中共对陈独秀问题没有做思想说服工作，采取的态度太强硬了。由于这“三封信”使陈独秀与中央的矛盾裂痕扩大了，也开始起了某种质的变化，由此最终导致被开除出党。1929 年 11 月 15 日，中共中央通过了《关于开除陈独秀党籍并批准江苏省委开除彭述之、汪泽楷、马玉夫、蔡振德四人决议案》。最终，陈独秀在组织上也割断了与中国共产党的联系，因而把酝酿多时的成立反对派组织的问题很快地付诸实施。1929 年 12 月 15 日，陈独秀召集具有同一思想立场的人在上海开会，正式成立了名为“中国共产党左派反对派”(又名“中共共产党布尔什维克列宁派”)的“托派”组织。在这次会上，陈独秀被选为总书记，彭述之、尹宽、马玉夫、杜培之(不久，杜培之去做了强盗，被捕枪毙，由罗世璠补上)为常委，秘书长为吴季严(吴因在 1931 年 3 月被陈独秀撤去参加托派统一协议委员会代表资格，也辞去秘书长职，由何资深代替)。会议还决定出版刊物《内部生活》，不久该刊改名为《无产者》，所以党史上把这一组织称之为“无产者社”或“无产者派”。在这一组织正式活动的当天，发表了由陈独秀等 81 人联名签署的《我们的政治意见书》并作为该组织的政治纲领。

"十月派"。1929年8月,"我们的话派"成员刘仁静绕道欧洲经土耳其时会见了托洛茨基,托氏交刘带回他起草的《中国的布尔维克(列宁派)纲领草案》,指定刘仁静担任他在中国的通信员。1930年1月,刘仁静以"老托代表"资格纠合王文元、宋逢春、罗汉等人成立"中国共产党左派共产主义同盟",出版刊物《十月》,称"十月派"。其实,这派组织是从"我们的话派"中分裂出来的,因为其中的刘仁静、宋逢春和陆梦衣等,原是加入"我们的话派"的,且又是该派领导机构"总干"的成员。"十月派"公开活动后,他们即被"我们的话派"除名。"十月派"后来又有分化。1930年10月,刘仁静被开除。被开除后他曾独自出版《明天》刊物,自称"明天派",但均未为其他各派所承认。

"战斗派"。1930年夏,从莫斯科东方大学回国的托派分子赵济、刘胤、王平一、徐乃达等成立中国第四个托派组织。为了在和其他托派组织讨价还价中捞到更多的资本,该组织出版《战斗》杂志,故称"战斗派",是中国托派最后成立的一个组织,也是托派组织中最小的一个。

陈独秀领导的"无产者派"在成立后便开展了以宣传和组织为主的工作,曾发展为人数最多区域最广的一个组织。但常遭到其他三派的攻击。其他三派之间也有攻讦,都想以老大自居。托洛茨基研究了中国各个托派组织的情况之后,明确表示支持陈独秀派,并要他们立即停止互相之间的攻击,迅速召开"统一"大会,成立一个统一的中国托派组织。在托洛茨基的多次干预和陈独秀亲自出马的情况下,中国托派的各个组织才派出十余名代表①,自称代表300个托派成员,在上海于1931年5月1日召开了统一大

① 各派按每20人派出代表1人。"无产者派"的代表为陈独秀、郑超麟、汪常师、蒋振东和王芝槐,"十月派"的代表为王文元、宋逢春、罗汉、濮罗志,"我们的话派"的代表为梁干乔、陈亦谋、宋景修、张九,"战斗派"的代表为赵济、朱燕堂。

会。会议通过了陈独秀起草的《中国共产党左派反对派纲领》、《国民会议提纲》等文件。选出“中央执行委员会”,陈独秀为总书记,陈亦谋、郑超麟、王文元等为常委,罗汉为秘书,下设上海、华南、华北三个区委,出版刊物《火花》。

(三)统一后的托派及其最终破产

中国托派组织虽然统一了,但是他们的统一是在外部压力下暂时的妥协和凑合;组织上,他们又是主张党内派别活动的合法存在和自由活动,更是由于他们的路线是根本错误的,所以,这样的组织是经不起任何考验的,况且,针对统一大会的参加资格与代表方面内部存在着不满情绪。1931 年 5 月,由于马玉夫的告密,托派中央委员除陈独秀、彭述之、罗汉三人外,均遭国民党逮捕,而罗汉从此又逃匿无踪,托派中央机构便陷于瘫痪。9 月,又有许多托派骨干分子被捕,陈独秀虽“想收拾残局,重整旗鼓,但很长时间也收拢不起来”,约经半年,陈独秀拉上罗世蒲与保外就医的宋逢春、濮德治,加上彭述之,组成托派的第一个“临委”(临时委员会)。这个“临委”曾对“九一八”事变后的中国提出抗日反蒋主张。1932 年 10 月 15 日,“临委”五个成员全部被捕。后来狱中的陈独秀设法与上海残存的托派分子建立了联系,成立了以刘伯庄为书记的第二个“临委”,因刘伯庄与陈其昌有矛盾,只负责了几个月便撒手不管了。陈其昌便拉上蒋振东、赵济成立第三个“临委”。这时,陈独秀已被初步判定刑期,于是他与狱外“托派”组织的联系也就加强了。1933 年 9 月 29 日,陈独秀致函“临委”,并附上他为“临委”起草的《目前形势与反对派的任务》,指示“临委”怎样“统一”组织,制定方针、策略、任务等。

1933 年,托洛茨基开始筹建“第四国际”,并指示各国反对派“更名换姓”,建立新党。一名叫格拉斯(中国名为李福林)的南非人来与中国托派分子刘仁静联系。刘仁静利用这个机会从北京将其支持者史朝生、刘家良等青年托派分子调来上海成立“第四个临委”，排斥陈独秀派，想把陈独秀开除出托派组织。1935年1月15日陈独秀让陈其昌捎一封信去加以制止，但刘仁静于1月13日召开了“上海代表大会”，产生了“中国共产主义同盟中央委员会”。2月4日，“第四个临委”通过了开除陈独秀等人的决定。3月，随着刘仁静、刘家良、史朝生等先后被捕，这届临委也寿终正寝了。

被保释出狱的格拉斯愿意去南京拜访正在服刑的陈独秀，陈独秀也需要格拉斯的合作。于是他表示谅解格拉斯。1935年12月，“托派”统一组织又在上海召开代表大会，选出陈其昌、尹宽、蒋振东、王文元和格拉斯五人组成临时中央委员会，即第五个“临委”。第五个“临委”建立后，“托派”的组织有所恢复，北京、山东、广西和香港等地陆续有一些“托派”组织整顿和重建。在第五个“临委”建立过程中，托洛茨基对陈独秀也多次表示了支持和信任。但成员之间因无法摆脱根深蒂固的宗派主义情绪和“唯我独尊”的心态，又因长期以来形成的生而论道的习惯以及各行其是的工作作风，仍然不断发生矛盾冲突。“七七”事变后，陈独秀出狱声明自己“已不隶属于任何党派”①。他主张抗日，对托派分子写的辱骂中国共产党和国民党的文章表示不满。此后，陈独秀与极少数有私人通信来往外，直到他1942年病死，与任何托派组织也无联系。

抗日战争时期，中国托派分裂为两派：以彭述之、刘家良为首主张支持国民党抗战，得到托洛茨基的“第四国际”支持而成为“多数派”，把持托派刊物《斗争》和《火花》；以郑超麟、王文元、陈其昌为代表则主张在抗战中使政府失败，并进行无产阶级革命夺取政权，被称为“少数派”，另办《国际主义者》与“多数派”的刊物对抗。两派还分别建立“社会主义青年团”和“马克思主义青年团”。抗战胜利后，多数派创办了《求真》和《青年与妇女》，少数派创办了《红

---

① 陈独秀：《给陈其昌的信》，1937年11月21日。

旗》。1948年底多数派召开代表大会，宣布自己一派叫“中国革命共产党”。少数派于1949年4月也召开代表大会，宣布自己叫“中国国际主义工人党”。全国大陆即将解放时，中国托派的一些骨干分子逃到香港和国外，一些于解放后悔过自新，另一些被新政府关押。中国托派便在大陆上破产了。

二、托陈取消派的政治主张

中国托派的政治主张，实际上是托洛茨基关于中国革命问题的政治观点的翻版。1928年6月和10月，托洛茨基先后撰写的《中国革命的回顾与前瞻》、《共产国际第六次大会后的中国革命问题》以及这一时期他给中国托派的若干书信，特别是1930年托洛茨基起草的《关于中国革命的前途及其任务》等文，成为中国托派形成自己政治主张的理论基础。1931年9月到1932年7月，在《火花》、《校内生活》[①]、《热潮》[②]杂志及传单上，发表的文章、宣言、决议和书信达38篇之多，集中地宣传了他们的观点。集中体现中国托派政治主张的是1934年由托派中央宣传部辑印出版的《政治问题讨论集》。最有代表性的是1929年7月28日、8月11日给中共中央的信，8月5日关于中国革命问题致中共中央的信、12月10日《告全党同志书》、12月15日《我们的政治意见书》、1930年2月27日《答国际的信》，1931年《中国共产党左派反对派政纲》和《中国土地问题决议案(草案)》。此外，王凡西1930年10月起草的《中国左派共产主义反对派政纲草案》，以及1933年3月20日

---

① 1931牢12月陈独秀创办的托派内部理论机关报。

② 1931年12月创办的周刊，陈独秀任主编。

陈独秀自撰《辩证状》等都是中国托派的重要政治文件[①]。

根据上述材料我们可以分析出中国托派的主要政治主张。

(一)以托洛茨基的"不断革命论"为理论基础,来宣扬"无产阶级社会革命"

早在1905～1906年间托洛茨基就提出了"不断革命论"。但在很长的时期里全世界的研究者们都对他的这一理论捉摸不透。在1922年他便明确地概括与说明了他的这个理论的实质与要点。七年以后,出版了他的专著《不断革命》。他说:"这个奥妙名词的含义,就是认为俄国革命,虽然摆在它面前的是资产阶级的目的,可是它不能停止在这个目的上面。"无产阶级在获得政权以后的"最初时期内,就不仅要深刻地侵犯封建所有制,而且要最深刻地侵犯资产阶级所有制"[②]。落后资产阶级国家的民主任务可以直接导致无产阶级专政,而无产阶级专政可以把社会主义任务提上日程。这就是这个理论的中心思想。传统的观点认为,通向无产阶级专政的道路要经历一段漫长的民主制时期,不断革命论则"肯定落后国家通向民主制的道路要经过无产阶级专政"[③]。这就是不断革命论的根本点。按照他自己的概括,不断革命论内容有二:一是一次革命,二是无产阶级专政论。他认为落后国家要完成民生革命任务,不能建立工农民主专政,只能直接建立无产阶级专政。他认为工农民主专政既不能完成民主革命任务,更阻碍社会主义任务的完成,只有直接建立无产阶级专政的政权,既能回过头来完成民主革命留下的任务,又能同时开始不可避免的社会主义

---

① 胡汶本:《托陈取消派关于中国革命问题的结盟观点》,载《齐鲁季刊》1983年第6期。

② 托洛茨基:《一九〇五年》序言。

③ 托洛茨基:《不断革命》,1929年。

革命。这就是托洛茨基不断革命论的中心含义。[①]

托洛茨基以他的“不断革命论”来观察中国和全世界的革命问题，提出了一系列与共产国际、斯大林和中国共产党人根本对立的反马克思列宁主义的反动观点和政治主张。最明显的是他在1928年写的《中国革命的回顾与前瞻》、《共产国际六次大会后的中国革命问题》等文中把中国革命分为“辛亥革命”、“1925～1927年大革命”、“未来革命”三个阶段，并且提出未来第三次革命“战略上基本路线是无产阶级专政，与此对峙的‘工农民主专政’的口号，只是一种‘反动主张’”[②]。其经济纲领是“推翻城市及乡村中资产阶级的私有财产”[③]。除此之外，还把中国共产党的反帝反封建的民主革命纲领污蔑为“机会主义”。陈独秀对中国革命的看法是从这里演化出来的。因此，我们将从下文分析陈独秀对中国革命分析的错误所在而窥见托氏“顽症”所在。

托洛茨基一再标榜他的“不断革命论”是真正马克思主义的，而攻击把革命分为民主革命和社会主义革命两个阶段来进行的列宁主义是“庸俗的马克思主义”。事实上，正是托洛茨基歪曲了马克思主义。马克思在提出“不断革命”这一口号时，其原意非常明确，就是指出革命不应该停顿在就近的目标上面，要使革命不断前进，直到最终目的。这里，马克思讲的不断革命论绝没有一次革命的含义。他在《共产党宣言》中第一次提出不断革命思想时指出：“德国资产阶级革命一定要成为无产阶级革命的直接序幕。”1850年3月，马克思和恩格斯又一次指出：“为了要达到自己的最后胜利。首先还是要靠他们自己努力：他们应该认清自己的阶级利益，尽快地采取自己独立政党的立场，一时一刻也不要由于受到民主

① 刘志强：《论托洛茨基对中国革命的主张及影响》，载《近代史研究》1985年第1期。

② 托洛茨基：《中国革命的回顾与前瞻》，1928年6月8日。

③ 托洛茨基：《中国革命的回顾与前瞻》，1928年6月8日。

主义的小资产者花言巧语的诱惑而离开无产阶级政党保持独立组织的道路。他们的战斗口号应该是:不断革命。”①这些就是马克思关于“不断革命”的最早和最初的原意。他讲到革命的不停顿性和连续进行的含义,并不包含“一次性”的含义。这便是托洛茨基“不断革命论”在理论上的错误所在,把马克思主义教条化。

陈独秀摭拾了托洛茨基的“不断革命论”,根据中国革命形势提出了他的“一次革命论”。把资产阶级民主革命和无产阶级社会主义革命这两种性质完全不同的革命,混在一起进行,“毕其功于一役”②。另外,陈独秀认为中国未来的第三次革命“不是俄国的十月革命,也不是二月革命,而是二月革命与十月革命之总和”③,即在资产阶级民主革命时期去实现所谓的“无产阶级专政”的目标,这种革命建立起来的是“无产阶级与贫农专政”的政权。这一提法在中国托派中有争议,最后由托洛茨基出面调解被其他成员所认同。陈独秀根据“一次革命论”来观察中国历史,主要包括以下两点:

第一,完全按照“不断革命论”的理论总结了中国大革命的历史。他认为:“无产阶级政党,至少在三月二十日事变后即应退出国民党而独立,在北伐开始时就应在北伐军所到的地方组织苏维埃”,“‘过火’的工农运动,已经打破了各阶级联盟。超越了资产阶级民主革命的范围,开始由民主阶段,走向社会主义革命阶段”④。在这里,陈独秀把统一战线的分化和工农运动开展的程度当作由民主革命走向社会主义革命的决定条件。陈独秀此时居然忘记了

---

① 《马克思恩格斯全集》第7卷,人民出版社1959年版,第299页。

② 《毛泽东选集》第2卷,人民出版社1991年版,第685页。

③ 陈独秀:《论中国革命性质》,写于1929年9月,未曾发表过,参见1930年11月22日刘仁静致陈独秀的信和该年12月15日陈独秀的复信,载《无产者》第9期。

④ 陈独秀等:《我们的政治意见书》,1929年12月15日。

社会矛盾决定革命任务这个马克思主义原理。资产阶级右派退出统一战线并未超出反帝反封建的范围，在混淆革命性质的同时，陈独秀又同意托洛茨基不断革命论的无产阶级专政论。他说：无产阶级"至少在四月十二日事变后即应建立苏维埃与国民党政府对抗，由二重政权进到推翻反革命的国民政府，由无产阶级专政，一面完成民主革命的任务，一面走向社会主义的道路，共产国际的领导不是这样，而是始终拘泥民主革命阶段"[①]。可以看出，陈独秀把托氏的"不断革命论"套用在了中国革命问题上，是托氏在中国革命问题上的翻版。

第二，认为未来革命的任务是为无产阶级专政而斗争。他指责斯大林、共产国际和中共"六大"，"在将来的革命途径上反对侵犯资产阶级的经济力量，反对提出无产阶级专政的口号"。他主张：待"将来革命一旦起来，必须立即组织工农兵苏维埃，发动群众建立苏维埃的口号而斗争。当然，它必须是无产阶级专政的苏维埃，而决不应该是工农民主专政的苏维埃"[②]。所以，他指责"六大"路线既是机会主义路线，又是盲动主义路线。他认为现在机会主义的政治路线所表现的是：国际及中共中央一致主张将来中国革命的性质，仍旧是资产阶级的民主革命，而不是无产阶级的"社会革命；将来的政权应该是工农民主政府，而不是无产阶级政府，而不是无产阶级专政"[③]。陈独秀还以深恶痛绝的态度，指责人民民主专政的口号。他说：人民民主专政口号的反动性在于它将来成为未来统一战线的理论根据，它将成为今后"阻碍革命运动发展的理论根据"。从这里我们再一次看到陈独秀对不断革命论的无产阶级专政论的坚定程度了。

---

① 陈独秀等：《我们的政治意见书》，1929 年 12 月 15 日。

② 陈独秀：《告全党同志书》，1929 年 12 月 10 日。

③ 陈独秀：《告全党同志书》，1929 年 12 月 10 日。

不断革命论，一次革命论，表面上好像是在缩短革命进程，但实际上，它既会破坏民主革命，也要断送社会主义革命。因为它超越阶段，做一些违背人们意愿的事，这是非失败不可的。列宁曾在好几篇文章中反复指出："无视目前革命的民主主义的，即实质上资产阶级的革命，是荒谬的，所以，提出成立革命公社这样的口号也是荒谬的。贬低无产阶级参加民主革命，并在革命中起领导作用的任务，回避无产阶级和农民革命民主专政的口号，是荒谬的和反动的。混淆民主革命和社会主义革命的任务和条件也是荒谬的，因为这两种革命，我们再说一遍，无论按其性质来说，或者按照参加这两种革命的社会力量的成分来说，都是不相同的。"[①]不仅如此，托洛茨基和陈独秀一方面把民主革命混到社会主义革命中去进行，似乎极"左"；另一方面，又说"现在中国并无革命局势"，"革命被搁置到不定的未来了"，实际上又回到取消当前革命的立场上来了，这是对他们提出的取消革命的"国民会议"主张的最好的注解。所以，毛泽东一针见血地指出："这种观点，混淆革命的步骤，降低对于当前任务的努力，也是很有害的。"[②]"'一次革命论'者，不要革命论也，这就是问题的本质。"[③]

从上面的论述中可以看出陈独秀接受托派观点后，把原先零碎的不成熟的取消革命的主张系统化了。这种错误理论的得出源于他那个没有改造好的小资产阶级世界观和理论上的贫乏，使他无力鉴别外来理论的是非，也创造不出适合中国国情的理论来。只是由于托洛茨基在大革命失败责任问题上，与自己耿耿于怀的错误情绪心心相印，以及在取消中国革命的立场上气味相投，他就在没有真正了解中国革命实际情况的条件下，完全接受了托洛茨

① 《列宁全集》第 11 卷，人民出版社 1987 年版，第 285～286 页。

② 《毛泽东选集》第 2 卷，人民出版社 1991 年版，第 685 页。

③ 《毛泽东选集》第 2 卷，人民出版社 1991 年版，第 685 页。

基的领导。当时，中国共产党也正处于"左"的路线指引下，在处理陈独秀问题上也出现失误，接受共产国际的主张把全部责任全归在陈独秀个人身上，这对于刚开始反对一切服从共产国际后来又被迫服从共产国际到头来又受共产国际指责的陈独秀是不能接受的。在中东路事件上，陈独秀提出了一些正确的看法，但中共中央一概否决并且还扩大化，最终导致陈独秀等人被开除党籍。从这一点来说中共也应负一部分责任。另外，陈独秀本人倔强的个性也使他顽固地坚持自己的观点。这些因素共同促使陈独秀无条件地接受了托氏理论，由共产党的总书记转换成了反对派的总书记，这不仅是陈独秀个人的悲剧也是历史的悲哀。

陈独秀在"一次革命论"里对中国社会性质、革命对象和革命性质及任务都有详细的分析。陈独秀等中国托派认为，中国的社会是"资产阶级取得胜利，在政治上对各阶级取得了优越地位，取得了帝国主义的让步和帮助……封建残余在这一大转变时期中，受了最后的打击"[①]，并且在经济上"形成了官僚买办的资本主义"[②]. 略懂一点马克思主义和中国近代史的人都会知道中国近代从 1840 年鸦片战争到中华人民共和国成立一直都处在半封建半殖民地社会，中国始终未发展起来资本主义经济。辛亥革命虽推翻了皇帝，但一切还是照旧，丝毫未触动经济基础。1925～1927 年的大革命是广大农民向封建势力的进攻，由于资产阶级右派叛变而被封建势力镇压下去而并非是资产阶级取得了胜利。自从英国的枪炮打开中国的大门，中国便成为英国等资本主义国家的原料产地和销售市场，中国被卷入了世界资本主义经济浪潮之中。但这绝不是资本主义国家帮中国走上了资本主义道路。这是帝国主义对中国的经济侵略，它们向我国大量倾销工农业产品，把发展

---

① 陈独秀：《关于中国革命问题致中共中央的信》，1929 年 8 月 5 日。

② 陈独秀等：《我们的政治意见书》，1929 年 12 月 15 日。

中国民族工业所必需的原料源源不断地掠夺走。这是从根本上破坏中国资本主义的发展。中国近代面临的两大主题:独立和强国是相辅相成的。没有一个完整的国家主权想发展只能受人利用让别人牵着鼻子走,而发展又是为了更好地独立自主。总之,独立是前提。对于革命对象,中国托派认为是推翻国民党政权,认为这个政权是"资产阶级专政,是国民党军事独裁"。这与中共有某些相同之处。然而,中共主张暴力夺权,而中国托派认为应该走和平的"国民会议"道路。对于中国的革命性质和革命任务,在前文已提到了,中国的未来革命是"俄国十月革命和二月革命之和"这种革命建立起来的政权只能是"无产阶级与贫农专政"。而中国的其他托派几乎异口同声地指责陈独秀的这一口号必然导致"资产阶级专政",而与"无产阶级专政"口号"根本对立"。还是由托洛茨基出面调解并作了"裁判"。托洛茨基于 1931 年 1 月 8 日,给中国托派的信中说:"'无产阶级与贫农专政'口号,并不与'无产阶级专政'口号,绝无相同之点。"当然这也是托洛茨基急切地要把中国托派"统一"在陈独秀的旗帜下。经过托洛茨基这一武断的"裁判",反陈派就不再争论了[①]。

总之,中国托派用托洛茨基的"不断革命论"来反对马克思列宁主义的不断革命论,通过对中国社会性质的错误分析来否认中国社会的半殖民地半封建的性质,否认中国革命必须分两部走,割裂民主革命与社会主义革命的内在联系,混淆民主革命和社会主义革命的严格区别,为他们极右、极"左"的政治主张寻找理论根据,来反对中国共产党领导的民族民主革命。这表明了中国托派已成为托洛茨基破坏中国革命和世界革命的一个重要的桥头堡。

---

① 王凡西:《双山回忆录》,第 152 页。

(二)鼓吹以"召开国民会议"为中心的合法运动,反对暴力推翻国民党政权

托洛茨基指示中国托派:"在革命处于低潮时期,反对军事独裁的斗争,必然采用过渡的革命民主要求的形式,如要求召集国民会议(普遍平等直接不记名投票的选举而产生的以解决国家的最重要问题);实行八小时工作制;没收土地,保证中国的国家独立。"[①]中国托派接受了这项指示,认为在中国和全世界都无革命形势可言的情况下,"应提出总的民主主义的口号……召集国民会议等……必须使广大民众在这些民主口号之下活动起来,才能动摇反革命的政权,才能走向革命高潮,才能使我们的'打倒国民党政府','建立苏维埃政权'等根本口号,成为民众运动的行动口号"[②]。在这里,陈独秀已把"国民会议"作为进行合法斗争或作为"建立苏维埃政权"的必要过渡形式来谈论。在他后来的著作中把这一问题大大升级。他说:"'为了召开国民会议而奋斗!'这个运动的客观条件已臻成熟,现在只拿这一口号来推动广大的群众由暴露的政治斗争走向革命的高潮。"[③]陈独秀又进一步说:要"重新估量现阶段中新的客观局势,即因革命失败后,资产阶级政权相当稳定和经济相当恢复而产生出来的资产阶级与其政党军人间之冲突,特别是小资产阶级民主主义与资产阶级军事专政间之冲突而开始的民主立宪运动之趋势,我们应利用这种趋势,而力争彻底的民主主义做我们目前过渡时代政治斗争形式,重新闯进政治舞台,由现在的政治斗争,缩短反革命的现阶段,开辟新的革命环境,走

① 托洛茨基:《中国布尔塞维克——列宁派(反对派)的纲领》,写于1928年8月。载《中国革命问题》,春燕出版社1947年版,第258页。

② 陈独秀:《给党中央的信》,1929年10月10日。

③ 陈独秀:《告全党同志书》,1929年12月10日。

向将来的第三次革命"[1]。他还武断地说:以"国民会议"为中心的口号,不但小资产阶级,即使工人阶级、"无产阶级的先锋队自身"也同样是需要的。这样,托陈派便进一步得出结论说:"我们在没有革命局势的现阶段,应力争彻底民主的国民会议,即力争由平等直接普选不记名投票产生的国民会议,并且必须与'国民会议'同时提出'八小时工作制'、'没收土地'和'民族独立',做我们在过渡时期中四个不可分的民主要求口号,以充实民主会议的内容,必须如此,才能够动员广大的劳动群众,参加公开的现实政治斗争,不断地扩大斗争,由要求资产阶级的彻底的民主主义,走到无产阶级的民主主义。"[2]他们把"国民会议"看成是无产阶级夺取政权的必由的道路、必需的手段和唯一的形式,攻击代表着新的革命道路的农村武装暴动政策。

可以看出托洛茨基的开展苏维埃运动的标准只有一个,而陈独秀也完全接受了这一标准即要看革命形势的高潮还是低潮。革命高潮才能搞苏维埃运动。这是一个很混乱的标准。他的错误就在于认为革命的形势决定革命性质与任务。而正确的答案是革命的性质与任务不受形势的左右。形势的高潮也好,低潮也好,革命的民主性质及建立工农民主专政的苏维埃运动都不能被改变。形势只能决定着斗争的方式与进程。这是"国民会议"道路理论上的错误所在。当时的中国形势限制了这一道路的畅通。这是历史所决定的。在发达的资本主义欧洲,在非革命暴动时期利用议会作讲坛来教育团结群众,为以后的武装斗争准备条件,这曾经是马克思所设想过的一种革命途径。但是在中国,条件完全不同。半殖民地半封建社会的中国,蒋介石在搞法西斯独裁,共产党被宣布为非法。在完全不存在议会斗争条件的地方,执意要走议会道路,这

---

① 陈独秀:《告全党同志书》,1929年12月10日。

② 陈独秀等:《我们的政治意见书》,1929年12月15日。

只能达到取消革命的结果。对此,毛泽东说:“中国革命的特点是:不是一个独立的民主的国家,而是一个半殖民地的半封建的国家。在内部没有民主制度,而受封建制度压迫;在外部没有民族独立,而受帝国主义压迫。因此,无议会可以利用,无组织工人举行罢工的合法权利。在这里,共产党的任务,基本地不是经过长期合法斗争以进入起义和战争,也不是先占城市后取乡村,而是走相反的道路。”①“在中国,离开了武装斗争,就没有无产阶级和共产党的地位,就不能完成任何的革命任务。”②1949 年 10 月 1 日,中华人民共和国在武装斗争的炮火中诞生证明了毛泽东的预言。

尽管中国托派所走的道路存在着理论上和实践上的错误,但他们仍是卖力地宣传这一主张,鼓动人民群众加入这一行列。把中国共产党为挽救中国革命而举行的南昌起义、秋收起义和广州起义,统统诬为“盲动起义”的“失败之举”;攻击“八七”会议确定的深入土地革命武装反抗国民党的总方针是什么“冒险主义”的方针;攻击“六大”有关“两个高潮之间”的形势估计和争取群众、促进全国革命高潮到来的全党的中心任务,是什么“机会主义和盲动主义的混合儿”。更有甚者,他们把中国共产党对取消主义的国民会议口号的批判和坚持实行工农武装割据、深入土地革命和建立苏维埃政权等,诬蔑为“现在实际上并没有号召群众的政治口号,只有盲动,只有采用游民无产阶级的投机、冒险、阴谋、暗杀等政策。只有长期的离开现实的政治斗争”③,变成了单纯的“杀人放火”④之象征。对于中共的诬蔑和批评,我们应有客观的认识,并不能因为是批评中国共产党的而一概否认。由于中共还处在幼年时期,

① 《毛泽东选集》第 2 卷,人民出版社 1991 年版,第 542 页。

② 《毛泽东选集》第 2 卷,人民出版社 1991 年版,第 544 页。

③ 陈独秀:《我们在现阶段政治斗争的策略问题》(1930 年 3 月 1 日)。

④ 陈独秀等:《我们的政治意见书》,1929 年 12 月 15 日。

“左”倾错误曾两次统治全党，这一时期正是瞿秋白和李立三“左”倾相继统治时期。过火的行为不是没有。对于盟友的“诬蔑”中共应有清醒的认识。

(三)“诬蔑”中共制定的路线、方针、政策来反对中共领导民主革命，进一步宣传自己的政治主张

1930 年 6 月 11 日，中共中央政治局会议在李立三的主持下，通过了《目前政治任务的决议——新的革命高潮与一省或几省的首先胜利》，认为已经具备了全国各地大规模武装起义的条件，制定了以武汉为中心的全国总暴动和集中红军进攻中心城市的计划，从而使第二次“左”倾路线统治中央[①]。8 月 9 日，陈独秀以“中国共产党左派反对派”的名义，发表致中央委员会转全党同志的信[②]，抨击中央 6 月 11 日决议，认为“立三路线”的错误是“把党的中心工作更进一步的转入农村，希图在农村中另行组织一种力量，以闯入城市”。同时攻击党在大革命失败后坚持的农村武装斗争，是“企图拿乡村来领导城市，拿‘红军’来作攻打城市的救世军。这不是领导革命，这只是随在农民意识的尾巴后面去作军事冒险”。要求党接受托派的国民会议主张，注重城市公开的民主斗争；呼吁全体党员自动起来向领导机关“抗议”，“要求它立刻停止一切军事投机的冒险举动”[③]。对于大革命后中国共产党的组织生活，中国托派论及最多。由于革命形势突变，中共党的组织遭到严重摧残，出现了极其复杂的局面。党内民主生活不健全表现在组织不够严密，政治上处于涣散状态，在国民党法西斯白色恐怖下党的工作不能适应这种严酷的斗争形势。当务之急是加强党的纪律。中国托

---

① 唐宝林、林茂生：《陈独秀年谱》，上海人民出版社 1988 年版，第 383 页。

② 《无产者》第 3 期，1930 年 10 月 10 日。

③ 唐宝林、林茂生：《陈独秀年谱》，上海人民出版社 1988 年版，第 385 页。

派攻击党在组织上"以官僚盛权形式主义代替了无产阶级的民主集中主义"①,并实行"官僚主义的组织路线"②,"以委任制度与绝对命令主义消灭了党内德谟克拉西"③,后来又按照托洛茨基对中国"红军"不满对中国托派的指示,1930 年 3 月 14 日,陈独秀写了《关于所谓"红军"问题》发表在《无产者》第 2 期上。文中指出:党把工作重心转移到农村,建立红军开展农村游击战争是"出卖中国工人运动",并极其狂妄地断言:"没有城市工人革命领导的所谓'红军',其前途不外是:(1)统治阶级内部战争一停止,'红军'便要被击溃,或为其所收买;(2)因自己内哄而散;(3)逐步与农村资产阶级(商人与富农)妥协,变成他们的'白军'或为他们的经济手段所压迫而溃散,此外不能有别的前途。"中国托派的一个基本观点是:无产阶级政党不能离开城市工人运动这个中心而到农村去搞农民运动,尤其不能去组织红军,否则就是"军事冒险"。在中国托派看来,如果深入农村搞农民武装斗争,走农村包围城市的道路,那就会使党蜕变成为"农民的党"、"小资产阶级的党"。他们不懂得中国革命的基本问题是农民问题,中国革命的根本斗争形式是共产党领导下的新式"农民战争"。

然而中国工农红军在此时期开创的"工农武装割据"的红色政权,已由星星之火燃成燎原之势。红军在迎着阶级斗争的暴风骤雨,迅速地发展壮大,到 1930 年,已有红军部队 13 个军 10 万多人,红色根据地遍布江西、湖南、福建、广东等 10 余省 300 多个县,并先后建立了中央、鄂豫皖、湘鄂西、广西左右江等十几块革命根据地。这种情况,使当时许多眷恋大城市、惯于舞文弄墨、钩心斗角的托派分子,感到目瞪口呆。他们当中有的对"国民会议"的价

---

① 陈独秀等:《我们的政治意见书》,1929 年 12 月 15 日。

② 陈独秀等:《我们的政治意见书》,1929 年 12 月 15 日。

③ 陈独秀等:《我们的政治意见书》,1929 年 12 月 15 日。

值和红军问题的认识，开始发生了疑问，特别是陈独秀攻击红军的文章被蒋介石当成“法宝”刊印出来，在对江西进行反革命“围剿”时大量散发，托派们感到非常难堪，并把这种情况反映到托洛茨基那里。1931 年，托洛茨基在回信里不得不表示：“将‘红军’同土匪混为一谈，如果真有这样的事，那是应该纠正的。”他并且修正自己的观点说：“革命的农民武装，必然有游民无产阶级分子和职业的土匪加入，但其整个运动则有深厚的根基在中国农村条件里头，将来无产阶级专政也是应该靠在这个根基上面的。”①实际上，托洛茨基此说并非由衷之言。托洛茨基和陈独秀一直不曾根本改变他们对红军的攻击。陈独秀在 1932 年被捕后的审讯中，仍然坚持认为共产党在掌握政权之前不应组织红军。

陈独秀在 1932 年 4 月 16 日发表在《火花》第九期上的《农民在中国革命中的作用及其前途》中，又称红军斗争系土匪的“为生活而奋斗的方式”，“现在的‘红军’运动，不但没有城市工人革命运动的领导，即党（共产国际与中共）的领导亦不充分，领导的政策更不正确”。“而且党有农民意识化的危险”，陈独秀在此文中还稍稍改变态度说：“如果领导有正确的政策，即‘红军’运动和反日运动联系起来”，“将会展开另一新的前途”。很显然，陈独秀对于红军运动的看法，既是一种理论上的教条主义，又是政治上的脱离实际的纸上谈兵，而且明显有污蔑的口吻，的确是错误的，然而陈独秀指出红军运动应与反日运动联系起来，又是一个值得重视的问题②。1933 年 10 月 17 日，中华苏维埃临时中央政府工农红军革命军事委员会发表宣言，提出：如果国民党停止进攻红色区域，保障人民的自由权利和武装人民，则中国共产党和工农红军愿与国民党中愿意同我们合作抗日的部分订立抗日协定，不管这一宣言

① 转见《历史研究》1981 年第 6 期。

② 朱文华：《陈独秀评传》，青岛出版社 1997 年版，第 304 页。

事实上是否受到过陈独秀意见的启发，但至少在这一问题上与陈独秀的策略思想是接近和相似的。

陈独秀提出红军与抗日相结合正是“九一八”事变后，中国托派的政治宣传重点转移的表现。中国托派以民族利益为重，9 月 24 日，发表了《为日本帝国主义侵占满洲告民众书》谴责国民党政府的“不抵抗主义”，号召“民众立刻自动的武装起来”，“立刻自动的组织各地方国民会议预备会，领导反日斗争和准备普选的全国国民会议之召集”，“反对屠杀农民和对日取不抵抗主义的国民党政府”[①]。为了抗日宣传又创办了《热潮》和《校内生活》。对于这一时期的抗日宣传，我们应有一个肯定的评价，但同时也应看到中国托派所走的路仍是通过“国民会议”召集群众来进行。后来由于中国托派组织分成“多数派”和“少数派”意见不合，影响也小了，中国托派进入了尾声。他们的政治主张发生了分歧。我们要对此有一个全面的认识。

---

① 唐宝林、林茂生：《陈独秀年谱》，上海人民出版社 1988 年版，第 404 页。

第四编

中国共产党人的新民主主义与社会主义思想

第十二章　马克思主义的传播与中国共产党的社会主义思想(上)

从19世纪末,中国人已开始接触到各种社会主义思潮,包括马克思主义的科学社会主义。但十月革命前,人们还只是道听耳食地知道有社会主义学说,有马克思和恩格斯,因为当时中国还不具备接受科学社会主义的条件。十月革命后,以李大钊为代表的先进分子开始在中国传播马克思主义。五四运动后,在新思潮大量涌现、诸多学说流派争鸣斗胜的形势下,马克思主义以其高度的科学性和革命性逐渐吸引着越来越多的进步青年,得到了广泛传播。在马克思主义与中国工人运动相结合的条件下,中国共产党诞生了。中国共产党的诞生,标志着马克思主义在中国的发展进入一个新的阶段。这就是从马克思主义理论的传播,发展到把它运用于中国解决中国革命问题的新阶段。以毛泽东为代表的中国共产党人,在中国革命的实践中经过艰辛的探索,创立了新民主主义革命的理论。毛泽东的建立联合政府和人民民主专政理论,是对新民民主义革命理论的进一步发展和完善,为新中国的建立,为中国走向社会主义道路奠定了理论基础。新中国的成立使我国进入了从新民主主义到社会主义的转变时期。党和毛泽东从我国实际情况出发，依据马克思主义原理，创立了从新民主主义向社会主义转变的理论，并领导全国人民胜利地完成了这一伟大转变，在我国建立了社会主义制度。

一、马克思主义在中国的传播

（一）马克思学说在中国的最初介绍

中国人最早知道马克思的名字和“社会主义”这一概念，可以追溯到19世纪末20世纪初。1898年夏，由胡贻谷（又作胡颐谷）翻译的英国人克卡朴所著《社会主义史》（译名为《泰西民法志》）一书，介绍了马克思的生平和他的学说，并且提到马克思“是社会主义史中最著名和最具势力的人物”，他及他的同心朋友昂格思（即恩格斯）是“‘科学的和革命的’社会主义派的首领”。接着，1899年2月至5月，由李提摩太节译、蔡尔康笔述的英国人颉德所著《社会演化》（译名为《大同学》）一书，提到马客偲和恩格思（即马克思和恩格斯）的名子，并把社会主义学说称作“安民新学”，把马克思和恩格斯称作“养民学者”。文中还称马克思是“百工领袖著名者”。后译著先在1899年2月至5月的《万国公报》第121－124期连载，后出了单行本。

1901年1月中国留日学生主办的《译书汇编》，连载了日本有贺长雄所著《近世政治史》一书。书中写道：“西国学者悯贫富之不等，而为佣工者，往往受资本家之压制，遂有倡均贫富、制恒产之说者，谓之社会主义。”并称麦克司（即马克思）为万国工人总会（即第一国际）的“参事会长，总理全体”。从1902年至1903年论述社会主义的译著大量出现，如由日本社会主义研究会会长村井知至著、罗大维翻译出版的《社会主义》一书，由日本福井准造著、赵必振翻译的《近世社会主义》一书，由日本幸德秋水著、中国达识译社翻译的《社会主义神髓》一书，等等。这些译著对马克思、恩格斯的著作和主要论点都作了不同程度的介绍。

20 世纪初，中国人在自己的论著中最早提到马克思和社会主义的，当推资产阶级思想家梁启超。1902 年 10 月，他在《新民丛报》第 18 号上发表了《进化论革命者颉德之学说》一文，其中提到"麦喀士（即马克思——编者注）日耳曼人，社会主义之泰斗也"。"今日之德国，有最占势力之二大思想：一曰麦喀士之社会主义，二曰尼志埃（即尼采——编者注）之个人主义。""麦喀士谓今日社会之弊，在多数之弱者为少数之强者所压伏。"①1903 年，梁在《二十世纪之巨灵：托辣斯》一文中又提到："麦喀士，社会主义之鼻祖，德国人，著述甚多。"②1904 年 2 月，梁启超在《新民丛报》第 46 至第 48 号上，发表了《中国社会主义》一文，对马克思的社会主义学说作了简要介绍："社会主义者，近百年来世界之特产物也，檃括其最要之义，不过曰：土地归公；资本归公，专以劳力为百物价值之源泉。麦喀士曰，现今之经济社会，实少数人掠夺多数人之土地而组成之者也。"梁启超称社会主义为"将来世界最高尚美妙之主义"③。但他又认为"中国宜酌采社会改良主义"。他说："中国今日有不必行社会革命之理由，有不可行社会革命之理由，有不能行社会革命之理由。"④他表示，凡"社会主义学说，其属于改良主义者，吾固绝对表同情；其关于革命主义者，则吾亦未始不赞美之，而谓其必不可行，即行亦在千数百年之后"⑤。

1903 年 2 月，马君武在东京留日学生主办的杂志《译书汇编》

---

① 《饮冰室合集》文集之十二，中华书局 1989 年版。
② 《饮冰室合集》文集之十四，中华书局 1989 年版。
③ 饮冰：《杂答某报》，载《新民丛报》第 86 期，1906 年 11 月。
④ 饮冰：《杂答某报》，载《新民丛报》第 86 期，1906 年 11 月。
⑤ 梁启超：《驳孙文演说中关于社会革命论者》，载《新民丛报》第 86 号。

第2卷第11号上发表了《社会主义与进化论比较》一文，对社会主义发展过程作了简略介绍，认为：社会主义发源于法兰西人圣西门、傅立叶，中兴于法兰西人路易·勃朗、蒲鲁东，极盛于德意志人拉萨尔、马克思。"凡怀热心图进步之国民，未有不欢迎社会主义者。"文中提到马克思时曾说："马克司者，以唯物论解历史学认也。马氏尝谓阶级竞争为历史之气日。"该文附录的《社会党巨子所著书记》附有马克思著作的目录，列举了《英国工人阶级状况》、《哲学的贫困》、《共产党宣言》、《政治经济学批判》和《资本论》五本书。这是迄今为止在文字记载上所见到的中国最早的马克思主义著作书单。

在资产阶级革命派中，了解和介绍社会主义理论最多的当推孙中山和朱执信。1903年，孙中山明确表示对社会主义的向往，他在从檀香山致国内一友人的信中说："社会主义，乃弟所极思不能须臾忘者。"①1905年初，孙中山访问了第二国际书记处，同第二国际领导人王德威尔德和胡斯曼交谈。他以中国社会主义者的身份，请求加入第二国际，并表示"中国社会主义者要采用欧洲的生产方式，使用机器，但要避免其种种弊端"，"在将来建立一个没有任何过渡的新社会"，由"中世纪的生产方式将直接过渡到社会主义的生产阶段"。② 他预言："二十世纪不得不为民生主义之擅场时代也。"③在资产阶级革命派看来，民生主义就是社会主义。孙中山曾明确解释："民生主义就是社会主义，又名共产主义，即是大同主义。"④辛亥革命后，孙中山认为以民族主义、民权主义为中心

---

① 《孙中山全集》第1卷，中华书局1981年版，第228页。

② 据布鲁塞尔法文报纸，比利时社会党机关报《人民报》1905年5月20日报道，见《孙中山全集》第1卷，中华书局1981年版，第273页。

③ 《民报》发刊词，载《民报》第1号。

④ 《孙中山选集》，人民出版社1981年版，第802页。

的政治革命已经成功，今后应当大力开展以民生主义为中心内容的社会革命了。1912 年 4 月，他发表题为《社会革命谈》的演说，认为“今之吾国之革命，乃为国利民福革命。拥护国利民福者，实社会主义”①。同年 10 月，孙中山在上海中国社会党总部发表《社会主义派别及批评》的演讲，赞扬了马克思的科学社会主义，称赞马克思“研究资本问题垂三十年，著为《资本论》一书，发阐真理，不遗余力”。在孙中山的倡导下，当时谈论和研究社会主义曾风靡一时。

在资产阶级革命派中，宣传马克思主义和社会主义学说取得了一定成效的人是资产阶级革命思想家朱执信。1906 年 1 月、4 月，他在《民报》第 2、3 号发表了《德意志社会革命家小传》一文。全文将近 15000 字，该文对马克思的生平事迹、马克思的主要著作《共产党宣言》和《资本论》的内容，作了我国历史上第一次比较系统全面的介绍，同时也介绍了恩格斯的生平事迹。在介绍《共产党宣言》时，朱执信译介了《宣言》第二章关于无产阶级革命在最先进国家几乎都可以采取的十大纲领和无产阶级革命的三个战略步骤。其中介绍了《宣言》中的阶级斗争学说：“马尔克之意，以为阶级争斗，自历史来，其胜若败必有所基……故其宣言曰：‘自草昧混沌而降，至于吾今有生，所谓史者，何一非阶级争斗之陈迹乎。’”②在介绍《资本论》时，他指出：《资本论》是马克思的最主要著作，为社会学者所共尊，至今不衰。同年 6 月，他又在《民报》第 5 号发表了《论社会革命当与政治革命并行》一文，指出：“顾自马尔克（即马克思——编者注）以来，学说皆变，渐趋实行，世称科学的社会主义。”这就初步辨识了科学社会主义与空想社会主义的区别。

在 20 世纪初介绍社会主义的队伍中，还有中国的无政府主义

---

① 《孙中山选集》，人民出版社 1981 年版，第 104 页。

② 《朱执信集》上册，中华书局 1979 年版，第 11 页。

派和中国社会党。1907年8月，由张继、刘师培等人发起，在东京成立了我国第一个研究社会主义的团体——社会主义讲习会，宣称其宗旨是“拟研究社会(主义)问题”，并着手译述马克思、恩格斯的论著，出版《天义》报，陆续刊登了《共产党宣言》和《家庭、私有制和国家的起源》中的若干章节。但他们是从无政府主义的立场出发介绍科学社会主义的。他们公开宣布：“吾辈之宗旨，不仅以实行社会主义为止，乃以无政府主义为目的者也。”“吾辈之意，惟欲于满洲政府颠覆后，即行无政府，决不欲于排满之后，另立新政府。”①江亢虎领导的中国社会党，对马克思及其学说作过介绍，江亢虎本人也大谈社会主义。但他们并不真正懂得社会主义，也不打算实行社会主义，而是抱着“预防革命”、“求免于日后之生灵涂炭”②的目的，介绍当时在欧洲流行的社会改良主义。

19世纪末20世纪初，中国的资产阶级、小资产阶级对社会主义的初步介绍，具有以下特点：

首先，从了解和介绍社会主义的途径看，在19世纪末，中国人对社会主义的了解基本上是直接从西欧资本主义国家进行的。到了20世纪初，中国人介绍社会主义，则主要是通过东邻日本进行的。很多译成中文的介绍社会主义的著作是日本人写的；许多介绍社会主义的刊物，是在日本出版的；中国人介绍社会主义的团体如“同盟会”、“社会主义讲习会”是在日本成立并在留日学生中展开活动的。当时日本社会主义思潮的活跃，对于社会主义在中国的介绍起了一定的推动作用。

其次，中国资产阶级、小资产阶级对社会主义学说的介绍，是从其阶级立场出发，动机是多种多样的，这就使他们没有、也不可能对社会主义学说的思想理论体系进行系统的、完整的研究，而是

---

① 《社会主义讲习会开会纪略》(第一次)，载《天义》第6期。

② 《上海本部致电北京内务部》，载《社会世界》第4期。

为了其政治斗争的需要，在不同程度上对社会主义进行介绍的。19世纪末清朝驻外使节和洋务官员对欧洲社会主义的了解和记载，是“奉命述奇”，为清政府了解西方服务的。外国传教士介绍马克思及社会主义，主要是为了迎合我国当时变法维新的改良主义思潮。20世纪初，资产阶级改良派介绍社会主义，是想借社会主义的某种因素，来充实设计他们所谓的“大同世界理想”；同时假社会主义之名向清廷施加压力，逼迫清廷实行君主立宪。中国资产阶级革命派介绍社会主义，以至主张社会主义，其目的是试图在中国发展资本主义的同时，又预防资本主义的流弊，把社会主义纳入资产阶级的轨道。中国无政府主义派虽然在介绍马克思的科学社会主义方面做过许多工作，但他们是在所谓“共产主义和无政府主义有共同的神髓”这种认识的基础上来谈论社会主义的。至于江亢虎的中国社会党在介绍马克思、恩格斯的著作方面做过一些工作，并标榜社会主义，则是为了“预防革命”，不是真正的社会主义者。

19世纪末20世纪初，中国资产阶级革命运动正处在积极准备的阶段，资本主义还比较微弱，现代工业刚刚开始发展，无产阶级还没有形成为一个独立的政治力量，科学社会主义在中国的传播还缺乏必要的物质条件和社会基础。同时，在国际上，第二国际的领导人阉割马克思主义的革命原则和革命精神，把殖民地半殖民地的民族解放运动排斥在共产主义运动之外，这也影响了科学社会主义在中国的介绍和传播。在这种情况下，当时资产阶级、小资产阶级思想家成了无产阶级的思想体系——社会主义学说的初期传播者。他们对社会主义的初期传播，尽管怀有各自的动机，对马克思主义和科学社会主义介绍的内容也很不全面、很不深刻，但在客观上却为中国思想理论界打开了一扇新的窗户，使中国透进了社会主义学说的曙光，成为中国社会主义思想传播与发展史上必不可少的一环，这就为十月革命后马克思主义的科学社会主义在中国传播提供了重要条件。

(二)十月革命后马克思主义在中国的初步传播

马克思主义在中国的传播主要是在俄国十月革命以后。十月革命后,马克思主义之所以能够在中国传播,是因为中国具备了马克思主义传播的社会基础和思想基础。

第一,中国工人阶级队伍的壮大和工人运动的发展,为马克思主义的传播提供了社会阶级基础。第一次世界大战期间,由于帝国主义暂时放松了对中国的经济侵略,民族工业有了较大发展。据统计,1913 年中国民族资本总计 15498.7 万元,1920 年就达到 42987.7 万元。随着民族工业的发展,工人阶级队伍迅速壮大。中国近代产业工人人数,在 19 世纪 90 年代约为 10 万人,到 1914 年增加到 100 万人以上,到 1919 年五四运动前夕已达 200 多万。近代中国的工人阶级除了产业工人这一主体外,还包括与产业工人处于同等或类似地位、靠出卖劳动力生活,并与产业工人所从事的机器生产有直接或简接联系的非产业人工,如手工业工人、苦力运输工人等,总数约为 4000 万人。中国工人阶级人数虽然不多,但它却是中国社会的一支崭新的阶级力量。它除了具有一般资本主义国家的基本优点,即与先进的经济形式相联系、富于组织性和纪律性以外,还有自己许多特殊的优点:他们身受资产阶级、封建势力、帝国主义三重剥削和压迫,其革命性和反抗性较强;中国工人阶级人数虽不多,但很集中,便于形成一支重要政治力量;中国工人阶级和农民有天然的联系,易与农民结成亲密联盟,使工人阶级领导革命具有广泛的社会基础。中国工人阶级自诞生的那一天起,就不断地进行着反对压迫者和反对侵略者的斗争,工人的罢工次数逐年增加。中国工人阶级队伍的壮大和斗争的发展,促进了他们政治觉悟的提高,为科学社会主义与中国工人运动的结合奠定了必要的社会阶级基础。

第二，五四运动前，中国思想界兴起了一场反封建的启蒙运动，为马克思主义的传播奠定了思想基础。辛亥革命以后，中国仍处于内忧外患之中。这种局面使许多中国人产生了苦闷彷徨、愤世嫉俗的情绪。随着西方民主主义和各种社会主义思潮的纷至沓来，中国先进的知识分子首先举起民主与科学的旗帜，掀起了思想解放的狂飙。这场被称为启蒙运动的新文化运动开始的标志，是1915 年 9 月《青年杂志》(后改为《新青年》)的创刊。

新文化运动的主要倡导者是陈独秀、李大钊等人，他们高举民主(“德谟克拉西”)和科学(“赛因斯”)两面大旗，开展前所未有的思想启蒙运动。民主是指资产阶级的民主思想和民主制度，并要以资产阶级民主政治反对封建专制和军阀独裁，最终建立一个像法国那样的资产阶级共和国。民主还提倡个性解放，平等自由，反对封建伦理道德，揭露三纲五常是“奴隶的道德”、忠孝节义是“吃人礼教”。科学主要是提倡西方 16 世纪以来的自然科学，并提倡以科学的态度对待传统观念和一切社会问题，反对愚昧和迷信，反对偶像崇拜，宣传进化论和无神论。新文化运动，以磅礴的气势给了统治中国两千多年的封建专制主义和伦理道德，以前所未有的沉重打击，从而解放了人们的思想，唤起了人民大众，特别是广大知识青年追求真理的热情，这就极有利于马克思主义的传播。

就是在上述历史条件下，俄国十月革命的炮声，把马克思、列宁主义送到中国，并逐步传播开来。

十月革命前，先进的中国人为了复兴国家，振兴中华，向西方国家寻找真理，多次奋斗，都失败了。“十月革命帮助了全世界的也帮助了中国的先进分子，用无产阶级的宇宙观作为观察国家命运的工具，重新考虑自己的问题。走俄国人的路——这就是结论。”[①]从此，中国的先进分子开始研究十月革命的经验，研究马克

① 《毛泽东选集》第 4 卷，人民出版社 1991 年版，第 1471 页。

思主义，产生了一批具有共产主义思想的知识分子，马克思主义开始在中国传播。

李大钊是中国第一个传播马克思主义并主张向俄国十月革命学习的先进分子。他在1918年发表的《法俄革命之比较观》、《庶民的胜利》、《Bolshevism的胜利》和1919年1月发表的《新纪元》等文章，标志着马克思主义在中国传播的开始。他论述了1917年俄国十月革命与1789年法国资产阶级革命的本质区别，指出同法国大革命预示着世界进入资产阶级革命时代一样，俄国十月革命预示着社会主义革命时代的到来，是世界的新文明之曙光。他热情讴歌十月革命"是立于社会主义上之革命"[①]，"是世界革命的新纪元，是人类觉醒的新纪元"，"从今以后，生产制度起一种绝大的变动，劳工阶级要联合他们全世界的同胞，作一个合理的生产者的结合"。[②]"由今以后，到处所见的，都是Bolshevism战胜的旗。到处所闻的，都是Bolshevism凯歌的声。人道的警钟响了！自由的曙光现了！试看将来的环球，必是赤旗的世界！"[③]认为中国革命应该"适应此世界的新潮流"[④]，中国人民应该沿着十月革命照亮的道路前进。

1919年4月，陈独秀发表《二十世纪俄罗斯的革命》，把俄国十月革命"当做人类社会变动和进化的大关键"。

1918年12月，李大钊和陈独秀创办《每周评论》。1919年4月6日出版的《每周评论》第16号以《共产党的宣言》为题，摘译了马克思、恩格斯的《共产党宣言》中的一节，文前加了按语，指出："这个宣言是马克思和恩格斯最先最大的意见……其要旨在主张

① 《李大钊文集》上卷，人民出版社1984年版，第573页。

② 《李大钊文集》上卷，人民出版社1984年版，第608页。

③ 《李大钊文集》上卷，人民出版社1984年版，第603页。

④ 《李大钊文集》上卷，人民出版社1984年版，第575页。

阶级斗争，要求各地劳工的联合，是表示新时代的文书。”1919 年 2 月，在李大钊的帮助下，《晨报副刊》增辟“自由论坛”、“译丛”专栏，宣传新文化运动和社会主义。5 月，开辟马克思主义研究专栏，陆续刊载马克思的《雇佣劳动与资本》和关于马克思主义的一些译文。《新青年》、《每周评论》、《晨报副刊》等刊物陆续发表介绍十月革命和马克思主义的文章。

(三)五四运动后马克思主义的广泛传播

五四运动既是反帝反封建的群众性爱国运动，又是一次深刻的文化运动。五四运动后，社会改造的呼声迅速高涨，进步社团和期刊如雨后春笋般地大量涌现，各种新思潮纷纷涌入中国，新文化运动不断深入发展，出现了百家竞起、异说争鸣、新旧交替、相互渗透的生动而复杂的局面。社会主义成了最时髦的、众所公认的新思潮，也开始成为新思潮的主流。除了科学社会主义之外，当时被人们当作社会主义来研究宣传的有：施蒂纳、蒲鲁东、巴枯宁、克鲁泡特金的各种无政府主义，武者小路实笃的新村主义，欧文等人的合作主义，托尔斯泰的泛劳动主义，柯尔等人的基尔特社会主义，伯恩施坦、考茨基的社会民主主义，等等。此外，杜威的实验主义、罗素的社会改良主义、柏格森的生命派哲学等也作为新思潮竞相涌入中国。

面对如此纷繁复杂的新思潮、社会主义思潮，使许多人一时难以分辨。例如，毛泽东曾表示：“现在我于种种主义、种种学说，都还没有得到一个比较明了的概念。”[①]瞿秋白也认为“社会主义的讨论，常常引起我们无限的兴味。然而究竟如俄国 19 世纪 40 年代的青年思想似的，模糊影响，隔着纱窗看晓雾，社会主义流派，社

---

① 《毛泽东给周世钊的信》(1920 年 3 月 14 日)，载《新民学会通信集》第 1 集。

会主义意义都是纷乱，不十分清晰的"①。但是，经过中国的先进分子对于各种主义、学说、救国方案，反复比较、缜密思考以后，他们逐渐倾向于马克思主义，走上了马克思主义的道路，使马克思主义的广泛传播成为"五四"后新文化运动的显著特点。

那么，中国的先进分子为什么选择马克思主义而不是别的主义呢？首先，是因为十月革命为中国人民提供了鲜明的榜样，提供了崭新的思想武器——马克思主义的社会革命论。经历了五四运动的中国先进分子，随着公理战胜强权观念的幻灭，对资本帝国主义备感痛恨，他们在研究了十月革命的经验后，认为中国的发展方向是社会主义，并由此选择马克思主义作为改造中国的思想理论武器。其次，列宁领导的苏俄政府在 1919 年 7 月、1920 年 9 月，两次发表对华宣言，宣布废除帝俄时代同中国订立的不平等条约，放弃在中国的帝国主义特权。社会主义的苏俄政府对殖民地半殖民地人民采取的平等态度，在中国引起了很大的反响。工人、学生、商人各阶层的数十个团体纷纷致电表示感谢，称赞这是"自有人类以来空前的美举"，体现了"要铲除资本主义侵略主义的精神，是自由平等互助的精神，是人道正义的精神，就是要谋人类全体幸福的精神"。② 由此，引发了研究苏俄、研究马克思主义的热潮。再次，通过社会实践，工读互助团的试验及其失败，使大批先进分子转向马克思主义。互助论、工读主义、新村主义是"五四"时期相当流行的新思潮，1919 年底至 1920 年初的工读互助团活动，是这些思潮的实践模式。这种基于空想社会主义的试验，不到几个月就先后失败了。于是得出结论：要改造社会，必须从根本上谋全体的改造，枝枝节节地一部分的改造是不中用的；社会没有根本改造以前，不能试验新生活。工读互助团的团员在"新生活试验"失败

---

① 瞿秋白：《俄乡纪程》，载《五四运动文选》，三联书店 1954 年版。

② 《对于俄罗斯劳民政府通告的舆论》，载《新青年》第 7 卷第 6 号。

后,很快转到马克思主义方面来,使马克思主义的传播队伍不断扩大。

五四运动后,马克思主义在中国得到迅速而广泛的传播,主要表现在以下几个方面:

1. 接受和宣传马克思主义理论队伍迅速扩大

五四运动以后,除了李大钊、李达等人继续宣传马克思主义外,又有一批进步的知识分子接受了马克思主义,宣传马克思主义理论,如陈独秀、毛泽东、蔡和森、周恩来、李达、杨匏安等人就是其中杰出的代表。

李大钊是传播马克思主义的先驱者。由于他认识到了十月革命的伟大意义,勤奋不懈地学习和研究马克思主义,积极参加革命斗争实践,同时由于他熟练地掌握了日文、英文等外文工具,所以能很快地达到对马克思主义比较系统的了解。1919 年 10 月、11 月,《新青年》分两期发表了他的长篇论文《我的马克思主义观》。该文充分肯定马克思主义的历史地位,称其为"世界改造原动的学说"。与以往一些文章对马克思主义所作的片断的、不确切的表述不同,这篇文章对马克思的"唯物史观"、马克思的"阶级竞争说"和马克思的"经济论"的基本原理作了比较系统的介绍,并指出这三部分"都有不可分的关系,而阶级竞争说恰如一条金线,把这三大原理从根本上联络起来"。这篇论文比较系统地介绍了马克思主义的一些基本原理,对于在我国传播马克思主义有很大影响,标志着李大钊已完成了从民主主义者到马克思主义者的转变,标志着马克思主义在中国进入比较系统的传播阶段。这一时期他还发表了《物质变动与道德变动》、《由经济上解释近代思想变动的原因》、《唯物史观在现代史学上的价值》等一系列论文,初步运用马克思主义观点来解释中国革命和中国思想史上的若干问题,初步提示了马克思主义必须同中国实际相结合的思想。

新文化运动的发起者陈独秀,是当时很有影响的马克思主义传播者。他在1919年12月为《新青年》杂志起草的《本志宣言》中指出:“我们相信世界上的军国主义和金力主义,已经造成了无穷罪恶,现在是应该抛弃的了。”他这里所指的军国主义就是帝国主义,金力主义就是资本主义。在这篇宣言里,他还肯定了五四运动的经验,主张通过“民众运动”来实现“社会改造”。尽管陈独秀此时是用民主主义解释社会主义,对科学社会主义还缺乏完整的了解,但他对社会主义的宣传已有较大影响。从1920年春末开始,陈独秀的思想开始发生质的飞跃。这年3~5月间发表的《马尔塞斯人口说与中国人口问题》、《劳动者的觉悟》以及《上海厚生纱厂湖南女工问题》等文章,宣传了剩余价值学说,阐明了“做工的人最有用最贵重”、“有他们的力量才把社会撑住”①的历史唯物主义观点。他在1920年9月发表的《谈政治》一文中,明确表示拥护马克思主义的革命立场,宣布:“我承认用革命的手段建设劳动阶级(即生产阶级)的国家,创造那禁止对内对外一切掠夺的政治、法律,为现代社会第一需要。”②他还写了《社会主义批评》、《和区声白讨论无政府主义》等宣传科学社会主义理论、批判基尔特社会主义和无政府主义等反马克思主义思潮的文章,论证了中国走社会主义道路的必要性。这表明,陈独秀已成为一个早期马克思主义者。

毛泽东作为新民学会的发起人和组织者,在五四运动时期,已经具有一些马克思主义观点,并开始进行宣传科学社会主义的工作。1920年,毛泽东由革命民主主义者转变为马克思主义者。他后来回忆说:“在我第二次游历北京期间,我读了关于俄国的书。我热烈地搜寻一切那时候能找到的中文的共产主义文献。……建立起我对马克思主义的信仰。我一旦接受了马克思主义是对历史的正确解释后,我对马克思主义的信仰就没有动摇过。”“到了一九

---

① 《新青年》第7卷第6号,1920年5月。

② 《新青年》第8卷第1号,1920年9月。

二〇年夏天，在理论上，而且在某种程度的行动上，我已成为一个马克思主义者了，而且从此我也认为自己是一个马克思主义者了。”①1920年下半年，毛泽东发表了不少文章和演讲，表达了他对马克思主义的信仰。1920年12月，他在给蔡和森等新民学会会员的信中，对蔡在来信中提出的应该坚持无产阶级专政和建立共产党等主张，“表示深切的赞同”，并对各种错误观点作出了明确的批判。

蔡和森在1920年初赴法勤工俭学后，努力刻苦地学习马克思主义。他在几个月内，就“猛看猛译”了许多马克思列宁主义的书籍和其他一些宣传社会主义的小册子，并着手编写阐述社会主义理论的著作。他于1920年8月13日给毛泽东的信中，明确表示主张马克思主义和走俄国十月革命的道路，主张对中国将来的改造，“完全适用社会主义的原理和方法”②。

周恩来是天津“觉悟社”的领导人之一。1920年1月底，他因从事爱国斗争而被捕入狱。在狱中他向同被监禁的进步青年讲解和宣传马克思主义。据《检厅目录》的记载，从同年5月14日到6月7日，他所介绍的马克思学说的内容有：“唯物史观”、“阶级竞争史”、“经济论中的余工余值说”、“历史上经济组织的变迁”、“经济论中的‘资本论’同‘资产集中说’”以及马克思传记等。1920年12月，周恩来赴法勤工俭学，在国外努力学习马克思主义著作，以通讯的方式向国内报道西欧工人运动情况，介绍科学社会主义。

杨匏安从日本回国后，于1919年10月至12月间连续发表文章，对各派社会主义学说的要点及其创始人的生平进行了介绍。他在同年11月至12月发表的《马克思主义》一文，对马克思主义的三个组成部分作了全面而简要的阐述。这是中国人所写的比较

---

① 埃德加·斯诺：《西行漫记》，三联书店1979年版，第131页。

② 《蔡和森文集》(上)，湖南人民出版社1987年版，第29页。

系统地宣传马克思主义的第一篇文章。

李达也是中国传播马克思主义理论的先驱者之一。在1918年至1919年间,李达在日本先后翻译了《唯物史观解说》、《社会问题总览》、《马克思经济学说》等书,这些译著于1921年5月前后由中华书局出版,比较系统地介绍了科学社会主义理论和马克思主义的各个组成部分。他在1919年6月发表的《什么叫社会主义》、《社会主义的目的》等文章,宣传了马克思主义基本原理,介绍了社会主义运动的情况。李达在《社会主义的目的》一文中指出,法兰西革命"推翻了皇帝的专制,打破贵族的阶级,灭除寺院僧侣的特权",这是资产阶级革命的功绩。但是,资产阶级革命没有消灭人吃人的剥削制度,"若回头看到经济社会里面,许许多多的劳动者,实在没有丝毫受政治革命的恩泽。那资本家借了金钱和势力,压抑劳动者的辣手段,真是惨无人道咧!结果弄到贫者愈贫(这是劳动者),富者愈富(这是资本家),贫富相差愈远。这就是19世纪政治革命成功后的文明现状"。资产阶级的残酷剥削,无产阶级的深重苦难,势必造成社会的根本变革。"社会上受了这不平等的刺激,自然会生出近世的社会主义来。"李达认为,社会主义是克服资本主义弊端的"一帖对症的良药"①。

李达通过社会主义同资本主义的对比,旗帜鲜明地指出社会主义是消灭私有制和剥削制度的根本途径,比较准确地把握了社会主义运动的目的,这在当时是难能可贵的。不仅如此,李达还较早地划清了无政府主义和科学社会主义的界限。他指出:"社会主义也是要组织一种社会主义的政府,和那无政府主义根本打破政府组织是不一样的。""社会主义主张全废私有资本,没有主张废私有财产。"李达的这些论述,也使不少人受到马克思主义的启蒙,促进了马克思主义的广泛传播。

---

① 《李达文集》第1卷,人民出版社1980年版,第4~5页。

除以上代表人物外，还有恽代英、邓中夏、瞿秋白、张闻天、陈望道、赵世炎、李汉俊等，也都为马克思主义的传播做出了重要贡献。从以上可以看出，在1920年春夏之际，信仰和宣传马克思主义的人迅速增加，很快成为一支人数相当多的队伍了。

2. 传播新思想、宣传马克思列宁主义的进步刊物大量涌现

许多早期宣传新文化的报刊，如“五四”前创办的《新青年》、《每周评论》等，这时都以介绍马克思主义和俄国革命为主要内容之一。“五四”后，各种进步刊物如雨后春笋般地发展起来，其中主要有毛泽东创办的《湘江评论》，李大钊主编的《少年中国》，周恩来等创办的《觉悟》，瞿秋白等创办的《新社会》，少年中国学会南京分会编辑版的《少年世界》，以及上海的《星期评论》、《民国日报》副刊《觉悟》，湖北的《武汉星期评论》，济南的《励新》，四川的《星期日》，浙江的《教育潮》等等。据不完全统计，“五四”后的一年中，全国新创办报刊400多种，其中宣传马克思主义和在一定程度上具有宣传社会主义倾向的刊物就达200多种。另据统计，“五四”时期在报刊上发表的介绍马克思主义的文章达200多篇，其中很大一部分是马克思、恩格斯著作的译文。这样集中介绍国外的一种思想理论，在中国近代报刊史上是罕见的。有人描述这种情形说：“一年以来，社会主义底思潮在中国可以算得风起云涌了。报章杂志上面，东也是研究马克思主义，西也是讨论鲍尔希维主义；这里是阐明社会主义底理论，那里是叙述劳动运动底历史，蓬蓬勃勃，一唱百和，社会主义在今日的中国，仿佛有‘雄鸡一唱天下晓’的情景。”①

3. 出现了一批专门研究马克思主义的团体

在北京，在李大钊的影响和支持下，北京大学邓中夏等一部分具有初步共产主义思想的知识分子于1920年3月秘密组织了“北

① 《近代社会主义及其批评》，载1921年2月25日《东方杂志》第18卷第4号。

京大学马克思学说研究会”。它的主要活动是组织进步青年阅读马克思、恩格斯、列宁的著作，并筹集资金购买马克思主义著作。同年12月，在李大钊的倡导下，又公开成立了“北京大学社会主义研究会”。

在上海，陈独秀于1920年5月组织了“马克思主义研究会”，成员先后有李汉俊、陈望道、俞秀松、李达、沈雁冰等人。8月，上海社会主义研究社以“社会主义研究小丛书”的名义出版陈望道翻译，陈独秀、李汉俊校对的《共产党宣言》中文全译本。9月，李汉俊翻译的《马格斯资本论入门》一书，以“社会主义研究小丛书第二种”名义出版。这些活动有力地推动了马克思主义的广泛传播。

在长沙，毛泽东于1920年7月回湖南后，为了宣传马克思主义，即着手创办文化书社。他以1918年成立的“新民学会”会员为骨干，同时联合教育、新闻、工商各界的知名人士，经过两个多月的准备，于同年9月9日正式创办起文化书社。文化书社经营数十种进步报刊和上百种进步书籍，成为传播新思想、宣传马克思主义的重要阵地。同年9月15日，毛泽东与何叔衡等发起组织的俄罗斯研究会，在文化书社正式成立。俄罗斯研究会主要介绍和宣传十月革命，并选派进步青年到苏俄学习。

在天津，周恩来、郭隆真、邓颖超等于1919年9月组织了“觉悟社”，出版了《觉悟》杂志，后来也成立了“马克思主义研究会”。在济南，王尽美、邓恩铭等于1919年11月成立了“励新学会”，出版了《励新》半月刊。1920年夏秋之交又成立了“马克思学说研究会”，开始有组织地介绍和宣传马克思主义。在武汉，恽代英等于1919年底建立了“共存社”，出版了《我们的话》。1920年2月，恽代英、林育南、李求实等又在武昌组织了“利群社”，对湖北地区马克思主义传播起了很大作用。

总之，五四运动后，宣传马克思主义的团体如雨后春笋般发展起来，都对传播马克思主义做出了不同的贡献。

4. 大量的马克思主义著作被翻译出版

在1920年前后，翻译出版的马克思主义原著有《共产党宣言》(陈望道译，1920年8月出版)、《社会主义从空想到科学的发展》(郑次川译，1920年8月出版)、《家庭、私有制和国家的起源》(恽代英译，1920年10月出版)、《(政治经济学批判)序言》(范寿康译，1921年1月出版)、《雇佣劳动与资本》、《资本论自叙》(即初版序言)、《科学的社会主义与唯物史观》(《反杜林论》第三编中的一部分)等。列宁的著作译成中文发表的有《民族自决》(即《在俄共(布)第八次代表大会上关于党纲的报告》)、《过渡时代的经济和政治》(即《无产阶级专政时代的经济和政治》)以及《从破坏历史的旧制度到创造新制度》、《苏维埃政权当前的任务》、《俄国的政党和无产阶级的任务》、《国家与革命》等全文或部分。此外，还翻译出版了一些外国人撰写的介绍马克思主义的论著，如考茨基的《马氏资本论释义》、《阶级斗争》，马尔西的《马克思资本论入门》、《马克思经济学说》，刻朴的《社会主义史》，河上肇的《马克思唯物史观》等。这些著作的翻译出版，为当时进步的知识分子学习、研究马克思列宁主义创造了条件。

5. 马克思主义开始在工人中传播，并与工人运动初步相结合

具有初步共产主义思想的知识分子，从十月革命的经验和五四运动的亲身经历中，感受到工农民众的伟大力量。他们通过对马克思主义的初步理解，又进一步确立起人民群众是社会变革的基本动力的历史唯物主义观点，从而深切地认识到，改造中国社会的历史责任，只能由中国劳动人民自己承担起来。而发动和组织劳动人民的第一步，就是向他们灌输马克思主义，增强他们的阶级意识，提高他们的革命觉悟。在这种认识的指导下，他们纷纷到工农民众中去，进行马克思主义的宣传普及工作。

在北京，1920年3月邓中夏担任“平民教育讲演团”的总务干事后，“广邀团员，以为大扩充之地步”，并确定该团的活动原则是

"除城市讲演以外，并注重乡村讲演，工场讲演"[①]。4 月 18 日，"平民教育讲演团"成员深入到长辛店，和工人谈心交朋友，宣传革命思想，深受工人的欢迎。在"五一"劳动节，李大钊、邓中夏等人带领一批进步青年主持进行了纪念活动。李大钊在北京大学召开纪念会，到会的工友和学生达 500 多人；何孟雄等几名同学则乘坐汽车上街游行，散发《劳动宣言》的传单；"平民教育讲演团"成员分组走上街头进行宣传；邓中夏等人则专程赶到长辛店参加一千多工人举行的隆重的纪念大会，并在会上发表了演讲。会后，工人举行了盛大的游行示威。李大钊在《新青年》上发表了《五一运动史》的重要文章，号召工人阶级觉悟和团结起来，为争取自身的解放而斗争。

在上海，陈独秀从 1920 年春开始集中精力研究劳工问题和提高工人的觉悟问题。他深入到工人中去，采用通俗的语言向工人宣传革命道理，启发工人的觉悟。同年 4 月中旬，陈独秀等人联合中华工业协会、中华全国工界协进会、中华工界志成会、上海电器工界联合会、上海船务栈房工界联合会和上海药业友谊联合会等七个团体发起召开了"世界劳动节纪念大会"筹备会。陈独秀被推为筹备顾问，并在筹备会上演讲了劳工问题。5 月 1 日，陈独秀等人组织了较大规模的庆祝国际劳动节的活动。他发表了《劳动者的觉悟》的演讲，指出："社会上各项人，只有做工的是台柱子，因为有他们的力量才把社会撑住。"

除北京和上海外，其他地方的具有初步共产主义思想的知识分子，也在斗争中认识到工农群众的伟大力量，逐步地走向社会，到工人群众中去，把马克思主义与工人运动结合起来，从而大大地扩大了马克思主义的传播范围。

---

① 《平民教育讲演团开第三次常会纪略》，载 1920 年 3 月 16 日《北京大学日刊》。

二、科学社会主义与20～40年代中国革命实践的结合——新民主主义

(一)民主革命纲领的提出

1921年7月,中国共产党宣告成立。在党的创立初期,中国共产党人对中国社会状况和革命特点,还未能进行深入的分析和独立的判断,基本上是照搬马克思主义的一般原理和俄国十月革命的模式,提出中国革命直接以进行社会主义革命和无产阶级专政为目标的一步走方案。当时,党内有的同志认为,十月革命胜利后,全世界的无产阶级革命联成一个整体,在这种形势下的中国革命,自然也是以无产阶级为主体反对本国资产阶级的社会主义革命。如李大钊在1921年3月发表的《中国的社会主义与世界的资本主义》一文中,通过分析世界状况和中国的经济条件,认为"今日在中国想发展实业,非由纯粹生产者组织政府,以铲除国内的掠夺阶级,抵抗此世界的资本主义,依社会主义的组织经营实业不可"①。陈独秀于1921年上半年在广州公立法政学校演讲中,批判了认为中国现时不能搞社会主义的观点,认为"此时我们中国不但有讲社会主义底可能,而且有急于讲社会主义底必要"②。1921年2月,蔡和森从法国蒙达尼给陈独秀的信中提出:"劳动解放决不是一个地方一个国家一个民族的问题,乃是一个世界的社会问题,马克思社会主义乃是国际的社会主义,我们绝不要带地域的民族的色彩。中国的阶级战争,就是国际的阶级战争。……我是极

---

① 《李大钊文集》下卷,人民出版社1984年版,第455页。

② 陈独秀:《社会主义批评》,载《新青年》第9卷第3号。

端主张无产阶级专政的……”[①]由于党的代表人物都持同样的观点，所以党的“一大”通过的纲领也就以推翻资产阶级、废除资本私有制、建立无产阶级专政和社会所有制作为党的直接奋斗目标。

上述情况表明，建党初期党对进行社会主义革命和实现共产主义的总目标是清楚和明确的。这对当时批判形形色色的非马克思主义思潮，捍卫马克思主义的基本原则和坚持中国革命的社会主义方向，起到了重要作用。但是，由于历史条件的限制，党对当时中国革命的性质、对象、动力等方面的认识是模糊不清的。因此，党的迫切任务是制定一个明确的、具体的革命纲领，来领导中国人民进行斗争。

党在制定民主革命纲领时，得到了列宁和共产国际的帮助。1920 年七八月间，共产国际第二次代表大会和列宁的民族殖民地理论，提出了殖民地半殖民地人民革命的基本纲领。它的基本精神是：区别被压迫民族和压迫民族，把资本主义国家的无产阶级革命运动和被压迫民族的民族解放运动联合为反对共同敌人帝国主义的革命战线；殖民地半殖民地国家的革命是资产阶级民主主义性质的革命，这个革命必须由无产阶级领导，在反对帝国主义、封建主义的斗争中，建立紧密的工农联盟，并同资产阶级民主派结成临时联盟。1922 年 1 月 21 日至 2 月 2 日，共产国际在莫斯科召开远东各国共产党及民族革命团体第一次代表大会。中国共产党、社会主义青年团、中国国民党和工人、农民、学生、妇女等革命团体的代表共 44 人参加了大会。大会根据列宁关于民族殖民地问题的理论，阐明了被压迫民族所面临的反帝反封建的历史任务。这次会议在理论上帮助了中国共产党民主革命纲领的制定。

1922 年 4 月底 5 月初，中国共产党召开了广州会议，讨论了建立国共统一战线和其他有关问题。这次会议虽未对国共合作问

① 蔡和森：《马克思学说与中国无产阶级》，载《新青年》第 9 卷第 4 号。

题作出决议,但却传达并初步贯彻了列宁关于殖民地半殖民地如何实现社会主义的理论的基本精神,对反帝反封建的民主革命纲领和建立国共统一战线等重大问题进行了酝酿。

党首先向工会组织和青年团组织宣传反帝反封建的政治主张。1922年5月召开的第一次全国劳动大会和中国社会主义青年团第一次代表大会,接受了中国共产党提出的“打倒帝国主义”、“打例军阀的政治口号”。

1922年6月15日,中共中央发表了《中国共产党对于时局的主张》。这是中国共产党成立后第一次对时局问题发表声明。它分析了中国社会的性质、革命的对象和革命的动力等问题,批判了当时出现的“废督裁兵”、“联省自治”和“好人政府”等对时局的种种错误主张;指出国际帝国主义和本国封建军阀的压迫,是中国人民遭受痛苦的根源;明确提出无产阶级获得政权之前,“依中国政治经济的现状,依历史进化的过程,无产阶级在目前最切要的工作,还应该联络民主派共同对封建式的军阀革命,以达到军阀覆灭能够建设民主政治为止”。从这个声明可以看出,中国共产党在列宁关于民族和殖民地问题思想的指引和共产国际的帮助下,经过对中国革命问题的认真探索,已认识到中国现阶段革命的对象不是本国资产阶级,而是帝国主义和封建军阀;现阶段的革命目标,不是进行社会主义革命,而是进行民主革命。这表明中国共产党对中国革命的认识发生了飞跃,已为党的第二次全国代表大会制定民主革命纲领在思想上理论上做好了准备工作。

1922年7月,中国共产党在上海召开了第二次全国代表大会。大会通过的具有重大历史意义的《中国共产党第二次全国代表大会宣言》,提出了彻底地反对帝国主义、反对封建主义的民主革命纲领。

《宣言》分析了中国社会的性质,中国革命的性质、动力、对象等问题。指出在国际帝国主义宰割下的中国社会的半殖民地半封建的性质；指出中国当前阶段的革命是资产阶级民主主义革命，“加给中国人民（无论是资产阶级、工人或农人）最大的痛苦的是资本帝国主义和军阀官僚的封建势力，因此反对那两种势力的民主主义的革命运动是极有意义的”；指出工人阶级、广大的农民和小资产阶级，是民主主义革命的基本力量，因为“工人们处在中外资本家的极端压迫之下，革命运动是会发展无已的。发展无已的结果，将会变成推倒在中国的世界资本帝国主义的革命领袖军”，“中国三万万的农民，乃是革命运动中的最大要素。……那大量的贫苦农民能和工人握手革命，那时可以保证中国革命的成功”；指出只有无产阶级的革命势力和民主主义的革命势力合同动作，才能使真正民主主义革命格外迅速成功。

《宣言》制定了中国共产党的最高纲领和最低纲领。《宣言》指出：“中国共产党是中国无产阶级政党。他的目的是要组织无产阶级，用阶级斗争的手段，建立劳农专政的政治，铲除私有财产制度，渐次达到一个共产主义的社会。”这是党的最高纲领。《宣言》同时指出，在当前的历史条件下，中国人民革命的基本任务是：“消除内乱，打倒军阀，建设国内和平”；“推翻国际帝国主义的压迫，达到中华民族完全独立”；“统一中国本部（东三省在内）为真正的民主共和国”。这是党的最低纲领，即民主革命纲领。

党的“二大”对于民主革命和社会主义革命之间的具体联系作了初步分析。“二大”宣言指出：“民主主义革命成功了，无产阶级不过得着一些自由与权利，还是不能完全解放。而且民主主义成功，幼稚的资产阶级便会迅速发展，与无产阶级处于对抗地位。因此无产阶级便顺对付资产阶级，实行‘与贫苦农民联合的无产阶级专政’的第二步奋斗。如果无产阶级的组织力战斗力强固，这第二步奋斗是能跟着民主主义革命胜利以后即刻成功的。”

为了贯彻执行党的民主革命纲领，《关于“民主的联合战线”的决议案》提出“联合全国革新党派，组织民主的联合战线，以扫清封建军阀推翻帝国主义的压迫，建设真正民主政治的独立国家”；进行计划是“先行邀请国民党及社会主义青年团在适宜地点开一代表会议，互商如何加邀其他各革新团体及如何进行”等。同时，指出了无产阶级在联合战线中必须保持自己的独立性。

中国共产党第二次全国代表大会在中国近代历史上第一次明确提出彻底地反对帝国主义、反对封建主义的民主革命纲领，以及实现这个纲领的一系列政治主张、行动计划等，为中国各族人民指明了现阶段革命斗争的任务和方向，是马克思列宁主义的普遍原理同中国革命具体实践开始结合的结果，对中国革命具有重大意义。“二大”的缺点是没有明确提出中国民主革命必须由无产阶级领导。它一方面指出无产阶级在民主革命的发展中“将会变成推倒在中国的世界资本帝国主义的革命领袖军”；另一方面却又认为民主革命主要是资产阶级的事，“民主主义革命成功了，无产阶级不过得着一些自由与权利”。由于这种模糊的认识，所以就没有明确提出无产阶级领导权问题。

中国共产党在成立后的一年里，就在马克思列宁主义指导下和共产国际的帮助下，经过探索，制定出中国民主革命的纲领。这个纲领，阐明了：中国革命性质是民主主义革命；革命对象是帝国主义和封建军阀；革命的动力是工人、农民、小资产阶级，民族资产阶级也是革命力量之一；革命的策略是组织各阶级的民主联合战线；革命的直接目标是打倒军阀，推翻国际帝国主义的压迫，建立统一的真正的民主共和国；革命的前途是向社会主义革命转变，实行工人阶级与贫苦农民联合的无产阶级专政的第二步目标。这表明科学社会主义在中国的传播进入了一个新的阶段，已开始真正成为中国无产阶级及其政党领导中国革命运动的指南。

（二）新民主主义革命基本思想的初步形成

新民主主义革命理论是以毛泽东为代表的中国共产党人，在

20 世纪 20～40 年代，把科学社会主义基本原理与中国革命具体实践相结合的产物，是中国共产党人在不断反对把马克思列宁主义教条化、把共产国际的决议和苏联的经验神圣化的错误倾向中逐步形成和发展的。中国共产党人从要在中国径直实现社会主义，到认识到中国革命必须分两步走，再到提出新民主主义革命的思想和理论，经历了一个在实践中不断探索的过程。

中国共产党第二次全国代表大会初步分析了中国半殖民地半封建社会的性质和现阶段中国民主革命的性质，提出了党的最高纲领和最低纲领，初步解决了中国革命必须分两步走的问题，特别是反帝反封建民主革命纲领的制定，在中国革命史上第一次明确了革命的对象，并初步解决了革命的动力问题。但是，“二大”没有明确指出无产阶级在民主革命中的领导地位问题，没有提出武装夺取政权和彻底的土地革命纲领。

1923 年，党的主要领导人陈独秀连续发表《资产阶级的革命与革命的资产阶级》、《中国农民问题》和《中国国民革命与社会各阶级》等文章，阐述了他对中国革命和社会各阶级的观点。陈独秀对资产阶级、小资产阶级、农民、工人阶级及知识分子都作了分析，指出中国国民革命“是世界革命之一部分，而且是重大的一部分”。这是正确的。但是陈独秀的分析也存在一系列错误观点，他夸大了资产阶级的力量，低估了工人阶级的力量，不懂得工人阶级在民主革命中应处于领导地位，认为民主革命的胜利只能是资产阶级的胜利，因而割断了民主革命与社会主义革命的联系。这些都为后来的“二次革命”错误理论提供了基础。

党的“四大”前，共产党人已在不同程度上对无产阶级领导权问题进行过探讨。1923 年 12 月，瞿秋白在发表的《自民权主义至社会主义》一文中指出，目前，“中国客观的政治经济状况及其国际地位，实在要求资产阶级式的革命；同时此种绝对资产阶级性的所谓‘民族民权革命’却非借重国际的及国内的无产阶级不可。独有无产阶级能为直接行动，能彻底革命，扫除中国资本主义的两大障碍，就是以劳工阶级的方法行国民革命。劳工阶级在国民革命的过程中因此日益取得重要的地位以至于指导权”[①]。邓中夏在1923年12月和1924年11月发表的《论工人运动》和《我们的力量》等文章中指出：“工人群众不论在民主革命或社会革命中都占在主力军地位”，“不论现在或将来，总当推工人群众居首位”[②]，“中国将来的社会革命的领袖固是无产阶级，就是目前的国民革命的领袖亦是无产阶级”[③]，“只有无产阶级有伟大集中的群众，有革命到底的精神，只有它配做国民革命的领袖”[④]。瞿秋白和邓中夏的论述，已接近于明确提出无产阶级领导权的思想。1925年1月，中国共产党第四次全国代表大会明确提出了无产阶级领导权和农民同盟军问题。大会指出：“最受压迫而最有集合力的无产阶级是最有革命性的阶级。”因此，“中国的民族革命运动，必须最革命的无产阶级有力的参加，并且取得领导的地位，才能够得到胜利”。大会又指出：“农民问题，在无产阶级领导的世界革命，尤其是在东方的民族革命运动中，占一个重要的地位。农民天然是工人阶级之同盟者。”因此，中国共产党与工人阶级要领导中国革命获得成功，必须尽可能地、系统地鼓动并组织各地农民逐渐从事经济的和政治的斗争。

“四大”以后，党的工作迅速深入到工人、农民、青年、妇女等广大群众中去，于是很快出现了工人罢工和国民会议运动的高潮以及席卷全国的“五卅”反帝风暴，轰轰烈烈的大革命在全国范围内

① 《瞿秋白选集》，人民出版社1985年版，第85页。

② 中共中央党史教研室编：《中共党史参考资料》（二），人民出版社1979年版（下引此书，版本均同），第64页。

③ 中共中央党史教研室编：《中共党史参考资料》（二），第66～67页。

④ 中共中央党史教研室编：《中共党史参考资料》（二），第68页。

兴起。在国民革命高潮中，中国社会各阶级都作了表演，为中国共产党科学地分析社会各阶级提供了客观依据。在统一战线内部国民党右派和无产阶级争夺领导权的斗争日趋尖锐，这也需要中国共产党对中国革命的许多问题作出科学的回答。中国共产党人依据马克思列宁主义与中国社会、中国革命实际的结合，依靠集体智慧的发挥，对新民主主义革命基本思想的认识，逐步深化。

五卅运动后，共产党人对革命性质问题作了便进一步的探讨。瞿秋白认为，在帝国主义时代，也就是社会革命开始的时代，殖民地弱小民族里的国民革命，“必定含孕着无产阶级革命的种子”。因为这种革命，“在国际范围内，这不过是世界无产阶级革命的一部分；在一国范围内，虽然性质上还是资产阶级的，而在革命力量上，却大半以无产阶级为主力军”。[①] 尽管这时共产党人还没有提出新民主主义革命的概念，但他们已开始从时代条件、领导力量、斗争目标等根本问题上，把这个革命同以往的革命加以区别。

对武装斗争问题，这时党在认识上也有新的进步。周恩来在1925年六七月间发表的《军队中的政治工作》、《在省港罢工工人代表第六次大会上的政治报告》两篇文章，提出了武装工作的重要性，并指出：“工人是国民革命的领袖，要领导农人兵士而为工农兵的大联合，共同来打倒帝国主义！”[②]6月，周恩来在东征回归途中讲演时指出，军队是工具，“压迫者拿这工具去压迫人”，被压迫阶级“也可利用这工具去反抗他们的压迫者”。[③] 瞿秋白在《中国革命中之武装斗争问题》一文中强调“中国国民革命里极端需要革命

① 瞿秋白：《国民革命运动中之阶级分化——国民党右派与国家主义派之分析》，载1926年3月25日《新青年》月刊第3号。

② 中共中央党史研究室编：《中共党史参考资料》(二)，第162页。

③ 周恩来：《军队的性质和组织》(1925年6月2日)，载《周恩来军事文选》第1卷，人民出版社1997年版，第3～5页。

的正式军队”。

五卅运动使许多共产党人进一步认识到农民在民主革命中的地位和建立工农联盟的重要性。李大钊于 1925 年 12 月发表的《土地与农民》一文，对中国的农民问题进行了系统的考察，阐述了农民在中国革命中的重要作用。指出：“中国的浩大的农民群众，如果能够组织起来，参加国民革命，中国国民革命的成功就不远了。”[①]他还指出，耕地农有是“广众的贫农所急切要求的口号”[②]。其他如恽代英在 1925 年 2 月发表的《中国劳动阶级斗争第一幕》、蔡和森在 1925 年 4 月发表的《今年“五一”之广东农民运动》、瞿秋白在 1925 年 9 月发表的《“五卅”运动中之国民革命与阶级斗争》等文章，都对中国革命的一些重大问题作了许多正确论述。

1925 年 10 月，中共中央第二次扩大执行委员会议文件，总结了“五卅”运动的经验，进一步肯定了无产阶级在民主革命中的领导地位，指出：“此次反帝国主义的斗争里，工人阶级在民族解放的革命运动中的领袖地位才真明显的表现出来”，“证明中国无产阶级是解放全民族的先锋队和主力军”；对民族资产阶级两面性的认识也深化了，指出了民族资产阶级在革命运动中的严重妥协倾向；提出了“耕地农有”的原则，“没收大地主军阀官僚庙宇的田地交给农民”；提出“力争革命民众政权的实现”的口号。[③] 这次会议为新民主主义革命基本思想的形成奠定了基础。

1925 年 12 月，毛泽东首次发表《中国社会各阶级的分析》，在此前后陆续写有《答少年中国学会改组委员会问》，发表《中国农民中各阶级的分析及其对于革命的态度》、《国民党右派分离的原因及其对于革命前途的影响》、《国民革命与农民运动》等文章。这些

① 中共中央党史教研室编：《中共党史参考资料》(二)，第 190 页。

② 中共中央党史教研室编：《中共党史参考资料》(二)，第 187 页。

③ 转引自郑德荣主编《中国革命史教科书》，高等教育出版社 1991 年版，第 254 页。

文章集中了当时党内的正确主张，以马克思主义的阶级分析方法，全面分析了中国社会各阶级的经济地位及其对于革命的态度，提出了许多独到精辟的见解，指明了中国革命一系列基本问题，主要是：第一，指出地主买办阶级完全是国际资产阶级的附庸，“代表中国最落后的和最反动的生产关系，阻碍中国生产力的发展”。因此，“他们和中国革命的目的完全不相容”。[①] 第二，指出工业无产阶级是中国新的生产力的代表者，是近代中国最进步的阶级，它人数虽不多，但很集中，经济地位低下，特别能战斗，是“我们革命的领导力量”[②]。第三，提出了“农民问题乃国民革命的中心问题”的论点，对农民的各个阶层作了细致的分析，指出贫农“是农民中极艰苦者，极易接受革命的宣传”，迫切“需要一个变更现状的革命”[③]，提出了依靠贫农、团结中农、放手发动农民斗争的思想，初步论述了无产阶级领导农民斗争的思想。第四，创造性地分析了中国资产阶级，指出中国资产阶级分为买办资产阶级和民族资产阶级两部分。买办资产阶级完全是国际资产阶级的附庸，是附属于帝国主义的，是极端的反革命派。民族资产阶级是革命的同盟者，他们对于中国革命具有矛盾的态度，“他们在受外资打击、军阀压迫感觉痛苦时，需要革命，赞成反帝国主义反军阀的革命运动；但是当着革命在国内有本国无产阶级的勇猛参加，在国外有国际无产阶级的积极援助，对于其欲达到大资产阶级地位的阶级的发展感觉到威胁时，他们又怀疑革命”[④]。指出民族资产阶级的右翼可能是我们的敌人，左翼可能是我们的朋友，要时常提防他们，不要让他们扰乱了我们的阵线。第五，论述了中国革命的性质和前

---

① 《毛泽东选集》第 1 卷，人民出版社 1991 年版，第 4 页。

② 《毛泽东选集》第 1 卷，人民出版社 1991 年版，第 9 页。

③ 《毛泽东选集》第 1 卷，人民出版社 1991 年版，第 7 页。

④ 《毛泽东选集》第 1 卷，人民出版社 1991 年版，第 4 页。

途。从革命的对象、革命的主体力量、革命的目的等方面分析了国民革命的性质和前途既不同于欧美、日本的资产阶级革命，也不同于辛亥革命。“其目的是建设一个革命民众合作统治的国家。”①毛泽东的《中国社会各阶级的分析》等文章，是新民主主义革命基本思想初步形成的标志。

大革命时期中国共产党关于中国革命的基本思想是党的许多成员分别在各自的探索中提出的，它是中国共产党人努力应用马克思主义于中国国情的宝贵成果，对于后来新民主主义革命理论的形成，具有重大的首创意义。

（三）农村包围城市道路理论与工农民主政权思想的形成

1927 年中国大革命失败后，以毛泽东为代表的中国共产党人把马克思列宁主义的基本原理与中国革命具体实践相结合，探索出一条使中国革命走向复兴的独特的革命道路，这就是农村包围城市、武装夺取政权的道路。中国革命新道路理论的提出，不仅解决了在一个半殖民地半封建社会性质的东方大国里无产阶级政党怎样进行革命以夺取全国政权的问题，而且大大地丰富了马克思主义的理论宝库。

1927 年 8 月，由周恩来、贺龙、朱德、叶挺、刘伯承等领导的南昌起义，打响了反击国民党反动派的第一枪，揭开了党的工作重点转移的序幕，从实践方面已开始探索武装斗争、土地革命与建立革命根据地三者如何结合的重大问题。毛泽东领导的秋收起义和向井冈山进军以至井冈山根据地的开辟，创造了全党工作重点转移的最重要的成功经验，对农村包围城市的革命道路作了极可贵的探索。1927 年 12 月，由张太雷、苏兆征、叶挺、叶剑英等领导的广

---

① 毛泽东：《国民党右派分离的原因及其对于革命前途的影响》，载《政治周报》第 4 期，1926 年 1 月。

州起义，是党在实行战略转移过程中，对国民党反动派叛变革命和屠杀政策的又一次英勇反击。起义失败后剩下的队伍，分别撤退到海陆丰、左右江、海南岛和湘南，与当地农民斗争相结合，点燃了农村割据的革命火种。除了以上三次起义外，从 1927 年 8 月至 1929 年底的两年多时间里，还相继爆发了方志敏领导的弋横农民起义，朱德、陈毅领导的湘南起义，贺龙、周逸群等领导的湘鄂边武装起义，刘志丹、谢子长等领导的渭华起义，彭德怀等领导的平江起义，邓小平等领导的百色起义等 200 多次武装起义。这些起义对探索农村包围城市的革命道路都做出了贡献。

在全党探索中国革命新道路的过程中，毛泽东做出了最重要最卓越的贡献。他不仅在实践上首先自觉地把武装斗争的攻击方向指向农村，领导秋收起义部队开辟了井冈山根据地，创造性地解决了为坚持和发展农村根据地所必须解决的一系列根本问题；而且在理论上对党领导农村根据地斗争的实践经验进行了深刻的总结和科学的概括，阐明了中国的革命道路问题。在井冈山根据地开辟后不久，由于敌我力量相差悬殊，小块根据地经常处于敌人“会剿”中，在经济上生活上又十分困难，所以党和红军内一部分存有悲观情绪的人，便提出“红旗到底能够打得多久”的疑问。为了回答这个问题，毛泽东在 1928 年 10 月召开的湘赣边界党的第二次代表大会上，论证了农村根据地之所以能够发生和存在的原因。他的《中国红色政权为什么能够存在?》一文，就是大会决议的一部分。同年 11 月，在前委给中央的报告即《井冈山的斗争》一文，他进一步论证了“工农武装割据”的思想，并对井冈山根据地创建以来的经验进行了系统的总结。1929 年，红四军在毛泽东、朱德率领下向赣南闽西进军、开创根据地的过程中，军内又出现了以林彪为代表的“先争取群众，后建立政权”走州过府流动游击的错误思想。1930 年 1 月，毛泽东写给林彪的长信(即《星星之火，可以燎原》)，批评了那种不愿经过艰苦工作创建根据地的思想。根据中国半殖民地半封建社会的政治经济特点，进一步论证了建立红色政权对于夺取全国政权的重要战略意义。这样，在“工农武装割据”思想的基础上，由于解决了工作重点问题和建立小块红色政权与夺取全国胜利的关系问题，从而初步形成了在农村建立革命根据地，以农村包围城市，武装夺取全国政权的道路的理论。此后，在土地革命战争后期和抗日战争时期，毛泽东又先后写了《中国革命战争的战略问题》、《论新阶段》、《战争和战略问题》、《中国革命和中国共产党》等著作，对中国革命新道路理论作了系统、完整的论述。

农村包围城市道路理论的基本点，根据毛泽东的论述，可概括为三个方面：一是在四面白色政权包围中小块红色政权能够存在的原因和条件，二是建立红色政权的必要性和战略意义，三是红色政权的基本内容。

关于建立红色政权的可能性。第一，中国是一个被若干帝国主义间接统治的半殖民地半封建社会，政治经济发展很不平衡。中国社会经济是以自给自足的“地方的农业经济”占优势，而“不是统一的资本主义经济”，农村离开城市可以相对地独立生存。同时，“帝国主义划分势力范围的分裂剥削政策”，势必造成白色政权的长期分裂和战争，这就削弱了反动统治，给红色政权的存在和发展以可乘之机。因此，在农村建立革命根据地开展游击战争完全是可能的。第二，红色政权首先发生和能够长期存在的地方，是在那些受过第一次国内战争影响的地方，如湖南、广东、江西、湖北等省，这些地区的群众觉悟高，有斗争经验，为红色政权的存在和发展准备了良好的群众条件。第三，红色政权能否长期存在，还取决于全国革命形势是否向前发展。大革命失败后，引起中国革命的矛盾一个也没有解决，而且随着帝国主义侵略的加紧和国民党反动统治的加强而日益激化。因此，红色政权能够长期存在和发展，便是无疑的了。第四，相当力量的正式红军的存在，是红色政权存在的必要条件。第五,共产党组织的有力量和它的政策的正确,是红色政权能够长期存在和发展的最重要的主观条件。

关于建立农村根据地、走农村包围城市道路的必要性和重要性。第一,中国是一个半殖民地半封建的国家,在内部没有民主制度,而受封建制度的压迫;在外部没有民族独立,而受帝国主义的压迫。因此,无产阶级政党无议会可以利用,无组织工人举行罢工的合法权利。在中国,不可能像资本主义国家那样,经过长期合法斗争以进入起义和战争,也不是先占城市后取乡村,而是走相反的道路。第二,中国革命的敌人异常强大,城市是它的统治中心,广大农村是其统治的薄弱环节,革命必须在农村长期聚集力量,以革命的农村为根据地,和利用城市进攻农村的凶恶敌人进行斗争。第三,农民是中国革命的主力军,无产阶级可靠的同盟军,无产阶级要夺取革命胜利,必须深入农村,发动农民,武装农民,开展游击战争,建立农村革命根据地,经过长期战争,以农村包围城市,最后夺取全国胜利。

关于红色政权的基本内容。毛泽东曾概括为朱德毛泽东式、方志敏式之有根据地的,有计划地建设政权的,深入土地革命的,扩大人民武装的路线。这就是说,要以武装斗争为主要形式,农村根据地为依托,政权为杠杆,土地革命为基本内容。

毛泽东关于农村包围城市最后夺取全国胜利的理论,是马克思列宁主义的基本原理与中国革命实际相结合的典范,它揭示了中国革命的发展规律,找到了与俄国十月革命从城市到农村相反的道路,指明了中国革命前进的航向。

与中国革命道路形成一样,中国共产党关于工农民主政权的思想也是在革命斗争中逐步形成和发展起来的。1922 年 7 月,中国共产党在"二大"宣言中指出:中国共产党在民主阶段的任务,是要建立一个工人、贫农和小资产阶级的民主主义联合战线,"打倒军阀","推翻国际帝国主义的压迫",建立一个独立的、统一的、"真正的民主共和国”。国共统一战线建立后，中国共产党参加了由工人、农民、小资产阶级、民族资产阶级组成的广东革命政府。1927年大革命失败后，8月，中共中央提出要通过武装斗争建立“农工的民主政权”[①]；9月，又提出建立“苏维埃政权”[②]。之后，中共“六大”提出现时任务之一“已经就是力争建立工农兵代表会议（苏维埃）的政权，这是引进广大的劳动群众参加管理国事的最好的方式，也就是实行工农民主专政的最好的方式”[③]。与此同时，中国共产党在实践中开始建立工农民主政权的尝试。1927年10月，毛泽东率领秋收起义部队到达井冈山，开辟了井冈山革命根据地。1928年5月，成立了湘赣边界工农兵政府。1929年1月，毛泽东、朱德率红四军主力进军赣南、闽西。1930年春，相继建立了赣西南工农民主政府和闽西工农民主政府。在这期间，鄂豫皖根据地、湘鄂西根据地、赣东北根据地、左右江根据地等革命根据地也都分别建立了苏维埃政权。1931年9月，红军粉碎了敌人的第三次“围剿”，赣南、闽西两块根据地连成一片，中央根据地发展成为拥有300万人口的红色区域，其他各革命根据地也得到了发展，这就为创建中央苏维埃政权创造了条件。同年11月，在江西召开了中华苏维埃第一次全国代表大会，成立了中华苏维埃共和国临时中央政府。中华苏维埃第一次全国代表大会通过了《中华苏维埃共和国宪法大纲》，规定中华苏维埃政权是无产阶级领导下的工农民主专政。中国共产党是苏维埃政权的领导者。苏维埃全部政权属于工人、农民、红军兵士及一切劳苦民众。他们都有权选派自己的代表参加政权管理。

---

① 《中共中央文件选集》第3册，中共中央党校出版社1989年版，第353页。

② 《中共中央文件选集》第3册，中共中央党校出版社1989年版，第371页。

③ 《中国共产党第六次代表大会底决议案》，载《中共党史教学参考资料》（一），人民出版社1957年版，第151页。

1935年12月中共中央召开了瓦窑堡会议，根据“九一八”事变以来国内政治形势和阶级关系的新变化，提出了建立广泛的抗日民族统一战线的策略方针，并决定把苏维埃工农共和国改为苏维埃人民共和国。这就扩大了政权的阶级范围，使政权“改变为除了工人、农民和城市小资产阶级以外，还要加上一切其他阶级中愿意参加民族革命的分子”[①]。同时在经济上放宽了对富农和民族资本家的政策，宣布：“富农的财产不没收。富农的土地，除封建剥削之部分外，不问自耕的与雇人耕的，均不没收。”欢迎民族工商业资本家到苏维埃人民共和国领土内投资，保护他们的生命财产安全，“在红军占领的地方保护一切对反日反卖国贼运动有利益的工商业”[②]。

瓦窑堡会议之后，随着民族危机日益紧迫，建立广泛的抗日民族统一战线的条件渐趋成熟，中国共产党又决定将“人民共和国”改为“民主共和国”。1936年8月25日，中国共产党在致国民党书中提出：“我们赞助建立全中国统一的民主共和国”，“全中国统一的民主共和国建立之时，苏维埃区域即可成为全中国统一的民主共和国的一个组成部分，苏区人民的代表，将参加全国的国会，并在苏区实行与全中国一样的民主制度”。[③]

从“工农民主共和国”到“人民共和国”，再改为“民主共和国”，体现了中国共产党以全民族的利益为最高利益的博大胸怀以及政治上的成熟。但这种名称的改变，并不取消苏维埃红军组织上与领导上的独立性，而且要保障共产党政治上组织上的完全独立性

---

① 《毛泽东选集》第1卷，人民出版社1991年版，第156页。

② 《中央关于目前政治形势与党的任务决议》，载《中共党史教学参考资料》(二)，人民出版社1957年版，第56页。

③ 中共中央党史教研室编：《中共党史参考资料》(三)，人民出版社1957年版，第206页。

和内部的团结一致性。实际上这是工农民主政权理论的进一步完善。

(四)抗战时期新民主主义革命理论完整体系的提出

抗日战争相持阶段到来后,国民党顽固派在政治上、军事上加紧反共的同时,在思想文化上也加强了反共活动。他们打着"三民主义"的旗号,鼓吹法西斯主义,大肆攻击共产党,攻击马克思主义,极力兜售"一个主义"、"一个政党"、"一个领袖"的法西斯谬论。所谓"一个主义",即已被蒋介石篡改了的"三民主义"。为了推行这一反动理论,1939 年 3 月,国民党在国防最高委员会之下设立了精神总动员会,由蒋介石自任会长,公布了《国民精神总动员纲领》,要求以蒋记"三民主义"改造国民精神。同年 5 月,蒋介石还发表《三民主义之体系及其实行程序》的讲演,以研究"三民主义"为名,鼓吹民生史观,攻击唯物史观;美化"三民主义"、丑化共产主义;吹捧封建法西斯的"智仁勇"和"力行"精神;公开宣扬"以党治国"、"以党建国",通过篡改和歪曲孙中山三民主义的革命精神,系统形成了他的封建买办法西斯的理论。

与此同时,张君劢、叶青、陶希圣等反动文人、政客,也打着三民主义的招牌,或炮制反动文章,或出版小册子,或发表讲演,进行反共宣传,鼓吹"中国有三民主义就够了,用不着社会主义","有实行三民主义的国民党就够了,用不着实行社会主义的共产党"①。要求将马克思主义"收起"或"取消"。

在国民党顽固派及其御用文人反共声浪甚嚣尘上的情况下,抗战爆发时的那种欣欣向荣的景象,为之一扫,广大人民对国家的前途极为担忧,思想极为混乱。一些代表民族资产阶级和其他中间阶层利益的中间党派,虽然也对国民党政治上的独裁、经济上的

---

① 叶青:《中国底现阶段及其将来》,时代思潮社 1938 年版。

垄断和军事上的腐败无能不满，但又害怕无产阶级领导的人民革命力量的发展。他们反对妥协，要求民主的呼声很高；同时又推崇“国家至上”论，随和国民党“一个主义”、“一个政党”、“一个领袖”的反动主张，指责共产党坚持独立自主原则，幻想在国共两党之间发展自己，以便在抗战胜利后在中国建立一个欧美式的资产阶级专政的共和国。在共产党内，以王明为代表的右倾投降主义，则否认抗战是新民主主义的一个组成部分，并得出了抗战胜利是国民党的胜利的错误结论。围绕“中国向何处去”这一中心议题展开的思想理论上的争论，已成为关系抗战前途和中国命运的重大问题。

为了粉碎国民党顽固派在思想理论方面的进攻，打破民族资产阶级建立资产阶级共和国的幻想，澄清人们在思想认识上的混乱，科学地回答“中国向何处去”的问题，从理论上武装共产党和全国人民，毛泽东自 1939 年 10 月至 1941 年 1 月，先后发表《〈共产党人〉发刊词》、《中国革命与中国共产党》和《新民主主义论》等著作，在系统总结中国革命历史经验的基础上，使中国共产党关于新民主主义革命的理论形成为完整的科学体系。其主要内容有：

第一，论述了近代中国革命的历史进程必须分两步走，第一步是新民主主义革命，第二步是社会主义革命，新民主主义革命的前途是社会主义。

毛泽东指出，认清中国社会的性质，就是说，认清中国的国情，乃是认清一切革命问题的基本的根据。中国革命分两步走，是由中国社会性质决定的。因为自 1840 年外国资本主义侵略以来，中国逐渐变成了一个殖民地、半殖民地、半封建的社会，这种社会性质决定了中国社会的主要矛盾是人民大众同帝国主义与封建势力之间的矛盾，革命的对象是帝国主义和封建势力，革命的任务是反帝反封建。所以，中国革命的历史进程，第一步要进行反帝反封建的民主革命，改变殖民地、半殖民地、半封建的社会形态，使之成为一个独立的民主主义社会，这已经不是一般的民主主义，而是中国式的、特殊的新民主主义革命。第二步，使革命向前发展，建立一个社会主义社会。

从五四运动起，中国的革命已由旧民主主义革命发展为新民主主义革命。这是因为：其一，第一次帝国主义世界大战和俄国十月社会主义革命的胜利，改变了整个历史的方向，划分了整个历史的时代。在这个无产阶级革命的新时代里，任何殖民地半殖民地国家，如果发生了反对帝国主义的革命，它就不再属于旧的资产阶级和资本主义世界革命的一部分，而是新的世界革命的一部分，即无产阶级社会主义世界革命的一部分。“在这以前，中国资产阶级民主主义革命，是属于旧的世界资产阶级民主主义革命的范畴之内的，是属于旧的世界资产阶级民主主义革命的一部分。”“在这以后，中国资产阶级民主主义革命，却改变为属于新的资产阶级民主主义革命的范畴，而在革命的阵线上说来，则属于世界无产阶级社会主义革命的一部分了。”[①]这就从时代和世界革命阵线的高度阐明了中国革命性质的变化。其二，中国新民主主义革命是无产阶级领导之下的人民大众反帝反封建的革命。革命领导权问题，是区分新旧民主革命的根本标志。毛泽东指出：“五四运动以后，虽然中国民族资产阶级继续参加了革命，但是中国资产阶级民主革命的政治指导者，已经不是属于中国资产阶级，而是属于中国无产阶级了。”[②]这是因为：中国的资产阶级分为买办性的大资产阶级和民族资产阶级两部分，前者已经成为革命对象，而后者又是具有两面性的阶级，不仅不能担当革命领导责任，而且有跟随大资产阶级充当反革命助手的危险。中国无产阶级在五四运动后，由于自己的成长和俄国革命的影响，已经迅速变成了一个觉悟了的独立的政治力量。历史已经证明，只有无产阶级才能担负起领导中国

① 《毛泽东选集》第2卷，人民出版社1991年版，第667页。

② 《毛泽东选集》第2卷，人民出版社1991年版，第672～673页。

革命的责任。

中国新民主主义革命的前途，只能是社会主义，而不能是资本主义。毛泽东指出：中国革命必须分为两步走，“第一步是新民主主义，第二步才是社会主义”[①]。“民主主义革命是社会主义革命的必要准备，社会主义革命是民主主义革命的必然趋势。”[②]这就是说，二者既是互相区别、性质不同的两个革命阶段，又是互相联系、不容割裂的一个完整的革命发展过程，中间没有一道不可逾越的鸿沟。新民主主义是一定要发展到社会主义阶段上去的，取消社会主义这个发展趋势，民主革命就不能彻底胜利，就是说，二者都是在共产主义思想指导下的，都是由无产阶级和共产党领导的，因此，不允许横插一个资产阶级专政的阶段。

第二，明确提出了新民主主义革命的总路线。

毛泽东根据列宁关于资产阶级民主革命总路线的思想，紧密结合中国的具体情况，明确提出了新民主主义革命总路线。毛泽东指出：“所谓新民主主义的革命，就是无产阶级领导之下的人民大众的反帝反封建的革命。”[③]这条总路线确定了中国革命的领导权、动力、对象和任务，也就是说深刻地阐明了依靠谁、团结谁、打倒谁的问题。这个重大问题在中国革命过程中有相当一段时间没有解决好，使中国革命遭受了挫折。以毛泽东为代表的中国共产党人在革命实践中解决了这个问题。

第三，对中国新民主主义革命动力的分析。

毛泽东对日本侵略中国之后所引起的中国社会阶级关系的变化，作了科学的分析。

对于地主阶级，毛泽东指出：作为阶级的整体而言，“地主阶级

① 《毛泽东选集》第2卷，人民出版社1991年版，第683～684页。

② 《毛泽东选集》第2卷，人民出版社1991年版，第651页。

③ 《毛泽东选集》第2卷，人民出版社1991年版，第647页。

是革命的对象,不是革命的动力”。但在抗战期间,一部分大地主投降了日寇,变为汉奸了;另一部分大地主,虽然还留在抗战营垒内,亦非常动摇。“但是许多中小地主出身的开明绅士即带有若干资本主义色彩的地主们,还有抗日的积极性,还需要团结他们一道抗日。”①

对于资产阶级,毛泽东首先把它分为“带买办性的大资产阶级和民族资产阶级”两个部分。

对买办大资产阶级,毛泽东指出它们是“直接为帝国主义国家的资本家服务并为他们所豢养的阶级”、“和农村中的封建势力有着千丝万缕的联系”,因而“历来不是中国革命的动力,而是中国革命的对象”。但“因为中国带买办性的大资产阶级是分属于几个帝国主义国家的,在几个帝国主义国家间的矛盾尖锐地对立着的时候,在革命主要地是反对某一个帝国主义的时候,属于别的帝国主义系统之下的买办阶级也有可能在一定程度上和一定时间内参加当前的反帝国主义战线”②。毛泽东提醒全党,欧美大资产阶级(顽固派),虽然尚留在抗日营垒内,但要提防他们的动摇性,对他们要既联合又斗争。

对于民族资产阶级,毛泽东分析了其两面性:既有一定的反帝反封建的积极性,又在经济上政治上具有软弱性。毛泽东指出:“在抗日时期内,他们不但和大地主大资产阶级的投降派有区别,而且和大资产阶级的顽固派也有区别,至今仍然是我们的较好的同盟者。因此,对于民族资产阶级采取慎重的政策,是完全必要的。”③

对于小资产阶级,毛泽东指出:“他们一般地能够参加和拥护

---

① 《毛泽东选集》第2卷,人民出版社1991年版,第638～639页。

② 《毛泽东选集》第2卷,人民出版社1991年版,第639页。

③ 《毛泽东选集》第2卷,人民出版社1991年版,第640页。

革命，是革命的很好的同盟者，故必须争取和保护之。其缺点是有些人容易受资产阶级的影响，故必须注意在他们中进行革命的宣传工作和组织工作。”①

毛泽东还对中国农民的各个阶层作了科学的分析。毛泽东指出，富农大多有一部分土地出租、放高利贷、剥削雇工，故带半封建性；但富农一般都自己参加劳动，是农民的一部分。富农的生产在一定时期中还是有益的。富农一般地在农民群众反对帝国主义的斗争中可能参加一份力量，在反对地主的革命斗争中也可能保持中立。

对于中农，毛泽东指出：“中农不但能够参加反帝国主义革命和土地革命，并且能够接受社会主义。因此，全部中农都可以成为无产阶级的可靠的同盟者，是重要的革命动力的一部分。中农态度的向背是决定革命胜负的一个因素。”②

对于占中国农村人口约70%的贫雇农，毛泽东指出，他们“是中国革命的最广大的动力，是无产阶级的天然的和最可靠的同盟者，是中国革命队伍的主力军”③。

对于中国无产阶级，毛泽东除了指出他们是中国革命的最基本的动力和领导阶级之外，还对这个阶级的特点作了深入的分析。毛泽东指出，从无产阶级的特点来看，不仅具有世界无产阶级的一般优点，即与最先进的经济形式相联系，富于组织性纪律性，没有私人占有生产资料等，而且还具有自己特殊的优点：第一，中国无产阶级深受三种压迫（帝国主义的压迫、资产阶级的压迫、封建势力的压迫），而这些压迫的严重性和残酷性，是世界各民族中少见的。因此，他们在革命斗争中，比任何别的阶级来得坚决彻底。第

---

① 《毛泽东选集》第2卷，人民出版社1991年版，第642页。

② 《毛泽东选集》第2卷，人民出版社1991年版，第643页。

③ 《毛泽东选集》第2卷，人民出版社1991年版，第643页。

二，中国无产阶级开始走上革命的舞台，就在本阶级的革命政党——中国共产党领导之下，成为中国社会里比较有觉悟的阶级。第三，由于从破产农民出身的成分占多数，中国无产阶级和农民结成亲密的联盟。这样，中国无产阶级成为中国革命最基本的动力，中国革命如果没有无产阶级领导，就必然不能胜利。

由于毛泽东对中国革命动力的正确分析，使得中国无产阶级及其政党在处理与革命同盟者的关系时，有了正确的理论指导。毛泽东指出："中国无产阶级应该懂得：他们自己虽然是一个最有觉悟性和最有组织性的阶级，但是如果单凭自己一个阶级的力量，是不能胜利的。而要胜利，他们就必须在各种不同的情形下团结一切可能的革命的阶级和阶层，组织革命的统一战线。在中国社会的各阶级中，农民是工人阶级的坚固的同盟军，城市小资产阶级也是可靠的同盟军，民族资产阶级是在一定时期中和一定程度上的同盟军，这是现代中国革命的历史所已经证明了的根本规律之一。"①

第四，阐明了新民主主义革命的基本纲领。

政治纲领：建立新民主主义共和国。就是推翻外来的民族压迫，废止国内的封建主义的和法西斯主义的压迫。国家的性质是无产阶级领导下的"各阶级联合专政"的民主共和国。它是一种过渡性的国家形态，既区别于资产阶级专政，也区别于无产阶级专政。政权的组织形式，是以民主集中制为原则的人民代表大会制度。

经济纲领：大银行、大工业、大商业归新民主主义共和国的国家所有，建立无产阶级领导下的属于社会主义性质的国营经济，这是整个国民经济的领导力量；没收地主的土地分给无地和少地的农民，实行"耕者有其田"，在此基础上发展具有社会主义因素的合

① 《毛泽东选集》第2卷，人民出版社1991年版，第645页。

作经济;对于有利于国计民生的民族工业不是采取消灭的办法,而是采取“节制资本”的办法,允许存在和发展有益于国计民生的私人资本主义经济和富农经济,保障一切正当的私有财产。

文化纲领:发展以共产主义思想为指导的人民大众的反帝反封建的文化,即“民族的科学的大众的文化”。毛泽东指出,民族的文化就是要反对帝国主义、民族投降主义,主张建立有民族特点的文化,并吸取中外文化的优秀成分。科学的文化就是反对封建专制主义和封建思想,宣传唯物辩证法,对于古代文化重新考察和鉴定,剔除其封建的糟粕,吸收其民主的精华。大众的文化就是民主的为大多数人服务的文化。

第五,总结了中国共产党领导中国人民战胜敌人的三个主要经验。

毛泽东指出:统一战线,武装斗争,党的建设,是中国共产党战胜敌人的三个主要的法宝。这三者的关系是:“统一战线和武装斗争,是战胜敌人的两个基本武器。统一战线,是实行武装斗争的统一战线。而党的组织,则是掌握统一战线和武装斗争这两个武器以实行对敌冲锋陷阵的英勇战士。”[①]正确理解这三个问题及其相互关系,就等于正确领导了全部中国革命。

以毛泽东为代表的中国共产党人,创立的新民主主义革命理论是对马克思列宁主义的丰富和发展。它科学地概括和总结了近百年来,特别是五四运动以来中国新民主主义革命的经验,揭示了中国革命的基本规律,指明了中国革命到达胜利的正确道路,系统阐明了新民主主义革命的理论、路线和纲领,中国革命的胜利也是新民主主义理论的胜利。

---

① 《毛泽东选集》第2卷,人民出版社1991年版,第613页。

(五)抗战后期以来新民主主义理论的进一步发展

从抗日战争后期到解放战争时期,新民主主义革命理论又有进一步的发展。这一发展主要表现在以下几个方面:

第一,关于联合政府的纲领和主张的提出。

1945 年 4 月至 6 月,中国共产党在延安召开了第七次全国代表大会。毛泽东在题为《论联合政府》的政治报告中,提出了民主革命进行到底的基本要求是建立联合政府,并阐释了关于联合政府的一般纲领和具体纲领,对新民主主义革命理论中的政治、经济、文化三大纲领,作了进一步的说明。

关于政治纲领,毛泽东在《论联合政府》中指出:"我们主张在彻底打败日本侵略者之后,建立一个以全国绝对大多数人民为基础而在工人阶级领导之下的统一战线的民主联盟的国家制度,我们把这样的国家制度称之为新民主主义的国家制度。"①这种国家制度可以得到工人阶级、农民阶级、小资产阶级和民族资产阶级的拥护。这些阶级之间虽然还存在着矛盾,各自有一些不同的要求;但是,这种矛盾和不同要求,在整个新民主主义阶段上,不会也不应该使之发展到超过共同要求之上。"这种矛盾和这种不同的要求,可以获得调节。在这种调节下,这些阶级可以共同完成新民主主义国家的政治、经济和文化的各项建设。"②

针对有些人怀疑共产党得势之后,是否会学俄国那样,来一个无产阶级专政和一党制度,毛泽东着重指出:"我们的答复是:几个民主阶级联盟的新民主主义国家,和无产阶级专政的社会主义国家,是有原则上的不同的。毫无疑义,我们这个新民主主义制度是在无产阶级的领导之下,在共产党的领导之下建立起来的,但是中

---

① 《毛泽东选集》第 3 卷,人民出版社 1991 年版,第 1056 页。

② 《毛泽东选集》第 3 卷,人民出版社 1991 年版,第 1056 页。

国在整个新民主主义制度期间，不可能、因此就不应该是一个阶级专政和一党独占政府机构的制度。只要共产党以外的其他任何政党、任何社会集团或个人，对于共产党是采取合作的而不是采取敌对的态度，我们是没有理由不和他们合作的。……中国现阶段的历史将形成中国现阶段的制度，在一个长时期中，将产生一个对于我们是完全必要和完全合理同时又区别于俄国制度的特殊形态，即几个民主阶级联盟的新民主主义的国家形态和政权形态。"[①]

关于经济纲领，毛泽东在《论联合政府》中指出："在现阶段上，中国的经济，必须是由国家经营、私人经营和合作社经营三者组成的。"在土地问题上，主张"耕者有其田"；在工商业问题上，主张"节制资本"[②]。毛泽东强调，新民主主义一定要让私人资本主义经济在不能操纵国民生计的范围内获得发展的便利。因为"拿资本主义的某种发展去代替外国帝国主义和本国封建主义的压迫，不但是一个进步，而且是一个不可避免的过程。它不但有利于资产阶级，同时也有利于无产阶级，或者说更有利于无产阶级。现在的中国是多了一个外国帝国主义和一个本国的封建主义，而不是多了一个本国的资本主义，相反的，我们的资本主义是太少了"[③]。

关于新民主主义的文化纲领，毛泽东重申了《新民主主义论》中的观点，即民族的、科学的、大众的文化。在《论联合政府》中，着重阐述了知识分子在新民主主义革命中的作用，指出："为着扫除民族压迫和封建压迫，为着建立新民主主义的国家，需要大批的人民的教育家和教师，人民的科学家、工程师、技师、医生、新闻工作者、著作家、文学家、艺术家和普通文化工作者。……一切知识分子，只要是在为人民服务的工作中著有成绩的，应受到尊重，把他

① 《毛泽东选集》第 3 卷，人民出版社 1991 年版，第 1061～1062 页。

② 《毛泽东选集》第 3 卷，人民出版社 1991 年版，第 1058～1057 页。

③ 《毛泽东选集》第 3 卷，人民出版社 1991 年版，第 1060 页。

们看作国家和社会的宝贵的财富。”[①]此外，毛泽东还提出了文化工作的一系列任务。

联合政府纲领和主张的提出，不仅提出了“建立”新民主主义国家的任务，而且实际上已提出了如何“巩固”这一国家制度的更为长远的目标。

第二，从“和平建国”的设想到“打倒蒋介石独裁政府”的纲领。

在抗日战争取得胜利时，蒋介石慑于全国人民要求和平的强烈愿望，特别是由于发动全面内战的准备不足，在美国授意下，三次电邀毛泽东赴渝共商“国家大计”。为了向全国人民和各党派阐明共产党的政治主张，8 月 25 日，中共中央发表了《对目前时局的宣言》，鲜明地提出了和平、民主、团结三大口号，阐明了中国共产党争取和平民主、反对内战独裁的方针。与此同时，党于 28 日派毛泽东、周恩来、王若飞等飞抵重庆与蒋介石谈判。经过 43 天的谈判，终于 10 月 10 日达成协议，国共谈判代表共同签署了《双十协定》。1946 年 1 月，中国共产党又派代表团赴重庆出席政治协商会议，在会上提出了《和平建国纲领草案》。这是抗战胜利后中国共产党所提出的一个较完备的“和平建国”设想。《和平建国纲领草案》共十章，包括了建国的各个方面。其总则有三条：(一)确认国内各民主党派，应实行长期合作，坚决避免内战，任何纠纷均以政治方法寻求解决。(二)以和平、民主、团结、统一为基础，在蒋主席领导下，迅速结束训政，实施宪政，彻底实行三民主义，建设独立自由和富强的新中国。(三)政治民主化、军队国家化，及党派平等合法，为达到和平建国必由之途径。在这三项原则之下，还提出了有关政治、经济、文化等方面的改革纲领。

中国共产党在政治协商会议上提出的《和平建国纲领草案》，其根本精神，就是在新形势下，力争通过和平的方式来实现新民主

① 《毛泽东选集》第 3 卷，人民出版社 1991 年版，第 1082 页。

主义革命的基本目标。这个纲领草案的基本内容，与毛泽东在《论联合政府》中阐述的一般纲领和具体纲领是一致的，体现了中国共产党在抗日战争胜利后的建国主张与设想。在这一纲领草案中，中国共产党也作了一些重大让步，如承认蒋介石的领导地位，不提无产阶级、共产党的领导，未提土地制度的改革，等等。这些让步，表明了中国共产党为实现国内和平、民主、团结所作的真诚努力以及为实现新民主主义而进行长期奋斗的思想准备。

然而，蒋介石坚持打内战，不久，内战全面爆发。随着我军的节节胜利，中共中央于 1947 年 12 月举行会议，毛泽东作了《目前形势和我们的任务》的报告。报告根据国内形势的变化、特别是人民解放军已转入全国规模的进攻这一历史转折点，深刻阐明了中国共产党关于“打倒蒋介石独裁政府”的纲领和基本政策。

在军事方面，提出了十大军事原则，其核心是集中优势兵力，打歼灭战，消灭敌人有生力量；先打分散和孤立之敌，后打集中和强大之敌；先夺取小城市、中等城市和广大乡村，后取大城市，等等。这十大军事原则，是土地革命时期关于“农村包围城市、武装夺取政权”道路理论在新的历史条件下的发展。在经济方面，提出“没收封建阶级的土地归农民所有，没收蒋介石、宋子文、孔祥熙、陈立夫为首的垄断资本归新民主主义的国家所有，保护民族工商业”[①]。把没收四大家族的资本列为经济纲领的内容，这是对《新民主主义论》以来新民主主义纲领的补充。在政治方面，毛泽东指出：联合工农兵学商各被压迫阶级、各人民团体、各民主党派、各少数民族、各地华侨和其他爱国分子，组成民族统一战线，打倒蒋介石独裁政府，成立民主联合政府。“打倒蒋介石独裁政府”的内容，是对《新民主主义论》、《论联合政府》中的政治纲领的重大补充。

从“和平建国”的设想到“打倒蒋介石独裁政府”的纲领的变

① 《毛泽东选集》第 4 卷，人民出版社 1991 年版，第 1253 页。

化,可以看出,中国共产党坚持新民主主义革命的总方向、总目标没有变,变的是行动口号。这表明中国共产党能够根据迅速发展的革命实践,适时调整和制定重大策略口号和行动纲领。

第三,新民主主义革命总路线的完整表述。

大革命时期,在《中国社会各阶级的分析》一文中,毛泽东在对中国社会各阶级的经济政治状况分析的基础上,针对它们对革命的基本态度,提出了新民主主义革命总路线的初步思想,指出:"一切勾结帝国主义的军阀、官僚、买办阶级、大地主阶级以及附属于他们的一部分反动知识界,是我们的敌人。工业无产阶级是我们革命的领导力量。一切半无产阶级、小资产阶级,是我们最接近的朋友。那动摇不定的中产阶级,其右翼可能是我们的敌人,其左翼可能是我们的朋友。"①

大革命失败之后,中国共产党领导中国人民进行土地革命战争,继续探索中国革命的一系列基本问题,毛泽东在一系列著作中系统地阐述了新民主主义革命的理论,也制定了合乎中国实际情况的新民主主义革命总路线,这就是毛泽东在《中国革命和中国共产党》中提出的"无产阶级领导之下的人民大众的反帝反封建的革命"②。这条总路线,为党领导新民主主义革命的胜利指明了方向。

从抗日战争时期到解放战争时期,以蒋介石为代表的四大家族的垄断资本极度膨胀起来。它们同美国帝国主义的资本融合在一起,完全控制了中国的经济命脉。基于这个事实,毛泽东 1948 年 4 月《在晋绥干部会议上的讲话》,把反对官僚资本主义同反对帝国主义和反对封建主义,并列为新民主主义革命的三大任务,从而进一步把新民主主义革命总路线概括为:"无产阶级领导的,人

① 《毛泽东选集》第 1 卷,人民出版社 1991 年版,第 9 页。

② 《毛泽东选集》第 2 卷,人民出版社 1991 年版,第 647 页。

民大众的，反对帝国主义、封建主义和官僚资本主义的革命，这就是中国的新民主主义的革命，这就是中国共产党在当前历史阶段的总路线和总政策。”①

新民主主义革命总路线的完整制定，为中国革命的胜利提供了基本保证，也标志着中国新民主主义革命理论的最后奠定。这一总路线把中国新民主主义革命的性质、对象、动力、领导权等问题，都作了明确规定。

关于新民主主义革命的领导，毛泽东强调：“这个革命不能由任何别的阶级和任何别的政党充当领导者，只能和必须由无产阶级和中国共产党充当领导者。”关于新民主主义革命的参加者——人民大众，毛泽东说：“参加这个革命的人们所组成的统一战线是十分广大的，这里包括了工人、农民、独立劳动者、自由职业者、知识分子、民族资产阶级以及从地主阶级分裂出来的一部分开明绅士，这就是我们所说的人民大众。”关于新民主主义革命的对象，毛泽东说：“这个革命所要推翻的敌人，只是和必须是帝国主义、封建主义和官僚资本主义。这些敌人的集中表现，就是蒋介石国民党的反动统治。”关于新民主主义所要建立的国家和政府，毛泽东指出：“由这个人民大众所建立的国家和政府，就是中华人民共和国和无产阶级领导的各民主阶级联盟的民主联合政府。”②

第四，提出了夺取新民主主义革命最后胜利的方针和革命胜利后国内外的基本政策。

1949 年 3 月，毛泽东在党的七届二中全会报告中，根据党领导民主革命的历史经验，提出了夺取新民主主义革命最后胜利的方针及革命胜利后的国际国内基本政策。

关于促进新民主主义革命在全国最后胜利，毛泽东提出：在军

---

① 《毛泽东选集》第 4 卷，人民出版社 1991 年版，第 1316～1317 页。

② 《毛泽东选集》第 4 卷，人民出版社 1991 年版，第 1313 页。

事上，必须迅速歼灭国民党的残余部队，其方式不外天津、北平、绥远三种，即打的方式、通过和平谈判解决的方式、暂时围而不打留待以后改编的方式。在党的工作重心问题上，毛泽东宣布：以往采取“在乡村聚集力量，用乡村包围城市，然后夺取城市”的工作方式的时期，已经结束；开始了由城市到乡村、由城市领导乡村的时期，“党的工作重心由乡村移到了城市”；今后，解放军将先占领城市、后占领乡村。这是中国共产党，根据革命形势、敌我力量对比的变化情况，为夺取新民主主义革命最后胜利所作的战略转变。

关于夺取全国胜利后党的各方面方针政策，在政治上，毛泽东指出，要强化人民的国家政权，加强人民民主专政，建立和发展广泛的统一战线。他强调提出：“我党同党外民主人士长期合作的政策，必须在全党思想上和工作上确定下来。”[①]在经济上，毛泽东从中国是落后的农业国这一重要国情出发，规定了新民主主义革命胜利后的基本经济政策：(1)没收帝国主义和中国官僚资产阶级的资本，归无产阶级领导的人民共和国所有；(2)对私人资本主义工业采取利用和限制的政策；(3)对个体农业和手工业，引导它们向着现代化和集体化的方向发展；(4)实行对外贸易的统制政策。毛泽东还指出，新民主主义社会将有五种经济形态，即社会主义性质的国营经济、半社会主义性质的合作社经济、私人资本主义经济、个体经济、国家和私人合作的国家资本主义经济。对外政策上，毛泽东提出，应当有步骤地、彻底地摧毁帝国主义在中国的控制权。首先是不承认国民党时代的任何外国外交机关和外交人员的合法地位，不承认国民党时代的一切卖国条约继续存在，取消一切帝国主义在中国开办的宣传机关，立即统制对外贸易，改革海关制度。

毛泽东在七届二中全会上的报告，解决了如何夺取新民主主义革命最后胜利的重大课题，提出了革命胜利后党在国内外的基

---

① 《毛泽东选集》第4卷，人民出版社1991年版，第1437页。

本方针政策，进一步丰富了新民主主义理论的科学体系。

1949 年 6 月，毛泽东发表了《论人民民主专政》的重要文章，阐述了建立人民民主专政的必然性，各阶级在人民民主专政中的地位和作用，人民民主专政的科学含义、民主与专政的关系，人民民主专政的职能和历史使命，人民民主专政国家的对外基本方针等，着重解决了怎样巩固新民主主义革命胜利和发展这一胜利。这是对新民主主义革命理论进一步的发展和完善。

三、中国共产党建立新中国的政治主张

(一)由民主革命向社会主义革命转变的基本思想

中华人民共和国成立前后，我国进入了从新民主主义到社会主义的转变时期，即由新民主主义社会过渡到社会主义社会的历史时期。党和毛泽东从我国的实际情况出发，创造性地运用马克思列宁主义关于过渡时期的学说，创立了从新民主主义向社会主义转变的理论，并领导全国人民胜利地完成了这一伟大战略转变，在我国建立了社会主义制度。

1. 列宁关于从资本主义向社会主义过渡的理论

关于过渡时期的理论，是马列主义基本原理之一。早在 1875 年，马克思在著名的《哥达纲领批判》一书中就提出："在资本主义社会和共产主义社会之间，有一个从前者变为后者的革命转变时期。同这个时期相适应的也有一个政治上的过渡时期，这个时期的国家只能是无产阶级的革命专政。"[①]这就是说，过渡时期就是从资本主义社会变为共产主义社会的"革命转变时期"。而马克思在这里所讲的"共产主义社会"，"不是在它自身基础上已经发展了

① 《马克思恩格斯选集》第 3 卷，人民出版社 1972 年版，第 21 页。

的”高级阶段，而“恰恰相反，是刚刚从资本主义社会中产生出来的”低级阶段，即社会主义社会。

列宁依据马克思主义过渡时期的原理，结合原苏联国内的实践，在《无产阶级专政时代的经济和政治》一文中，明确指出：“在资本主义和共产主义中间隔着一个过渡时期，这在理论上是毫无疑义的。这个过渡时期不能不兼有这两种社会经济结构的特点或特征。这个过渡时期不能不是衰亡着的资本主义与生长着的共产主义彼此斗争的时期。”[①]列宁还根据俄国的历史特点，指出，在过渡时期，“社会经济的基本形式就是资本主义、小商品生产和共产主义”，“基本力量就是资产阶级、小资产阶级（特别是农民）和无产阶级”。[②] 由于这些经济成分的性质不同，由于这些社会阶级的利益不一致，它们彼此之间必然要进行激烈的斗争。无产阶级政党在这个时期的重要任务，就是必须利用自己掌握的国家政权建立社会主义经济。通过合作社的形式，把农民引上社会主义道路，变农村的个体所有制为社会主义集体所有制；剥夺资产阶级的生产资料归苏维埃国家所有，建立社会主义的全民所有制。同时，必须实现社会主义工业化。我国新民主主义革命的任务基本完成以后，国内的社会经济和阶级状况，同列宁所讲的过渡时期的情况非常相似。我国要进入社会主义社会，必须有一个从新民主主义转变到社会主义的过渡时期。所以说，列宁关于过渡时期的这些论述，为我国顺利地实现这一转变提供了重要理论指导。

2. 由新民主主义革命向社会主义转变的思想

早在民主革命时期，党和毛泽东就反复强调：“中国革命的历史进程，必须分为两步，其第一步是民主主义的革命，其第二步是

---

① 《列宁选集》第4卷，人民出版社1975年版，第84页。

② 《列宁选集》第4卷，人民出版社1975年版，第85页。

社会主义的革命，这是性质不同的两个革命过程。”[1]民主革命是社会主义革命的必要准备，社会主义革命是民主革命的必然趋势。“完成中国资产阶级民主主义的革命(新民主主义的革命)，并准备在一切必要条件具备的时候把它转变到社会主义革命的阶段上去。”[2]

中国的民主革命胜利以后，实现革命转变的问题被提到党的议事日程上来。1952 年以前，党中央认为在我国还要经历一个相当长的新民主主义建设阶段，集中力量发展新民主主义的经济，在国家的经济和文化大为兴盛以后，才可以采取社会主义步骤，对资本主义工业实行国有化，对个体农业实行集体化，进入社会主义革命阶段。1950 年 6 月，毛泽东在政协一届二次会议的闭幕词中指出，在我国实现私营工业国有化和农业社会化，“还在很远的将来”，要经过多年的经济建设和文化建设，“在国家经济事业和文化事业大为兴盛了以后”[3]，才可以进行。在同月召开的中国共产党七届三中全会上，毛泽东严厉地批评了企图提早消灭资本主义实行社会主义的主张，指出“这种思想是错误的，是不适合我们国家的情况的”[4]。1951 年 5 月，刘少奇在宣传工作会议上也说：“在三年准备(还有十六个月)之后，我们来一个十年经济计划。到十年以后，新中国的面貌就要改变，那时我们不但有强大的农业，而且我们有自己强大的工业，使中国变成一个富足的国家。到那时，我们的国家才可以考虑到社会主义去的问题。”他还说：“现在有人就

① 《毛泽东选集》第 2 卷，人民出版社 1991 年版，第 665 页。

② 《毛泽东选集》第 2 卷，人民出版社 1991 年版，第 651 页。

③ 《毛泽东选集》第 5 卷，人民出版社 1977 年版，第 27 页。

④ 《毛泽东选集》第 5 卷，人民出版社 1977 年版，第 19 页。

讲社会主义,我说:这是讲早了,至少是早讲了十多年。”[①]1950 年 4 月,周恩来向参加统战会议的党员领导干部说:现在到处都有人问,什么时候搞社会主义?搞社会主义,还要 15 年左右。

从毛泽东、刘少奇、周恩来等中国共产党的主要领导人的讲话中可以看到,在中华人民共和国建国初期,中国共产党是坚持新民主主义建设和新民主主义转变为社会主义的理论的。而且这个转变坚持两个特点,一是长期性,二是稳妥性。即新民主主义建设需 15 年左右时间,在建设取得成就后,“从容地和妥善地走进社会主义的新时期”[②]。

1953 年,经过三年国民经济恢复时期的实践,党中央在运用马列主义总结中华人民共和国成立以来的经验的基础上,在不断探索中国向社会主义过渡规律的努力中共同形成了新的认识,提出了实行从新民主主义到社会主义转变的任务,制定了党在过渡时期的总路线,具体解决了革命转变的标志、根据、条件和方式问题。党关于新民主主义直接和平过渡到社会主义的理论因此臻于完备。

关于革命转变的标志。《关于党在过渡时期总路线的学习和宣传提纲》中指出:“我们说标志着革命性质的转变,标志着新民主主义革命阶段的基本结束和社会主义革命阶段的开始的东西是政权的转变,是国民党反革命政权的灭亡和中华人民共和国的成立。”当然,这并不是说,新民主主义革命的任务已彻底解决,社会主义革命可以立即在全国一切方面着手实施;也并不是说,建立了无产阶级领导的人民民主专政的国家政权后,我国就从新民主主义社会转变到社会主义社会。马克思、恩格斯曾经分析过,在经济

① 国家农业委员会编:《农业集体化重要文件汇编(1949~1957)》(上),中共中央党校出版社 1981 年版,第 31 页。

② 《毛泽东选集》第 5 卷,人民出版社 1977 年版,第 27 页。

发达的典型的资本主义国家里,无产阶级掌握了政权以后,可以通过全面地消灭私有制,建立公有制,立即进入社会主义社会(当然要有一个相当的准备时期)。但在像中国这样经济十分落后的国家,无产阶级虽然夺取了政权,却并不能立即达到这一步。

关于革命转变的根据。以毛泽东为代表的中国共产党人认为,革命转变的客观依据是社会主要矛盾的变化,因为革命性质和任务是由社会主要矛盾决定的。中华人民共和国成立后的头几年中,中国人民同国民党残余势力和地主阶级的矛盾还是社会的主要矛盾,肃清帝国主义和国内反动派的残余势力是当时工作的总方针。无产阶级和资产阶级的矛盾虽然逐步上升,但当时还处于从属地位。根据这种情况,毛泽东在党的七届三中全会上提出了"不要四面出击"的正确主张。经过三年的斗争,彻底完成了民主革命的任务。此后,工人阶级和资产阶级的矛盾上升为社会的主要矛盾。党及时把握了社会主要矛盾的变化,提出了过渡时期的总路线,领导全国人民着手进行社会主义改造的伟大斗争。

关于革命转变的条件。党中央认为,何时实行革命转变,应以是否具备了转变的条件为标准。不到具备了政治上经济上一切应有的条件之时,不应当轻易谈转变。这里讲的转变条件,概括地说是指民主革命阶段社会主义因素的发展,具体地说是指社会主义势力在思想、政治、经济、军事、文化等方面能够起支配作用。其中最重要的是,无产阶级政权和国营经济的建立。早在建国前夕,中国共产党就根据马列主义关于革命转变的理论和我国实际,提出了若干实行革命转变的方针政策,为完成这一转变作准备。党的"七大"就把转变的思想正式写进党章。七届二中全会决定国家的经济命脉由人民政府掌握,国营经济是整个国民经济的领导成分。对城乡资本主义实行利用和限制的政策,在活动范围、税收政策、市场价格、劳动条件等方面对资本主义采取恰如其分的有伸缩性的限制政策。对于个体农业和手工业,要逐步引导他们向现代化和集体化的方向发展。建国初期，全国人民的大宪章《共同纲领》规定："国营经济为社会主义性质的经济"，"为人民共和国发展生产、繁荣经济的主要物质基础和整个社会经济的领导力量"。对于半社会主义性质的合作社经济，"人民政府应扶助其发展，并给以优待"。"应鼓励私人资本向国家资本主义方向发展。""中央人民政府应争取早日制定恢复和发展全国公私经济各主要部门的总计划。"这一系列重大政策，在政治上，使以工人阶级为领导、以工农联盟为基础的人民民主专政的国家政权更加巩固，以工人、农民、城市小资产阶级和民族资产阶级组成的广泛的统一战线更加牢靠；在经济上，以没收官僚资本建立起来的居于领导地位的社会主义国营经济以及相当数量的劳动人民的合作经济得以发展；在思想上，一个学习社会主义、宣传社会主义的热潮在中国大陆掀起。这一切，就为把社会主义建设和社会主义改造联系起来，完成革命的转变创造了条件。

关于革命转变方式。马克思、恩格斯认为，对资产阶级所有制按照剥夺剥夺者的原则，采取无偿没收和和平赎买两种办法，如果资产阶级愿意，无产阶级宁可采取和平赎买的办法，因为这是最便宜不过的事情；对于农民等小生产的私有制，则只能通过合作化的途径并须经过示范来逐步把它们改造成为劳动群众的集体所有制。但由于那时无产阶级还没有掌握国家政权，因而马克思和恩格斯的设想并没有付诸实践。列宁和斯大林在领导俄国社会主义改造的过程中，对小农是通过组织协作和集体农庄，把农民的个体所有制改造成为社会主义集体化农业的；对资产阶级所有制，列宁曾试图通过赎买的办法加以改造，但由于资产阶级反抗而未能实现。以毛泽东为代表的中国共产党人，对中国革命转变的方式，曾作过两种考虑，即暴力的与和平的。毛泽东指出："不流血的转变是我们所希望的，我们应该力争这一着，结果将看群众的力量如何而定。”[①]因为我们在政治经济诸方面都具备足够的力量，所以我们有理由实行和平转变，使马、列关于向社会主义和平过渡的思想，在中国得到了成功的实践。

3. 在中国革命转变问题上的两种错误观点

一种观点认为，旧中国的社会性质是一个半殖民地半封建社会，经济落后，在民主革命胜利之后，不应该搞社会主义革命，而应当继续民主革命，建设新民主主义社会，等到生产力高度发展了，再去搞社会主义革命。他们对中国革命的转变、对合作化、对社会主义改造持怀疑态度，并且把建国以后的两次挫折都归罪于中国革命转变过早了，甚至认为现在也不应该搞社会主义。另一种观点认为，既然社会主义革命是革资产阶级的命，为什么又要同资产阶级保持联盟呢？既然同资产阶级保持联盟，革命性质就应该仍然是民主革命的性质。上述两种观点都是忽视了中国革命基本规律的错误观点，已为五十年来中国社会主义发展的历史所否定。

从新民主主义向社会主义转变这一实践在国际共运史上是没有先例的。中国共产党对这一过渡时期的理论和实践，都带有创造和摸索的性质。过渡时期究竟应当有多长时间，按照毛泽东等人的设想，大约需要十五年的时间，至于社会主义改造的实际进程，时间只是预想的三分之一，且出现要求过急、工作过粗等错误，但仍属于支流，其主流是成绩巨大，是应该肯定的。社会主义革命是要革资产阶级命的，这是普遍的、共同的。但是，革命的方式和手段可以是不同的。在中国新民主主义革命的过程中，是无产阶级领导了资产阶级。长期的合作关系，决定了在民主革命胜利之后，无产阶级没有理由一脚把民族资产阶级踢开。在进行民主革命向社会主义革命转变时，民族资产阶级又表示接受共同纲领，拥护共产党的领导，愿意走社会主义道路，无产阶级也没有必要把民

① 《毛泽东选集》第1卷，人民出版社1991年版，第276页。

族资产阶级踢开。在这种情况下,中国民主革命向社会主义转变,既要革资产阶级的命,又不要使用暴力,而是把无产阶级与民族资产阶级的矛盾放在革命统一战线之内,通过内部又团结又斗争的方式,来解决工人阶级与民族资产阶级的矛盾,这就形成了既革资产阶级的命,又和资产阶级保持联盟,虽然和民族资产阶级保持了联盟,但是革命性质已不是民主革命而是社会主义革命了。

(二)毛泽东关于人民民主专政的理论

人民民主专政理论,是以毛泽东为代表的中国共产党人关于中国革命发展理论的一个重要组成部分,是依据马克思列宁主义的无产阶级专政学说,结合中国的具体历史条件,在长期革命斗争实践中逐步形成的。它具有鲜明的中国特色,是对马克思列宁主义国家学说的发展。

1. 人民民主专政的内容

人民民主专政理论是在中国长期的革命斗争实践中逐步形成和发展起来的。在土地革命战争时期,党提出建立工农苏维埃就已经包含了人民民主专政的思想。毛泽东指出,工农苏维埃是工人、农民、城市小资产阶级联盟的政府,"苏维埃具备着对于广大民众的十分宽泛的革命的民主主义,但同时就在这种民主主义中间构成了它绝大的权力","苏维埃运用这种权力,形成了自己的专政"。[①] 经过抗日战争时期和解放战争时期,以毛泽东为代表的中国共产党人的人民民主专政理论已经形成完整的体系,它是我国建立和巩固人民民主专政的国家制度的理论依据。

1948 年 6 月,中共中央宣传部在重印《共产主义运动中的"左

---

① 毛泽东:《中华苏维埃共和国中央执行委员会与人民委员会对第二次全国苏维埃代表大会的报告》,载《中央革命根据地史料选编》下册,江西人民出版社 1982 年版,第 312 页。

派"幼稚病》第二章的前言中谈到中国的革命政权问题时，第一次使用了"人民民主专政"的概念。1948 年 12 月 30 日，毛泽东在《将革命进行到底》一文中也明确提出了"人民民主专政"的概念，指出中国人民要"在全国范围内建立无产阶级领导的以工农联盟为主体的人民民主专政的共和国"①。他还在《论人民民主专政》一文中，更加明确表述了人民民主专政的内容。他说："对人民内部的民主方面和对反动派的专政方面，互相结合起来，就是人民民主专政。"并具体地说明了人民的范围和专政的对象。指出："人民是什么？在中国，在现阶段，是工人阶级，农民阶级，城市小资产阶级和民族资产阶级。这些阶级在工人阶级和共产党的领导之下，团结起来，组成自己的国家，选举自己的政府，向着帝国主义的走狗即地主阶级和官僚资产阶级以及代表这些阶级的国民党反动派及其帮凶们实行专政。"②

对人民内部实行民主，是人民民主专政的基本方面，就是要保证占人口绝大多数的劳动人民当家作主。在我国，一切权利属于人民，人民不仅享有言论、集会、出版、结社等项自由，而且享有管理国家、管理经济文化事业的权利。这是社会主义制度下劳动人民的最大权利，最根本的权利。同时，人民的国家是保护人民的，对于人民内部的矛盾问题，我们只能用民主的方法去解决。只有这样，我们才能在社会主义革命和建设中，充分保障人民的民主权利，充分发挥他们的积极性和创造性，使人民真正处于当家作主的地位。

对敌人实行专政，是人民民主专政另一方面的内容。就是对极少数破坏社会主义的敌对分子实行专政。只许他们规规矩矩，不许他们乱说乱动。如果乱说乱动，立即取缔，予以制裁。对他们

① 《毛泽东选集》第 4 卷，人民出版社 1991 年版，第 1375 页。

② 《毛泽东选集》第 4 卷，人民出版社 1991 年版，第 1475 页。

的反动行为,我们决不施仁政。如果不这样,革命就要失败,人民就要遭殃,国家就要灭亡。当然,对待敌对分子的方法,我们并不是一律镇压,更不是通通从肉体上消灭掉。对他们除了由专政机关惩办、镇压外,更主要的是使他们通过劳动和改造,成为自食其力的劳动者。

民主和专政的关系是互相区别,互相联系,紧密结合,不可分割的。首先,民主和专政有各自不同的对象。专政的制度只适用于敌人,不适用于人民。民主的权利只属于人民,不能给予敌人。其次,民主和专政是相互结合,缺一不可的。只有对人民内部实行民主,才能团结全国人民对敌人实行有效的专政,才能保障人民民主。反之,离开了对敌人的专政,就不能保障人民民主。因此,在任何情况下,都应当坚持民主和专政的统一。

2. 人民民主专政的特点

人民民主专政是以毛泽东为代表的中国共产党人,根据中国的阶级状况和革命的任务,运用马克思主义的无产阶级专政学说创立的。因此,它具有中国特色,主要表现在:

第一,人民民主专政不仅包含了无产阶级与非无产阶级劳动群众主要是农民的联盟,而且还包含了无产阶级和民族资产阶级的联盟,使民主具有广泛的群众基础。马克思主义认为,从资本主义到共产主义的过渡时期,无产阶级专政是不可避免的。但是,马列主义又指出,无产阶级专政的国家形式是多种多样的,并没有一种固定不变的模式。列宁说:“在无产阶级专政的这种或那种类型上”,“每个民族都会有自己的特点”。[①] 中国人民在新民主主义革命胜利后建立的人民民主专政就是无产阶级专政的中国形式。这种实质上是无产阶级专政的人民民主专政的国家制度,和苏联无产阶级专政相比,既具有相同的方面,又具有鲜明的中国特点。其

① 《列宁全集》第23卷,人民出版社1961年版,第65页。

相同方面，就是这二者都是以无产阶级为领导和以工农联盟为基础的国家制度，都担负着通过社会主义革命来消灭剥削制度和消灭剥削阶级的历史使命。其不同的方面，在于前者比后者具有更广泛的社会基础。在我国人民民主专政制度下，无产阶级不但保持着和以农民为主体的一切非无产阶级的劳动群众的联盟，而且还保持着和民族资产阶级这一非劳动群众的联盟。毛泽东说："人民民主专政的基础是工人阶级、农民阶级和城市小资产阶级的联盟，而主要是工人和农民的联盟，因为这两个阶级占了中国人口的百分之八十到九十。推翻帝国主义和国民党反动派，主要是这两个阶级的力量。由新民主主义到社会主义，主要依靠这两个阶级的联盟。"[①]与此同时，还要"去团结尽可能多的能够同我们合作的城市小资产阶级和民族资产阶级的代表人物，它们的知识分子和政治派别"[②]。根据比苏联更为特殊的中国社会历史条件，党中央在建国后实行了不仅包含了无产阶级与非无产阶级劳动群众主要是农民的联盟，而且还包含了无产阶级和民族资产阶级的联盟，这是无产阶级同可以合作的非劳动人民之间的联盟。可见，我国人民民主专政的群众基础较之一般的无产阶级专政更为广泛，它同把资产阶级完全排除在人民范围之外的苏联无产阶级专政，有着显著的差别。这是我国人民民主专政最突出的特点。

第二，人民民主专政是实行共产党领导下的多党合作的制度。多党合作在民主革命过程中就已形成，如在各抗日根据地的民主政权中，就实行了"三三制"，即共产党代表工人和贫农，进步分子代表小资产阶级，中间分子代表民族资产阶级和开明绅士，他们各占三分之一。这样使各党各派及无党派民主人士均能参加边区民意机关的活动和边区行政的管理，并发挥重要作用。新中国成立

① 《毛泽东选集》第4卷，人民出版社1991年版，第1478～1479页。

② 《毛泽东选集》第4卷，人民出版社1991年版，第1437页。

后，各民主党派在社会主义改造和社会主义建设中，在为祖国的团结和统一的斗争中，都做出了宝贵的贡献。因此，中国共产党对各民主党派一贯采取的基本方针是长期共存，互相监督。让民主党派参政、议政，为祖国的繁荣昌盛出谋献策，还允许民主党派在一定范围内发展自己的组织。我国人民民主专政国家政权实行的这种政党制度，与西方资本主义国家的"两党制"或"多党制"有本质区别，也不同于原来一些社会主义国家实行的一党制。

第三，我国人民民主专政在政权组织上采用人民代表大会这一适应我国国情的形式。同时，除政权组织外，还有人民政治协商会议这样一个在共产党领导下的统一战线组织和民主协商机构。作为统一战线组织，它是无产阶级对国家实行政治领导的重要形式之一。作为民主协商机构，它是对国家的大政方针和地方的重要事务进行平等协商，以及共产党和其他各民主党派实行互相监督的重要形式之一。

第四，人民民主专政在概念的表述上也有其明显的特点和优点。马恩的无产阶级专政理论，指出了无产阶级专政是无产阶级组织成为统治阶级的国家。恩格斯说："首先无产阶级革命将建立民主制度，从而直接或间接地建立无产阶级的政治统治。"[①]所谓直接地建立无产阶级的政治统治，指的就是无产阶级在推翻资产阶级专政以后，独自地建立和掌握国家政权，对资产阶级实行统治和压迫。所谓间接地建立无产阶级的政治统治，指的就是无产阶级联合农民、城市小资产阶级，结成占人口大多数的联盟，去推翻资产阶级专政，建立无产阶级领导的、人民各阶级参加的国家政权，对资产阶级实行统治。毛泽东则对无产阶级专政中的民主问题和专政问题以及两者间的相互关系，作了透彻的分析和说明。把民主和专政提到国体的高度加以论证，这就指明了人民民主专

---

① 《马克思恩格斯选集》第1卷，人民出版社1972年版，第219页。

政的实质，澄清了长期以来把民主仅仅看作是政体、而专政才属于国体的模糊认识。根据社会主义社会存在人民内部矛盾和敌我矛盾这两类不同性质的矛盾，毛泽东把民主和专政作为解决这两类矛盾的方法。可见，人民民主专政这个概念，更完整地表述了无产阶级专政的内容以及民主制度和专政制度不可分的辩证统一。

人民民主专政理论，是以毛泽东为代表的中国共产党人对马克思主义的无产阶级专政学说的重大发展。实践证明，人民民主专政的国家制度有利于实现我国过渡时期的社会主义改造和建设任务，有利于社会主义事业的发展。

第十三章 马克思主义的传播与中国共产党的社会主义思想(下)

五四运动前后，在马克思主义传入中国的同时，各种非科学社会主义思潮也相继涌入中国，一度形成纷纭繁芜的局面。中国的先进分子经过反复的比较和艰辛的探求，终于选择了马克思主义的科学社会主义。李大钊是中国传播马克思主义的先驱，是早期具有初步共产主义思想知识分子的杰出代表，他提出中国必须仿效俄国，走社会主义道路，并对社会主义理论进行了初步阐解。陈独秀对基尔特社会主义、无政府主义进行了有力批判，指出了中国社会发展的社会主义方向。中国共产党的诞生，标志着科学社会主义在中国发展进入了一个新的阶段，这就是从社会主义理论的传播、发展到把社会主义理论运用于中国，解决中国革命问题的新阶段。我们党的早期领导人瞿秋白、李立三对社会主义的宣传和发展社会主义理论有过贡献，同时由于他们没有将马克思主义理论与中国革命实际很好地结合起来，对社会主义也一度产生了错误认识；王明则更从教条主义出发，混淆民主革命和社会主义革命的界限，主张“毕其功于一役”，给中国革命带来巨大损失。以毛泽东为代表的中国共产党人，总结了中国革命正反两方面的经验教训，创立了新民主主义革命理论。他提出的统一战线、武装斗争和党的建设，是夺取新民主主义革命胜利的三大法宝，它们和政权理论组成毛泽东的新民主主义政治理论。正是在这些理论指导下，使中国革命取得了胜利，也为政权建设提供了理论指导。

一、李大钊的社会主义思想

李大钊关于社会主义的著名论作有:《庶民的胜利》(1918年)、《布尔什维主义的胜利》(1918年)、《我的马克思主义观》(1919年)、演讲稿《社会主义与社会运动》(1920年)和《社会主义下的经济组织》(1923年)、《社会主义下之实业》(1921年)等。他的主要观点如下:

(一)社会主义是人类共同觉悟的新精神

李大钊最先接触到社会主义，是把它当作一种新思潮和新精神的。这主要是在第一次世界大战结束和十月革命胜利后萌生的一种看法。在他看来，协约国战胜同盟国的第一次世界大战就是劳工主义对资本主义的胜利，“是德国的社会主义战胜德国的军国主义”。他认为，大战的起因是资本主义生产力的发展，想超出自己的国界去为国内资本家阶级谋利益。结果是劳工的社会革命打消了这一意图。从而证明，资本主义是无生命力的，只有20世纪的新潮流新精神才是有生命力的。而新潮流新精神包括人道主义、平和思想、公理、自由、互助、平等、民主主义、社会主义、劳工运动、布尔什维主义。李大钊首先给予特别注意和解释的就是布尔什维主义。作为较早向国人介绍社会主义的人，他把布尔什维主义看作是革命的社会主义。从李大钊的前后论述来看，这时他对社会主义的规范是:(1)它是为多数人谋利益的，是全体在产业里做工的工人的事业,因而是“一种群众的运动”,是联合起来的劳工阶级的运动,甚至是做工的庶民的运动。(2)社会主义意味着一种新制度,在这种制度中,“什么事都归他们(劳工联合会议——引者注)决定。一切产业都归在那产业里做工的人所有,此外不许更有所有权”。(3)社会主义要求人人都应该工作。李大钊认为劳工主义作为20世纪不可抗拒的潮流必将把今后的世界变成劳工的世界。强盗和贪惰成性者在这个世界中是不能立足的。(4)社会主义是一种新精神。这种新精神的内涵除了要求做工之外,还包括人道、平等互助、自由、与专制相对的民主等。因而,社会主义主张“合于人道的生产者合理的组织的协力互助”①。(5)社会主义是世界性的事业,是“世界大同”。他说,劳工阶级应“联合世界的无产庶民,拿他们最大、最强的抵抗力,创造一自由乡土,先造欧洲联邦民主国,做世界联邦的基础”②。看来,李大钊最初接受的社会主义概念,体现出从国外接受而来的观念与中国具体情况的一种结合。他把社会主义与反贪惰、反封建专制、平等互助联系起来,甚至与占国民大多数的庶民老百姓联系起来,使这种观念具有了深厚的中国特色。

(二)社会主义是能够拯救中国的一种运动和制度

鸦片战争后,中华民族的救亡图强运动先后经历了太平天国、洋务运动、戊戌变法和辛亥革命,其结局都失败了,都没有找到拯救中国的正确道路。俄国十月革命的胜利给中华民族的先进分子以启迪。在这种情况下,李大钊明确指出,对社会主义的探讨绝不是在房里翻翻书本的事情,而主要是把社会主义当作拯救中国的一种运动、方略、道路来研究的。这种研究必须紧密结合中国的具

---

① 《李大钊文集》上卷,人民出版社1984年版,第600页。

② 《李大钊文集》上卷,人民出版社1984年版,第600页。

体状况。在与胡适的争论中，他指出，社会主义作为一种理论上的“主义”与对实际社会问题的研究解决并不矛盾。研究解决社会问题，不能没有一种基本的思路、方略和方法，主义可以作为工具、指导和材料为研究解决社会问题提供基础和帮助。在这里，有一个理论转化或结合到实际中去的问题。其一，理论、主义不一定是空谈，空谈的理论是没有生命力的。社会主义在中国要有生命力，就必须把“他的理想尽量应用于环绕着他的实境”①。其二，在把社会主义理论“拿来作工具，用以为实际的运动”时，理论必得因时、因事的性质情形发生一种适应环境的变化。李大钊批判了“振兴实业而必适用资本主义”的观点，认为社会主义照常可以发展实业，而且，“用资本主义发展实业，还不如用社会主义为宜”②。因为，第一，在落后的中国，发展实业所必需的资本及其他资源既稀少又零散，特别是缺乏组织，而社会主义方法正可以集中有限的资本和其他资源，使更多的劳力参与进实业之发展。第二，阻碍实业发展的官僚势力在中国颇为强盛。社会主义是制止和消除掣肘实业的中国官僚势力的途径和方法。第三，西方国家已经由自由竞争发展到集中共营管理阶段，在这样的国际环境中发展实业，不能不适应这一环境，即不能重复人家先前的老路，而必须“取兼程并力社会共营的组织”，否则不能有成。“所以今日在中国想发展实业，非由纯粹生产者组织政府，以铲除国内的掠夺阶级，抵抗此世界的资本主义，依社会主义的组织经营实业不可。”③

---

① 《李大钊文集》下卷，人民出版社 1984 年版，第 34 页。

② 《李大钊文集》下卷，人民出版社 1984 年版，第 445 页。

③ 《李大钊文集》下卷，人民出版社 1984 年版，第 455 页。

(三)社会主义是建立于唯物史观和"余工余值论"基础之上的科学理论

在其著名论文《我的马克思主义观》以及《社会主义与社会运动》等文稿中,李大钊的社会主义理论达到了一个新的高度。他在基本上掌握了历史唯物论和余工余值论(即剩余价值论)的基础上,对社会主义进行了富有特色的理论阐述。

他把马克思主义分为三部分:第一部分是分析过去的历史的,即历史唯物论;第二部分是分析现存的资本主义社会经济结构的,即经济论;第三部分是论述未来的政策和方向的,即社会主义论。未来的政策建构自然要依赖于对过去和现存的认识,因此,社会主义理论是直接建构在唯物史观和对现有资本主义经济结构的分析基础之上的。

李大钊把唯物史观解释为主要有两个要点:其一是社会生产关系的总和构成了社会经济的构造,而政治、法制、伦理、哲学这些"精神上的构造,都是随着经济的构造而变化"。生产力是经济构造变动的最高动因,"属于人类意识的东西,丝毫不能加他以影响"。[①] 其二是生产力决定社会组织的变动。阶级竞争(阶级斗争)学说就是在这两点的基础上建立起来的。对阶级竞争学说,李大钊主要说明了两点:第一,竞争的动因在经济利益。因而阶级竞争决定于生产力和社会组织(社会关系)的冲突。第二,阶级竞争学说是只适应于历史,不适应于社会主义未来的。他说:"马氏(马克思——引者注)并非承认这阶级竞争是与人类历史相始终的,他只把他的阶级竞争说应用于人类历史的前史,不是通用于过去、现在、未来的全部。与其说他的阶级竞争说是他的唯物史观的要素,

① 《李大钊文集》下卷,人民出版社 1984 年版,第 59 页。

不如说是对于过去历史的一个应用。”①

李大钊还论述了社会主义与道德的关系。他认为，社会主义的根据绝不是道德，而是经济基础之上的客观社会矛盾。把社会主义看作是一种伦理要求，视社会主义为伦理运动，那是对社会主义的误解或诬蔑。不过，社会主义的根据不在道德并不等于社会主义不重视道德。李大钊认为社会主义的理想目标中包括人们要达到较高的道德境界，而且认为道德感化和人道精神的伸张对于消除人类恶习从而促进社会主义的实现亦有重要作用。他进而认为，无产阶级和资产阶级在历史上是有冤仇的，但无产阶级争取社会主义并不是为本阶级报仇伸冤，而是为了社会上以无产阶级为代表的大多数人谋幸福的。大多数人的幸福，其中就包含着互敬互爱的交往道德。在李大钊看来，一定的经济状况要求一定的道德，社会主义的经济要求不同于资本主义的新道德，所以，社会主义“决不是将道德废去”，而是“再造出一种更好的道德”。在这方面，李大钊特别反对把社会主义仅仅看作是物质进步，而忽视文化、精神方面的地位与作用的片面观点，主张文化上、精神上的繁荣和改善也是社会主义的一种标志，而道德就是其中不可忽视的一部分。

(四)社会主义社会的构想

在李大钊看来，社会主义的实现必须经过三个阶段，这就是：政权的夺取，生产及交换机关的社会化，生产分配及一般执行事务的组织。在夺取政权后，就着手对生产及交换机关实行社会化，即把大企业、银行、运输和大商业收归国有，“除去有土农夫所有的土地以外，土地亦归国有”。社会主义制度一旦建立后，“此时所需解

① 《李大钊文集》下卷，人民出版社 1984 年版，第 62～63 页。

决的，不是政治问题，乃是经济问题”。[①] 能否处理好经济问题，就成了社会主义能否得到发展的关键。这是李大钊社会主义理论的一个重要思想。

对于社会主义经济问题，他主张把小企业合并到大企业中，由国家统一组织。但在具体组织管理时，他特别强调专家的作用。他认为，工人虽执掌政权，但实际不能指挥工师、技匠和实业家。工人应当与“好意的前资产阶级”合作，各部委应集合专家以指导生产劳动，改进技术。作为一种大规模的复杂生产，社会主义经济是一种专家指导的生产体系，轻视专家及其作用，是与社会主义经济的本然要求相抵触的。

社会主义政权建立后经济问题是最重要的思想，自然驳斥了当时那种社会主义是对生产的破坏的错误说法。李大钊强调，社会主义是作为解决资本主义所面临的难题而出现的制度；是把个人生产变为社会生产，把手工生产变为机器生产，是整理、调剂生产的混乱状态，使生产既得到合理发展，又不至于出现自发混乱的无政府状态的制度；是在经济生产中塑造一种能被合理调控的秩序，以便既防止生产过度而造成的浪费，也防止生产不足的制度。社会主义制度既要使生产取得进步，又要在享受生产成果方面使分配平均化，防止过度的两极分化。由此，他认为，社会主义在生产上要体现比资本主义更进步。

与社会主义要求生产更发达更进步相联系，李大钊把竞争看作是社会主义要取得进步所必需的前提条件，从而把竞争视为社会主义运作的内在要求。特别是针对一些人把社会主义看成理想化的大同世界，尤其是无政府主义者把它说成是互助互爱、没有管束的自由世界，他申明，社会主义仍然需要竞争。因为竞争是社会进步的动力，社会主义要不断进步，就不断地需要竞争。如果社会

① 《李大钊文集》下卷，人民出版社 1984 年版，第 613 页。

主义排斥竞争，“岂不令人枯死么”？只是社会主义的竞争不像自由资本主义时期那么悲惨和残酷而已。

与上述内容相关，李大钊还论述了政府在社会主义中的作用。他认为，社会主义要拯救中国，不是取消国家政府的存在，而是要求一个有能力发展生产、保障国民权力的政府存在，“要求政府有一种权力，使之伸张，以保障每人享受极大量的平等、自由”①。

由于社会主义特别是科学社会主义传入中国的时间还不长，李大钊对社会主义的论述更多的是澄清对社会主义的误解。虽然他结合中国社会的实际对中国式社会主义的含义作了不少富有特色的阐述，但是相比之下，对中国如何实行社会主义的论述显得较少，对中国走向社会主义的道路、方式和手段的分析就更少。尽管有如此的历史局限，李大钊仍不愧是中国最早的马克思主义者和共产主义者，因为，在诸多假社会主义理论泛滥的情况下，只有澄清社会主义的真正含义，人们才能真正理解社会主义，把握社会主义的真谛，然后才能根据中国实际状况，去确定中国走向社会主义道路，选择实现社会主义的手段和方式。所以，他作为中国思想史上系统介绍社会主义尤其是科学社会主义的第一人，其论述重点在澄清对社会主义理解上是很自然的。他在介绍科学社会主义的过程中，作了很多很有特色的阐述，在许多问题上有独到的见解。另外，他还高瞻远瞩地意识到农民问题对中国革命的重要性，并开始探讨农民问题和土地问题对中国革命的意义，写出了《土地与农民》等开拓性的论文。

李大钊是中国最早的马克思列宁主义传播者。他在不长的一生中不断追求真理，其论著充分体现了那种探索不止的可贵精神。他对科学社会主义理论在中国的传播和发展做出了卓越的贡献。

---

① 《李大钊文集》下卷，人民出版社 1984 年版，第 374 页。

二、陈独秀的社会主义思想

陈独秀是中国共产党的创始人与早期的主要领导人之一，也是五四新文化运动的旗手。“五四”前夕，他发表了《二十世纪俄罗斯的革命》一文，颂扬十月革命。五四运动后期，陈独秀成长为一个马克思主义者，发表了《谈政治》、《劳动神圣与罢工》等十余篇宣传马克思主义的文章。党成立后写了《马克思主义学说》等著作。著作编为《独秀文存》、《陈独秀著作选》等。他的社会主义思想主要有以下内容：

（一）批驳基尔特社会主义，指出中国的社会主义发展方向

1920年9月英国哲学家罗素来华讲学，宣扬基尔特社会主义。张东荪、梁启超等发表《由内地旅行而得之又一教训》、《复张东荪书论社会主义运动》等文，吹捧罗素的主张，鼓吹以资本主义发展实业，劳资协作，反对社会主义，挑起关于社会主义的论战。陈独秀在论战中发表了《致罗素、张东荪的信——关于社会主义的讨论》、《社会主义批评》，批驳罗素、张东荪、梁启超等人的观点，反对走资本主义道路，坚持社会主义。在给罗素的信中说：中国要发展教育与工业，“这是不待讨论的。但是有一件要讨论的事，就是还仍旧用资本主义发达教育及工业，或是用社会主义”①。他批评了用资本主义开发实业，解决中国人的贫乏的观点。他指出：“按资本生产制一面固然增加财富，一面却增加贫乏，这是稍有常识的人都应该知道的。”②资本主义使少数人富足，但不能使多数人都过着人的生活。欧美和日本实行资本主义使教育及工业得以发

① 《陈独秀文章选编》中册，三联书店1984年版，第52页。

② 《陈独秀文章选编》中册，三联书店1984年版，第53页。

达，但却把欧、美、日本社会弄成贪婪、欺诈、刻薄、没有良心了，伦敦、神户有名的贫民窟也是资本主义制度的必然现象。中国应避免走欧、美、日本的错路。他指出，在遭受外国资本主义侵略的情况下，“中国资本家都直接或间接是外国资本家底买办，只能够帮着外国资本家来掠夺中国人，指望他们发达起来能够抵制外国资本家，能够保全中国的独立，再过一两世纪也没有希望”[①]。在否定了资本主义的选择后，他指出了中国社会发展的社会主义方向。他指出，社会主义代替资本主义是必然的历史趋势，“资本主义的生产分配方法不良，已到了自身不能救济自身底危机必然崩溃的运命，代他而起的自然是社会主义的生产分配方法”[②]。只有社会主义能够避免少数人奢华、多数人过着非人生活的两极分化、贫富悬差，使中国人都得过着人的生活。他对当时传入中国的无政府主义、共产主义、国家社会主义、工团主义、行会社会主义（即基尔特社会主义）等五派社会主义学说作了辨析，指出中国只能采取俄国共产党的社会主义。他还批驳了张东荪、梁启超等人提出的中国资本制度不发达不能讲社会主义，要先实行资本主义，将来再搞社会主义的错误观点。指出，现在“有许多事都渐渐逃不了国际化，经济制度更是显著；各国资本制度都要崩溃，中国那能够拿国民性和特别国情等理由来单独保存他”[③]。

（二）反对资产阶级民主，主张无产阶级专政

陈独秀对民主思想的探索，经历了以下阶段：新文化运动初期，主张以自由、人权为核心的资产阶级民主；新文化运动后期，高擎阶级斗争和无产阶级专政旗帜，主张无产阶级民主；晚年根据苏

① 《陈独秀文章选编》中册，三联书店 1984 年版，第 57 页。

② 《陈独秀文章选编》中册，三联书店 1984 年版，第 91 页。

③ 《陈独秀文章选编》中册，三联书店 1984 年版，第 92 页。

联的经验教训，又以资产阶级民主思想为基础，形成了特色鲜明的大众民主思想。经过五四运动的洗礼，陈独秀的思想发生了根本性的变化，他由一个赞扬“近世文明”的激进民主主义者转变成为一个拥护社会主义和无产阶级专政的马克思主义者。在其成长为马克思主义者后，他主张在经济上彻底否定资本主义制度，主张中国的发展方向是社会主义；而在政治上就是反对资产阶级民主，主张无产阶级专政。

中国共产党发起组成立后，9 月 1 日，陈独秀在已经成为中共理论机关刊物的《新青年》第 8 卷第 1、3 期上，发表了标志着他思想转折的《论政治》、《国庆纪念底价值》等文章与通信，提出了以下观点：

揭示了资产阶级民主的虚伪本质，宣称“18 世纪以来的政制已经破产”，表明他承认过去自己所拥护的西方民主制度“已经破产”。陈独秀由对资产阶级民主的怀疑到动摇，逐步认识到资产阶级民主的性质，最后是对其进行批判与否定。陈独秀指出：“18 世纪以来的‘德莫克拉西’是那被征服的新兴财产工商阶级，因为自身的共同利害，对于征服阶级的帝王贵族要求权利的旗帜。现在宪法都有了，共和政体也渐渐普遍了，帝王贵族也都逃跑或是大大的让步了，财产工商业阶级要求的权利得到手了，目的达了，他们也居了帝王贵族的特权地位了。如今 20 世纪的‘德莫克拉西’，乃是被征服的新兴无产劳动阶级，因为自身的共同利害，对于征服的工商劳动阶级要求权利的旗帜。”[①]在《谈政治》一文中，陈独秀对资产阶级民主的本质有了更加深刻的认识，他说：“民主主义是甚么？乃是资本阶级在从前拿他来打倒封建制度底武器，在现在拿他来欺骗世人把持政权底诡计。……民主主义只能够代表资产阶

① 陈独秀：《告北京劳动界》，载《陈独秀文章选编》上册，三联书店 1984 年版，第 449 页。

级底意,一方面不能代表封建党底意,一方面更不能代表劳动阶级底意,他们往往拿全民意来反对社会主义,说社会主义是非民主的,所以不行,这都是欺骗世人把持政权的诡计。”①“封建主义时代只最少数人得着幸福,资本主义时代也不过次少数人得着幸福,多数人仍然被压在少数人势力底下,得不着自由与幸福的。……全国底教育、舆论、选举,都操在少数的资本家手里,表面上是共和政治,实际上是金力政治,所以共和底自由幸福多数人是没有分的。主张实际的多数幸福,只有社会主义的政治。共和政治为少数资本阶级所把持,无论那国都是一样,要用他来造成多数幸福,简直是妄想。”②

论证了十月革命后社会主义政治取代资产阶级专政的必然性、合理性。他指出:“社会主义要起来代替共和政治,也和当年共和政治起来代替封建制度一样,按诸新陈代谢底公例,都是不可逃的运命。”③要扫除世界上的不平和痛苦,“只有被压迫的生产的劳动阶级自己造成新的强力,自己站在国家地位,利用政治、法律等机关,把那压迫的资产阶级完全征服”④。“我敢说,若不经过阶级战争,若不经过劳动阶级占领权利阶级地位底时代,德莫克拉西必然永远是资产阶级底专有物,也就是资产阶级永远把持政权抵制劳动阶级底利器。”⑤指出无产阶级专政是针对反动的资产阶级的,“各国共和革命后,民主派若失了充分压服旧党底强力,马上便

---

① 陈独秀:《随感录·民主党与共产党》,载《陈独秀文章选编》中册,三联书店1984年版,第67页。

② 陈独秀:《国庆纪念底价值》,载《陈独秀文章选编》中册,三联书店1984年版,第31~32页。

③ 陈独秀:《国庆纪念底价值》,载《陈独秀文章选编》中册,三联书店1984年版,第31~32页。

④ 陈独秀:《谈政治》,载《陈独秀文章选编》中册,三联书店1984年版,第4页。

⑤ 陈独秀:《谈政治》,载《陈独秀文章选编》中册,三联书店1984年版,第9页。

有复辟底运动。此时俄罗斯若以克鲁巴特金的自由组织代替列宁的劳动专政，马上不但资产阶级要恢复势力，连帝制复兴也必不免"[①]。说明所谓"无产阶级专政"只针对敌人即复辟势力，而不是针对党内和人民内部的不同意见者的，更不是对付人民的。指出民主是有阶级性的，资产阶级民主是"资产阶级的护身符"、"专有物"、"也就是资产阶级永远把持政权抵制劳动阶级的利器"，资产阶级总是用"民主"反对无产阶级专政。只有经过阶级斗争（暴力革命）建立无产阶级专政，实现无产阶级民主即"社会主义的政治"。资产阶级民主是虚伪的是少数人的民主，只有"少数人得着幸福"，"主张实际的多数幸福，只有社会主义的政治"。社会主义政治就是无产阶级专政，亦即是无产阶级民主，十月革命后"凡劳动的人都得着自由，有什么不合乎'德谟克拉西'"。

陈独秀还指出"由封建而社会主义，中间还必须经过共和时代"，但在过渡时间上，西方与东方不同，"西欧共和政治经过长久岁月……现在的东方各国却和他们的情形不同，所以俄罗斯共和推翻了封建半年便被社会主义代替了，封建和社会主义之间不必经过长久的岁月，这是一个很明显的例"。[②] 正是出于以上的认识，他在为中共起草的成立纲领和共产党政治机关报《共产党》创刊词《短言》中，主张立即在中国进行十月革命式的社会主义革命，宣称："要想把我们的同胞从奴隶的境遇中完全救出，非由生产劳动者全体结合起来，用革命的手段打倒本国外国一切资本阶级，跟着俄国的共产党一同试验新的生产方法不可。什么民主政治，什么代议政治，都是资本家为自己阶级设立的，与劳动阶级无关……我们不可听议会派底欺骗，我们只有用阶级战争的手段，打倒一切

---

① 陈独秀：《谈政治》，载《陈独秀文章选编》中册，三联书店 1984 年版，第 5 页。

② 陈独秀：《国庆纪念底价值》，载《陈独秀文章选编》中册，三联书店 1984 年版，第 33 页。

资本阶级,从他们手中抢夺来政权;并且用劳动专政的制度,使资本阶级永远不至发生。"后来,在列宁的帮助下,1922 年的中共"二大",纠正了直接进行无产阶级革命的纲领,决定分两步走,先进行反帝反封建的民主革命,再进行"与贫苦农民联合的无产阶级专政的第二步奋斗"。

(三)对中国社会各阶级的分析

陈独秀本来重视无产阶级,反对中国共产党加入国民党,后来服从共产国际指示,接受马林的意见,同意实行国共合作,但也受到共产国际和马林重视资产阶级、轻视无产阶级,抬高国民党、贬低共产党的消极影响。1923 年发表了《资产阶级的革命与革命的资产阶级》、《中国国民革命与社会各阶级》等文,由重视工人阶级,转变为重视资产阶级,错误地认为资产阶级是中国资产阶级民主革命的社会基础。他接受马林的观点,并赋予这些观点以"二次革命论"的理论形态。对中国社会各阶级作了错误的分析。他指出,中国资产阶级分为工商资产阶级和官僚资产阶级两部分。官僚资产阶级依赖外国及本国军阀政府,不但是不革命的,而且是反革命的;不但不是真正资产阶级,而且是真正资产阶级——工商阶级发展的障碍。工商资产阶级一面有懦弱心理,不容易赞成革命,但由于遭受军阀扰乱之阻碍或外货外资之竞争,会促起他有国民革命必要的觉悟。陈独秀这些观点无疑都是合理的,问题是夸大了资产阶级的力量。他指出,资产阶级虽然亦幼稚,"然而资产阶级的力量究竟比农民集中,比工人雄厚"①。农民是国民革命之伟大的势力,但是"农民居处散漫势力不易集中,文化低生活欲望简单易于趋向保守,中国土地广大易于迁徙被难苟安"②。这三种环境使

---

① 《陈独秀文章选编》中册,三联书店 1984 年版,第 365 页。

② 《陈独秀文章选编》中册,三联书店 1984 年版,第 367 页。

农民难以加入革命运动。“工人阶级在国民革命中固然是重要分子，然亦只是重要分子，而不是独立的革命势力。”[①]小资产阶级动摇不定。根据上述分析，他认为中国需先进行一场资产阶级民主革命，资产阶级民主革命应当由资产阶级统率。他说：“中国国民党目前的使命及进行的正轨应该是：统率革命的资产阶级，联合革命的无产阶级，实行资产阶级的民主革命。”[②]“国民革命成功后，在普通形势之下自然是资产阶级握得政权。”[③]在民主革命阶段，无产阶级的使命是协助资产阶级参加国民革命运动。等到民主革命成功后再由无产阶级统帅它的大军进行另一次革命，取得政权。这就是说，先进行民主革命，资产阶级取得政权，中间经历一个资产阶级发展的阶段才可以进行社会主义革命。他说：“我们不是乌托邦的社会主义者，决不幻想不经过资本主义，而可以由半封建的社会一跳便到社会主义社会。”[④]可见，“二次革命论”割裂了民主革命和社会主义革命之间的联系，夸大了资产阶级在民主革命中的作用，对大革命后期他所犯的右倾机会主义错误有重要影响。

(四)取消主义的政治主张

大革命失败后，陈独秀曾闭门思过，进行个人反省。他对大革命失败原因、对共产国际以及对中国革命性质的看法与当时党中央及共产国际存在着根本分歧，而且尖锐到了不可调和的程度，促成李立三主持的中央作出将其开除出党的决定。1929 年春，他开始接触托派文件，接受了托洛茨基主义的一些观点。他与托洛茨基在有关中国问题及对共产国际的看法上，存在着思想共鸣并惺

① 《陈独秀文章选编》中册，三联书店 1984 年版，第 368 页。
② 《陈独秀文章选编》中册，三联书店 1984 年版，第 259 页。
③ 《陈独秀文章选编》中册，三联书店 1984 年版，第 371 页。
④ 《陈独秀文章选编》下册，三联书店 1984 年版，第 264 页。

惺相惜。从1929年7月开始，他连续给中央写信，许多观点来自托洛茨基的文章。被开除党籍后，他12月10日发表的《告全党同志书》、12月15日他所签名的《我们的政治意见书》、1930年2月27日他的《答国际的信》，进一步提出了一整套取消主义的政治主张。其主要内容是：第一，关于大革命的失败与共产国际的关系。托洛茨基在《不断革命论》中提出，在民主革命过程中，必须采用无产阶级专政的形式，社会主义革命任务要提到民主革命阶段来完成。为此，无产阶级在民主革命中，不能与资产阶级建立任何形式的联合战线，而要把资产阶级和资本主义作为打击对象。具体到中国革命问题，托洛茨基反对斯大林和共产国际在中国革命中执行的路线，尤其反对共产党员加入国民党的国共合作政策，认为共产国际的联合战线政策导致了中国大革命的惨败。陈独秀接受了托洛茨基把大革命失败归咎于共产国际联合战线政策的论断。他在大革命时期先是反对共产党员加入国民党，后来多次要求退出国民党。现在认定他原来的主张被共产国际一再否定，才导致了大革命的失败。他指出，以"阶级联盟政策"代替"无产阶级独立的领导革命"政策，"是国际对于中国革命根本政策之错误"[①]。"使中共加入国民党，根本已毁坏其独立性便不能执行其独立政策。中共要执行国际这机会主义政策，则步步投降资产阶级，毁灭中共组织上政治上的独立，乃必然的逻辑。"[②]第二，关于大革命失败后中国的社会性质与社会矛盾。陈独秀认为中国大革命失败，"开始了中国历史上一大转变时期，这一转变时期的特征，便是社会关系之转变。主要的是资产阶级取得了胜利。在政治上对各阶级取得了优越地位。取得了帝国主义的让步与帮助"[③]。南京政府是纯

---

① 陈独秀给中共中央的信，1929年10月10日。

② 陈独秀等：《我们的政治意见书》，1929年12月15日。

③ 陈独秀给中共中央的信，1929年8月5日。

粹的资产阶级政权,国民党是纯粹的资产阶级政党。中国社会已是资本主义占优势的社会,封建势力已成残余的残余。因此,资产阶级民主革命的任务已经完成,资产阶级成了现在革命主要的甚至唯一的对象。第三,关于大革命失败后的革命形势与革命性质。陈独秀一方面从取消主义的立场出发,指出中国已不再需要资产阶级民主革命,下次革命一开始就是社会主义革命;另一方面悲观估计大革命失败后的形势,指出:“过去的革命已经过去,将来的革命还未到来”,目前“资产阶级政权相当稳定”,新的革命高潮几时到来,却没有人能够预言。回到了取消当前革命的立场上。第四,关于国民会议。他提出,现在无革命高潮的形势,处在反革命全盛时期,无产阶级只能搞合法的国民会议运动,“即民众自己起来,为召集代表民众自身利益的国民会议而奋斗,亦即是一个由普遍的平等的不记名投票选举产生出来的国民会议,以民主的组织运动来对抗国民党的军阀独裁,由全国人民代表自己来解决一切国家问题”。[①] 党的中心任务是为召集国民会议而奋斗。所以,国民会议的主张,实际上是用议会斗争的合法运动取代暴动夺取政权,取消革命的主张。第五,关于红军。1930 年 4 月 13 日,他写了《关于所谓“红军”问题》一文,攻击中共领导人领导农民游击战争是“背叛”中国工人运动,红军的基础是“游民无产阶级(土匪与溃兵)”。其结论是:“没有城市工人领导的所谓‘红军’,其前途不外是:一,统治阶级的内部战争一停止,‘红军’便要被击溃,或为其所收买;二,因自己内讧而溃败;三,逐步与农村资产阶级(商人与富农)妥协,变成他们的‘白军’或为他们的经济手段所压迫而溃散,此外不能有别的前途。”因此,陈独秀的取消主义,从右的方面否定了党的农村根据地和游击战争的政策,否定了农村包围城市的道路。他终于完全背离了他自己亲自创立的党。

---

① 陈独秀、彭述之给中央的信,1929 年 10 月 26 日。

(四)晚年对民主政治的思考

陈独秀晚年思想既有发展,又有失落。最突出的是他对民主问题的思考,既有有价值的部分,又有消极的因素。他把民主主义看成超阶级、超时代的范畴,认为:“民主是自从古代希腊罗马以至今天明天后天,每个时代被压迫的大众反对少数特权阶层的旗帜,并非仅仅是某一特殊时代历史现象。”“资产阶级的民主和无产阶级的民主,其内容大致相同,只是实施的范围有广狭而已。”[①]否定了民主的阶级性。他把无产阶级专政国家制度还不完善所造成的错误,看成是无产阶级专政整个制度的罪恶,彻底否定无产阶级专政,把无产阶级专政与法西斯制度并列,提出要推翻莫斯科、柏林、罗马“三大反动堡垒”,这都是极其错误的。但他对斯大林缺乏民主作风、忽略民主政治、搞肃反扩大化等错误提出了批评。他提出,要重新认识资产阶级国家的民主政治制度,充分肯定其历史作用,强调民主政治对于推动人类进步发展具有普遍真实的价值;无产阶级夺取政权之后必须实行民主的政治制度,一个真正的工人国家绝对应该比任何资产阶级国家更加民主,无产阶级是民主主义的真正代表,共产主义者也是真正的民主主义者。他还提出,在建立无产阶级民主的过程中,应借鉴资产阶级民主制,不能把民主主义看作是资产阶级的专利品;无产阶级和社会主义的民主政治并不是空洞抽象的名词,应如同资产阶级民主政治那样也必须具有具体的内容,否则便是假民主、真专制。这些意见都有可取之处。

总之,陈独秀是一位非常复杂的历史人物,非常复杂的思想家。他的社会主义理论也非常复杂,既有正确的东西,也有不正确的东西;既吸取了外来的理论和主义,也有自己的见解,需要作认真的研究。

---

① 《陈独秀的最后论文和书信》,第 35 页。

三、瞿秋白的社会主义思想

瞿秋白(1899～1935年)是中国共产党早期的重要领导人,无产阶级革命家、政治家、理论宣传家和文学家。江苏常州人。少年时代入常州府中学堂,因家贫辍学。1916年入北京大学旁听,不久考入俄文专修馆。1919年参加五四爱国运动,为专修馆学生总代表,在斗争中,思想大进一步,“倏然一变而倾向社会主义”。1920年春,参加了李大钊组织的“马克思学说研究会”。不久以《晨报》记者身份赴俄采访,历时两年,系统地向中国人民报道十月革命后苏俄的真实情况。1921年秋,在莫斯科东方共产主义劳动大学任翻译、助教。1922年加入中国共产党。1923年1月回国后,担任中共中央机关刊物《新青年》、《前锋》主编和《向导》编辑,致力于马克思主义的宣传和研究工作。1925年1月参加中共“四大”,当选为中央局成员。在“五卅”运动中,负责编辑的《热血日报》、《新青年》和《向导》周报,及时地提出指导方针和斗争策略,对运动的发展发挥了极为重要的作用。1927年8月7日与李维汉主持召开中共中央紧急会议,会后,主持中央工作,在短时期内犯过“左”倾盲动错误。1928年6月出席中共“六大”,会后,留莫斯科任中共中央驻共产国际代表团团长。1930年8月回国,9月主持召开中共六届三中全会,纠正立三“左”倾冒险错误。次年1月,在六届四中全会上遭王明等打击,被开除中央领导职务。此后,在上海同鲁迅一起领导左翼文化运动。1934年2月,进入江西中央苏区,任中华苏维埃共和国中央政府教育人民委员,红军长征时留在苏区。1935年2月,转移途中被国民党逮捕,同年6月在长汀英勇就义。著作收入《瞿秋白选集》和《瞿秋白文集》。

瞿秋白是较早将社会主义理论和现实结合起来进行认识和探

讨的人。五四运动以后，先进的中国人放弃了对帝国主义的幻想，抛弃了资产阶级共和国的方案，转而以俄为师为友，开始宣传和信仰马克思主义。此时，瞿秋白研究了新思潮中的许多流派，特别对社会主义的讨论引起他的注意。1920 年 1 月 21 日他在《新社会》上发表的《读〈美利坚之宗教新村运动〉》中，分析了美国宗教新村运动的衰落、解体、失败的原因，进而得出必须采取马克思主义革命方法的结论，认为“马克思主义派的直接运动不可少的”①。这时期，他还翻译了德国社会主义活动家倍倍尔长达 6 万字的《社会之社会化》一书，写了《倍倍尔之泛劳动主义观》，批判了托尔斯泰的泛劳动主义、无政府主义，对倍倍尔笔下的社会主义“新社会”表示了极大的“欣羡”，而且对倍倍尔主张用革命手段对旧社会进行“根本的改造”表示赞同。

然而，“五四”时期，瞿秋白对社会主义还只是一种朦胧的向往，对社会主义的认识还掺杂着许多非科学的成分。社会主义思想，在他的世界观中还只是刚刚有所萌芽，还没有从空想上升为科学。

1920 年 10 月，瞿秋白以《晨报》记者的身份去俄国，在苏俄不到两年的时间里，写成了《俄乡纪程》、《赤都新史》两部优秀散文作品和许多专题报道，实事求是地介绍俄国十月革命的政治、经济和文化生活情况，热情歌颂了十月革命惊天动地的伟大业绩，最早向中国人民系统地介绍了俄国革命的情况。此时，瞿秋白对社会主义的认识有突破性的提高。

首先，他开始从理论和实践相结合的角度，对苏俄的农民问题、宗教问题和民族问题等等一系列复杂的社会问题，作了深入的探讨。他从采访中了解到：“俄国是以农立国的，所以一切物资，都

---

① 《瞿秋白文集·政治理论编》第 1 卷，人民出版社 1987 年版，第 61 页。

全靠各地农民去供给。”[①]在苏俄“农民的潜势力向来很大”[②]。如果离开农民去谈社会主义，则社会主义不会成功。他在采访中发现：“民族的复杂是俄国历史上的事实，而于实行共产主义障碍非常之大”[③]，但俄国共产党采取分别不同民族、提出不同办法，提携弱小民族共同前进的民族政策，“确为世界历史上开一新纪元”[④]。在苏俄生活期间，瞿秋白对俄罗斯民族的国民性亦有了亲身的感受和体验。他发现：伟大的俄罗斯民族诚然有着勇敢、顽强的优良品格，这对俄国社会进步无疑是一种决定性的作用和力量。然而，也必须看到俄罗斯民族是一个兼有东方和西方民族特性的民族，东西方民族甚至东西方社会的某些传统因素，都对它有所影响。因此，在这样的国家里，要实现社会主义伟大理想，就不能不研究和考虑这一特殊的“东方式而西方的国民性”[⑤]问题。因此，“在俄罗斯这样一个国家里要实行共产主义，真是伟大而且艰巨的‘工程’”[⑥]。

其次，他在对苏俄布尔什维克党的观察和认识中，开始把社会主义的实现同一个马克思主义政党的领导，紧密地联系起来，从而进一步深化了对社会主义的认识和探讨。早在“五四”时期，瞿秋白就非常注意社会改造的主体——人的问题。他认为社会改造固然“应当先研究改革的制度——要改革到如何地步，再研究改革的方法——怎样去改革。可是要问一问：究竟谁去改革？假使没有人改革，以上两问题只能暂且搁起”[⑦]。由于历史条件的限制，瞿

① 《瞿秋白文集·政治理论编》第1卷，人民出版社1987年版，第115页。
② 《瞿秋白文集·政治理论编》第1卷，人民出版社1987年版，第119页。
③ 《瞿秋白文集·政治理论编》第1卷，人民出版社1987年版，第221页。
④ 《瞿秋白文集·政治理论编》第1卷，人民出版社1987年版，第194页。
⑤ 《瞿秋白文集·政治理论编》第1卷，人民出版社1987年版，第224页。
⑥ 《瞿秋白文集·政治理论编》第1卷，人民出版社1987年版，第228页。
⑦ 《瞿秋白文集·政治理论编》第1卷，人民出版社1987年版，第51页。

秋白当时还不可能对共产党有所了解和认识，只是到了苏俄，在耳闻目睹以列宁为首的布尔什维克党的一系列艰苦奋斗的事迹后，他才把社会主义的实现同共产党的领导紧密联系起来。瞿秋白深有感触地发现没有俄国布尔什维克党的坚强领导，也就没有社会主义苏俄的今天，而共产党领导社会主义"人间化"过程这一事实，也是社会历史发展的必然。他认为在俄国"事实上只能由'主张无产阶级独裁制者'来执行独裁制"[①]。

瞿秋白研究社会主义的最大特点，是把社会主义放到具体的社会实践中，把它作为一种活生生的运动来探讨，从而认识到社会主义和共产主义的实现，决不是一个单纯的理论问题，也不是按照某些抽象的理论公式去做就能轻易成功的，而是一场需要解决各种难题的艰苦而伟大的社会实践。

1923 年初，瞿秋白回到北京，不久他就活跃在党的理论宣传战线上。在他的"革命的理论永远不能和革命的实践相离"、"应用马克思主义于中国国情的工作，断不可一日或缓"[②]的思想指导下，他运用马克思主义理论，系统研究了中国革命一系列重要问题，提出了正确或比较正确的主张、思想和策略，对社会主义的认识又有新的发展。

关于无产阶级领导权问题。瞿秋白认为，五四运动是中国革命新时期的起点，"是分划中国之政治经济思想等为前后两时期的运动"[③]，从此中国革命便是"世界的社会主义革命的一部分"。[④]此时，无产阶级应该怎样对待民权革命和社会主义革命呢？1923 年 9 月，瞿秋白在《自民权主义至社会主义》一文中，依据马克思列

---

① 《瞿秋白文集·政治理论编》第 1 卷，人民出版社 1987 年版，第 227 页。

② 《瞿秋白选集》，人民出版社 1985 年版，第 310、311 页。

③ 《瞿秋白文集·政治理论编》第 3 卷，人民出版社 1989 年版，第 156 页。

④ 《瞿秋白文集·政治理论编》第 3 卷，人民出版社 1989 年版，第 464 页。

宁主义的经典著作《德国的革命和反革命》、《两个策略》中所阐明的原理，对民权主义与社会主义的关系，无产阶级如何正确对待民权主义运动等问题，作了详尽论述。瞿秋白指出，社会主义是自由的世界，正义的世界，真美的世界。中国无产阶级的最高目的必然"是社会主义"，然而在"达到社会主义的途径上，随时有切近的目标和利益"①。目前，"中国客观的政治经济状况及其国际地位，实在要求资产阶级式的革命；同时此种绝对资产阶级性的所谓'民族民权革命'却非借重国际的及国内的无产阶级不可。独有无产阶级能为直接行动，能彻底革命，扫除中国资本主义的两大障碍"②。因此，瞿秋白进一步指出，无产阶级应积极参加资产阶级民主革命，因为资产阶级性的革命却须无产阶级领导方能胜利。此后，瞿秋白曾多次谈到无产阶级领导权问题，他指出："要工人阶级能争得革命的领袖权，必须工人阶级的政党主观上有正确的战术。"③他坚信"与资产阶级争领导权是可能而必要的"④。

关于农民问题。实现无产阶级对民主革命的领导权，必须联合农民，解决农民的土地问题。1923 年，瞿秋白在为党的"三大"起草的党纲草案中，明确提到中国革命"不得农民参加革命不能成功"⑤。后来，他多次强调，"中国国民革命的意义，是在解放农民"⑥，"中国革命中无产阶级之主要的联盟者是农民，无产阶级的领导革命，必须是取得对于农民群众的领导权，这就是说必须有明确的土地革命的党纲"⑦，以铲除帝国主义、军阀统治的根基。

---

① 《瞿秋白选集》，人民出版社 1985 年版，第 57 页。

② 《瞿秋白选集》，人民出版社 1985 年版，第 85 页。

③ 《瞿秋白选集》，人民出版社 1985 年版，第 323 页。

④ 《瞿秋白选集》，人民出版社 1985 年版，第 402 页。

⑤ 《瞿秋白选集》，人民出版社 1985 年版，第 342 页。

⑥ 《瞿秋白选集》，人民出版社 1985 年版，第 306 页。

⑦ 《瞿秋白选集》，人民出版社 1985 年版，第 406 页。

关于武装斗争问题。瞿秋白对争取武装斗争的领导权也非常重视。早在1923年他就提出，中国问题的真正解决，既需要“武装革命”，又需要“群众运动”，应当把两者结合起来，同时并进，相互作用。后来，他根据“五卅”运动的经验，一再提出，“中国革命斗争的经验已经造成武装革命的必要条件”[①]，“以前所谓领导仅仅指群众运动中的领导权”，“现在无产阶级应当参加革命的政权，应当指导革命中的武力，应使军队中的指挥成分继续由真正忠于革命的成分来代替和补充，使军队本身直接关顾劳动群众的利益。”[②]他还提出以军队发展土地革命，从土地革命中造出新的力量来。

瞿秋白还就民主革命的联合战线、坚持党的集体领导、民主集中制问题提出了见解，并在哲学和文化方面做出了突出贡献。总之，瞿秋白结合实际，有针对性地对中国革命一系列问题的论述，为新民主主义革命理论和路线奠定了坚实的基石，为社会主义在中国的发展、走中国式的革命道路提出了许多合理的论断。

当然，瞿秋白对社会主义的认识也有不成熟和错误的地方，他曾提出“一次革命”的观点。他说：“中国革命，是由民权主义到社会主义的无间断的革命”[③]，“到国民革命的最高度，很可以与世界革命合流而直达社会主义”[④]。因此，“中国革命要推翻豪绅地主阶级，便不能不同时推翻资产阶级”[⑤]。这就混淆了民主革命与社会主义革命的界限。1927年10月底，中央临时政治局会议认为当前的革命潮流已经使高涨的中国革命具备客观条件，党应当汇合各种暴动发展成为总暴动。11月，由瞿秋白主持召开的临时中

---

① 《瞿秋白选集》，人民出版社1985年版，第282页。

② 《瞿秋白选集》，人民出版社1985年版，第364页。

③ 瞿秋白：《中国革命是什么样的革命》，载《布尔什维克》第1卷第5期，1927年。

④ 《瞿秋白选集》，人民出版社1985年版，第85页。

⑤ 瞿秋白：《中国革命是什么样的革命》，载《布尔什维克》第1卷第5期，1927年。

央政治局扩大会议上通过的《中国现状与共产党的任务决议案》。决议案一方面正确地号召一切革命力量在共产党领导下，坚决反对帝国主义，推翻国民党的反动统治；坚决领导农民暴动，实行农村割据；没收地主阶级的土地归农民耕种；组织工农革命军开展游击战争，等等。但另一方面又认为中国革命是所谓“无间断的革命”，“现在的革命斗争，已经必然要超越民权主义的范围而急剧的进展”，“必然要彻底解决民权主义任务而急转直下的进于社会主义的道路”。

瞿秋白的错误，是党内革命急性病的反映，是时代条件的限制或者缺少经验，在探索中国革命基本问题上有些问题尚还认识不清楚。另外，与共产国际代表罗明纳兹的指导有关，许多观点是直接来自共产国际的。瞿秋白的错误很快得到了纠正，后来他曾多次作过自我批评，严于责己，从不诿过于人。恩格斯在 1859 年 5 月 18 日《致斐·拉萨尔》中指出：“主要人物是一定的阶级和倾向的代表，因而也是他们时代的一定思想的代表，他们的动机不是从琐碎的个人欲望中，而正是从他们所处的历史潮流中得来的。”①把瞿秋白的思想和实践放在近代中国民族斗争、阶级斗争和历史潮流中加以考察，就不难把握事物的本质，得出正确的历史结论。

四、李立三的社会主义思想

李立三(1899～1967 年)，原名隆郅，湖南醴陵人。1917 年前在家乡读过小学和中学，之后当过小学教员也当过兵。1919 年 12 月赴法勤工俭学，1921 年 9 月因参加进占里昂中法大学的斗争被法当局拘捕，押送回国。同年冬在上海加入中国共产党。12 月被中共湘区委员会书记毛泽东派往安源工作，任安源路矿工人俱乐

① 《马克思恩格斯全集》第 29 卷，人民出版社 1972 年版，第 583 页。

部主任。1922 年 9 月和刘少奇领导了安源路矿工人大罢工,并取得了胜利。1923 年 4 月任中共武汉区执委会委员长。1924 年 3 月又调上海工作。1925 年参加领导了五卅运动,在运动中,上海总工会成立,任委员长。1927 年 8 月领导了南昌起义,12 月调任中共广东省委书记。1928 年 6 月在莫斯科参加中共"六大",当选为中央政治局候补委员和政治局后补常委,后补选为政治局委员和常委。1930 年在担任中央政治局常委兼中共中央秘书长和宣传部长期间,掌握了党中央实权,犯了"左"倾冒险错误,被称为"立三路线"。9 月,党的六届三中全会上被撤销了他的政治局委员、常委、中共中央秘书长和宣传部长的职务。1931 年 1 月六届四中全会上又被撤销了中共中央委员职务,此后离开了中央领导机关。1930 年 12 月在共产国际训令下,到达莫斯科,向共产国际远东局和共产国际执委会作检讨。此后便整整旅居苏联十五年,先后担任过中共驻共产国际代表团成员、《救国时报》主编、共产国际工人出版社中文部主任、校对员等工作。其间,由于肃反扩大化,从 1938 年 2 月至 1939 年 11 月被捕入狱。1945 年在中共"七大"上重新当选为中央委员。1946 年 1 月回国,担任军调处执行部东北三人小组中共方面政治顾问、中共方面首席代表。8 月,当选为中华全国总工会执行委员和副主席、全总党组书记,主持全总日常工作。新中国成立后,历任中央人民政府委员、劳动部部长、中华全国总工会副主席、中共中央书记处第三办公室副主任、中共中央华北局书记处书记等职。"文化大革命"中,由于林彪、江青反革命集团的迫害,于 1967 年 6 月逝世。1980 年 3 月中共中央为他举行追悼会,平反昭雪,恢复名誉。

李立三是无产阶级革命家,是中国工人运动的开拓者和新中国工会的奠基人,他为中国人民的解放事业和伟大的共产主义事业,贡献了自己毕生的精力。他在长期复杂的斗争中,犯过错误,特别是从 1930 年 6 月到 9 月犯了严重的"左"倾冒险错误,其重要内容之一就是对社会主义的一些不正确认识。

李立三认为，中国在大革命失败以后，“革命斗争的主要任务，是推翻帝国主义的统治，是消灭封建势力的土地革命，所以无疑义是民主革命的性质”①。但他又认为，中国资产阶级已经是反动联盟的一部分，因此民主革命是反对帝国主义与封建势力，同时也必须反对资产阶级。民主革命的彻底胜利不但与推翻资产阶级的统治不可分离，而且必然是无产阶级领导的巩固与苏维埃政权的建立。这就决定民主革命的胜利必然要转变为社会主义的胜利。他激烈地批评有阶段的革命转变论者，说：革命转变的阶段论，无疑的是极端危险的右倾观念，如果以为革命一定要在全国胜利以后，才能开始革命的转变，这是严重的错误。

李立三虽然承认有民主革命和社会主义革命任务之分，但他不主张分阶段完成，而是主张“一次完成”，毕其功于一役。这就混淆了民主革命和社会主义革命的界限。1930 年 6 月，在他主持召开的政治局会议上通过的《新的革命高潮与一省或几省的首先胜利》的决议案中，贯彻了他的这个思想，提出了一省或数省首先胜利的开始，就是革命转变的开始，并提出了一系列“左”的政策。决议对革命形势作了错误估计，认为“中国经济政治的根本危机，在全国任何一处都是同样继续尖锐化，没有丝毫根本的差别”，“总的形势，都表明中国新的革命高潮已经逼近到我们的前面了”，并“有极大的可能转变为全国革命的胜利”。决议还认为：“空前的世界大事变与世界大革命的时机，都在逼近到我们的前面了”，中国革命一爆发就会“掀起全世界的大革命”，中国革命将会在这最后的决战中取得完全胜利。在对革命形势错误估计的情况下，强调进攻路线，要求在国民党统治区组织工人罢工和暴动，农民、兵士暴

---

① 李立三：《新的革命高潮前面的诸问题》，载《布尔什维克》第 3 卷第 4、5 期，1930 年。

动;在革命根据地组织红军向大城市进攻。这种冒险主义错误,给革命事业造成了严重危害。

李立三对社会主义认识上的错误,固然与他的个人因素有关,但也与中共“六大”存在的缺点错误有关,与共产国际的错误指导有关。党的“六大”决议,从基本方面看是正确的,但“六大”“对于中间阶级的两面性和反动势力的内部矛盾,缺乏正确的估计和政策”①。“六大”的这个错误,不仅对克服“八七”会议以来党内的“左”倾错误带来了不彻底性,而且为后来新的“左”倾错误提供了理论和政治根据。共产国际执委会这时在给中共的指示中也认为:“中国革命的特殊性就在于它一旦取得成功,就会开辟社会主义发展的前景。”“中国革命由资本主义向社会主义过渡,同十月革命相比,要经过更多的过渡阶段,但它可大大缩短向社会主义的转变时间。”②共产国际这个指示,虽然是在“立三路线”形成时作出,但它对社会主义的认识与李立三的认识是相吻合的。

李立三对中国社会主义的认识发生了错误,但这并不否认他在社会主义事业中也有过理论贡献。建国前后,他在主持中华全国总工会工作期间,对工运理论进行了认真的探索,提出了许多可贵的思想。

首先,他提出要承认并正确处理工会和国家、企业、行政在根本利益一致基础上的内部矛盾。新中国的成立,标志着我国工人阶级的地位发生了根本变化,由被压迫、被奴役的阶级变成了国家的领导阶级。新的历史条件下的工人运动应当沿着什么样的道路前进,是一个重大的新课题。李立三根据党的七届二中全会确定

① 《中国共产党中央委员会关于若干历史问题的决议》,载《六大以来》上卷,人民出版社1980年版,第1182页。

② 《共产国际执行委员会关于中国问题的决议》,载《共产国际有关中国革命的文献资料》第2辑,中国社会科学出版社1982年版,第101页。

的方针，指出，在新民主主义国家中，工人阶级是国家社会的主人，公营企业是全体人民的企业，“是工人阶级自己的企业，是社会主义性质的企业，这里没有阶级对抗，没有剥削存在”①，增加生产对企业和工人，对工人阶级的整体或个人利益，都是有好处的。所以国营企业管理机关（也代表国家）与工人群众之间的根本利益是完全一致的。李立三又指出，在国营工厂中，阶级矛盾和剥削关系被消灭以后，又出现新的矛盾和新的关系，这就是国营工厂管理机关与工人群众之间的矛盾，就是国营工厂内部的公私矛盾，以及由这种矛盾和关系产生出来的各种问题。这些矛盾是工人阶级整体利益与个人利益之间、长远利益与日常利益之间的矛盾，即工人阶级内部的矛盾，是可以而且应当用协调的办法，即公私兼顾的方法来求得解决的。李立三主张，工会应当首先把握住公私利益的一致性，不断教育工人提高觉悟，努力搞好生产，但又要多关心和代表工人的日常利益，切实履行维护职工利益的职能。维护工人群众的权益仍然是工会存在的客观基础。

其次，他主张必须紧密依靠工人阶级，发挥工人阶级在社会主义建设事业中的主力军作用。李立三结合工人运动和工会工作，对党的七届二中全会提出的“全心全意地依靠工人阶级”的思想，从理论上作了阐述。他在 1949 年 7 月召开的全国工会工作会议上说，如果说，在战争时期，人民解放军是主力军，那么到了经济建设时期，工人阶级就应该是主力军了。我们工人阶级完全懂得，我们和过去任何统治阶级不同，过去封建阶级、官僚资产阶级取得了政权以后，他们是用剥削其他阶级压榨最大多数人民的办法，来供自己享乐的。工人阶级则不同，我们不能够也不应该取偿于其他人民来使我们自己过较优裕的生活。我们工人阶级，只有全国人民得到解放，自己才会解放，只有全国人民的生活都好起来了，自

① 李立三：《在公营企业中贯彻公私兼顾政策问题的几点意见》，1949 年 6 月 12 日。

己的生活才会好起来，所以我们工人阶级要为解放全民族和全体人民的事业而奋斗到底。

再次，他强调要正确处理工会和党组织之间的关系。李立三认为，党要求工会成为党与工人群众之间联系的纽带和桥梁，成为人民政权的重要社会支柱，成为共产主义学校。因此，党必须根据群众组织的特点开展工作，必须尊重工会组织的独立性和民主制度。党对工会的领导不能采取下命令的方式，共产党的领导“是依靠党员执行党的正确政策和对群众的说服教育，依靠党员的模范作用、核心作用来实现的”，“通过党在工会中的党组织和党员来领导工会，使党的意见变成群众的意见”①。

李立三对工会工作的初步探索和论述未必完全正确，但是历史的实践证明，他提出的解决新中国工会面临新问题的基本理论观点，是正确的，是难能可贵的，对我国工会理论建设起了很大的作用。我们今天重温一下，仍然可以从中得到教益。

五、王明的社会主义思想

王明(1904～1974 年)，原名陈绍禹，安徽六安县金家寨(今属金寨县)人。1920 年考入安徽省立第三甲种农业学校。1924 年入国立武昌商科学校，在此期间接受了社会主义思想的影响，加入了中国共产党。1925 年底至 1929 年 3 月，在莫斯科中山大学学习，得到了先为副校长后为校长的米夫的赏识，进行了一系列宗派活动。1929 年回国后，曾经在《红旗》、《布尔塞维克》等报刊上发展许多文章，系统地宣传“左”的思想和主张。他虽然对李立三的“左”倾错误有过批评，但其观点也是“左”倾的，后来形成了比“立三路线”更“左”的“王明路线”。李立三的错误明明是“左”的，王明

① 李立三:《关于工厂管理民主化与劳资纠纷问题》,1949 年 7 月 10 日。

反而认为它是右的，其原因就是因为王明的许多看法比李立三等的看法更“左”。约写成于1930年11月的《两条路线》(即《为中共更加布尔什维克化而斗争》)，是王明“左”倾教条主义的政治纲领。1931年1月，在共产国际代表米夫的支持下，王明在中共六届四中全会上当选为中央政治局委员，实际上掌握了党的最高领导权，使王明“左”倾冒险主义统治中央达四年之久。1931年11月，他赴莫斯科任中共驻共产国际代表。1937年11月回国，在任中共中央长江局书记时，提出“一切经过统一战线”的右倾投降主义，给党的事业造成了新的危害。在整风运动中，王明对自己的错误缺乏深刻的认识和正确的态度，并重版了《两条路线》。由于王明对所犯错误不作认真反省，故在中共“七大”、七届二中全会和七届三中全会上均遭严肃的批评。党本着“惩前毖后，治病救人”的方针，仍选举他担任中央委员。1956年，王明赴苏治病，从此没有再回国。“文革”以后，他开始公开攻击中共中央和毛泽东，撰写了影响极坏的《中共五十年》。1974年3月，病逝于莫斯科。

王明在中山大学期间，较系统地学习了马列主义理论，读了一些马、恩、列、斯的原著。但他缺乏中国革命实践经验，只会死记硬背马列主义的本本，这就打下了他把马列主义教条化和把苏联经验神圣化的教条主义的思想基础。

大革命失败后，以毛泽东为代表的中国共产党人致力于探索中国革命的新道路，逐步产生了以农村为中心的思想，王明则一直坚持以城市工人武装暴动夺取政权的“城市中心论”思想。1928年中共“六大”前夕，王明等人编译了供“六大”代表阅读的《武装暴动》小册子。小册子编了“十次暴动的丰富经验”，十次都是城市暴动，其中中国四次，即上海工人三次武装起义和广州起义。没有编进把从城市退却和向农村进军结合起来的秋收起义，反映了编者对“城市中心论”模式的迷信。王明以“韶玉”的笔名为小册子写了序言。在序言中，他指责重视农村游击战争为“儿戏暴动的倾向”，强调农村游击战争要服从城市工人武装暴动。他说:“在武装群众的工作中,必须对于工业城市的无产阶级加以最大的注意,绝不能把工人阶级的武装暴动看成对于乡村游击战争的简单响应或补充。谁不懂得只有工业城市是暴动的组织中心,谁不懂只有无产阶级是暴动的领导力量,谁就对于马克思主义的暴动策略丝毫也不懂。”①王明主编的小册子对“六大”产生了消极的影响。

同年底,王明又编了一本四万多字的小册子,即《广东暴动纪实》。小册子对广州起义作了较高的评价,但也反映了他对城市武装暴动的热衷。他总结了广州起义失败的一些具体原因,但没有指出当时苏维埃政权在中心城市是无法长期坚持的,没有提到起义部队占领广州后,应果断地撤出广州,到广大的乡村去建立根据地。相反,他强调广州起义是最近将来胜利的全国大暴动的预演,中国革命要照搬“十月革命的经验”,中国革命的胜利一定是“中国十月”的胜利。

王明回国后,先后积极鼓吹“立三路线”,后又以反立三路线为名,把“左”倾冒险主义推向高峰。他在《目前军阀战争与党的任务》、《两条路线》等论著中,鼓吹工人城市武装暴动,夸大中国资产阶级民主革命中的社会主义成分,混淆民主革命和社会主义革命的界限,提出一系列“左”倾错误观点。

关于中国革命性质问题,他夸大资产阶级民主革命中的社会主义成分,把反对资产阶级作为民主革命的主要任务。斯大林和共产国际都认为中国革命的性质是资产阶级民主革命,因此,王明口头上也承认中国革命现阶段是资产阶级民主革命。但在具体宣传中,却把资产阶级与帝国主义、封建主义并列作为革命的对象,认为革命任务是反帝反封建反资产阶级。这就是把反对资产阶级的社会主义革命任务包括在资产阶级民主革命中,超越了资产阶

① 《王明言论选辑》,人民出版社 1982 年版,第 15 页。

级民主革命的内容和范围,超越了历史阶段。

他在《与一个工人同志的谈话》中,明确地把资产阶级当成革命对象。他说:“我们现在的革命,一定要反对资产阶级;中国资产阶级投降帝国主义,妥协了封建军阀,成为中国反革命的主要力量之一。它剥削中国工农,压迫中国工农,屠杀中国工农,与帝国主义、买办、军阀、官僚、豪绅一样的残酷。现在阶段中国革命任务的完成,只有在同时彻底反对中国资产阶级条件下,才能做到。”①他提出,现阶段革命,“要像没收地主土地一样,没收资本家的财产”,绝不能不动资本家的财产,绝不允许中国资本家继续握有工厂、矿山、铁路、轮船、银行……去继续剥削中国工人阶级来发展中国的资本主义。

他在《两条路线》中,一面说,“现在阶段的中国革命还是资产阶级民主革命的性质”;一面又说,革命应超越中国资产阶级民主革命的范围,把后一阶段的革命任务提到现在阶段来完成,提出“现在阶段革命之所以还成为资产阶级民主性,是因为工人阶级反对资产阶级的斗争”②,实际上又否认了中国革命的资产阶级民主革命性质。

王明和李立三在中国革命性质问题上的观点是一致的,李立三也曾强调民主革命必须反对资产阶级。但是,王明在《两条路线》中却批评李立三不懂中国资产阶级革命的特点,批评李立三“不了解中国革命的现阶段上已经怒号着伟大斗争:反对帝国主义的民族解放战争,反对封建余孽的斗争,反对资产阶级的斗争”③。在王明看来,中国资产阶级民主革命的特点是除了反帝反封建以外,还要反对资产阶级。因此,王明比李立三更积极地强调民主革

---

① 载1929年11月16日《红旗报》。

② 《王明言论选辑》,人民出版社1982年版,第130页。

③ 《王明言论选辑》,人民出版社1982年版,第130页。

命要反对资产阶级。

同反资产阶级相联系，王明还把富农当成民主革命的对象。他在《极可注意的两个农民意识问题》一文中，提出要坚决地、不动摇地、丝毫不放松地反对富农，提出谁不赞成反对富农，就是“农民意识”。他在《两条路线》中，更夸大了反富农斗争。为进行反资产阶级、反富农斗争，他夸大资本主义在中国社会经济中的比重，只提中国是半殖民地国家，而不提中国是半殖民地半封建国家。

既然把资产阶级、富农当成革命对象，革命的动力也就被大大缩小。王明重复了共产国际的大革命时期四个阶级、武汉时期三个阶级、大革命失败后两个阶级的说法。他在《两条路线》中写道：“中国现在革命阶段的革命主要动力是：工人阶级、雇农和贫农，中农是巩固的同盟者，加上城乡的广大的半无产阶级成分和小资产阶级的下层。”[①]他把民族资产阶级和上层小资产阶级赶出了革命动力的行列，使革命队伍里只剩下工人和农民两个阶级。

王明把反对资产阶级和反帝反封建并列，提出没收中国资产阶级的财产，宣称现在阶段的中国资产阶级民主革命只有在坚决反对资产阶级的斗争中才能得到彻底的胜利，他甚至把上层小资产阶级也看成是革命的对象。这是超越资产阶级民主革命的“左”倾错误观点。毛泽东后来曾提出，资产阶级是一个带两面性的阶级，如何处理同资产阶级的关系，是党的路线正确与否的重要问题。他还指出，现阶段中国多了一个帝国主义，多了一个封建主义，少了一个资本主义，因此，新民主主义的经济纲领主要内容之一，应该是保护私人资本主义。即使在社会主义革命的一定历史时期内，仍要允许资本主义在不操纵国计民生的范围内继续存在。自称马克思主义理论家的王明并不懂这些道理。

关于中国革命道路问题，王明坚持城市中心论。1929 年 12

① 《王明言论选辑》，人民出版社 1982 年版，第 130 页。

月，他在《广州暴动二周年纪念》一文中强调："只有中国工农兵群众继续广州暴动的精神，以武装暴动的手段，根本推翻帝国主义在华的统治，打倒帝国主义指挥下的买办地主资产阶级联盟的国民党政权，建立工农兵代表苏维埃政府，是唯一正确的手段。"①他仍相信中国革命应走"广州暴动"式的道路，仍把城市武装暴动看成夺取中国革命胜利"唯一正确的手段"。他既然把城市武装暴动的手段看成是"唯一正确的"，也就排斥了毛泽东等人正在开拓的农村包围城市的革命道路。

在他颂扬了一番"广州暴动"的模式后，便鼓吹曾连续三次举行武装起义的上海工人应按广州暴动的经验搞"第四次暴动"。他在《"第三次暴动"与"第四次暴动"》一文中，断言中国将来的武装暴动，是广州暴动的继续，上海工人群众必须研究广州暴动的经验，才能搞好第四次上海暴动。他认为，国际国内的革命形势都使工农兵武装暴动的任务日益逼近，鼓动上海工人群众要时时准备搞"第四次暴动"。

王明在《目前军阀战争与党的任务》一文中，又按"城市中心论"的模式，提出了以武汉为中心的首先胜利的主张。他认为武装暴动夺取政权的任务已摆在党的面前，即使一时难以夺取全国政权，也已出现了一省与几省首先胜利的前途。根据当时条件，武汉及附近各省最有可能首先突破，因此，要力争革命在武汉及附近胜利的前途尽速实现。不久，李立三主持制定了组织武汉等中心城市暴动和集中全国红军进攻武汉等中心城市的计划。但城市武装暴动均遭失败。李立三、王明等人鼓吹的"城市中心论"在实践中破产了。

但王明在《两条路线》中仍坚持"城市中心论"。他要求白区工作在政治上、组织上、群众基础上准备和创造武装起义的一切必要

---

① 《王明言论选辑》，人民出版社 1982 年版，第 51 页。

前提。要求苏区红军“依照军事政治的环境，进而能够占领一个或者几个工业的行政的中心城市”[1]。王明始终相信只有俄国革命的模式才是正确的。

以毛泽东为代表的中国共产党人根据中国国情，开辟了农村包围城市的革命道路，盲目搬用外国革命模式的“城市中心论”终于被摒弃。

关于革命转变问题，王明急于实现从民主革命向社会主义革命转变，是急躁冒进的革命转变论者。他认为革命转变，不是在全国范围内基本完成民主革命任务后开始，而是在民主革命的过程中，在一个或几个大城市取得胜利后，立即向社会主义革命转变。

他反复宣扬民主革命的个别胜利，就是社会主义革命的开始。他在《广州暴动二周年纪念》一文中说：“广州暴动如果胜利了，毫无疑义的是中国资产阶级民主革命的最后完成，转变到无产阶级革命的正式开始。”[2]他认为只要一个大城市取得胜利，中国革命就由资产阶级民主革命转变到无产阶级社会主义革命。他在《反对两个严重错误的倾向》一文中，强调资产阶级民主革命和社会主义革命的成分是“错杂着的”，认为“现在阶段的中国革命，在新高潮到来之时，有很快地转变到社会主义革命的前途”。[3] 他善于给别人扣帽子，提出如果谁不认识民主革命中存在着社会主义的成分，谁不认识新高潮到来之时就开始转变，谁就走上了“二次革命论”的错误。他在《为什么不组织雇农工会》一文中，更明确地提出：“革命转变问题已经迫切地摆在我们目前。”[4]似乎中国在大革命失败不久，就应转变到社会主义革命了。他批评毛泽东等人建

① 《王明言论选辑》，人民出版社 1982 年版，第 144 页。

② 《王明言论选辑》，人民出版社 1982 年版，第 48 页。

③ 《王明言论选辑》，人民出版社 1982 年版，第 65 页。

④ 《王明言论选辑》，人民出版社 1982 年版，第 105 页。

立农村根据地，搞土地革命是“右倾”，有可能使“革命转变的前途沦于幻想”。在《两条路线》中，王明继续混淆民主革命与社会主义革命的界限，急于向社会主义革命转变，提出中国革命在一省数省的胜利，就是革命转变的开始。这就陷入了“左”倾冒险的革命超越论。

毛泽东在《新民主主义论》中批驳了“左”倾空谈主义。毛泽东指出，中国革命必须分两步走，第一步是新民主主义，第二步才是社会主义。只有先完成了反帝反封建的民主革命任务，才能谈社会主义。他还指出，第一步的时间是相当长的，绝不是一朝一夕所能成就的。他批评某些人“毕其功于一役”的纯主观的想法，指出把社会主义的任务拿到民主主义时期来完成，那是空想，是真正的革命者所不取的。毛泽东的论述，可以帮助我们认识革命转变论的错误。

王明在其他问题上，如对中国革命形势的估计、党的任务、党的组织路线、反倾向斗争等方面，也宣传了“左”的错误观点。王明虽以某种形式，如声明服从六届七中全会《关于若干历史问题的决议》，声明拥护中央的有关决定等，承认过自己犯错误，但他对自己的错误一直不作深刻检讨，后来发展到拒绝反省，甚至撰文攻击党和毛泽东。他在《中共五十年》中，攻击《新民主主义论》否定了资产阶级民主革命转变为社会主义革命的可能性，攻击新民主主义经济纲领，全面否定毛泽东思想，表明他直到晚年仍以“左”倾错误的思想来评价党领导的革命事业。

六、毛泽东的新民主主义政治理论

（一）民族民主革命统一战线策略

统一战线，是中国共产党人的著名的政治策略思想，成功的革命斗争方法。毛泽东在《〈共产党人〉发刊词》一文中，把统一战线、武装斗争、党的建设称为新民主主义革命的三大法宝，三条主要经验。

统一战线的产生、存在和发展，是中国社会历史发展不可违抗的客观规律。它始终是随着历史发展的需要而不断发展的。由于各个革命时期任务的不同，它在各个时期表现出不同的形式，有着不同的内容。

1. 统一战线的历史发展

早在中共“二大”上，中国共产党人就认识到中国革命要分两步走，因而不仅指出了工农联盟对于民主革命的重要意义，而且提出了建立民主联合战线的任务。“二大”宣言认为：“中国三万万的农民，乃是革命运动中的最大要素。……那大量的贫苦农民能和工人握手革命，那时可以保证中国革命的成功。”[①]“中国共产党为工人和贫农的目前利益计，引导工人们帮助民主主义的革命运动，使工人和贫农与小资产阶级建立民主主义的联合战线。”[②]“二大”还通过了《关于“民主的联合战线”的决议案》，提出联合全国革命党派问题。“二大”以后，陈独秀、李大钊等先后同孙中山等国民党领导人会晤，商谈国共合作的问题。此时，共产国际执行委员会也专门作出《关于中国共产党与国民党的关系问题的决议》，提出共产党员参加国民党，创造广泛接近群众的机会，以便在最短时间内使共产党成为强大的群众性的政党。中共“三大”接受了共产国际的决议，决定同国民党合作，同意共产党员以个人身份加入国民党，从而以这种独特的方式，为以后正式建立共产党与国民党的革命统一战线做了思想上和策略上的准备。

由于中国共产党的建议和努力，也由于苏联政府的支持和帮

---

① 《中共党史教学参考资料》(一)，人民出版社 1979 年版，第 14 页。

② 《中共党史教学参考资料》(一)，人民出版社 1979 年版，第 15 页。

助，孙中山确定了联俄、联共、扶助农工的三大政策，把国民党改组为工人、农民、小资产阶级和民族资产阶级的统一战线组织，推动了革命运动的发展。

但是，由于中国共产党人对资产阶级没有清楚的认识，没能使广大群众真正团结在党的周围，尤其是没能很好地发动农民，与农民结成巩固的联盟。一句话，党的领袖陈独秀，放弃了对统一战线的领导权，使大革命失败了。

大革命失败后，在中国共产党人中曾经滋长出一种“左”的倾向，即主张在民主革命阶段就要反对资产阶级和小资产阶级。即使是在负有纠正“左”的和右的错误的中共“六大”决议中，也有这样的提法：“中国之反对帝国主义的、彻底变更土地制度的、资产阶级民主革命，只有反对中国民族资产阶级，方才能够进行到底，因为民族资产阶级是阻碍革命胜利的最危险的敌人之一。”[①]

以毛泽东为代表的一部分共产党人，坚持了正确的统一战线主张。毛泽东认为，中国非买办豪绅阶级的资产阶级，同中国无产阶级和农民阶级一样，在反革命统治之下，依然受到大地主大资产阶级的打击。因此，他们有重新回到反帝反封建的统一战线中来的可能性，决不能因为他们中间的不少分子曾经附和了蒋介石的反动，就放弃争取和保护他们的责任。毛泽东还特别反对“使小资产阶级变成无产，然后强迫他们革命”的政策。他认为“这种打击小资产阶级的过左的政策，把小资产阶级大部驱到豪绅一边，使他们挂起白带子反对我们”[②]。

在日本帝国主义对华侵略日益加剧的形势下，1935 年 12 月，在陕西省瓦窑堡召开了中共中央政治局会议。会议批判了“左”倾关门主义，确定了建立抗日民族统一战线的策略方针。毛泽东在

---

① 《中共党史教学参考资料》(一)，人民出版社 1979 年版，第 151 页。

② 《毛泽东选集》第 1 卷，人民出版社 1991 年版，第 78 页。

《论反对日本帝国主义的策略》一文中，论述了建立抗日民族统一战线的可能性和必要性。他指出，不但工人、农民和小资产阶级要求反抗日本帝国主义，而且民族资产阶级的左翼在斗争的某一阶段也有参加斗争的可能性，其余部分则有由动摇而采取中立的可能，至于地主买办阶级营垒，他们始终与人民为敌；但是，当斗争是向着日本帝国主义的时候，美国和英国的走狗们有可能同日本帝国主义及其走狗暗斗以至明争。他还指出，中国和世界的反革命力量暂时还大于革命力量，中国革命力量的发展还处于不平衡状态。因此，要打败日本帝国主义和中国的反动势力，就必须组织千千万万的民众，调动浩浩荡荡的革命军，建立广泛的统一战线。

第二次国共合作的统一战线建立后，毛泽东在《中国共产党在民族战争中的地位》、《统一战线中的独立自主问题》、《〈共产党人〉发刊词》、《中国革命和中国共产党》、《新民主主义论》、《目前抗日统一战线中的策略问题》等著作中，全面系统地阐述了中国共产党人关于民族民主革命统一战线的理论和策略，尤其是对抗日民族统一战线策略方针，进行了有针对性的论述，提出了发展进步势力、争取中间势力、孤立顽固势力的策略方针。

解放战争时期，为了团结一切可以团结的人，建立广泛的统一战线，粉碎蒋介石的进攻，毛泽东在《以自卫战争粉碎蒋介石的进攻》、《目前形势和我们的任务》、《关于目前党的政策中的几个重要问题》、《关于民族资产阶级和开明绅士问题》等著作中，又进一步发挥了关于建立包括全民族绝大多数人口在内的最广泛的统一战线的思想。毛泽东指出："中国现阶段革命的性质，是无产阶级领导的、人民大众的、反对帝国主义、反对封建主义和官僚资本主义的革命。"[①]所谓人民大众，就是指一切被帝国主义、封建主义、官僚资本主义所压迫、损害或限制的人们，也就是工、农、兵、学、商和

---

① 《毛泽东选集》第4卷，人民出版社1991年版，第1287页。

其他一切爱国人士。

新中国建国前夕召开的新政治协商会议，既是一个统一战线组织，又是一个执行人民代表大会职权的机构。毛泽东指出："我们必须团结各民族、各民主阶级、各民主党派、各人民团体及一切爱国民主人士，必须巩固我们这个已经建立的伟大的有威信的革命统一战线。"①

2. 毛泽东关于民族民主统一战线理论的主要原则

以毛泽东为代表的中国共产党人，以马列主义统一战线原理为指导，逐步创立了自己的民族民主革命统一战线理论，其主要原则是：

第一，为党的总路线总任务服务的统一战线宗旨。统一战线要为党的总路线总任务服务，这是毛泽东为代表的中国共产党人建立和发展统一战线的根本宗旨。毛泽东指出："我党规定了中国革命的总路线和总政策，又规定了各项具体的工作路线和各项具体的政策。但是，许多同志往往记住了我党的具体的各别的工作路线和政策，忘记了我党的总路线和总政策。而如果真正忘记了我党的总路线和总政策，我们就将是一个盲目的不完全的不清醒的革命者，在我们执行具体工作路线和具体政策的时候，就会迷失方向，就会左右摇摆，就会贻误我们的工作。"②在这里，毛泽东所说的总路线总政策是同总任务联系在一起的，如新民主主义革命时期的总路线和总政策，就是无产阶级领导的，人民大众的，反对帝国主义、封建主义和官僚资本主义的革命。这也是对新民主主义革命总路线总任务的表述。党在整个新民主主义时期的统一战线工作，就是由其支配和决定的，也就是说，这一时期统一战线的理论、政策及其实践都是为其服务的，不懂得这个道理，就会迷失

① 《毛泽东选集》第5卷，人民出版社1977年版，第28页。

② 《毛泽东选集》第4卷，人民出版社1991年版，第1316页。

政治方向，就是一个不清醒的革命者。党的总路线总任务在不同的历史时期是发展变化的，统一战线的任务也要随之发生变化。这已为我国各个历史时期统一战线担负的不同任务的实践所证明。

第二，两个联盟组成的统一战线。在近代中国半殖民地半封建的社会条件下，中国无产阶级逐渐懂得："他们自己虽然是一个最有觉悟性和最有组织性的阶级，但是如果单凭自己一个阶级的力量，是不能胜利的。而要胜利，他们就必须在各种不同的情形下团结一切可能的革命阶级和阶层，组织革命的统一战线。"[1]在近代中国社会各阶级中，农民是工人阶级的坚固同盟军，城市小资产阶级也是可靠的同盟军，民族资产阶级则是在一定时期中和一定程度上的同盟军，而在抗日战争时期还包括某些大地主大资产阶级。这是一个阵营广大的革命联盟。其中，无产阶级同农民、同城市小资产阶级的联盟为"第一个联盟"。这是统一战线的基础、主体和依靠力量。无产阶级同资产阶级及其他非劳动者的联盟，称为第二个联盟。由于阶级利益的根本不一致，由于民族资产阶级、大地主大资产阶级具有先天的两面性（尽管他们之间两面性的性质不同），由于支配中国的各帝国主义国家具有不可调和的矛盾，由于中国革命不同时期敌人的分合，特别是各阶级代表人物的变化等原因，决定第二个联盟只能是一定基础、一定时期、一定程度上的联盟。但是，这决不意味着同资产阶级的联盟不紧要。中国革命和中国共产党的发展道路，就是在同中国资产阶级的复杂关联中曲折地走过来的。这是近现代中国历史的一个特点。恰恰由于这个特点，中国共产党的建设过程，中国革命的前进与后退，都不能不联系于党同资产阶级的关系，不能不联系于党能否正确而巧妙地处理同民族资产阶级、尤其是当权的大地主大资产阶级及其政党的关系，因而处理同资产阶级的关系成为整个统一战线的

① 《毛泽东选集》第 2 卷，人民出版社 1991 年版，第 645 页。

核心问题。

第三,对资产阶级又联合又斗争的策略。中国共产党的政治路线的最重要一部分,就是同资产阶级既联合又斗争。毛泽东指出:“这里所谓联合,就是同资产阶级的统一战线。所谓斗争,在同资产阶级联合时,就是在思想上、政治上、组织上的‘和平’的‘不流血’的斗争;而在被迫着同资产阶级分裂时,就转变为武装斗争。”①因此,中国共产党在同资产阶级(包括大资产阶级)建立统一战线时,要进行两条战线的斗争。一方面,要反对忽视资产阶级在一定时期一定程度上参加革命的可能性,因而拒绝同资产阶级建立统一战线的错误;另一方面,也要反对把无产阶级和资产阶级的纲领、政策、思想、实践等等看作一样的东西,忽视它们之间的原则差别,从而把共产党变成资产阶级尾巴的错误。

在中国半殖民地半封建的社会条件下,中国资产阶级本来也是受着帝国主义压迫的,它曾经领导过革命斗争。但是,这个阶级的上层部分,即以国民党反动集团为代表的带买办性的大资产阶级,曾经在 1927 年至 1937 年、1945 年至 1949 年两个时期内,勾结帝国主义,并和地主阶级结成反动的同盟,背叛了曾经合作过的朋友——共产党、无产阶级、农民和其他小资产阶级,背叛了中国革命。所以,它们成了革命的对象之一。在抗日战争中,大地主大资产阶级的一部分,以汪精卫为代表,投降了日本帝国主义,理所当然仍是人民的敌人;另一部分大地主大资产阶级,以蒋介石为代表,它遵循着英美帝国主义的利益和旨意,“一面和日本对立,一面又和共产党及其所代表的广大人民对立”②。而他们的抗日和反共,又各有其两面性。在抗日方面,既和日本对立,却又消极抗日,不积极反汉奸,甚至有时还和日本的和平使者勾勾搭搭。在反共

① 《毛泽东选集》第 2 卷,人民出版社 1991 年版,第 608 页。

② 《毛泽东选集》第 2 卷,人民出版社 1991 年版,第 782 页。

方面,既要反共,却又不愿意最后破裂,依然是一打一拉的政策。因此,在联合的同时,还必须对他们进行坚决有效的斗争。

在特殊条件下,同一部分大资产阶级建立统一战线,是属于利用敌人内部矛盾的暂时联盟的性质。因而毛泽东强调,这部分参加统一战线的大资产阶级仍然是很反动的。在对其进行斗争时,应采用"利用矛盾,争取多数,反对少数,各个击破"和"有理,有利,有节"的策略原则。有理,即自卫原则,也就是斗争的防御性。"人不犯我,我不犯人,人若犯我,我必犯人。"[①]有利,即胜利原则,也就是斗争的局部性。不斗则已,斗则必胜。有节,即休战原则,也就是斗争的暂时性。决不可无止境地斗下去,决不可被胜利冲昏自己的头脑,必须适可而止。

中国资产阶级的另一部分——民族资产阶级,是无产阶级的重要辅助同盟者。争取和团结民族资产阶级,能够增加革命的力量,有利于争取在民族资产阶级影响之下的小资产阶级群众,有利于孤立大地主大资产阶级,使革命的胜利获得完全的保障。因此,无产阶级的任务,在于不忽视民族资产阶级的一定革命性,和他们建立革命统一战线,即使在他们追随大地主大资产阶级反对革命时,也应采取政治上争取和经济上保护的政策,而不能把他们同大地主大资产阶级同样对待。对于民族资产阶级同革命的敌人具有妥协性的一面,则必须进行适当的斗争。由于他们还是民主革命的一个动力,又由于他们没有掌握政权和武装,所以,斗争的方式,主要是从政治上、思想上进行批评和教育,使他们尽可能地克服其妥协性,坚定其革命性,或者至少使其中一部分人保持中立。毛泽东提出了争取中间势力所必需的一定条件是:我们有充足的力量,尊重他们的利益,我们对顽固派作坚决的斗争,并能一步一步地取得胜利。没有这些条件,中间势力,主要是民族资产阶级就会发生

---

① 《毛泽东选集》第2卷,人民出版社1991年版,第749页。

动摇,或竟变为顽固派向我们进攻的同盟军。

第四,坚持无产阶级和共产党领导权的原则。毛泽东指出:没有中国共产党的坚强领导,任何革命统一战线也是不能胜利的。党和毛泽东在实现统一战线中共产党的领导权方面,提出并深刻地阐明了坚持统一战线中的独立自主原则。因为在统一战线中,存在着阶级和阶级斗争,存在着争夺统一战线领导权问题。在广泛而又复杂的统一战线中,由于参加统一战线的不同的阶级、阶层、政治集团、党派和个人,既有联合的共同目标,又各有不同的利益和政见。这就要求统一战线必须以各党派的独立自主为前提。加入统一战线的任何党派,既须统一,又须独立。不论国民党、共产党,还是其他比较小的党派,都须在思想上、政治上、组织上保持自己相对的独立性,相对的自由权,这才有利于合作,也才有所谓合作。如果被人扼杀或自己抛弃这种相对的自由权,那就会将合作变成混一,不但共产党不同意,任何党派也是不能同意的。尤其是中国共产党在其力量还未能在统一战线中拥有优势,其领导地位也未能在统一战线中确立时,为了实现无产阶级及其政党对于统一战线的领导权,而首先需要认真对待的问题,就是坚持统一战线中的独立自主原则。

在保持统一战线各党派独立性的前提下,共产党要实现自己对同盟者的领导,就要形成这种政治领导的基础。主要有:根据历史发展行程提出基本的政治口号和为实现这种口号而提出关于每一发展阶段和每一重大事变中的动员口号;无产阶级和共产党应该表现出自己的无限忠诚和积极性,成为实现这个具体目标的模范;在不失确定的政治目标的原则下,建立与同盟者的适当的关系,发展和巩固这个同盟;共产党队伍的团结、统一和发展。

以毛泽东为代表的中国共产党人,坚持统一战线中独立自主原则、实行政治领导的论述是对马列主义统一战线思想又一创造性贡献。

(二)以农村包围城市的武装斗争夺取政权

马克思主义认为,无产阶级革命的中心任务和最高形式是武装夺取政权,是战争解决问题。在半殖民地半封建的中国,武装斗争尤其重要。但是,中国共产党认识到这一道理,却是经历了血的教训的。在大革命时期,中国共产党注重于政治斗争,没有认识到武装斗争的重要性,没有致力于建立人民的武装。因此,当1927年国民党发动反革命政变时,中国共产党人无力进行有组织的、有效的反抗,致使中国革命受到惨重的损失。

沉痛的教训促使中国共产党人反思,逐步认识到武装斗争的极端重要性。党的"八七"会议上,毛泽东总结了大革命时期党由于"不做军事运动,专做民众运动"而遭受挫败的教训,指出党"以后要非常注意军事,须知政权是从枪杆子中取得的"①。随后在领导和部署秋收起义时,他进一步阐明了"实行在枪杆子上夺取政权,建立政权"的思想,指出:"暴动的发展是要夺取政权,要夺取政权,没有兵力的拥卫或去夺取,这是自欺的话。我们从前的错误,就是忽略了军事,现在应以百分之六十的精力注意军事运动。"②在井冈山时期,他更加明确地指出:"以农业为主要经济的中国革命,以军事发展暴动,是一种特征。"他还建议中央"用大力做军事运动"。③

为什么武装斗争在中国革命中有着特殊的重要性,并成为一

① 《毛泽东关于共产国际代表报告的发言》(1927年8月7日),载《八七会议》,中共党史资料出版社1986年版,第58页。

② 《彭公达同志关于湖南秋暴经过的报告》(1927年10月8日),载《秋收起义》(资料选辑),第113页。

③ 《毛泽东选集》第1卷,人民出版社1991年版,第79页。

种特征呢?

第一,是中国社会特点决定的。毛泽东从中国社会的实际情况出发,分析了半殖民地半封建中国不同于资本主义国家的特点,指出在一般资本主义国家里,国家内部没有封建制度,有的是资产阶级民主制度;国家外部没有民族压迫,有的是自己民族压迫别的民族。所以,资本主义各国无产阶级政党的任务,在于经过长期的合法斗争,利用议会讲坛,组织工会和教育工人,开展经济的和政治的罢工,积蓄力量,准备最后推翻资本主义。因此,在那里,主要的组织形式是合法的,主要的斗争形式是不流血的。经过长期的合法斗争,等到革命成熟时,才进行暴力革命。这种暴力革命不是长时期的革命战争,而是短时间的武装起义。中国的情况则不同,因为中国是以农业为主要经济的半殖民地半封建国家,在内部没有民主制度,而受封建制度压迫;在外部没有民族独立,而受帝国主义压迫。无产阶级无议会可以利用,无组织工人举行罢工的合法权利。因此,共产党的任务,基本的不是经过长期合法斗争以进入起义和战争,而是一开始就必须进行武装斗争。“在中国,离开了武装斗争,就没有无产阶级的地位,就没有人民的地位,就没有共产党的地位,就没有革命的胜利。”①

第二,是中国反动统治阶级的残暴性决定的。毛泽东指出,由于资本主义制度的特点,外国资产阶级政党,不需要各自掌握一部分军队。但是,在中国,由于封建的分割,地主或资产阶级的集团或政党,谁有枪谁就有势,谁枪多谁就势大。所以,中国的军阀、地主、土豪劣绅,都对军权抓得很紧,不仅有庞大的军队,而且同帝国主义勾结起来,凭借着强大的反革命武装力量,对人民实行独裁恐怖统治,对中国革命实行武装镇压。面对反革命的武装,只能用革命的武装对付之。因此,共产党员虽然不争个人的兵权,但要争党

---

① 《毛泽东选集》第2卷,人民出版社1991年版,第610页。

的兵权，要争人民的兵权。在民族解放战争中，要争民族的兵权。一定要建立一支强大的人民军队，来对付反动统治阶级的残暴统治。

第三，是中国革命任务的长期性和复杂性决定的。毛泽东认为，中国革命的敌人异常强大，要战胜他们，必须经过较长期的积蓄力量，逐步改变敌强我弱的形势。同时，中国又是一个政治经济发展很不平衡的国家，不可能经过起义一举夺取中央政权进而取得全国革命的胜利，而是首先在部分地区先建立起革命政权，随后在一个长时期里逐步地、波浪式地把这种政权推向全国。所以，党的主要任务，是联合和争取尽可能多的同盟军，依照情况，与国内和国外的武装的反革命势力进行斗争。

很显然，在中国这样的国家里，革命一开始就要进行武装斗争。所以，毛泽东把武装斗争看成是中国革命中战胜敌人的三大法宝之一。当然，革命以长期的武装斗争为主要形式，并不是说可以放弃或忽视其他形式的斗争。除了武装斗争这个主要形式外，还有其他各种斗争形式，如工人的、青年的、妇女的、一切人民的斗争，经济战线的斗争，思想战线上的斗争，等等。毛泽东说："着重武装斗争，不是说可以放弃其他形式的斗争；相反，没有武装斗争以外的各种形式的斗争相配合，武装斗争就不能取得胜利。"①不过，其他斗争形式都是为着战争，是为武装斗争服务的。但是，犯有右倾机会主义错误的人如陈独秀等，看不到中国革命这个特征，主张以召集"国民会议"为中心口号，从事合法运动，这在客观上是取消中国革命。而犯有"左"倾教条主义错误的人虽然承认红军战争和武装斗争的重要性，但又固执于俄国十月革命的具体模式，认为必须先完成争取群众的工作，然后通过武装起义夺取革命的胜利，因而也就不懂得党必须把主要精力放在农村进行长期革命战

---

① 《毛泽东选集》第2卷，人民出版社1991年版，第636页。

争,而主张把党的主要精力放在城市,搞城市暴动。

武装斗争的长期性和残酷性,决定党必须建立农村根据地,在农村集聚力量,以农村包围城市,武装夺取政权。中国革命的武装斗争,实际上是共产党领导下的农民战争。这是因为:

第一,中国有80%的人口是农民,因此,农民问题就成了中国革命的基本问题,农民的力量,是中国革命的主要力量,农民是中国武装斗争的主体,是中国军队的来源。

第二,中国农民受封建势力的压榨和帝国主义的掠夺,政治上毫无权利,经济上极为困苦。农民的经济地位,使他们能够积极地参加中国革命战争,成为中国革命的主力军。

第三,中国农民具有武装起义和武装斗争的悠久历史和光荣传统。封建剥削制度在中国延续了两千多年,中国农民为了反抗封建专制统治和经济剥削,进行过无数次武装起义和斗争,虽然没有取得最后胜利,但留下了极为宝贵的经验。

正因为农民在中国革命战争中具有这样重要的地位,所以,以毛泽东为代表的中国共产党人对农民的作用非常重视。早在井冈山时期,毛泽东就提出"工农武装割据"的思想,对农民在革命战争中的作用,对农村小块红色政权能够存在和发展的原因进行了充分论证。1930年毛泽东在《星星之火,可以燎原》中,从中国半殖民地半封建的实际出发,阐述了中国革命必须走与资本主义国家不同的道路。他明确指出:"红军、游击队和红色区域的建立和发展,是半殖民地中国在无产阶级领导之下的农民斗争的最高形式,和半殖民地农民斗争发展的必然结果;并且无疑义地是促进全国革命高潮的最重要因素。"[①]毛泽东的论述,实际上是把党的工作重心开始由城市转移到农村,从而形成了在农村地区开展游击战争,深入进行土地革命,建立和发展红色政权,待条件成熟时再夺

① 《毛泽东选集》第1卷,人民出版社1991年版,第98页。

取全国政权的关于中国革命道路的理论。

中国革命正是遵循毛泽东的以农村包围城市的武装夺取政权理论，在土地革命战争时期，在极其困难的条件下，发动农民武装暴动，建立农村革命根据地，实行“工农武装割据”，推动了中国革命的发展。抗日战争时期，中国共产党又在敌后农村，发动贫苦农民，开展游击战争，建立抗日根据地，发展人民武装，打败了日本侵略者。抗战胜利后，党仍然在广大农村发动人民群众，参加反对美蒋反动派的斗争，用武装力量赶走了帝国主义，打败了蒋家王朝，夺取了新民主主义革命的彻底胜利。

总之，中国革命如果没有武装斗争，武装斗争如果没有农民参加，没有农村根据地，是不可能取得胜利的。

（三）无产阶级的政党建设

中国共产党的建设，在中国新民主主义革命中占有十分重要的地位。正如毛泽东多次指出的：“既要革命，就要有一个革命党。没有一个革命的党，没有一个按照马克思列宁主义的革命理论和革命风格建立起来的革命党，就不可能领导工人阶级和广大人民群众战胜帝国主义及其走狗。”①

那么，在半殖民地半封建社会条件下，如何加强党的建设呢？毛泽东为此做出了杰出贡献。

第一，中国共产党建设的一个突出特点，是把党的思想建设放在首位。

中国共产党是按照列宁的建党学说，在共产国际帮助下建立起来的无产阶级性质的政党。在中国民主革命斗争中，它从诞生之时起就表现出与其他政党不同的新的面貌，成为革命的领导者。

但是，中国共产党又是在中国半殖民地半封建社会这块特殊

---

① 《毛泽东选集》第4卷，人民出版社1991年版，第1357页。

土壤中产生出来的，因而必然给这个党带来某些特点和弱点。首先，因为半殖民地半封建社会的工业不发达，工人数量很少，文化水平不高，且大多数工人是刚从农民转化而来，这就使得中国共产党内的工人党员数量少，特别是产业工人数量少，而且即使是工人党员，也因其与农民的近亲关系而或多或少地带有农民小生产者的思想影响；其次，在半殖民地半封建的中国，没有一个强大的小资产阶级政党，也没有一个单独代表农民的政党，于是，就有大批小资产阶级革命分子和农民加入到无产阶级队伍中来，愿意接受中国共产党的领导，进行新民主主义革命。特别是大革命失败后，党的工作重心从城市转移到农村，开展革命斗争，走农村包围城市的道路，党的建设环境又是长期处在农村。在这种社会历史条件下，党为了发展壮大自己的组织，加强无产阶级的领导力量，势必发展大批农民和其他小资产阶级出身的党员，使得这些阶级出身的党员在党内占了很大比重。这些人在入党的时候，或多或少地把一些非无产阶级思想，特别是小资产阶级思想带入党内。再次，中国共产党自 1921 年成立以来，就立即投入到民主革命的斗争之中去，没有时间从容地从事党的建设特别是思想建设。因此，土地革命战争开始后，"党的组织是发展了，但是没有巩固，没有能够使党员、党的干部在思想上、政治上坚定起来。新党员非常之多，但是没有给予必要的马克思列宁主义的教育"①。

根据党的现状和党所处的历史环境，党和毛泽东特别注重于对党员进行思想教育，形成了党的思想建设的一整套理论。

还在创建井冈山革命根据地时期，毛泽东就十分重视在贫苦农民中建立和发展党的组织，并且强调："无产阶级思想领导的问题，是一个非常重要的问题。边界各县的党，几乎完全是农民成分

---

① 《毛泽东选集》第 2 卷，人民出版社 1991 年版，第 610 页。

的党，若不给以无产阶级的思想领导，其趋向是会要错误的。”[①]他在1929年12月为红四军第九次党代表会议起草的决议(《关于纠正党内的错误思想》是其中一部分)，是中国共产党关于着重从思想上建党的最早的重要文献。毛泽东指出：“红军第四军的共产党内存在着各种非无产阶级的思想，这对于执行党的正确路线，妨碍极大。若不彻底纠正，则中国伟大斗争给予红军第四军的任务，是必然担负不起来的。”[②]毛泽东着重分析了当时红军党内存在的单纯军事观点、极端民主化、非组织观点、绝对平均主义、主观主义、个人主义、流寇思想、盲动主义残余等，并提出了纠正的方法。1942年5月，毛泽东《在延安文艺座谈会上的讲话》进一步提出：“有许多党员，在组织上入了党，思想上并没有完全入党，甚至完全没有入党。这种思想上没有入党的人，头脑里还装着许多剥削阶级的脏东西，根本不知道什么是无产阶级思想，什么是共产主义，什么是党。”因此，“需要展开一个无产阶级对非无产阶级思想的斗争”。[③]

进行党的思想建设，首先是端正党的思想路线。进行马列主义理论和党的路线、政策教育，并把马列主义普遍原理同中国革命实际结合起来，用马列主义之矢，射中国革命之的。毛泽东在第二次国内革命战争时期和抗日战争时期写成的许多重要著作，如《反对本本主义》、《实践论》、《矛盾论》、《改造我们的学习》、《整顿党的作风》等等，都十分深刻地论述了端正党的思想路线的问题。他反复强调：“中国革命斗争的胜利要靠中国同志了解中国情况。”[④]“马克思主义的‘本本’是要学习的，但是必须同我国的实际情况相

① 《毛泽东选集》第1卷，人民出版社1991年版，第77页。

② 《毛泽东选集》第1卷，人民出版社1991年版，第85页。

③ 《毛泽东选集》第3卷，人民出版社1991年版，第875页。

④ 《毛泽东选集》第1卷，人民出版社1991年版，第115页。

结合。我们需要‘本本’,但是一定要纠正脱离实际情况的本本主义。”[①]为了端正党的思想路线,毛泽东提出了“实事求是”、“有的放矢”、“理论和实际统一”的基本原则。他说:“没有调查,没有发言权。”[②]“离开实际调查就要产生唯心的阶级估量和唯心的工作指导,那末,它的结果,不是机会主义,便是盲动主义。”[③]其次是对党员进行无产阶级世界观和革命理想的教育。毛泽东认为,一切共产党人必须树立为现在的新民主主义革命而奋斗和为将来的社会主义和共产主义而奋斗这样两个明确的目标;必须真正从思想上确立无产阶级的世界观,站在无产阶级立场上,全心全意为人民服务,毫不利己,专门利人,做一个高尚的人,一个纯粹的人,一个有道德的人,一个脱离了低级趣味的人,一个有益于人民的人,自觉地克服一切非无产阶级思想。再次是坚持开展批评与自我批评,进行积极的思想斗争,以无产阶级思想改造和克服各种非无产阶级思想,特别是小资产阶级思想。毛泽东创立的解决党内是非问题的整风运动,是党的思想建设的有效形式。整风的方针是“惩前毖后,治病救人”。即对错误一定要揭发,不讲情面,但揭发错误、指出缺点的目的是为了救人。任何犯错误的人,只要他真正愿意改正错误,就要欢迎他,把他的毛病治好,使他变为一个好同志。毛泽东把解决党内矛盾的这种方法,具体化为一个公式,叫做“团结—批评—团结”。这就是从团结的愿望出发,经过批评或者斗争,分清是非,在新的基础上达到新的团结,最终达到既要弄清思想又要团结同志这样两个目的。

第二,在加强党的思想建设的同时,必须加强党的组织建设。

毛泽东强调,组织建设必须厉行民主集中制的原则,首先要从

① 《毛泽东选集》第1卷,人民出版社1991年版,第111～112页。

② 《毛泽东选集》第1卷,人民出版社1991年版,第109页。

③ 《毛泽东选集》第1卷,人民出版社1991年版,第112页。

理论上认识极端民主化和脱离群众这两种倾向的错误，正确处理民主与集中的关系，防止小资产阶级的自由散漫性。其次，要在组织上厉行集中指导下的民主生活，关键也就是要正确处理领导与被领导的关系，即领导机关要了解下情，正确指导；下级要服从上级，坚决执行上级的决议。

加强党的组织建设必须严格执行少数服从多数的组织原则，这是保障民主集中制贯彻执行的组织措施。毛泽东说："党的纪律之一是少数服从多数。少数人在自己的意见被否决之后，必须拥护多数人所通过的决议。"①除必要时得在下一次会议再提出讨论外，不得在行动上有任何反对的表示。"就是说，党内民主制，不是没有领导的民主，不是极端民主化，不是党内的无政府状态。"②

加强组织建设的目的在于加强党的团结，党的团结是保证党的组织统一和战斗力的重要方面。同时为了增强党的战斗力，必须巩固党的纪律。毛泽东说，共产党队伍的发展，思想的统一性，纪律的严格性，这是保证共产党实现对全国人民的政治领导的基础，也就是使革命获得彻底胜利而不被同盟者的动摇性所破坏的基础。"鉴于张国焘严重地破坏纪律的行为，必须重申党的纪律：(1)个人服从组织；(2)少数服从多数；(3)下级服从上级；(4)全党服从中央。谁破坏了这些纪律，谁就破坏了党的统一。"③

干部问题是有关党的组织建设的又一个重要问题。毛泽东认为："指导伟大的革命，要有伟大的党，要有许多最好的干部。"④中国共产党领导的伟大革命，没有大批德才兼备的领导干部，是不能完成历史任务的。党的路线和政策的正确制定，离不开干部；党的

---

① 《毛泽东选集》第1卷，人民出版社1991年版，第90页。

② 《刘少奇选集》上卷，人民出版社1982年版，第359页。

③ 《毛泽东选集》第2卷，人民出版社1991年版，第528页。

④ 《毛泽东选集》第1卷，人民出版社1991年版，第277页。

路线和政策的贯彻执行，也需要干部，如果没有干部，再好的路线和政策也难以收到预期的效果。

毛泽东历来主张在使用干部上要实行“德才兼备”、“任人唯贤”的马克思主义干部路线，防止和反对那种结党营私、组织小派别的“任人唯亲”的不正派的不公道的干部路线。对此，党不仅规定了德才兼备的干部标准，而且还提出了识别干部的主要方法。识别干部是使用干部的前提。毛泽东明确提出：“必须善于识别干部。不但要看干部的一时一事，而且要看干部的全部历史和全部工作，这是识别干部的主要方法。”[①]也就是说，要客观地、全面地、发展地去识别干部。在选拔和使用干部的同时，要爱护干部，关心他们的成长。

第三，要密切联系党的政治路线建设党。

在加强党的思想建设和组织建设的同时，必须加强党的政治建设，这是毛泽东关于党的建设思想的又一个重大特点。毛泽东指出，党的建设过程，党的布尔什维克化的过程，党的失败和胜利，党的后退和前进，党的缩小和扩大，党的发展和巩固，都“同党的政治路线密切地联系着”，“同党对于统一战线问题、武装斗争问题之正确处理或不正确处理密切地联系着的”。[②] 这就要求党将马克思列宁主义普遍原理和中国革命具体实践相结合，制定出一条适合中国国情的正确的政治路线，并且在实现党的政治路线的过程中自觉地建设党。党的政治路线是党的纲领在一定历史时期的具体体现，是完成党在一定历史阶段的政治任务的总政策。同时，党的纲领、路线、政策的正确制定和贯彻执行，能够促进党在政治上的成长和成熟。

党的建设同党的政治路线密切联系，在不同的历史时期有着

① 《毛泽东选集》第 2 卷，人民出版社 1991 年版，第 527 页。

② 《毛泽东选集》第 2 卷，人民出版社 1991 年版，第 605 页。

不同的内容。在民主革命时期，统一战线和武装斗争是中国新民主主义革命过程中的两个基本特点，也是党战胜敌人的两种主要武器，是党的政治路线的重要组成部分。毛泽东指出："党的组织，是掌握统一战线和武装斗争这两个武器以实行对敌冲锋陷阵的英勇战士。"[①]党的组织的坚强有力，"党更加布尔什维克化，党就能、党也才能更正确地处理党的政治路线，更正确地处理关于统一战线问题和武装斗争问题"[②]。

第四，加强党的作风建设。

作风建设是毛泽东建党思想另一个重要组成部分。它同党的思想建设、组织建设、政治建设有机地联系在一起，形成了毛泽东思想关于党建理论的科学体系。党在长期的革命实践中，已经形成和培养出一套优良的传统作风。毛泽东总结了党的历史经验，把党的优良作风作了科学的概括和阐述，明确指出："以马克思列宁主义的理论思想武装起来的中国共产党，在中国人民中产生了新的工作作风，这主要的就是理论和实践相结合的作风，和人民群众紧密地联系在一起的作风以及自我批评的作风。"[③]理论和实践密切地相结合，是中国共产党区别于其他任何政党的显著标志之一。其实质是正确处理马克思主义基本理论同中国革命具体实际的关系的问题，是党所倡导和坚持的马克思主义学风。毛泽东在同理论和实践相脱离的主观主义的斗争中，反复强调理论和实际密切结合的极端重要性。他明确指出："马克思列宁主义的普遍真理，在它同中国无产阶级和广大人民群众的革命斗争的具体实践相结合的时候，就成为中国人民百战百胜的武器。"[④]和人民群众

① 《毛泽东选集》第 2 卷，人民出版社 1991 年版，第 613 页。

② 《毛泽东选集》第 2 卷，人民出版社 1991 年版，第 605 页。

③ 《毛泽东选集》第 3 卷，人民出版社 1991 年版，第 1093～1094 页。

④ 《毛泽东选集》第 3 卷，人民出版社 1991 年版，第 1094 页。

紧密地联系在一起的作风，是中国共产党人区别于任何其他政党的又一个显著标志。这一作风的出发点就是：全心全意地为人民服务，一刻也不脱离群众；一切从人民的利益出发，而不是从个人或小集团的利益出发；向人民负责和向党的领导机关负责的一致性。这一作风是人民群众创造历史的唯物史观和党的宗旨在党的革命实践活动中的体现。自我批评的作风，也是中国共产党和其他政党互相区别的显著标志之一，也是加强党的思想建设、克服党内错误思想、解决党内矛盾、增强党的团结、提高党的战斗力的锐利武器。毛泽东指出："无数革命先烈为了人民的利益牺牲了他们的生命，使我们每个活着的人想起他们就心里难过，难道我们还有什么个人利益不能牺牲，还有什么错误不能抛弃吗？"①

中国共产党人关于在农村战争环境中建设无产阶级革命政党的思想，是对科学社会主义关于党的建设理论的丰富和发展。在这一思想指导下，在一个农民和小资产阶级群众占人口绝大多数的国度里，中国共产党终于致力于把自己逐步建设成为用马克思列宁主义的革命理论和革命风格武装起来的无产阶级先锋队，并且领导全国各族人民，战胜了国内外强大的敌人，夺取了新民主主义革命的胜利。

（四）各革命阶级的联合政权

国家政权问题，是一切革命的根本问题。作为世界无产阶级革命的重要组成部分，中国共产党领导的新民主主义革命，当然也不例外。可以说，从中国共产党诞生之日起，就把夺取国家政权，使自己上升到统治地位，作为直接的目的。

然而，经过28年艰苦卓绝的斗争，中国共产党人建立起来的国家政权，既不是"苏维埃"式的、单一无产阶级专政的国家政权，

① 《毛泽东选集》第3卷，人民出版社1991年版，第1097页。

也不是资产阶级共和国式的多党轮流执政的国家政权，而是工人阶级领导的、以工农联盟为基础的人民民主专政的国家政权。对这一政权形式的选择，经历了漫长、曲折的过程。毛泽东关于人民民主专政理论形成过程中的重要思想有：无产阶级、小资产阶级及中产阶级左翼的联合统治；革命民众合作统治；工农民主专政；几个革命阶级联合的民主专政；无产阶级领导的以工农联盟为基础的人民民主专政。

国民革命时期，毛泽东等中国共产党人对革命民主政权有了初步的认识。中共提出过建立"劳农专政"、"真正的平民政权"、"革命民众政权"、"工农小资产阶级的民主独裁制"的主张。毛泽东在1925年11月21日《答少年中国学会改组委员会问》中提出："用无产阶级、小资产阶级及中产阶级左翼合作的国民革命，实行中国国民党之三民主义，以打倒帝国主义、打倒军阀、打倒买办地主阶级（即与帝国主义、军阀有密切关系之中国大资产阶级及中产阶级右翼），实行无产阶级、小资产阶级及中产阶级左翼的联合统治，即革命民众的统治。"1925年12月，毛泽东在《中国社会各阶级的分析》一文中又提出"建设一个革命民众合作统治的国家"。

在土地革命时期，我们党对国家政权的探索与实践，是从毛泽东领导开创的农村革命根据地开始的，并同探索农村包围城市的革命道路紧密地结合在一起。在创建井冈山革命根据地时期，毛泽东看到了在农村建立革命政权的极端重要性，便在根据地内的乡、区、县以及边界普遍建立了工农兵政府。他的基本主张是：通过武装斗争，建立红色政权，深入土地革命，扩大革命根据地。他还主张由名副其实的工农兵代表会选举政府委员会，"现在民众普遍知道的'工农兵政府'，是指委员会，因为他们尚不认识代表会的权力，以为委员会才是真正的权力机关。没有代表大会作依靠的执行委员会，其处理事情，往往脱离群众的意见”[1]。1931 年 11 月，中华工农兵苏维埃第一次全国代表大会在江西瑞金召开。大会通过了宪法大纲，产生了以毛泽东为主席的临时中央工农民主政府，宣告了中华苏维埃共和国的诞生。

继“九一八”事变后，日本帝国主义又于 1935 年制造了华北事变，中国民族危机进一步加剧。为了拯救民族危亡，中共驻共产国际代表团草拟了《八一宣言》，并于 10 月 1 日正式以中华苏维埃共和国中央政府和中共中央的名义发表。宣言明确提出成立抗日救国的各党各派统一的国防政府和抗日联军的主张。当时长征到达陕北不久的中共中央，赞同成立国防政府的政治主张，并于 11 月 28 日，由毛泽东、朱德分别代表中华苏维埃共和国中央政府和中国工农红军革命军事委员会发表《抗日救国宣言》，表示苏维埃政府和红军愿与一切抗日反蒋的政治派别、武装队伍、社会团体和个人订立抗日作战协定，组织抗日联军和国防政府。12 月，中共中央在瓦窑堡召开政治局会议，确定了建立抗日民族统一战线的新的政治路线。会议通过的决议除了重申组织国防政府的主张外，还进一步阐明了国防政府的性质。指出：国防政府是反日反卖国贼的民族统一战线之广泛的与最高的形式，是联合战线的政权组织。也就是说，国防政府是抗日反蒋的联合政权。会议还决定将中国共产党领导的苏维埃共和国改变为苏维埃人民共和国。1935 年 12 月 27 日，毛泽东在《论反对日本帝国主义的策略》的报告中解释了“为什么要把工农共和国改变为人民共和国”，指出：“我们过去的政府是工人、农民和城市小资产阶级联盟的政府，那末，从现在起，应当改变为除了工人、农民和城市小资产阶级以外，还要加上一切其他阶级中愿意参加民族革命的分子。”“我们的政府不

---

① 《毛泽东选集》第 1 卷，人民出版社 1991 年版，第 72 页。

但是代表工农的，而且是代表民族的。”[①]1936 年 8 月，根据全国抗日形势的发展以及国内阶级关系的急剧变化，党中央进一步提出在全国建立统一的中华民主共和国的主张。毛泽东指出，民主共和国“不同于一般的资产阶级共和国”，“它应该是一个工农小资产阶级和资产阶级联盟的国家”[②]，也是“排除汉奸卖国贼在外的一切抗日阶级互相联盟的国家和政府”[③]。

抗日战争爆发后，国民党承认了陕甘宁边区的合法地位，并将之列为国民政府的直辖区和组成部分。在此之前，我们曾于 1937 年 2 月宣布取消两个政权对立的局面，将陕甘宁苏区改为陕甘宁特区，从苏维埃民主制度改变为议会民主制度，接受国民政府的指导。随着抗日民族统一战线的形成及全民族抗日形势的发展，我们党所领导的陕甘宁边区和其他抗日根据地的政权建设，取得了卓越成就和经验。

就陕甘宁边区来看，其政权建设经验，集中表现在以下四点：首先，颁布了选举条例，确定了“普遍、直接、平等”的选举制度，并按照这一原则，选举边区、县级及乡级参议会的议员，组织各级参议会，选举各级政府。从 1937 年以来，陕甘宁边区共举行过三次普选，且一次比一次完善。其次，两次颁布了陕甘宁边区施政纲领，使其成为边区一切工作的准绳。其三，选举产生了参议会，作为人民行使权力的民意机关。各级参议会，不仅是包括各党派、各阶级阶层代表的民意代表机关，而且是边区人民参与政治的最高权力机关。它拥有对各级政府的选举、罢免，对政府工作的审议、监督、弹劾、咨询以及制定、颁布法律、法令、条例等各种权力，这与资产阶级议会的清谈，有本质的区别。其四，坚持了政权结构中共

① 《毛泽东选集》第 1 卷，人民出版社 1991 年版，第 156、158 页。

② 《毛泽东选集》第 1 卷，人民出版社 1991 年版，第 263～264 页。

③ 《毛泽东选集》第 2 卷，人民出版社 1991 年版，第 382 页。

产党员、非党左派进步分子、中间分子各占三分之一的"三三制"原则，并推广到全国各抗日根据地。邓小平当时指出，"三三制"的抗日民主政权能够"团结大多数以与日寇、汉奸、亲日派、反动派进行斗争，又能保证由共产党员与进步势力结合起来的优势"，所以是"敌后抗战的最好政权形式"。[①]

与创立"三三制"地方民主联合政权的同时，中国共产党就建立全国的民主联合政权进行了探索。此间，毛泽东先后发表了《中国革命和中国共产党》、《新民主主义论》、《新民主主义的宪政》等论著，对民主联合政权问题作了理论阐述。其基本点是：其一，民主联合政权的性质是新民主主义的，既不同于欧美的资产阶级专政，也不同于苏联的无产阶级专政。其二，抗日联合政权，是抗日民族统一战线的政权。这种统一战线政权，是对一党专政的否定。在统一战线政权中必须坚持共产党的领导。因为"中国无产阶级、农民、知识分子和其他小资产阶级，乃是决定国家命运的基本势力"，"他们必然要成为中华民主共和国的国家构成和政权构成的基本部分，而无产阶级则是领导的力量"。[②] 毛泽东把是否有人民大众代表参加以及是否有共产党领导，作为判断一个政权是不是新民主主义性质的两条基本标准。可见，中国共产党对统一战线政权的构想，实际包含了有共产党领导的多党合作思想。

在抗日战争胜利前后，中国共产党人在国家政权的探索方面，提出了建立联合政府的主张。1944 年 8 月 17 日，毛泽东在董必武给周恩来的电报上批示："应与张、左（指中国民主政团同盟主席张澜和秘书长左舜生）商各党派联合政府。"9 月 1 日，毛泽东在六届七中全会主席团会议上说明，党的主张是："召集各党派代表会，成立联合政府，共同抗日来建国。"1944 年 9 月 15 日，林伯渠根据

① 《邓小平文选》第 1 卷，人民出版社 1983 年版，第 8 页。

② 《毛泽东选集》第 2 卷，人民出版社 1991 年版，第 674～675 页。

中共中央的指示，在国民参政会上正式提出："国民党立即结束一党统治的局面，由国民政府召开各党各派、各抗日部队、各地方政府、各人民团体的代表，开国事会议，组织各抗日党派联合政府。"[①]10月10日，周恩来在延安发表《如何解决》的演讲，进一步阐明成立民主联合政府的具体步骤和方法：第一，由各抗日党派、各抗日军队、各地方政府、各民众团体推选代表，人数应根据各方所代表的实际力量按比例规定；第二国民政府于近期间召开国是会议；第三，在国是会议上，根据革命的三民主义原则，通过切合时要、挽救危机的施政纲领；第四，在施政纲领基础上成立各党派的联合政府；第五，联合政府有权改组统帅部，延纳各主要军队代表，成立联合统帅部；第六，在联合政府成立后，即着手筹备真正人民普选的国民大会，实施宪政。中国共产党的这一政治主张，立即得到国内各阶层人民的热烈拥护，成为全国人民奋斗的共同政治目标。按照毛泽东的设想，联合政府既不是中国共产党人最终要实现的反映最高纲领的无产阶级专政的国家政权，也不是在新民主主义革命阶段要实现的反映一般纲领的、在无产阶级领导下几个阶级联合专政的新民主主义国家政权，而是废除国民党一党专政的民主联合政府。这个联合政府，能够为"各个抗日民主党派互相同意"，并反映中国共产党人的最低限度的要求，是中国共产党人在抗战胜利后这个特定时期在国家政权问题上的"具体纲领"。即使这样，也不能被蒋介石集团所接受，联合政府没能建立起来。

1945年4月24日，毛泽东在中共"七大"上作《论联合政府》的政治报告。针对国民党独裁、卖国、反共、反人民的政策，政治报告中提出："立即宣布废上国民党一党专政，成立一个由国民党、共产党、民主同盟和无党无派分子的代表人物联合组成的临时中央政府，发布一个民主的施政纲领，如同我们在前面提出的那些中国

---

① 《中共中央文件选集》第14册，中共中央党校出版社1992年版，第334页。

人民的现时要求，以便恢复民族团结，打败日本侵略者。为着讨论这些事情，召集一个各党派和无党派的代表人物的圆桌会议，成立协议，动手去做。”[①]至于具体途径，报告提出：“毫无疑义，中国急需把各党各派和无党无派的代表人物团结在一起，成立民主的临时的联合政府，以便实行民主的改革，克服目前的危机，动员和统一全中国的抗日力量，有力地和同盟国配合作战，打败日本侵略者，使中国人民从日本侵略者手中解放出来。然后，需要在广泛的民主基础之上，召开国民代表大会，成立包括更广大范围的各党各派和无党无派代表人物在内的同样是联合性质的民主的正式的政府，领导解放后的全国人民，将中国建设成为一个独立、自由、民主、统一和富强的新国家。”[②]联合政府主张提出了多党政治的要求，否定了在中国实行一党政治的合理性，肯定了多党政治存在的必然性。

全面内战爆发后，中国共产党制定了打败蒋介石的正确政治方针和军事原则，并在国家政权问题上，不失时机地提出新的政治纲领。这就是：“联合工农兵学商各被压迫阶级、各人民团体、各民主党派、各少数民族、各地华侨和其他爱国分子，组成民族统一战线，打倒蒋介石独裁政府，成立民主联合政府。”[③]这一纲领的提出，得到了包括各民主党派在内的广大人民群众的拥护。但是，对于要建立的“民主联合政府”内涵的理解，中国共产党与那些企图走中间道路，在中国建立欧美式资产阶级共和国的资产阶级代表人物，则有本质的区别。对中国共产党来说，这时的联合政府与内战爆发前的联合政府有实质性的变化。如果说内战爆发前，我们迫于当时的形势，也为了实现第一步对国民党独裁政权的改造，主

① 《毛泽东选集》第 3 卷，人民出版社 1991 年版，第 1067 页。

② 《毛泽东选集》第 3 卷，人民出版社 1991 年版，第 1029～1030 页。

③ 《毛泽东选集》第 4 卷，人民出版社 1991 年版，第 1237 页。

张建立的联合政府是一个与新民主主义一般纲领有一定距离的国家政权，那么，在打倒蒋介石后中国只能建立一个直接体现新民主主义一般纲领的新型国家政权。在这个政权中，一方面要排除大资产阶级的政治代表，另一方面无产阶级要担负起领导责任。1948 年 1 月，毛泽东在《关于目前党的政策中的几个重要问题》一文中，对这种新型国家政权的体制、形式作了精辟的论述。他认为，新民主主义的国家政权，是工人阶级领导的人民大众的反帝反封建的政权。这个人民大众包括工人阶级、农民阶级、城市小资产阶级和民族资产阶级，而工人、农民和其他劳动人民是这个政权中的主体。他指出，人民大众组成的“中华人民共和国”，其权力机关是“各级人民代表大会”，并通过各级人民代表大会，选举各级政府。而工人阶级则要“经过自己的先锋队中国共产党实现对于人民大众的国家及其政府的领导”[①]。从一些资产阶级代表人物的政治态度看，则显然是另一种情况。他们理解的民主联合政府，并不是我们党所指的新型政权的民主联合政府，而是资产阶级共和国式的民主联合政府，因为他们既反对蒋介石的独裁统治，反对内战，也反对中国共产党的非资本主义前途，而是幻想在中国建立起欧美式的资产阶级国家政权，走所谓第三条道路。他们主张由代表中间势力的各民主党派，担负起和平建国的政治责任。可见，在决定中国前途命运的历史关头，不同的政党所代表的阶级利益不同，决定了他们对民主联合政府理解的差异。

1948 年后，随着解放战争的迅猛发展，各民主党派的政治态度发生很大变化。同年 5 月，中国共产党发出了召开新的政治协商会议的建议，立即得到了各民主党派和无党派人士的热烈响应，他们纷纷表示要在中国共产党的领导下，结成民主统一战线，为新民主主义革命的彻底胜利而奋斗。1949 年 3 月，毛泽东在党的七

① 《毛泽东选集》第 4 卷，人民出版社 1991 年版，第 1272 页。

届二中全会上郑重宣布:“召集政治协商会议和成立民主联合政府的一切条件,均已成熟”,“一切民主党派、人民团体和无党派民主人士都站在我们方面”。[①]“现在中国第一次在我党领导之下的政治协商会议即将召开,民主联合政府即将成立,革命即将在全国胜利。”[②]就在新的国家政权即将建立的关键时刻,1949 年 6 月 30 日,毛泽东发表了《论人民民主专政》一文。在这篇著作中,他深刻分析了中国建立人民民主专政国家政权的历史必然性,论证了各阶级在国家政权中的地位、作用及坚持共产党领导的重要性,并指出中国不可能建立资产阶级共和国。他指出,在现阶段,人民中包括工人阶级、农民阶级、城市小资产阶级和民族资产阶级。工人阶级是领导力量,工农联盟是基础力量。由于中国经济落后,民族资产阶级还有很大的重要性,但是它不应当在国家政权中占主要地位。“这些阶级在工人阶级和共产党的领导之下,团结起来,组成自己的国家,选举自己的政府,向着帝国主义的走狗即地主阶级和官僚资产阶级以及代表这些阶级的国民党反动派及其帮凶们实行专政”。“对人民内部的民主方面和对反动派的专政方面结合起来,就是人民民主专政。”1949 年 9 月 21 日至 30 日,中国人民政治协商会议第一届全体会议在北平隆重举行。参加政权的除了响应中共“五一”号召的 14 个政党单位外,还包括九三学社、台湾民主自治同盟和新民主主义青年团。在新政府中,共产党和各民主党派的关系,不是执政党和反对党的关系,而是执政党和参政党的关系。新建的政权是各革命阶级的联合政权。这是适合我国国情的一种新型的政治体制,是中国共产党在政权建设中的一个历史性创举。10 月 1 日,新中国的中央人民政府正式宣告成立,标志着中国共产党为之奋斗不息的民主联合政府的政治主张得到实

---

① 《毛泽东选集》第 4 卷,人民出版社 1991 年版,第 1435 页。

② 《毛泽东选集》第 4 卷,人民出版社 1991 年版,第 1437 页。

现，中国历史揭开了崭新的一页。

七、中国共产党人的新民主主义宪政思想

新民主主义宪政是中国共产党在新民主主义革命阶段民主政治建设中的伟大创举。新民主主义宪政思想是经过长期艰难探索才逐步形成的。民主联合战线的“革命的民众政权”的构想，是中共早期对政权模式的探索；苏维埃工农民主政权的建立与《中华苏维埃共和国宪法大纲》的制定是新民主主义宪政思想的萌芽；抗日战争时期毛泽东等人对新民主主义宪政思想的论述与抗日根据地“三三制”政权的建立是新民主主义宪政理论形成并付诸实施的标志；《陕甘宁边区宪法原则》和人民政协《共同纲领》的制定是新民主主义宪政思想更臻完善的体现。

1931 年 11 月中华苏维埃第一次全国代表大会所通过的《中华苏维埃共和国宪法大纲》是我国第一部新民主主义的宪法性文件，是中国共产党领导下的广大劳动人民制宪的初步尝试。这部《宪法大纲》受当时苏联宪法和中国共产党“左”倾思想的影响，有一些过“左”的条文，但从根本上说是中国历史上由第一部劳动人民作为主人、确保工农民主制度的根本大法。《中华苏维埃共和国宪法大纲》第一次以宪政的形式确立了红色苏区是“工人和农民的民主专政国家”。它规定：“在苏维埃政权领域内的工人、农民、红军士兵及一切劳苦民众和他们的家属，不分男女种族宗教……皆为苏维埃共和国公民。”公民在政治上的民主权利主要有：凡 16 岁以上的苏维埃公民均享有苏维埃的选举权和被选举权；苏维埃公民享有对苏维埃政权及其工作人员的监督权和批评权；在苏维埃政权下，公民享有完全的言论、集会、结社、出版和罢工的自由；苏维埃政权保障公民平等地享有各种民主权利，实行“在苏维埃法律前一律平等”。不可否认，这部《宪法大纲》表明党在苏区进行的民

主宪政还很不成熟，有的法律条文存在着许多“左”的倾向。例如，宪法中过分强调工人在权力机关的比重，而忽略了农村根据地的客观实际，造成了民主权利的实际不平等；对工农分子或对苏维埃有功的人，实行“同罪异罚”，而不是法律面前人人平等，使民主平等的原则打了一定的折扣；不加区别地剥夺一切剥削者及家属的选举权和被选举权，甚至把宗教人士也排除在外，缩小了党领导的统一战线的范围，等等。尽管苏区的民主宪政实践存在着种种历史性的缺陷，但它第一次在根据地内确定了新民主主义民主宪政的基本原则，为日后抗日边区民主宪政的实践打下了坚实的基础。

抗日战争时期，是新民主主义宪政思想形成和发展时期。抗日战争爆发前夕，毛泽东在《中国共产党在抗日战争时期的任务》(1937 年 5 月)的报告中明确提出要把争取民主作为“目前发展阶段中革命任务的中心一环”。强调中国必须立即开始实行两方面的民主改革：一是将政治制度上国民党一党派一阶级的反动独裁政体，改变为各党派各阶级合作的民主政体；二是实行人民的言论、集会、结社自由，没有这种自由，就不能实现政治制度的民主改革，就不能动员人民进入抗战，取得保卫祖国和收复失地的胜利。在这里，他正式讲到宪政问题，认为实行民主改革“应从改变国民大会的选举和召集上违反民主的办法，实行民主的选举和保证大会的自由开始做起，直到制定真正的民主宪法，召集真正的民主国会，选举真正的民主政府，执行真正的民主政策为止”①。1937 年 8 月，中共在《抗日救国十大纲领》中提出“召集真正人民代表的国民大会，通过真正的民主宪法，决定抗日的救国方针，选举国防政府”的要求。1937 年 9 月 22 日，国民党中央通讯社向全国播发《中共中央为公布国共合作宣言》，其核心内容是“三项主张”和“四项保证”。“三项主张”之一为“实现民权政治，召开国民大会，以制

① 《毛泽东选集》第 1 卷，人民出版社 1991 年版，第 257 页。

定宪法与规定救国方针”。同年10月,毛泽东在和英国记者贝特兰的谈话中又指出:“为应付当前的紧急状态,我们提议召集临时国民大会。这个大会的代表,应大体上采用孙中山先生在一九二四年的主张,由各抗日党派、抗日军队、抗日民众团体和实业团体,按照一定比例推选出来。这个大会的职权,应是国家的最高权力机关,由它决定救国方针,通过宪法大纲,并选举政府。”[①]在中共的倡导下,从1939年9月起,各民主党派在国统区展开了一场旨在要求结束国民党一党专政、实行民主宪政的运动。中共和毛泽东高度重视国统区的民主宪政运动,1939年10月2日和12月1日,中共中央两次向全党发出关于宪政运动的指示,指出国民参政会一届四次会议通过的决议虽较空洞,但不失为进步的决议,而且的确反映了全国人民目前的迫切需要。1939年10月10日,即国民参政会一届四次会议后不到一个月,毛泽东在其为中共中央起草的《目前形势和党的任务》一文中,第一次明确主张“结束国民党一党专政,召集真正代表民意的有权力的国民大会,制定宪法,实行宪政”[②],表明毛泽东已经接受了宪政这个概念。1940年2月1日,毛泽东为延安民众起草讨汪大会通电《向国民党的十点要求》,其中第三点要求“厉行宪政”:“政府宜即开放党禁,扶植舆论,以为诚意推行宪政之表示”[③]。中共着力在自己的根据地内进行了宪政运动的组织和宣传工作,各抗日边区积极参加了民主宪政运动。1939年11月24日,由毛泽东等党政军各界领导89人发起,筹备建立延安各界宪政促进会。接着,延安的妇女界、新闻界、青年界、工商业界等宪政促进会相继成立。1940年2月20日,延安的各界代表1000多人,在中央礼堂举行了延安各界宪政促进会成立大

---

① 《毛泽东选集》第2卷,人民出版社1991年版,第385页。

② 《毛泽东选集》第2卷,人民出版社1991年版,第617页。

③ 《毛泽东选集》第2卷,人民出版社1991年版,第723页。

会，发表了《延安各界宪政促进会宣言》，表达了中共对宪政的根本主张。毛泽东在这次会议上还发表了《新民主主义宪政》的重要演讲，为宪政运动指明了方向。这次会议后，宪政运动在各抗日边区掀起了高潮。

毛泽东在《新民主主义宪政》等文中系统阐述了新民主主义宪政的基本思想。第一，解释了宪政与新民主主义宪政概念。他指出，“宪政是什么呢？就是民主政治”，“我们现在要的民主政治，是什么民主政治呢？是新民主主义的政治，是新民主主义的宪政。它不是旧的、过了时的、欧美式的、资产阶级专政的所谓民主政治；同时，也还不是苏联式的、无产阶级专政和民主政治”。“什么是新民主主义的宪政呢？就是几个革命阶级联合起来对于汉奸反动派的专政。”毛泽东指出既不能走西方资产阶级宪政的老路，也还不能实行社会主义宪政。他说：“现在的英、法、美等国，所谓宪政，所谓民主政治，实际上都是吃人政治。”这种旧式的民主“现在已经没落，变成反动的东西了。这种反动的东西，我们万万不能要”。指出社会主义宪政自然是很好的，全世界将来都要实行，“但是这种民主，在现在的中国，还行不通，因此我们也只得暂时不要它”。第二，阐明了实行宪政的前提条件。“世界上历来的宪政，不论是英国、法国、美国，或者是苏联，都是在革命成功有了民主事实之后，颁布一个根本大法，去承认它，这就是宪法。”而中国“现在的宪政运动是争取尚未取得的民主，不是承认已经民主化的事实”。1937年5月，周恩来著文提出，召集国民大会实施宪政的先决条件是开放党禁，保障人民言论、出版、集会、结社、居住、信仰的完全自由，从而保障人民及各政党及团体真能获得选举之自由，及提出议案和宣传讨论之自由。没有这些条件，所谓宪政是无法实现的。第三，明确指出宪政的实行是非常困难的。“真正的宪政决不是容易到手的，是要经过艰苦斗争才能争取得的。因此，你们决不可相信，我们的会一开，电报一拍，文章一写，宪政就有了。”我们现在就是要打倒一切反动派，争取民主和独立，然后再以宪法的形式加以确认，这是争取宪政的唯一办法。翻开中国宪政运动的历史，从清朝、北洋军阀一直到蒋介石国民党，他们装模作样，演出一幕幕的立宪丑剧，实际上不过是“挂宪政的羊头，卖专制主义的狗肉”[①]。压在中国人民头上的反动势力是不愿意进步的，更不会向人民赏赐民主政治。第四，阐述了国体、政体的涵义，精心设计了新民主主义共和国的国体和政体。“国体”和“政体”是宪政理论的两个基本范畴，毛泽东在其《新民主主义论》一文中指出所谓“国体”问题，“其实，它指的只是一个问题，就是社会各阶级在国家中的地位”，所谓“政体”问题则是指“政权构成的形式问题，指的一定的社会阶级取何种形式去组织那反对敌人保护自己的政权机关”。毛泽东论述了新民主主义共和国的国家性质和政权形式，他说：现在所要建立的中华民主共和国，只能是在无产阶级领导下的一切反帝反封建的人们联合专政的民主共和国，这就是新民主主义的共和国。政体采取人民代表大会制，由各级人民代表大会选举政府，这个政府实行民主集中制。第五，提出并实践了抗日根据地政权的“三三制”原则。1940 年 3 月，毛泽东为中共中央写了《抗日根据地的政权问题》的党内指示，提出了“三三制”政权思想，指出“根据抗日民族统一战线政权的原则，在人员分配上，应规定为共产党员占三分之一，非党的左派进步分子占三分之一，不左不右的中间派占三分之一”[②]。

陕甘宁边区于 1939 年 1 月制订了《陕甘宁边区抗战时期施政纲领》。这份纲领规定要“发扬民主政治，采取直接、普遍、平等、不记名的选举制，健全民主集中制的政治机构，增强人民之自治能力”；“保障人民言论、出版、集会、结社、信仰、居住、迁徙与通讯之

① 《毛泽东选集》第 2 卷，人民出版社 1991 年版，第 732～739 页。

② 《毛泽东选集》第 2 卷，人民出版社 1991 年版，第 742 页。

自由”;“建立便利人民的司法制度,保障人民有检举与告发任何工作人员的罪行之自由”;“发扬艰苦作风,厉行廉洁政治,肃清贪污腐化,铲除鸦片赌博”等。1941 年 11 月陕甘宁边区第二届参议会通过了修正后的《陕甘宁边区施政纲领》。修改后的纲领比原来的纲领内容更加充实,政策也更加具体完善,“三三制”原则也被写入了纲领。特别是将保障人权的内容列入其中,明文规定:“保障一切抗日人民(地主、资本家、农民、工人等)的人权、政权、财权、及言论、出版、集会、结社、信仰、居住、迁徙之自由权,除司法系统及公安机关依法执行其职务外,任何机关部队团体不得对任何人加以逮捕审问或处罚,而人民则有用无论何种方式,控告任何公务人员非法行为之权利。”[①]在《陕甘宁边区施政纲领》颁布前后,各抗日根据地都根据本地区情况,采用民主方法制订了施政纲领,如《晋察冀边区目前施政纲领》、《晋冀鲁豫边区目前施政纲领》、《山东省战时施政纲领》等等。这些施政纲领的制订和实施,对于边区的政治、军事、经济、文化建设和人权保障都起了重要的作用,因其具有边区宪法的性质,从而标志着边区宪政的实践。

解放战争时期,新民主主义宪政思想更趋完善与成熟。1946 年 4 月 23 日,陕甘宁边区第三届参议会第一次会议通过了《陕甘宁边区宪法原则》。宪法原则分“政权组织”、“人民权利”、“司法”、“经济”、“文化”等 5 部分,共 25 条。提出了政权建设中的人民代表会议制原则,规定:边区、县、乡人民代表会议(参议会)为人民管理政权机关;人民普遍直接平等无记名选举各级代表,各级代表会选举政府人员;各级政府对各级代表会负责,各级代表对选举人负责;乡代表会即直接执行政务机关;人民对各级政权有检查、告发及随时建议之权,每届选举时则为大检查;政府人员有违反代表会议决议、或忽于职务者,应受到代表会议的批评或罢免;在少数民

① 《中共中央文件选集》第 13 册,中共中央党校出版社 1991 年版,第 91 页。

族聚居地区，实行民族区域自治。规定了边区人民享有的政治、文化、经济权利：人民为行使政治上各项自由权利，应受到政府的诱导与物质帮助；人民有免于经济上偏枯与贫困的权利；人民有免于愚昧及不健康的权利；人民有武装自卫的权利；边区人民不分民族，一律平等；妇女除有男子平等权利外，还应照顾妇女之特殊利益。确定了边区的基本经济政策是：保障耕者有其田，劳动者有职业，企业有发展的机会；用公营、合作、私营三种方式组织和发展经济；欢迎外来投资，培养技术人才，有计划地发展工农业生产。确定了边区司法工作的基本原则：除司法、公安机关依法执行职务外，任何机关团体不得有逮捕审讯行为；各级司法机关独立行使职权，除服从法律外，不受任何干涉；人民有不论用何种方式控告任何失职的公务人员之权；对犯法人实行感化主义。《陕甘宁边区宪法原则》是在国内政治形势发生变化的情况下制定的，它把在根据地已经实行的政权组织、人民权利、司法制度、经济文化政策等，用法律的形式固定下来，确立了新民主主义宪政的基本模式，是宪法性的文献；它又是抗战胜利后民主与专制斗争的产物，树起了与国民党对立的宪政旗帜，为新民主主义宪政在全国的实现奠定了基础。它所提出的人民代表会议是一种过渡形式，为实行人民代表大会制度创造了必要的条件，积累了必要的经验。

1949 年 9 月 21 日，中国人民政治协商会议在北平隆重召开，参加政协的有中国共产党、各民主党派和无党派人士等。9 月 29 日，会议通过了《中国人民政治协商会议共同纲领》，是新中国第一部宪法性文件。包括序言和总纲、政权机关、军事制度、经济政策、文化教育政策、民族政策、外交政策等 7 章，共 60 条，其中规定：“中华人民共和国为新民主主义即人民民主主义的国家，实行工人阶级领导的，以工农联盟为基础的，团结各民主阶级和国内各民族的人民民主专政。”“中华人民共和国的国家政权属于人民。人民行使国家政权的机关为各级人民代表大会和各级人民政府。”“国家最高政权机关为全国人民代表大会”,“各级政权机关一律实行民主集中制”。《共同纲领》还对人民的民主自由权和经济权利,对新中国的经济政策以及对外政策等都作了详细规定。《共同纲领》具有临时宪法的性质,它对新中国的国家性质、政体、国家机构之间的关系,作了明确规定,对人民的各项权利用宪法的形式加以确认。《共同纲领》所体现的人民民主原则和新民主主义原则在新中国的国家制度上得到了充分体现。《共同纲领》和按照它所体现的原则建立起来的中华人民共和国,是毛泽东对新民主主义宪政探索的科学总结,是新民主主义宪政思想的伟大实践;同时,它也发展了马克思主义宪政学说,是中国宪政史上的一个里程碑。

第五编

民族主义思潮与政治思想领域的重要论战

第十四章　20 世纪上半叶中国的民族主义思潮

民族主义是指社会成员对于自己所生活的有共同语言、共同地域、共同经济生活、共同文化心理素质的共同体的体认，指社会成员对这一共同体的忠诚心理状态。在严峻的民族危亡形势的催迫下，具有强烈的民族自尊心和自豪感的中华民族对民族的认同意识、忠诚意识不断得到强化和升华，民族主义裹挟着各阶级阶层、各党各派，成为影响近现代各种思想的一种思潮。民族主义构成了现代中国思想的并生系统与共同框架，“如果将晚清以来各种激进与保守、改良与革命的思潮条分缕析，都可以发现其所包含的民族主义关怀，故都可视为民族主义的不同表现形式”[①]。民族主义也是中国现代化运动的基本动力，“近代中国出现过的各式各样的现代化思想和政治运动，其能掀起人心于一时大抵皆以民族主义为出发点，并基本上假借着民族主义的动力……一切与民族主

---

① 罗厚立：《从思想史视角看近代中国民族主义》，载李世涛主编《知识分子立场与转型期中国的命运》，时代文艺出版社 2000 年版，第 218 页。

义相冲突的现代化运动,其最终的成就都是没有保障的"[1]。19 世纪末到新中国成立前,中国民族主义高涨有过三次浪潮:第一次勃兴于 19 世纪末 20 世纪初的甲午惨败、瓜分狂潮、八国联军侵华后;第二次触发于民国初年的"二十一条"、巴黎和会、"五卅"惨案、沙基惨案;第三次激于"九一八"事变、"一·二八"事变、华北事变、"七七"事变与"八一三"事变后达至顶点。

一、19 世纪、20 世纪之交民族主义思潮的兴起

(一)现代意义上的"民族主义"概念的形成

我国有着深厚的民族主义传统。春秋时代,华夏族就形成了"内夏外夷"、"非我族类,其心必异"的观念。以后,民族主义思想在中华民族悠久历史文化的基础上不断加强,我国历史上涌现了众多的爱国志士、民族英雄,赢得了人民大众的普遍崇敬,而那些丧失民族气节的汉奸则被人们鄙视。爱国主义传统成为现代民族主义思潮的先导。传统民族主义也有偏颇之处,主要是以"天朝上国"自居而视他邦为"蕞尔小国"的虚骄心态,阻碍了中外平等交往。传统民族主义的以上缺陷在近代以来也有影响,盲目保守、盲目排外思想就是"华夷之辨"观念、"天朝上国"心态的延续。

现代民族主义勃兴于 19 世纪末。甲午战争失败后,在列强掀起的瓜分风潮中,士大夫喊出了"保种"、"保国"、"保教"的口号。保种就是保卫民族独立,保国就是保卫国家主权,保教就是保卫传统思想与文化。这实际上就是民族主义的口号,虽然当时还没有"民族主义"这一名词。1899 年,梁启超在《东籍月旦》一文中从日文引进了"民族"一词。1903 年,梁启超又从德国政治理论家布伦

① 余英时:《飞弹下的选举民主与民族主义之间》,载 1996 年 3 月 29 日《中国时报》。

奇里那里引进了民族的定义，认为民族的特点是：其始同居一地，其始同一血统，同其肢体形状，同其语言，同其文字，同其宗教，同其风俗，同其生计。梁启超也是最早将“民族主义”这一概念引入中国的人。他认为，民族主义就是“各地同种族同言语同宗教同习俗之人，相视如同胞，各独立自治，组织完备之政府，以谋公益而御他族也”①。因此，在他看来，“民族主义者，世界最光明正大之主义也。不使他族侵我之自由而我亦无侵他族之自由。其在本国，人之独立；其在世界，国之独立”②。可见，其所理解的民族主义有对内对外两个维度。在此前后，民族主义作为一个专有名词充斥于各种出版物。

人们将建立民族国家视为民族主义的中心内容。1902 年 6 月《政艺通报》刊出的《民族主义》，将民族主义概括为“合一群，同道德，同法律，同风俗，同文学美术，而组织一完全无缺之国家者也”，并断言：“惟此主义，世界由是而文明；惟此主义，欧美由是而进者也。”③1903 年 3 月《新民丛报》所刊出的《近世欧人三大主义》，以“民族之国家”为题，指出：“近日世界之大事变，推其中心，无不发于民族主义之动力……凡言语同、历史同、风俗习惯同，则其民自有结合之势力，不可强分。反之而言语异、历史异、风俗习惯异，则虽时以他故相结合，而终有独立之一日。……故 19 世纪，实为民族国家发生最盛之时代。”④同年 10 月，《游学译编》第 10 期刊出《民族主义之教育》，指出：“所谓民族者，谓具同一之言语、

① 梁启超：《新民说·论新民为今日中国第一之急务》，载《饮冰室合集·文集》卷一，中华书局 1989 年版，第 4 页。

② 梁启超：《国家思想变迁异国论》，载《饮冰室合集·文集》卷十，中华书局 1989 年版，第 20 页。

③ 邓实：《民族主义》，载《政艺通报》壬寅年第 7 期。

④ 雨尘子：《近世欧人之三大主义》，载《新民丛报》第 28 期。

同一之习惯，而以特殊之性质区别于殊种别姓之民族……民族之所由生，生于心理上道德与感情之集合。因道德与感情之集合，而兴起政治组织之倾向；因政治组织之倾向，而民族建国主义乃星日回薄于大陆之上。”指出：“民族建国者，以种族为立国之根据地。以种族为立国之根据地者，则但与本民族相提携，而不能与异民族相提携，与本民族相固著，而不能与异民族相固著。……今欲存支那者，不可不集合支那民族以自相提携、自相固著。集合皇汉民族以自相提携、自相固著，不可不言民族建国主义。”《浙江潮》第1、2、5期连载《民族主义论》一文，给民族主义下了以下定义：“合同种，异异种，以建一民族的国家，是曰民族主义。”文章说：“凡可以为国民之资格者，则必其思想同、风俗同、语言文字同、患难同。其同也，根之于历史，胎之于风俗，因之于地理，必有一种特别的固结不可解之精神。”之所以必须建立民族国家，则是因为“惟民族的国家，乃能发挥其本族之特性；惟民族的国家，乃能合其权以为权，合其志以为志，合其力以为力”。文章大声疾呼：“今日者，民族主义发达之时代也，而中国当其冲。故今日而不再以民族主义提倡于吾中国，则吾中国乃真亡矣。”其后，民族主义被孙中山和中国同盟会确定为中国革命的首要目标，汪精卫在《民报》第1号刊出的《民族的国民》在解释这一纲领时指出：“民族者，同气类之继续之人类团体也。”同气类，指同血系、同语言文字、同住所、同习惯、同宗教、同精神体质。民族主义的核心正是组成民族国家：“凡民族必被同一之感、蒙具同一之知觉，既相亲比以谋生活矣，其生活之最大者为政治上之生活，故富于政治能力之民族，莫不守形造民族的国家之主义，此之主义名民族主义。”民族主义的倡导者们希望利用这面旗帜，集合中华民族的大多数成员共同奋斗，以挣脱列强对中国的欺凌与奴役，使中国臻于繁荣与强大。

民族主义有多种表现形式：

其一，族类民族主义。它离开社会经济的发展而直接从物竞天择、优胜劣败的生物进化论来判定民族的特点与命运。《浙江潮》所刊《民族主义论》便曾将生存竞争学说宣布为民族主义之源："自物竞自存之说兴，于是种类盛衰之故明。进化论者，实民族主义之原也。"这种族类民族主义，和中国传统的"非我族类，其心必异"观念最易契合，因而很有影响。

其二，政治民族主义。指将民族主义归结为建立民族国家，归结为集中全力进行政治斗争乃至军事斗争。前引以民族建国为中心内容的民族主义即此种形式。

其三，经济民族主义。指从经济的角度思考民族的命运，实业救国是这一思潮的主要旗帜。人们提出的"商战"、"以工立国"、"设厂自救"、"抵制外货"等口号都带有强烈的经济民族主义色彩。

其四，文化民族主义。主要是指一些文化保守主义者将民族危机归结为民族文化的危机，希望通过保存民族文化，增强民族凝聚力，弘扬民族精神，挽救民族危机。

在 20 世纪上半叶的中国民族主义中，以政治民族主义最为发达，经济民族主义则相对薄弱。

(二)"小民族主义"——"排满"与"合族"思潮

"吾中国言民族者，当于小民族主义之外，更提倡大民族主义。小民族主义者何？汉族对于国内他族是也。大民族主义者何？合国内本部属诸族对国外之诸族是也。"①这是梁启超对民族主义的划分。后来，国民党"一大"宣言则指出："国民党之民族主义，有两方面之意义：一则中国民族自求解放；二则中国境内各民族一律平等。"所谓小民族主义或者说民族主义的对内方面是指"排满"和国内各民族平等、团结的思想。所谓大民族主义或说民族主义的对外方面是指反对帝国主义侵略争取中华民族独立的主张与要求。

---

① 《饮冰室合集·文集》之十三，中华书局 1989 年版，第 75～76 页。

“排满”思潮是“反清复明”、“反清兴汉”思想的发展。“反清复明”是传统民族主义的口号。尽管其中也体现了被统治民族对统治民族的不满，但是从整体考察，它表达的民族忠诚是对过去封建王朝的怀念，它运用的思想武器依然是“汉族中心”、“夷夏大防”等古老教条。这样，它便与近代反侵略反封建的时代潮流格格不入，因此在近代，这面旗帜逐渐陈旧褪色。太平天国运动虽以反清反满相号召，但不再重提“复明”的口号，而希望通过反对满清贵族统治建立一个“人间天国”，使排满的口号从恢复旧王朝转向建立一个“新天、新地、新人、新世界”，触及了反封建的时代课题。

“排满”思想在19世纪末以后得到了新的发展。以谭嗣同为代表的维新派的左翼，一方面继承了传统反满思想，利用满族压迫汉族的历史激发人民的民族情绪。宣扬：“《扬州十日》、《嘉定屠城纪略》，不过略举一二事，当时，既纵焚掠之军，又严觓发之令，所至屠杀虏掠，莫不如是。”[①]另一方面吸收欧美民主思想，结合反侵略的实际对满清政府进行揭露。“排满”不仅为了“夷夏之防”，更是因为清政府的腐败无能。第一，满清政府无力抵抗侵略，造成了“外患深矣，海军潜矣，要害扼矣，堂奥入矣，利权夺矣，财源竭矣，分割兆矣，民倒悬矣，国与教与种偕亡矣”[②]。第二，满清坚持专制，“君臣一伦，尤为黑暗否塞，无复人理，沿及今兹，方愈剧矣”[③]。第三，满清政府守旧不变，“唯变法可以救之，而卒坚持不变”[④]。上述情况表明，“排满”思潮已经同反侵略、反专制、争民权、求改革的思想结合起来，“夷夏大防”开始被改造为反对专制的工具。

20世纪初，以章太炎、邹容、孙中山为代表的革命派的“排满

① 《谭嗣同全集》(下)，中华书局1981年版，第342页。

② 《谭嗣同全集》(下)，中华书局1981年版，第343页。

③ 《谭嗣同全集》(下)，中华书局1981年版，第337页。

④ 《谭嗣同全集》(下)，中华书局1981年版，第343页。

革命”思潮蓬勃高涨。1902 年春,“支那亡国 242 年纪念会”在日本举行,会议宣称汉族的国家已经被满族所灭,号召汉族人民光复祖国。不久,继兴中会之后,“光复中华”、“振兴中华”的口号被嵌入革命小团体的名称。接着,“驱除鞑虏”被写入第一个资产阶级政党的纲领。“排满”成为资产阶级革命派的旗帜。这面旗帜尽管还带着大汉族主义的斑痕,但是其主调却表达了时代的要求。革命派把光复汉族与维护中华民族独立联系起来。章太炎沉痛指出:“满洲弗逐,而欲士之争自濯磨,民之敌忾效死,以期至乎独立不羁之域,此必不可得之数也”,“亦终为欧美之奴隶而已矣”。[①]革命派还将“排满”与建立民主共和制度紧密结合地来。同盟会“驱除鞑虏,建立民国”的纲领,邹容“厘清种族”、“建立中华共和国”的呐喊都鲜明地表明了这一点。他们庄严宣布:“民族主义与专制政体不能相容。”[②]此外,革命派又把“排满”同发展经济结合起来。他们揭露清政府对工商业“贬视曰末”,在政治上压迫,并运用“苛捐”、“厘金”、“报效”等进行盘剥,因此,要发展民族经济,必须排满。还有,革命派把排满与反帝结合在了一起。陈天华等阐明了之所以要倾覆满清政府是因为清政府已沦为“洋人的朝廷”的思想。

帝国主义是近代中华民族面临的最主要敌人,是国内各民族共同的压迫者。在反侵略斗争中,中国人民逐步认清了国内各民族联合共同反帝的历史趋势。于是,满、汉、回、蒙、藏五族联合,国内各民族平等团结的思想出现了,中华民族的概念被各族人民认同了。

严复、康有为、梁启超等维新派率先宣传了“合族”、“满汉一家”的思想。在戊戌维新时期,他们就表明了“君民共主,满汉不

---

① 章太炎:《正仇满论》,载《国民报》第 4 期。

② 余一:《民族主义论》,载《浙江潮》第 1、2 期。

分”、“只有所谓中国,无所谓满汉”的态度。20世纪初,他们在与“排满”思潮的激烈的辩论中,在《新民丛报》及其他立宪报刊上树起了“合族救国”的旗帜。1903年,梁启超根据布伦奇里的民族定义,认为除去同一血统等个别项目不敢妄下结论外,“满人纯然同化于我”,“满族畴昔虽不能认为同族,而今后则实已构成一混同民族之资格也”。[①] 康有为认为民族差别的关键在于文化的差异,“中国而为夷狄则夷狄之,夷狄而有礼义则中国之”,满人“其教化文义,皆从周公、孔子,其礼乐典章,皆用汉唐宋明……盖化为一国,无复有几微之别久矣”,“满洲在明时则为春秋之楚,在今则为汉高之楚,纯为中国矣”。[②] 满族既已接受中华教化,理应被看作中华民族的一员。他们在“满汉一家”思想的基础上进而主张中国境内各民族携手并肩共同结成一个反抗侵略、改造中国的共同体。梁启超提出“合汉合满合蒙合回合藏,组成一个大民族,把全球人类三分有一之人类,以高掌远蹠于五大陆之上”[③]。包括中国各族人民在内的“中华民族”的概念呼之欲出了。

资产阶级革命派虽宣传“排满”,但日渐认同了“合族”思潮的合理因素。1910年,孙中山提出了“五族共和”的主张,以后进一步演变为“民族同化”的概念。1919年底,他在《三民主义》一文中提到,汉族“与满、蒙、回、藏之人民相见于诚,合为一炉而冶之,以成一中华民族之新主义”[④]。希望“仿效美利坚民族底规模,把汉、满、蒙、藏、回五族同化成一个‘中华民族’,组成一个民族底国

---

① 《饮冰室合集》文集之十九,第27页。

② 《答南北美洲诸华商论中国可行立宪不可行革命书》,载《政论集》,中华书局1981年版。

③ 《饮冰室合集》文集之十三,第75~76页。

④ 《孙中山全集》,中华书局1985年版,第187页。

家”[1]。这是革命派的民族主义的重要发展。

(三)“大民族主义”——反帝思想

19 世纪末 20 世纪初,反对帝国主义侵略的“大民族主义”思想波及到的阶级、阶层是相当广泛、复杂的。当时,主要有以下三股:

1. 义和团的“灭洋”思想

义和团农民自发的反侵略爱国思想集中地体现在义和团的旗帜、口号上。据《光绪年奏稿》载,早在甲午战争期间,山东曹、濮,安徽颍、亳各地百姓已提出了“兴华灭洋”的口号。此后,各地义和团打起的旗帜和提出的口号达数十种之多,尽管旗帜、口号不尽相同,但其“灭洋”的主旨是共同的。1898 年初,浙江海门应万德领导的反洋教起义打出了“保清灭教”的旗帜。同年赵三多等人在山东冠县蒋家庄(今河北威县)举义旗,提出了“助清灭洋”的口号。四川大足县余栋臣领导的反洋教起义也提出了“顺清灭洋”的口号。在此期间,湖北宜昌地区人民打起了“保清灭洋”和“顺清灭洋”的旗帜。直隶阜城人民提出了“神助灭洋”的口号。河南信阳人民反洋教也以“助清灭洋为宗旨”。此外,各地义和团提出了“患难相扶,反对洋教”、“替天行道,灭洋人”、“扶保中华,驱逐洋寇”、“替天行道,扶清灭洋”、“扫清灭洋”等口号。尽管这些口号中的“扶清”、“助清”、“顺清”等反映了农民对清王朝的面目认识不清,尽管“灭洋”这一口号具有盲目排外的性质,但它紧扣了时代的救亡主题。各地义和团之所以旗帜鲜明地提出“灭洋”口号,是近代中国民族矛盾走向激化的结果,是帝国主义加紧侵略中国产生的回应,是中国人民反对外国教会侵略深入发展的必然产物,符合中华民族反抗外来侵略、争取民族独立的大方向。

---

① 《孙中山全集》,中华书局 1985 年版,第 474 页。

2. 维新派的“大民族主义”思想

维新派面对甲午战争后国家的大好河山被帝国主义势力“瓜分豆剖”的严酷现实，发出了“保国”、“保种”、“保教”的强劲呼声，而号召变法图存，“变法而强”。他们列举波兰、印度以及中国受挫的事实引为教训，介绍俄国、日本变革自强的事实并为榜样，论证要改变国家民族积贫积弱的状况，唯一的出路在知“变”求“变”。严复把进化论介绍到中国，并将进化论的主旨概述为“物竞天择”，“弱肉强食”，“愚者智役”，优胜劣败，希望从理论上唤起人们的危机意识和生存意识，以便令中国人民“同力合志”，抵御外敌，自强自立。维新派宣传大民族主义的目的是：“知他人以帝国主义侵之可畏，而速养成我所固有之民族主义以抵制之。”①“合族”思潮的首要目的也正是要求国内各民族团结一致，“合为中华”，共同反对帝国主义侵略。

3. 革命派的反帝思想

革命派的民族主义，既包括排满论，也具有鲜明的反帝思想。1901 年出版的革命派早期刊物《开智录》，发表了题为《论帝国主义之前途及二十世纪之前途》的文章，鲜明地指出：“今日之世界是帝国主义最盛而自由败灭之时也。”“今世界之帝国主义”，“即强盗主义也”。1903 年出版的《浙江潮》第 1 期刊载的《国魂篇》写道：“帝国主义者，民族主义为其父，而经济膨胀之风潮则其因也。”陈天华在《猛回头》和《警世钟》两书中表现了强烈的反帝思想。他在《猛回头》中一针见血地点明：“列位，你道现在的朝廷仍是满洲的吗？多久是洋人的了！”深刻地揭示了清政府已经成为帝国主义统治中国的工具。章太炎认为，民族主义的政治目标是反对“异族”统治，“异族”不仅包括野蛮的戎狄，也包括欧美民族，“若就政治社

① 《饮冰室合集》文集之十，中华书局 1989 年版。

会计之，则西人之祸吾族，甚烈千万倍于满洲”[①]。他和幸德秋水等人于1907年4月共同在日本发起“亚洲和亲会”，由他起草的《亚洲和亲会约章》声明“以反对帝国主义，而自保其邦族”[②]为宗旨。这是近代史上明确提出“反对帝国主义”的口号的开始。

二、民国前期民族主义思潮的发展

(一)“五四”反帝爱国思想

五四运动是一场伟大的反帝爱国运动。“五四”前夕，正值第一次世界大战结束。一些知识分子曾经对帝国主义抱有幻想，误认为“协约国”一方的美、英、法等列强是主持“公理”、“正义”的，协约国战胜了德国，就是“公理”战胜了“强权”，幻想依靠美、英、法帝国主义保障战后的世界和平并帮助中国实现民族独立。蔡元培在一篇题为《黑暗与光明的消长》的演说中称“协约国占了胜利，定要把国际间一切不平等的黑暗的主义都消灭了，别用光明主义来代他”。陈独秀在《〈每周评论〉发刊词》中称美国总统威尔逊是“现在世界上第一个好人”。有类似看法的人还不少。

巴黎和会上中国外交的失败使人们认清了帝国主义的面目，提高了他们反帝爱国的觉悟。1919年5月2日，北京《晨报》和《国民公报》报道了外交失败的消息，并发表《外交问题警告国人》的文章，警呼：“山东亡矣，国不国矣，愿合我四万万众合力图之。”5月4日下午1时半，北京大学等学校3000余名学生齐集天安门前，举行示威大会，高呼“外争国权，内惩国贼”、“取消二十一条”等口号，散发《北京学生界宣言》。宣言中说：“现在日本在巴黎和会

① 《革命军约法问答》，载《章太炎政论选集》上册，中华书局1977年版，第432页。

② 汤志钧编：《章太炎年谱长编》上册，中华书局1979年版，第243页。

上要求并吞青岛，管理山东一切权利，就要成功了！他们的外交大胜利了！我们的外交大失败了！山东大势一去，就是破坏中国的领土！中国的领土破坏，中国就亡了！”“务望全国工商各界，一律起来开国民大会，外争主权，内除国贼，中国存亡，就在此一举了！今与全国同胞立两信条道：中国的土地可以征服而不可以断送！中国的人民可以杀戮而不可以低头！国亡了！同胞起来呀！”

经过五四运动，中国人民对帝国主义的认识有了新的发展：

第一，指出帝国主义只讲强权不讲公理，是强盗主义。5 月 18 日，《每周评论》刊登了《青岛问题在欧会中经过情形》，记者在前言中说：“青岛问题打欧会开议之后就拿出来讨论，一直到今还没有完全收束。中间经了许多波折，我国公使虽然说出很多公理，但在强盗主义大行的时候，公理仍然战不过强权。”这天，该报还发表了李大钊的《秘密外交与强盗世界》，指出：“这回欧战完了，我们可曾作梦，说什么人道、平和得了胜利，以后的世界或者不是强盗世界了，或者有点人的世界的彩色了。谁知道这些名辞，都只是强盗政府的假招牌。”巴黎和会“拿着弱小民族的自由、权利，作几大强盗国家的牺牲”。李大钊在《再论新亚细亚主义》[①]中指出：“挟国际猜忌，利权竞争的私心的资本主义、帝国主义，不论他是东方的、欧美的，绝讲出公道结束。”5 月 26 日，《每周评论》发表陈独秀的《山东问题与国民觉悟》，文中指出：“这回欧洲和会，只讲强权不讲公理，英、法、意、日各国硬用强权拥护他们的伦敦密约，硬把中国的青岛送给日本交换他们的利益，另外还有种种不讲公理的举动。”《民国日报》5 月 19 日载文指出：“公理两字，是为着强国制造出来的”，巴黎和会是强盗分赃。上述情况表明，中国的先进分子丢掉了对帝国主义的幻想，对帝国主义以强凌弱的侵略本质有了深刻的认识。

第二，提出了“实行民族自决”、反对帝国主义的明确主张。李

① 载《李大钊文集》下卷，人民出版社 1984 年版。

大钊在《秘密外交与强盗世界》一文中提出了三大信誓："改造强盗世界，不认秘密外交，实行民族自决。"这里所说的"改造强盗世界"，就是打倒帝国主义，所说的"民族自决"，就是要求获得中华民族的独立和解放。陈独秀表示："我们不可主张用强力蔑弃公理，却不可不主张用强力拥护公理。我们不主张用强力压人，却不可不主张用强力抵抗被人所压。"[①]他在另一篇文章中号召中国人民准备进行反对日本帝国主义侵略的"民族自卫战争"，指出面对民族存亡问题"应该发挥民族自卫的精神，无论是学界、政客、商人、劳工、农夫、警察、当兵的、做官的、议员、乞丐、新闻记者，都出来反对日本及亲日派才是"[②]。人们在很长一段时间里，并没有认识到帝国主义的侵略是造成民族危机的最主要原因，而只认为是由于国内政治腐败、国力软弱所引起的，因此，把民族独立和振兴的希望寄托在"自强"上面，而忽视帝国主义这一最大障碍。"五四"思想家提出了明确的反帝思想，这是认识的深化。

第三，提出了把帝国主义和帝国主义国家的人民区别开，被压迫民族联合起来共同斗争的重要思想。李大钊指出，反对帝国主义并不是"排外主义"或"闭锁主义"，我们并不排斥"欧美的人民"，"并且愿意与他们共同生活"，"世界上无论何种族何国民，只要立于人类同胞的地位，用那真正的 Democracy 的精神，来扶持公理，反对强权的人，我们都认他为至亲切的弟兄"。[③] 他主张亚洲的弱小民族应该联合起来，亚洲的弱小民族应该和世界各被压迫民族联合起来，形成一个世界联合的解放运动。他还号召日本人民和中国人民共同进行反对日本帝国主义的斗争，因为日本侵略中国的结果"更要巩固国内军阀财阀的势力，来压制一般人民，永远不

---

① 《陈独秀文章选编》上册，三联书店 1984 年版，第 411 页。

② 《陈独秀文章选编》上册，三联书店 1984 年版，第 402～403 页。

③ 《再论新亚细亚主义》，载《李大钊文集》下卷，人民出版社 1984 年版，第 111～112 页。

能翻身"①。这种被压迫民族与帝国主义国家的人民联合起来共同进行反对帝国主义的斗争的思想,对于后来中国共产党制定民主革命纲领,对于中国人民以后的反帝斗争,都有重要的积极作用。

第四,提出了加强国内团结、实现中华民族的大联合、共同反对帝国主义和卖国政府的思想。五四运动中出现了"诛卖国贼曹汝霖、陆宗舆、章宗祥"等口号。文言文的《北京学生界学言》主张:"至有甘心卖国,肆意通奸者,则最后之对付,手枪炸弹是赖矣!"陈独秀在《对日外交的根本罪恶》一文中号召学生们把斗争锋芒指向亲日派卖国政府,而不要只是攻击个别的卖国贼。李大钊在《秘密外交与强盗世界》一文中也指出反帝不"单是打死几个人",而是"实行民族自决",推翻强盗世界。反对帝国主义需要全国人民的大团结,需要联合各界爱国力量。《每周评论》5 月 11 日载文指出:"这次学生的举动,除去极少数的武力派和亲日派外没有不称快的,所以动作上虽不相谋,却能一致,这是因为有公共目的在前的缘故。""辛亥倒清的时候,有的主张政治革命,有的主张种族革命,不管政治革命也罢,种族革命也罢,只要倒清就完了。后来倒袁,国民党和进步党的心思不一样,不管同梦也罢,异梦也罢,只要倒袁就完了。所以我们抱暂时同一目的的人……既看破卖国贼的奸计,更要努力合作。"1919 年七八月间,毛泽东发表了著名的政论文章《民众的大联合》。他认为在五四运动中成立的学生联合会和各界联合会就是为了对付帝国主义及卖国政府而产生的一种"民众的联合",是"中华民族大联合的雏形"。所以,从五四运动的经验中可以看到,中华民族的大联合不仅是必要的,也是可能的。从中毛泽东得出了中国革命必然胜利的结论。他说:"我们中华民族原有伟大的能力,压迫愈深,反抗愈大,蓄之既久,其发必速。"

① 《秘密外交与强盗世界》,载《李大钊文集》下卷,人民出版社 1984 年版,第 2 页。

"他日中华民族的改革,将较任何民族为彻底。中华民族的社会,将较任何民族为光明。中华民族的大联合,将较任何地域任何民族而先告成功。"

(二)20世纪20年代初国共两党的民族主义思想与反帝废约运动

20世纪20年代初,正是帝国主义加紧侵略中国的时期。1921年11月,帝国主义列强在华盛顿会上签署了协同侵略中国的《九国公约》,打破了日本在中国的独占状态,使中国仍回到几个帝国主义国家共同支配的局面。帝国主义侵略中国的加剧更使国人认识到帝国主义是中国人民的死敌。

中国共产党成立不久就制定了民主革命纲领,把争取民族独立作为首要目标。中共反帝目标的确立,深受共产国际的民族革命运动理论的影响。1920年7月至8月召开的共产国际第二次代表大会专门讨论了民族和殖民地问题。列宁在报告中说明,他最重要和最基本的思想,就是确认帝国主义已将世界各民族分为被压迫民族和压迫民族两大类,被压迫民族和资本主义国家的无产阶级应当一致行动反对帝国主义这一共同的敌人。中共"二大"根据共产国际的民族革命运动理论制定了反帝反封建的民主革命纲领,明确了以帝国主义为中国革命的主要对象。

中国国民党方面,孙中山在重新解释三民主义时,也重新将民族主义尤其是反帝列为首要任务。孙中山于1924年1月至2月所作的《民族主义》演讲,是本世纪中国民族主义最重要的文献之一。

在国共两党的推动下,反帝思潮、反帝民族运动蓬勃发展。在1924年5月31日中苏签订我国近代以来第一个平等条约《解决悬案大纲协定》后,全国兴起了轰轰烈烈的废除不平等条约运动。

在签订协定的第十天,上海市民集会,庆祝中苏协定的签订。大会致电日本新上任的首相加藤高明,要求"速取消二十一条,改变侵略政策”。闸北市民在通电中则提出:“要一致地向列强收回治外法权和庚子赔款,废除一切不平等条约,撤退驻在内地之外兵,谋中国之独立。”①

7 月 9 日,北京学生联合会、中国社会主义青年团等十余团体和国会议员胡鄂公、雷殷等 150 多人,联合发起组织北京反帝国主义运动联盟,并发表通告,得到各界人士的迅速响应。经过短短几天的发动,仅北京地区就有 50 多个团体参加。13 日,这 50 多个团体的代表和各界人士 230 多人,在中央公园举行“反帝国主义大同盟”成立大会。大会通过了《反帝国主义大联盟宣言》,宣布联盟的宗旨是:(1)扑灭帝国主义的侵略政策,废除压迫中国弱小民族所订一切不平等条约;(2)联络一切愿意参加反帝国主义工作的同志;(3)只从事反帝国主义事业,其他任何事务概不与闻;(4)反对帝国主义的走狗和汉奸。7 月 18 日,北京八所国立专科以上学校的教职员召开联席会议,响应反帝国主义大同盟的呼唤,发表《废除不平等条约宣言》,指出必须开展一个“废止国际一切不平等条约之运动”②。28 日,中华学生废约同盟在北京成立,表示要与反帝国主义大同盟采取一致的行动。

此后,各地纷纷成立了多种多样的反帝国主义大同盟,开展反帝废约运动。8 月初,由郭亮、凌炳、熊享瀚等发起成立了湖南反帝大同盟。9 月 5 日,武汉反帝大同盟宣告成立。7 日,济南反帝大同盟成立。此外,广州、青岛、杭州、太原、保定、江西、四川等省市都相继成立了反帝大同盟。

北京反帝大联盟倡议以 9 月 3 日至 9 日为中国反帝国主义运动周。因为是年 9 月 7 日是《辛丑条约》签订 23 周年,大联盟认为这一天是“国耻纪念日”,更有利于激发民族自尊心,进行反帝废约

---

① 1924 年 6 月 10 日上海《民国日报》。

② 1924 年 7 月 19 日《晨报》。

的宣传。在运动周内,全国各地的反帝联盟普遍举行群众集会,开展各种各样的纪念活动。

在反帝废约的运动中,中国共产党人始终站在运动的前列,不但许多共产党员是各地反帝联盟的发起者和领导骨干,而且通过《向导周报》不断发表评论文章,给运动以指导。在北京反帝国主义大联盟刚成立时,陈独秀撰文指出,帝国主义和军阀是不能分家的,"若主张只反对帝国主义不反对军阀,和主张只反对军阀不反对帝国主义,乃是同样的错误"①。运动开展以后,《向导周报》再次发表文章,指出这个运动的性质是"民族独立运动",而"民族独立运动不是向列强和平请愿可以成功的",也不能依靠帝国主义者的什么恩惠,而必须把废约运动和反帝反封建军阀的革命联系起来,"在一革命旗帜之下去做废约运动,不宜各自为战去做废约运动"。② 国民党积极支持了这场斗争。

反帝废约运动是一场群众性的反对帝国主义的宣传运动,其意义在于通过广泛的群众性的宣传,使广大人民认清帝国主义的侵略和压迫是中国社会的病根,从而提高对帝国主义的本质的认识。不久发生的"五卅"运动即表明了中国人民反帝觉悟的提高。

三、"九一八"事变以后民族抗战思潮的高涨

(一)中国国民党的抗战主张

国民党政府的对日政策经历了从不抵抗主义到片面抗战的转变。早在1928年济南惨案发生时,蒋介石就对日本帝国主义的侵略暴行百般退让。1931年"九一八"事变发生后,国民党政府采取

---

① 《反帝国主义运动联盟》,载《陈独秀文章选编》中册,三联书店1984年版,第542页。

② 为人:《废约运动》,载《向导周报》第76期。

了不抵抗政策。9月23日,蒋介石在南京市国民党员大会上作报告,说什么全国上下要“镇静”,要“以公理对强权,以和平对野蛮”,“暂取逆来顺受态度,以待国联公理之判决”。同日,南京政府发表《告全国军民书》声称:“现在政府既以此案件诉之国联行政院,以待国际公理之判决,故希望全国军队对日军避免冲突。”蒋介石集团为不抵抗政策辩护的理由除“待国联公理之裁决”外,还认为失掉东北与“革命”无关。蒋介石曾说:“东三省热河失掉了,自然在号称统一的政府之下失掉,我们应该要负责任,不过我们站在革命的立场说,却没有多大关系,无论是政治方面,军事方面,在东三省与热河,过去都没有在革命势力之下统治着。”①蒋介石的不抵抗政策激起了全国抗日反蒋的怒潮,蒋介石被迫于1931年12月下野。

1932年3月蒋介石重新上台后,与日本签订了屈辱的《淞沪停战协定》,并正式宣布了“攘外必先安内”的政策。蒋介石多次对国民党军政人员发表讲话,阐发其“攘外必先安内”的反动谬论。他把共产党领导的革命斗争视为“心腹之患”,而把日本帝国主义对中国的侵略看作“皮肤小病”,声称只要“先将这个心腹之患彻底消除,那末外面的皮肤小病,一定不成问题”。“先把后方与内部安定起来,然后攘外才有办法,才不致处于内外夹攻的危急。”他提出,国民党军队“当前的责任,第一个乃是剿匪来安内,第二个才是抗日来攘外”。“剿匪工作,实是抗日的前提,要抗日就要先剿匪,能剿匪就一定能够抗日。”②在“攘外必先安内”的反动方针指导下,国民党政府一面加紧“围剿”革命根据地,一面推行媚日卖国的外交政策。

随着日本帝国主义侵略的逐步扩大,华北事变后,国民党政府

① 《剿匪的理论与实际》,1933年4月7日对剿共军高级将领训词。

② 《革命军的责任是安内与攘外》,1933年5月8日。

的对日政策逐步发生某种变化。1935年11月19日，蒋介石在国民党五全大会上谈到对外关系时，一面表示“和平未到完全绝望时期，绝不放弃和平；牺牲未到最后关头，亦决不轻言牺牲”；另一面提出了“和平有和平之限度，牺牲有牺牲之决心”，若到了和平绝望之时与牺牲最后关头，“即当听命党国，下最后之决心”[①]。表明国民党政府虽对中日妥协仍抱有幻想，但已有修改对日妥协政策的动向。1936年7月10日，蒋介石在国民党五届二中全会的讲话中对五全大会上曾经说过的“最后关头”作了解释。他说：“中央对外交所抱的最低限度，就是保持领土主权的完整，任何国家要来侵扰我们领土主权，我们绝对不能容忍，我们绝对不订立任何侵害我们领土主权的协定，并绝对不容忍任何侵害我们领土主权的事实。再明白些说，假如有人强迫我们签订承认伪国等损害领土主权的时候，就是我们不能容忍的时候，就是我们最后牺牲的时候。这是一点。其次，从去年十一月全国代表大会以后，我们如遇有领土主权再被人侵害，如果用尽政治外交方法而仍不能排除这个侵害，就是要危害到我们国家民族之根本的生存，这就是为我们不能容忍的时候，到这时候我们一定作最后之牺牲，所谓我们的最低限度，就是如此。”[②]这里，蒋介石明确表示了不签订承认“伪国”的协定，不能容忍领土主权再被侵害的事实。1937年2月，国民党召开五届三中全会，这次大会所发表的宣言在对外方针方面，表示蒙受损害“超过忍耐之限度”，就要“决然出于抗战”。[③] 蒋介石第一次提出了抗战，较之二中全会又有了进步。

1937年“七七”事变发生后，7月17日，蒋介石在庐山发表了关于这次事变的谈话，对所谓“最后关头”作了更明确的解释，并把

---

① 载《革命文献》第76辑，台北1976年版，第250～251页。

② 载《革命文献》第69辑，台北1976年版，第300页。

③ 载《国闻周报》第14卷第8期。

卢沟桥事变能否解决作为最后关头的界限，声称“卢沟桥事变的推演，是关系中国国家整个的问题，此事件能否结束，就是最后关头的境界”。并提出解决卢沟桥事件的四个条件：(1)任何解决不得分割中国主权与领土之完整；(2)冀察行政组织不容有任何不合法之改变；(3)中央政府所派地方官吏不能任人要求撤换；(4)第二十九军现在所住地区，不能受任何约束。表示“到最后关头只有抗战到底”，“如果战端一开，就是地无分南北，年无分老幼，无论何人，皆有守土抗战之责，皆应抱定牺牲一切之决心”①。“八一三”事变发生后，南京政府于次日发表《国民政府自卫抗战声明书》，表示：“中国为日本无止境之侵略所逼迫，兹已不得不实行自卫，抵抗暴力。”“中国决不放弃领土之任何部分，遇有侵略，惟有实行天赋之自卫权以应之。”②至此，国民党走上了抗战的道路。

1938年3月29日，国民党在武昌召开临时全国代表大会，通过了《抗战建国纲领》。这纲领共包括7项32条。关于对日问题，规定“制止日本侵略”，“否认及取消日本在中国领土内以武力造成之一切伪政治组织”。关于军事问题，规定“加紧军队之政治训练”，“训练全国壮丁，充实民众武力”，“在敌人后方发动普遍的游击战”等。关于国内政治生活，规定“组织国民参政机关，团结全国力量，集中全国之思虑与识见”，“改善各级政治机构，使之简单化、合理化”，“对于言论出版集会结社，当予以合法之充分保障”③，等等。纲领表现了一定的抗日积极性，对全国人民要求开放民主的呼声也作了一定的回应。但这个纲领在许多方面并没有真正实

① 1937年7月20日南京《中央日报》。

② 《中国近代对外关系史资料选辑》下卷第2分册，上海人民出版社1975年版，第11页。

③ 《中国国民党历次代表大会及中央全会资料》下册，光明日报出版社1985年版，第484～488页。

施，而且体现了由国民党政府包办抗战、反对人民自动起来武装抗日的片面抗战的意图。

国民党从不抵抗主义转向片面抗战，是一个不小的进步。抗战初期，国民党对抗战是比较努力的，同共产党的关系也比较好，对人民的抗日运动也允许有较多的自由。但相持阶段到来以后，国民党两面政策中的降日、反共、压制人民的一面开始抬头，这是导致正面战场溃败的重要原因。

(二)中间集团的抗日救亡思想

随着日本侵华的扩大，中国的资产阶级、小资产阶级以及一些地方实力派的利益也受到民族危亡日益严重的威胁。因此，一些中间政派的代表人物也逐渐批评国民党政府的不抵抗主义，要求团结御侮。其政治主张主要有以下方面：

第一，反对国民党的不抵抗政策，要求对日绝交、宣战。“九一八”事变发生后，王造时发表《救亡两大政策》的小册子，提出了“对外准备殊死战争，与日本拼命到底”的主张。他认为国民党政府能对日宣战，还“可以保存国民党的领袖地位”，如果当日本大肆侵略的时候，“国民党大权在手，没有坚决的表示，甚至于压迫救国运动，那么水可载舟亦可覆舟，国民党终必被人打倒无疑”。[①] 胡愈之在《尚欲维持中日邦交乎？》一文中主张“立即向日本政府送致最后通牒，限期撤退占据辽、吉两省军队，如到期未撤退，立即宣告对日断绝外交关系”[②]。人民对南京政府的不抵抗主义提出了尖锐的批评。马君武曾于1932年4月致电蒋介石、汪精卫，指出：“国事败坏如此，论者异口同声，皆云是乃精卫兄在武昌一年、介石兄在南京四年倒行逆施之总结果。介石兄坚持对内不妥协、对外不

---

① 转引自《六大以来》上册，人民出版社1980年版，第160页。

② 转引自《六大以来》上册，人民出版社1980年版，第161页。

抵抗之主张。日本已占据东三省。”“一·二八”事变时“日本兵欲占据上海,介石兄仍本向日所发与张学良之命令,命十九路军无抵抗退让,及十九路军誓死抵抗,屡次战胜,政府忽宣布迁都洛阳……日本甫派二三战舰淀泊下关,兄等已丧失魂魄,抱头鼠窜。人谓介石兄对内则面狞如鬼,对外则胆小如鼠。”[①]

中国青年党原本积极支持南京政府反共内战,但在“九一八”事变后也表现了积极的抗日态度,对国民党的不抵抗主义提出了批评。青年党刊物《民声》撰文指出:摆在我们眼前的对日方略只有两条路:一条路是主和,一条路是主战。“主和不是亡国奴的口吻,便是卖国贼的法宝。我们应坚决的反对直接交涉到底!主战是中国起死回生的救命汤,我们应赶快实行对日作战!”[②]

第二,要求国民党结束一党专政,开放政权,实行民主。王造时在《救亡两大政策》中要求国民党当局“开放言论自由,使一般国民能起来督促当局,不至逼上梁山,去做反政府的革命运动”[③]。罗隆基在《沈阳事件》中提出:“我们认定,在目前内忧外患的环境下,具体的救急办法,是根本改组现在的政府。我们希望有个容纳全国各项人才,代表各种政见的政府来暂时负担国事,做政治上的应急的过渡办法。”[④]中国青年党在《我们的主张》中提出:“为应付国难起见,中国今日应废除一党专政,组织国防政府。”[⑤]

第三,要求停止内部纷争,主张各党派各方面精诚团结,共御外侮。“九一八”事变后,著名天主教徒马相伯发表了《为日祸敬告国人》,提出:“嗟我民国主权在民,所谓真正民意,彻底充分实现,

① 《胡适来往书信选》下册,中华书局1980年版,第532～533页。

② 《对日作战》,载《民声》1931年10月号。

③ 转引自《六大以来》上册,人民出版社1980年版,第160页。

④ 转引自《六大以来》上册,人民出版社1980年版,第159页。

⑤ 转引自《六大以来》上册,人民出版社1980年版,第157页。

立息内争，共御外侮！……希望今后非国民之公意，对内绝对不枉费一枪弹，对外必要不许吝惜一枪弹。”[①]1935 年 7 月，李济深、蔡廷锴、陈铭枢等在香港成立中华民族革命同盟，提出“联合战线，武装抗日”的主张。1936 年 2 月，已改名为“中华民族解放行动委员会”的第三党发表了《中华民族解放行动委员会“组织反日阵线”提议宣言》，号召由各党派各社团共同集结组织一个超党派的“反日阵线”，集中全国一切的力量，发动反日战争。1936 年 6 月，全国各界救国联合会成立，成立大会通过了《全国各界救国联合会成立大会宣言》，指出：在这敌寇日深而内部纠纷依然严重的时候，天良未灭的人民，都渴望着一个广大的团结，能有一个全国统一的联合救国阵线。宣言表示赞成“精诚团结共赴国难”的主张，反对“以内战的手段排除异己”。

抗日战争爆发、第二次国共合作实现后，各民主党派和爱国民主人士都先后表示拥护国共合作抗日，并对抗战表现出极大的热情。国民党左派领袖宋庆龄表示：“中共宣言与蒋委员长谈话都郑重指出两党精诚团结的必要。”[②]“国难当头，应该尽弃前嫌。必须举国上下团结一致，抵抗日本，争取最后胜利。”[③]救国会的沈钧儒、邹韬奋等七人从国民党监狱获释后，拥护以国共合作为基础的全国抗战大团结，更加积极地从事抗日活动。中华民族解放行动委员会向南京政府提出了召集国民代表大会、实行民主政治等八项政治主张，并积极投入抗日工作。国民党内的李济深、陈铭枢等领导的中华民族革命同盟，也以大局为重，从原来的抗日反蒋的立场转到拥蒋抗日的方面。1941 年 3 月成立的中国民主政团同盟其基本主张也是团结抗日。

---

① 《爱国老人马相伯》，载《镇江市文史资料》第 19 辑。

② 载《抵抗》三日刊第 12 号，1937 年 9 月 26 日。

③ 宋庆龄：《为新中国奋斗》，人民出版社 1952 年版，第 109 页。

(三)中国共产党的抗日主张

“九一八”事变后,中国共产党和苏维埃政府多次发表宣言,反对日本帝国主义的侵略和国民党的不抵抗主义,呼吁停止内战,一致抗日,号召建立抗日民族统一战线。

1931 年“九一八”事变发生后,9 月 20 日,中共中央发表了《中国共产党为日本帝国主义强暴占领东三省事件宣言》,揭露日本帝国主义“其显明目的显然的是掠夺中国,压迫中国工农革命,使中国完全变成它的殖民地”。谴责国民党新军阀“高唱无抵抗主义,与和平镇静的忍耐外交……出卖民族利益”。号召全中国工农劳苦民众“必须坚决一致在争取工农革命胜利自求解放的利益之下,实行反帝国主义反国民党的斗争”。① 22 日,中共中央作出了《中央关于日本帝国主义强占满洲事变的决议》。决议提出:“这严重的事变,是日本帝国主义的积极殖民地政策之产物,是日本武装占领整个满洲及东蒙的企图的最露骨的表现……国民党政府的投降帝国主义与无耻出卖民族利益,给日本帝国主义的殖民地政策与武装占领作开路先锋。”决议提出党在目前的中心任务是“加紧的组织领导发动群众的反帝国主义运动,大胆地警醒民众的民族自觉,而引导他们到坚决无情的革命斗争上来”②。并提出武装群众,组织游击战争,打击日本帝国主义。1932 年“一·二八”事变发生后,4 月 15 日,中华苏维埃临时中央政府主席毛泽东发布《对日战争宣言》,指出:“日本帝国主义,自去年‘九一八’以武力强占东三省后,继续用海陆空军占领上海嘉定各地,侵扰沿海沿长江各埠,用飞机大炮屠杀中国人民,焚烧中国房屋,在东北及淞沪各地,被害的不可数计,这种屠杀与摧残,现在仍在继续发展。”号召“以

---

① 《中共中央文件选集》第 7 册,中共中央党校出版社 1983 年版,第 427～430 页。

② 《中共中央文件选集》第 7 册,中共中央党校出版社 1983 年版,第 442～448 页。

民族革命战争，驱逐日本帝国主义出中国，以求中华民族彻底的解放和独立”。[①] 这些宣言、决议在谴责日本帝国主义的殖民侵略、反对向帝国主义妥协、主张坚决实行武装反抗等基本方面都是正确的，反映了中华民族对日本帝国主义侵略决不屈服的坚定意志，庄严地宣告了中国人民与日本帝国主义战斗到底的坚强决心。但由于当时中共中央处在王明“左”倾错误路线的统治下，存在着“左”的观点和“关门主义”倾向。

在日本帝国主义加紧侵华、共产国际第七次代表大会号召建立反法西斯统一战线的形势下，中国共产党逐步确立了建立全民族的抗日民族统一战线的政策。1935 年 8 月 1 日，王明、康生、吴玉章等根据共产国际“七大”的精神起草了《八一宣言》。该宣言以中国苏维埃中央政府和中国共产党中央委员会名义，于 1935 年 10 月 1 日在法国巴黎出版的《救国报》上发表。宣言不再局限于过去的下层统一战线或工农兵学商的联合，而是扩大为各党各派各界各个民族的联合，也包括国民党在内。宣言指出：“无论各党派间在过去和现在有任何政见和利害的不同，无论各界同胞间有任何意见上或利益上的差异，无论各军队间过去和现在有任何敌对行动，大家都应当有‘兄弟阋于墙外御其侮’的真诚觉悟，首先大家都应当停止内战，以便集中一切国力（人力、物力、财力、武力等）去为抗日救国的神圣事业而奋斗。”[②]宣言不再局限于过去与国民党某些军政人员订立协定、停止冲突、互相联合上，而是进一步提出建立“全中国统一的国防政府”。11 月 13 日，中共中央发表《为日本帝国主义吞并华北及蒋介石出卖华北出卖中国宣言》；11 月 28 日，中华苏维埃共和国中央政府和中国工农红军革命军事委员会发布《抗日救国宣言》，号召建立抗日反蒋的统一战线。12 月 25

① 《中共中央文件选集》第 8 册，中共中央党校出版社 1985 年版，第 177～179 页。

② 《中共中央文件选集》第 9 册，中共中央党校出版社 1986 年版，第 486 页。

日，中共中央政治局在瓦窑堡召开会议，通过《关于目前政治形势与党的任务的决议》，指出："党的策略路线，是在发动、团结与组织全中国全民族一切革命力量去反对当前主要的敌人——日本帝国主义与卖国贼头子。""我们的任务，是在不但要团结一切可能的、反日的基本力量，而且要团结一切可能的反日同盟者，是在使全国人民有力出力，有钱出钱，有枪出枪，有知识出知识，不使一个爱国的中国人不参加到反日的战线上去。"《决议》指出："为了使民族统一战线得到更加广大的与强有力的基础，苏维埃工农共和国及其中央政府宣告：把自己改变为苏维埃人民共和国。"①12 月 27 日，毛泽东在党的活动分子会议上作了《论反对日本帝国主义的策略》的报告，阐明了中国共产党抗日民族统一战线的理论和政策，批评了"左"倾关门主义和"右"倾投降主义。瓦窑堡会议决议和毛泽东的报告，为第二次国共合作奠定了基础。瓦窑堡会议后，中国共产党根据中国政治形势的发展，从团结全国抗日救亡的历史任务出发，适时改变了党的政策，特别是对国民党蒋介石集团的政策，放弃了"抗日反蒋"的口号，采取了"逼蒋抗日"的方针。

抗日战争时期，中国共产党的抗战思想有了进一步的发展：

第一，确立了全面抗战路线。"七七"事变发生后，1937 年 7 月 8 日中共中央为日军进攻卢沟桥发表的通电提出："只有全民族实行抵抗，才是我们的出路！""全中国同胞，政府，与军队，团结起来，筑成民族统一战线的坚固长城，抵抗日寇出中国！"②7 月 21 日，中共中央在关于目前形势的指示中，提出了争取实现全国性抗战、反对妥协的总任务及五项主张：(1)全国海陆空军总动员，实现对日抗战；(2)全国人民总动员，实现大规模的组织民众与武装民众；(3)全面的抵抗，根绝日寇在中国的一切政治上经济上的特殊

① 《中共中央文件选集》第 9 册，中共中央党校出版社 1986 年版，第 605～616 页。

② 《中共中央文件选集》第 11 册，中共中央党校出版社 1991 年版，第 274～275 页。

势力与汉奸亲日派;(4)统一的积极的抵抗,采用攻势防御的战略方针,发动抗日的游击战争;(5)建立抗日的民族统一战线,实现国共两党的亲密合作[①]。7 月 23 日,毛泽东在《反对日本进攻的方针、办法和前途》一文中,提出主张抗战、反对妥协退让的方针,采取全国军队的总动员,全国人民的总动员;改革政治机构,抗日的外交,改良人民的生活,国防教育,抗日的财政经济政策,全中国人民、政府和军队团结起来,筑成民族统一战线的坚固长城等一整套的办法,争取驱逐日本帝国主义、实现中国自由解放的前途。

8 月 22 日至 25 日在陕西洛川召开的政治局扩大会议正式确定了"全面全民族的抗战"路线。会议通过了《关于目前形势与党的任务的决定》。《决定》指出:"今天争取抗战胜利的中心关键,是在使国民党发动的抗战发展为全面的全民族的抗战。只有这种全面的全民族的抗战,才能使抗战得到最后胜利。"[②]为实现全面的全民族的抗战,会议制定了《抗日救国十大纲领》,主要内容是:(1)打倒日本帝国主义;(2)全国军事的总动员;(3)全国人民的总动员;(4)改革政治机构;(5)抗日的外交政策;(6)战时的财政经济政策;(7)改良人民生活;(8)抗日的教育政策;(9)肃清汉奸卖国贼亲日派,巩固后方;(10)抗日的民族团结。会议通过并于 8 月 25 日发表了《关于目前形势与党的任务的决定》,指出:"七月七日卢沟桥的抗战,已经成了中国全国性抗战的起点。""今天争取抗战胜利的中心关键,是在使国民党发动的抗战发展为全面的全民族的抗战。只有这种全面的全民族的抗战,才能使抗战得到最后胜利。"[③]中国共产党在全国抗战开始的历史关头,提出全面抗战路线,为争取抗日战争胜利指明了方向。

---

① 《中共中央文件选集》第 11 册,中共中央党校出版社 1991 年版,第 292～293 页。

② 《中共中央文件选集》第 11 册,中共中央党校出版社 1991 年版,第 321～322 页。

③ 《中共中央文件选集》第 11 册,中共中央党校出版社 1991 年版,第 321～322 页。

第二，确定红军必须实行军事战略转变，即由国内革命战争的正规战，向抗日民族解放战争的游击战转变。根据敌强我弱的形势和红军的特点，确定了在总的持久战方针下，红军所执行的战略方针。1937年8月1日，张闻天、毛泽东在给周恩来、林彪等的电报中指出：在整个战略方针下执行独立自主的分散作战的游击战争，不是阵地线，也不是集中作战。8月下旬，毛泽东在洛川会议的军事报告中提出：红军当前的战略方针是，独立自主的山地游击战，包括在新条件下消灭敌人兵团与在平原发展游击战争，但着重于山地。洛川会议确定了红军实行战略转变的决策，即必须把国内革命战争集中使用的正规军，转变为抗日战争分散使用的游击军；把国内革命战争的运动战，转变为抗日战争的游击战。

为使人们充分认识游击战争在抗日战争中的地位和作用，毛泽东于1938年5月撰写了《抗日游击战争的战略问题》，深刻阐明了游击战争在抗日战争中的战略地位。他指出，游击战争之所以具有战略地位是基于下述情况：中国是一个大而弱的国家，它被另一个小而强的国家所攻击，但是这个大而弱的国家却处于进步的时代。在这样的情况下，敌人占地甚广和战争的长期性发生了。因此，抗日游击战争就主要地不是在内线配合正规军的战役作战，而是在外线单独作战，并且由于有中国共产党的坚强军队和广大人民群众存在，游击战争就不是小规模的，而是大规模的，游击战争在抗日战争的全局中就不仅具有战术的意义且具有重要的战略意义。抗日游击战争的战略纲领是：主动地灵活地有计划地执行防御中的进攻战、持久战中的速决战和内线作战中的外线作战，以及与正规战争相配合、建立根据地、战略防御和战略进攻、向运动战发展、正确的指挥关系。这六项是达到保存和发展自己、消灭和驱逐敌人、配合正规战争、争取最后胜利的必要途径。

第三，明确指出抗日战争的艰苦性和持久性，制定了持久战的战略总方针。抗日战争前期，中国共产党人发表了许多文章和讲话，阐述持久战方针。其中最重要的是毛泽东于1938年5月发表的《论持久战》。它主要阐述了以下问题：

毛泽东客观地、全面地考察了中日战争发生和发展的特殊规律。他指出，中日战争不是任何别的战争，乃是半殖民地半封建的中国和帝国主义的日本之间在20世纪30年代进行的一次决死的战争。他分析了中日双方互相矛盾着的四个基本特点：敌强我弱，敌小我大，敌退步我进步，敌寡助我多助。日本是一个帝国主义强国，其军力、经济力和政治组织力虽强，但其国小，人力、物力、财力不足，加之战争的非正义性、野蛮性，必然失道寡助。中国虽是半殖民地半封建的弱国，但处于进步的时代，有共产党及其军队为团结抗战的核心，加之地大物博、人多兵多以及战争的正义性，必然能得到全民的支持和国际上的援助。这些基本特点规定了抗日战争是持久战，最后胜利是中国的。毛泽东批驳了只看到敌强我弱的不利方面，而看不到有利方面的"亡国论"，也批驳了只看到有利方面，而不承认敌强我弱方面的"速胜论"。

为取得抗战胜利，毛泽东就战争和政治的关系指出，抗日战争是全民族的战争，它的胜利，离不开战争的政治目的——驱逐日本帝国主义、建立自由平等的新中国，离不开坚持抗战和坚持统一战线的总方针，离不开全国军民的动员。一句话，战争一刻也离不了政治。争取抗战胜利的最基本条件，是全军全民的广大的政治动员。兵民是胜利之本，战争的伟力之最深厚的根源存在于民众之中。

毛泽东科学地预见了中国的抗日战争将要经过战略防御、战略相持、战略反攻三个阶段，日本的侵华战争将要经过战略进攻、战略相持、战略退却三个阶段。在这三个阶段中，中国由劣势到平衡再到优势，日本由进攻到保守再到退却。最后是日本失败，中国胜利。

毛泽东提出进行持久战的具体方针是："在第一和第二阶段即

敌之进攻和保守阶段中，应该是战略防御中的战役和战斗的进攻战，战略持久中的战役和战斗的速决战，战略内线中的战役和战斗的外线作战。第三阶段中，应该是战略的反攻战。”他指出，外线速决的进攻战，对于内线持久的防御战说来是相反的，然而，又恰是这样的战略方针为必要的方针。他认为，战略上的内线持久的防御战，绝不能靠战役战斗上的内线持久防御战来实现；相反，必须发挥地广和兵多的长处，采用主动、灵活的运动战，以几路对敌一路，从战场的外线进行突然包围攻击，歼灭其大部或一部，迅速解决战斗，一战胜之，再及其余。使敌之战略上的外线和进攻，在战役战斗的作战上，不得不变成内线和防御。敌之战略速决战，经过许多战役战斗的败仗和消耗，不得不改为持久战，并使敌我总的形势走到平衡，再由平衡走到我优敌劣。这样，实行反攻驱敌出国的时机就到了。

第四，抗日民族统一战线思想有了新的发展。(1)提出在民族矛盾上升为主要矛盾时，无产阶级要适时地与某些派别的大资产阶级建立反对某一帝国主义的联盟。“由于中国的带买办性的大资产阶级的各个集团是以不同的帝国主义为背景的，在各个帝国主义间的矛盾尖锐化的时候，在革命的锋芒主要地是反对某一个帝国主义的时候，属于别的帝国主义系统的大资产阶级集团也可能在一定程度上和一定时期内参加反对某一个帝国主义的斗争。在这种一定的时期内，中国无产阶级为了削弱敌人和加强自己的后备力量，可以同这样的大资产阶级集团建立可能的统一战线，并在有利于革命的一定条件下尽可能保持之。”[①]这一思想是建立包括蒋介石国民党集团这一英美派大资产阶级在内的广泛的民族统一战线的理论基础。(2)对资产阶级实行又联合又斗争的思想。“中国共产党的政治路线的重要一部分，就是同资产阶级联合又同

---

① 《毛泽东选集》第2卷，人民出版社1991年版，第607页。

它斗争的政治路线。……这里所谓联合,就是同资产阶级的统一战线。所谓斗争,在同资产阶级联合时,就是在思想上、政治上、组织上的'和平'的'不流血'的斗争;而在被迫着同资产阶级分裂时,就转变为武装斗争。"[①]既要防止一切联合,否认斗争的"右"倾投降主义,又要防止一切斗争,否认联合的"左"倾关门主义。(3)提出坚持统一战线中独立自主原则和无产阶级领导权思想。"我们一定不要破裂统一战线,但又决不可自己束缚自己的手脚,因此不应提出'一切经过统一战线'的口号。……我们的方针是统一战线中的独立自主,既统一,又独立。"[②](4)提出了发展进步势力、争取中间势力、反对顽固势力的策略方针。强调同顽固派斗争必须遵循以下几项原则,即"人不犯我,我不犯人,人若犯我,我必犯人"的自卫原则,"不斗则已,斗则必胜,决不可举行无计划无准备无把握的斗争"的胜利原则,"适可而止"、"决不可无止境地每日每时地斗下去"的休战原则,换一句话来讲,就是"有理","有利","有节"。

四、中国共产党对美国"白皮书"的批判

在解放战争胜利前夕,1949 年 8 月 5 日,美国国务院题为《美国与中国的关系》的白皮书,与总统杜鲁门的信一同发表。这个白皮书是美国援蒋侵华政策失败的一篇"无可奈何的供状"。白皮书长达 1054 页,正文分 8 章,着重叙述 1844 年美国强迫中国签订中美《望厦条约》以来至 1949 年间的中美关系,其中,第 5～8 章叙述了解放战争期间美国援助国民党打内战,但没能挽救国民党的经过。白皮书还供认,在援蒋失利后,美国政府日益把重点放在所谓的"民主的个人主义者"的方面了。美国国务院为何在这个时候发

---

① 《毛泽东选集》第 2 卷,人民出版社 1991 年版,第 608 页。

② 《毛泽东选集》第 2 卷,人民出版社 1991 年版,第 540 页。

表这样的白皮书呢？这是由于美国援蒋侵华政策的失败，引起美国统治集团内部的争吵，迫使杜鲁门、艾奇逊等不得不采取白皮书的形式公开透露真相，企图以此说服对手。因此，白皮书客观上成为美帝国主义侵华罪行的一篇自供状，成为中国人民批判揭露美帝国主义侵略的有用材料。

在上述情况下，中国共产党展开了对白皮书的批判。新华社从 1949 年 8 月 12 日至 9 月 16 日，接连发表了六篇社论，即《无可奈何的供状》、《丢掉幻想，准备斗争》、《别了，司徒雷登》、《为什么要讨论白皮书?》、《"友谊"，还是侵略?》、《唯心历史观的破产》等，除前一篇外，其他五篇都是毛泽东亲自写的。这些评论的主要内容有：

第一，揭露了美国对华政策的侵略本质。新华社 1949 年 8 月 12 日以《无可奈何的供状》为题发表的社论指出：白皮书暴露了"美国帝国主义政府对于中国民族利益和中国人民民主力量的根深蒂固的敌视"。美国政府尽管承认蒋介石的国民党是一群"与过去军阀并无区别的反动分子"，因而他们的政府"已经失去人民的支持"，但是"为了显见的理由，仍旧继续倾全力援助"它。美国政府之所以看来毫无理由地援助一个不受人民支持的反动政府，其不可告人的理由是：美国政府的侵华政策既然违反中国人民的意志和中国民族的权益，美国政府就不可能指望得到中国人民的合作，就不可能不专横地干涉中国内政，以便用军事方法在中国建立一个与美国政府"合作"的政府。毛泽东揭露了美国对华政策的帝国主义本质。他指出艾奇逊当面撒谎，把侵略说成"友谊"。美国侵略中国的历史，自从 1840 年帮助英国人进行鸦片战争起，直到被中国人民轰出中国为止。特别是 1946 年至 1949 年间，"美国出钱出枪，蒋介石出人，替美国打仗杀中国人，借以变中国为美国殖民地的战争，组成了美国帝国主义在第二次世界大战以后的世界侵略政策的一个重大的部分”[1]。当前美国侵华政策破产了，但他们还要继续捣乱。捣乱依靠一批什么人物呢？就是民主个人主义者。艾奇逊说：“……中国悠久的文明和她的民主个人主义终于会再显身手，中国终于会摆脱外国的羁绊。对于中国目前和将来一切朝着这个目标的发展，我认为都应当得到我们的鼓励。”针对美国试图转而支持民主个人主义者干涉中国内政，毛泽东指出：“捣乱，失败，再捣乱，再失败，直至灭亡——这就是帝国主义和世界上一切反动派对待人民事业的逻辑，他们决不会违背这个逻辑的。……我们说‘帝国主义是很凶恶的’，就是说它的本性是不能改变的，帝国主义分子决不肯放下屠刀，他们也决不能成佛，直至他们的灭亡。”[2]

第二，教育人民尤其是某些思想糊涂的民主个人主义者要认清美国对华政策的侵略本质，放弃对帝国主义的幻想，准备斗争。毛泽东指出，中国还有一部分人，亦即杜鲁门、马歇尔、艾奇逊、司徒雷登们所期望的和经常企图争取的自由主义或民主个人主义者，对美国还抱有幻想。民主个人主义者指望美国会“放下屠刀，立地成佛”，“强盗收心做好人”，给人民的中国以平等和互利的待遇。但白皮书的发表给这些人浇了一瓢冷水，因为在白皮书里找不到美国对华一丝一毫的仁义道德。“先进的人们，应当很好地利用白皮书对中国人民进行教育工作。”尤其重要的是，“中国还有一部分知识分子和其他人等存有糊涂思想，对美国存有幻想，因此应当对他们进行说服、争取、教育和团结的工作，使他们站到人民方面来，不上帝国主义的当”。[3] 艾奇逊公开“鼓励”“民主个人主义者”摆脱“外国的羁绊”，也就是要推翻马克思列宁主义，推翻人民

① 《毛泽东选集》第4卷，人民出版社1991年版，第1491页。

② 《毛泽东选集》第4卷，人民出版社1991年版，第1486～1487页。

③ 《毛泽东选集》第4卷，人民出版社1991年版，第1496～1497页。

民主专政制度。但是，对于有爱国心的人们说来，艾奇逊的话不是一种“鼓励”，而是一种侮辱。

第三，驳斥了艾奇逊胡诌的中国近代史，揭示了中国革命发生和胜利的原因。艾奇逊胡诌，中国之所以发生革命，一因人口太多，二因西方思想的影响推动。毛泽东指出，帝国主义的侵略引起中国人民的反抗和革命。这是中国革命发生的一个根本原因。他指出，古今中外的很多的革命，中国几千年以来的很多的革命，都不是因为人口太多造成的，而是外国帝国主义的侵略和本国反动势力的压迫造成的。例如，“华盛顿杰斐逊们之所以举行反英革命，是因为英国人压迫和剥削美国人，而不是什么美国人口过剩。中国人民历次推翻自己的封建朝廷，是因为封建朝廷压迫和剥削人民，而不是什么人口过剩”[①]。至于艾奇逊所说的“西方的影响”，就是西方资产阶级按照自己的面貌用恐怖的方法去改造世界。这就是侵略，帝国主义侵略引起了中国人民的反抗。“西方的影响”在东方造成了两类人，一类是少数洋奴，一类是反抗帝国主义的工人阶级、农民阶级、城市小资产阶级、民族资产阶级和从这些阶级出身的知识分子。所有这些，都是帝国主义替自己造成的掘墓人。中国革命取得胜利的原因，是由于有了马克思列宁主义的指导。

白皮书和艾奇逊的信件，还引起了全国各民主党派、各人民团体、各报社、各学校以及各界民主人士的广泛的注意和讨论。通过讨论和批判，各界人士，特别是“民主个人主义者”受到很大的教育，觉悟水平有很大提高。这次讨论和批判为中华人民共和国的成立，做了进一步的思想准备。

---

① 《毛泽东选集》第4卷，人民出版社1991年版，第1510页。

第十五章　政治思想领域的重要论战

中国现代政治思想界充斥着五光十色的思潮、主张，呈现出了百家竞起、异说涌动、九流并立、泥沙俱下的复杂现象。从民族主义到汉奸理论，从封建专制主义到资产阶级民主主义，从马克思主义到形形色色的社会主义和社会改良主义，应有尽有。各种思潮之间围绕如何改造中国社会，展开激烈论争。以下择要作些介绍。

一、"五四"前夕"新旧思潮激战"

十月革命之后，随着马克思主义在中国的初步传播，新文化运动部分地突破了一般资产阶级民主主义的范围，具有了无产阶级思想的新质，开始和反军阀统治的政治斗争结合起来，这便引起了反动统治阶级的极大恐慌。他们大骂马克思主义等新思想是过激主义、异端邪说、洪水猛兽。一些封建文人也对新文化运动进行疯狂的反扑，诬蔑、谩骂新思想，竭力为封建文化思想辩护。首先挑起这场激战的是复古主义者辜鸿铭与林琴南。辜首先发难，林推波助澜，杜亚泉积极响应，把攻击浪潮推向高峰。这便遭到了陈独秀、李大钊等新思想宣传者们的有力回击。于是从1918年下半年到1919年春五四运动爆发之前，发生了一场新旧思潮的大激战。

双方争论的主要问题是：

(一)关于孔教问题

这是新文化运动以来就一直斗争并延续下来的问题，即现代中国社会还要不要以孔子思想作指导的问题。激战中对孔教的批判，比新文化运动初期更深入了一步，其重点是揭露与批判旧派在共和新时代仍要保存孔教的反动企图与种种谬论。经过前几年对孔教的猛烈抨击，旧派人物不得不变换花样，较多地采用调和折中手法，制造似是而非的理论，以欺骗舆论。

一是"新旧思想融合论"。《东方杂志》记者伧父(即该杂志主编杜亚泉)妄图把孔教与共和联系在一起，借用共和之躯壳，保护孔教之灵魂。他说：共和政体与固有文明决非不能相容。如"民视民听，民贵君轻"的思想，自古以来就是通用的"以民主主义为基础"的"政治原理"。现在政体虽改，而"政治原理"不变，所以"以君道臣节名教纲常为基础之固有文明与现时国体融合而会通之，乃为统整文明之所有的事"①。陈独秀则反驳说：以人民为主体的民主主义绝非古已有之，以君主为主体的所谓"民视民听、民贵君轻"也根本不是什么民主主义的基础，这"民主主义"就是"换汤不换药了"。同时，即以今日名存实亡的共和国体而论，"亦与君道臣节名教纲常，绝无融合会通之余地"。因为国体既为共和，既无君臣，又何谓君道臣节、君为臣纲？两者"如何融合，如何会通"？若袭用严复的"大总统即君"的谬说，岂不"重为天下笑欤"②？他尖锐地指出："竟有一班调和大家，折衷大家，想用那折衷主义来调和新旧。试问德莫克拉西是什么？纲常名教是什么？两下里折衷调和起来

① 《答青年杂志记者之质问》，载《东方杂志》第15卷第12号。

② 《独秀文存》卷一，安徽人民出版社1987年版，第329页。

是个什么?"[①]有力地说明想调和新旧思想的矛盾是根本不可能的。

二是"真假孔子论"。旧派为达到保存孔教封建文化之目的,便制造出两个孔子:一个是历史上的真孔子,一个是所谓后人歪曲了的假孔子。真孔子是好的,新文化运动所反对的是被败坏了的假孔子。还在新文化运动初期,就有一名叫常乃德的写信给陈独秀,申明把孔道与帝制联系在一起的,是汉、宋儒士及今日之孔教会等所依傍的孔教,不是真正的孔子之教;孔子之教,一坏于李斯,再坏于叔孙通,三坏于刘歆,四坏于韩愈,至唐宋之交,孔子之真训,遂无几微存于世矣。陈独秀当即批驳说:"足下分汉、宋儒者以及今之孔教孔道诸会之孔教,与真正孔子之教为二,且谓孔教为后人所坏。愚今所欲问者,汉唐以来诸儒,何以不依傍道法杨墨,人亦不以道法杨墨称之?何以独与孔子为缘而复败坏之也?"[②]因为汉唐以来诸儒与孔子本是一家,并未与孔子之教分为二。在"新旧思潮之激战"中,这种"真假孔子论"的目的及方法,已为不少人所识破,胡适认为这是一些"卫道的老先生们想出"的"一个躲避的法子来"。所以他主张对孔丘的招牌——无论是老店,是冒牌的,"都不能不拿下来捶碎,烧去"[③]。原来所谓"真假孔子论"只不过是在玩弄"躲避"批判,丢假孔子保真孔子的小伎而已。

新派们还无情揭露了旧派尊孔的虚伪性与两面派作风:他们高喊要如何实行纲常名教,甚至为此而不惜拼命,但实际上他们本人则根本不去身体力行。"凡是破坏纲常名教的事,都是这辈自命为拥护纲常名教的人做的。"如纲常里最重要的要算忠字,然而仅只这个忠字,他们能实行吗?如能实行,"为什么亡清大夫又连翩

① 《独秀文存》卷二,安徽人民出版社1987年版,第26页。

② 《答常乃德》,载《新青年》第2卷第4号。

③ 《胡适文存》卷四,上海亚东图书馆1933年版,第1129页。

的来做民国的官僚呢?"[①]就是那位大名鼎鼎的儒学卫道大士林琴南不也是个两面派吗?

(二)关于如何对待东西文化问题

"新旧思潮之激战"实际上是如何对待东西文化的问题,所以"新派"又称"欧化派","旧派"又称"国故派"。而"五四"时期的东西文化论战,又是从这次"新旧思潮之激战"开始的。顽固守旧派们为了维护封建旧文化,则拼命反对西方新文化。他们一方面大肆吹捧封建旧文化是"文明之中心"、"文化之结晶体";一方面又破口大骂西方文化的输入,"直与猩红热、梅毒等之输入无异"。对此,"新派"一一予以批驳。

第一,驳西方文化"迷乱现代人心"说。旧派认为,中国自周秦以来,本有圣经贤传、名教纲常之"统一的国是"。而今西洋学说输入,使我国传统思想"陷于混乱矛盾中,乃至国是丧失,乃至精神界破产"[②]。对这种把西方文化视为破坏"统一国是"祸根的观点,陈独秀批判说,这是长期以来形成的儒家独尊思想在作怪,他们一旦发现有立异者,"即目为异端邪说,即目为非圣无法,即目为破坏学术思想之统一,即目为混乱矛盾庞杂纠纷,即目为国是之丧失,即目为精神界之破产,即目为人心迷乱"。[③] 实际上儒教不应该也不能永远作为中国唯一的"国是"。陈独秀反问道:强以儒教统一,"吾国固有之文明是否免于混乱矛盾"?特别是到了近代,中国即无西方文化输入,"精神界已否破产"?孔教作为我国固有的文明与"国基",是否有存在的价值?倘若力排西方文明,以保存中国固

---

① 毋忘:《最近新旧思潮冲突之杂感》,载《每周评论》1919 年 4 月 3 日。

② 伧父:《迷乱之现代人心》,载《东方杂志》第 15 卷第 4 号。

③ 陈独秀:《再质问〈东方杂志〉记者》,载《新青年》第 6 卷第 2 号。

有之文明与"国基","能否使吾族适应于二十世纪之生存而不消灭?"[①]倘若在共和政体下,不采用西方新文明,仍要力保所谓君道臣节、名教纲常,并以此作为国基治理中国,这不是怪事吗?对此"谓之迷乱,谓之谋叛共和民国,不亦宜乎?"[②]实际说来,不是西方文化"迷乱"了中国现代之人心,倒是中国固有之封建文化"迷乱"了现代共和整体。可见,究竟"孰为魔鬼?孰为陷吾人于迷乱者?孰为谋叛国宪之罪犯"[③],不是很清楚的吗?

第二,驳西方文化重"功利主义"说。旧派认为,西方文化"全然"为"功利主义"的,即注重物质,弃置精神生活,而"功利主义"必有害于学术发展。中国固有文化则相反,重精神轻物质,所以中国文化比西方文化"著为优良"。陈独秀对此批驳说:以是否重精神或重物质来区分与评判东西文化优劣,是没有道理的。西洋文明于物质生活之外,是否没有精神文明?中国固有文化之精神生活又是什么?是否即是君道臣节及名教纲常诸大义?或者是种种不洁的恶臭生活?《东方杂志》对"功利主义"完全误解了。他们把"功利主义"看作是"贪鄙主义":政治上的权力竞争,伦理上的崇奉强权,学术上的营求高官厚禄等,都视为"功利主义"。其实,"功利主义"与"图利贪功"完全不是一回事。[④]《东方杂志》记者讽刺新派战士重视物质生活之可笑为"只赤条条地剩一个穿衣吃饭之目的而已"。对这种只要精神不要物质的谬论,陈独秀予以批驳说:"古今中外之礼法制度,其成立之根本原因,试剥肤以来,有一不直接或间接为穿衣吃饭而设者乎?个人生活必要之维持,必不可以贪鄙责之也。《东方》记者倘薄视穿衣吃饭,以为功利主义之流弊;

① 陈独秀:《质问〈东方杂志〉记者》,载《新青年》第5卷第3号。

② 陈独秀:《质问〈东方杂志〉记者》,载《新青年》第5卷第3号。

③ 陈独秀:《质问〈东方杂志〉记者》,载《新青年》第5卷第3号。

④ 陈独秀:《质问〈东方杂志〉记者》,载《新青年》第5卷第3号。

而何以又言……‘个人生计迫促，而无从容研学之余暇，是也。’原来《东方》记者亦重视穿衣吃饭如此，岂非与‘君子谋道不谋食，忧道不忧贫’之非功利主义相冲突乎？”①“旧派”先生们这种以谈物质生活为耻、以重精神生活为荣的所谓“非功利主义”思想，只有让“生活迫促”来教训他们了。

李大钊于1918年7月写了《东西文明根本之异点》一文，进一步论述了东西方文化之优劣。指出，“东西文明有根本不同之点，即东洋文明主静，西洋文明主动是也”。两相比较，西洋文明比东方文明优越得多。西洋文明是“与自然奋斗与同类奋斗”的文明，东方文明是“与自然和解与同类和解”的文明。前者是人为的、斗争的、积极的、独立的、突进的、人间征服自然的，后者是自然的、安息的、消极的、依赖的、苟安的、自然支配人间的。两种文化的经济基础也不相同。西方文化“其生计以工商为主”，东方文化“其生计以农业为主”。与此相联系，前者“家族简单故行个人主义”，后者“家族繁衍故行家族主义”。李大钊还指出，东方“静”的文明不去，则难以学习与采取西方“动”的物质器械；封建主义不去，“则难以实行西方的民主政治”。② 中国唯一的出路是积极吸收西方文化，而要吸收西方文化，必须彻底废除中国国有封建文化。

（三）对文化专制主义的不同主张

旧派鼓吹用强力镇压异己思想及言论。《东方杂志》认为西方思潮输入以后，使得人心迷乱，失去衡量是非的标准，“救济之道，在统整吾固有之文明”，将孔子思想定于一尊，应“一切是非置之不论”，“以强力压倒一切主义”，“快刀斩乱麻，亦不失为痛快之

---

① 陈独秀：《质问〈东方杂志〉记者》，载《新青年》第5卷第3号。

② 载《言治》季刊第3册，1918年7月1日。

举”。[1] 林琴南在文言小说《荆生》和《妖梦》中，假借“伟丈夫”荆生和敢吃月亮的“罗喉罗王”的言行，鼓吹北洋政府以强力来镇压新文化运动。

“新派”对这种文化专制主义的叫嚣，给予了有力抵制。陈独秀指出，对学术思想必须贯彻“百家平等，不尚一尊”的政策；只有实行“百家竞起，异说争鸣”的方针，才能使学术思想大发展。如果企图用“强有力主义”压倒一切主义主张，只能是自我束缚，禁遏学术，阻碍文化。一般说来，“无论何种学派，均不能定为一尊”。[2]何况是儒术孔道，则根本与近世文明不相容；如果不打破孔子一尊的现象，则我国从政治法律到社会道德，均无出黑暗而入光明之可能。历史证明，自秦汉以来，独尊儒术、罢黜百家的结果，使“吾族聪明，因之锢蔽，流毒至今，未之能解”。“不独神州学术，不放光辉，即孔学亦以独尊之故，而日形衰落也。”[3]同时指出，定孔学为一尊，也是违背科学的。由于定为一尊，孔子就批评不得；谁胆敢批判或反对孔子学说，即以“离经叛道，非圣诬法”斥之。孔子思想为什么就批评不得呢？“新派”大胆地提出：“古代圣哲的议论，未必句句都是，就算句句都是，也还因时代变迁，未必一成不变。”[4]不论多大的学术权威都要允许批评，这是对孔子偶像崇拜的大胆挑战。

“新派”在“五四”时期就明确提出了要正确处理“学术与政治”的关系问题，学术与政治应区别开来，不应以政治干涉学术。学术问题应平心静气进行讨论。精神以愈用而愈出，思想以愈辩而愈新，真理以愈辩而愈明。所以，互相对立的思想，不妨同时并存，无

① 《迷乱之现代人心》，载《东方杂志》第 15 卷第 4 号。

② 《答吴又陵》，载《新青年》第 2 卷第 5 号。

③ 《答常乃德》，载《新青年》第 2 卷第 6 号。

④ 毋忘：《最近新旧思潮冲突之杂感》，载《每周评论》第 17 号，1919 年 4 月 13 日。

论何方，其主张言论，皆当听其尽量发抒，不得如林琴南那样以大帽子压人，或以骂人的方法作先锋，更不得以政治权力横加干涉。他们指出，“新旧思潮之激战”中的两派言论，“皆是思想问题，皆是言论问题，纵双方互相攻击，亦为思想进步所必由之途径，按诸法律，实无政府干涉之余地也”。[①] 政府干涉学术，是违背共和自由精神的。思想、言论、出版三者是“精神之生命”，此三大自由为“精神生命之保护物”。“学问独立，思想自由，为吾人类社会最有权威之两大信条。”有敢蹂躏思想言论自由者，将被视为“学术界之大敌人，思想界之蟊贼”。实际上，思想是不可摧残的。摧残的结果，往往反会促进思想的更大发展。“经一度的摧残，便是一度的助长。”“防民之口，甚于防川；文字之狱，古今同概。”中国历史上的专制帝王，往往因个人爱憎，滥用权力，压迫思想，然而结果适得其反。政治不得干涉学术，同样，学术也不能以政治为转移。“矧学术界可随政治为转移，而政治距无变迁？今日借为利器以踣人者，异日人亦将借以踣我。”[②]总之，只有辩难、切磋、讨论，以待识者之公论，才是学术竞争之正轨。

“新派”对顽固守旧派以政治干涉学术，以武力压制新思想的企图与主张，也作了深刻批判。陈独秀在《林纾的留声机》短文里，批评了林琴南“想借武力压倒新派的人”，并揭露他去运动国会议员以弹劾教育总长和北大校长的罪恶行径。指出“国会没有干涉国民信仰言论自由的道理”。如果国会真的按林的要求提出“弹劾案”，那就成了“林纾的留声机器”[③]了。李大钊警告那些顽固守旧分子说，靠你们“伟丈夫”用暴力“摧残青年，压制思想”是绝对办不到的。须知，中国今日有觉悟的青年，“断不怕你们那‘伟丈夫’的

① 隐尘：《新旧思想冲突评议》，载《每周评论》。

② 隐尘：《新旧思想冲突评议》，载《每周评论》。

③ 载《每周评论》第15号。

摧残;你们的'伟丈夫'也断不能摧残这些青年的精神"。[①] 其他也还有不少文章对守旧的封建势力摧残、压制新文化和新思潮的行径加以猛烈的抨击。

这场新旧思潮的大论战,实质上是一场西方资产阶级民主主义文化和中国传统的封建文化的论争。涉及到对近代以来西学东渐和中国文化近代化历程的反思,即中西文明和文化孰优孰劣的问题以及整个中国文化的方向和人类文化的前途问题。由于近代中国文化思想启蒙的特定的历史环境,使得中国的知识分子一方面必须承认传统文化的某些方面有落后于西方文化的严酷事实,痛苦地否定这些传统,向西方学习;另一方面,又必须在时代精神的昭示下认同传统文化,以觉醒民族意识。前者构成了中国文化发展的时代气息,后者则赋予了中国文化在现代的发展中的忧患意识、民族感、危机感、责任感等浓烈的民族气息。然而,由于历史和现实的复杂性,中国近代知识分子在理解继承传统文化和学习西方文化之间的关系时,总是难以准确地把握,或极端于此,或偏颇于彼,陷于文化的开放意识与寻根意识的文化心理冲突之中。一方面,学习和认同西方文化以彻底的反传统文化为代价,对西方文化毫无取舍地全盘吸收;另一方面,对传统文化的认同则以学习西方文化上的倒退作补偿,对传统文化不加分析地顶礼和回归,最终跌入旧的封建礼教和伦理道德的罗网。"旧思潮"实际上是从单纯返回封建复古主义思潮向具有一定程度的"前瞻"和"开新"的东方文化思潮的文化方向转化的过渡性文化思潮。"新思潮"则代表了向西方文化学习,彻底抛弃或改造中国传统的文化思潮。论战的结果,代表先进的知识分子思想和进步文化的"新思潮"取得了胜利,但中国文化的发展方向问题仍然没有解决。[②]

---

① 《李大钊选集》,人民出版社 1978 年版,第 156 页。

② 参见俞祖华《五四时期复古与西化的文化偏向》,载《中州学刊》1988 年第 1 期。

二、“五四”时期马克思主义与其他思潮的三次论争

“五四”时期，在中国出现了一个思想异常活跃的百家争鸣局面。当时，为了挽救中国和寻找思想武器，中国各阶级、阶层都根据本身的需要吸收欧洲、美国、日本、俄国近百年来流行的各种思潮和学说，几乎所有的外国各种流派都一齐涌上了中国的政治思想舞台。中国的封建顽固派也出版杂志和新文化运动争夺阵地，出现了“百家竞起，异说争鸣”的热烈景象。在此期间，新文化运动的阵营发生分化，出现了要不要马克思主义、以什么主义改造中国的激烈论争。

(一)问题与主义之争

以胡适为代表的一部分资产阶级知识分子，曾在五四运动前的新文化运动中起过一定作用，但他们不愿意看到新文化运动发展为广泛传播马克思主义的运动。胡适在1922年所写的《我的歧路》一文中说：“一九一九年六月中，独秀被捕，我接办《每周评论》方才有不能不谈政治的感觉。那时……国内的新分子闭口不谈具体的政治问题，却高谈什么无政府主义和马克思主义，我看不过了，忍不住了——因为我是一个实验主义的信徒——于是发愤要想谈政治，我在《每周评论》第三十一号里提出我的政论导言，叫做《多研究些问题，少谈些主义》。”这时陈独秀因散发传单被捕，李大钊也被盯梢，准备出走，当他读到胡适文后很为不满，于是七八月间在冀北昌黎五峰山写了《再论问题与主义》一文，寄交胡适，胡把它登在《每周评论》第35号上。接着胡适又连续发表了三论和四论问题与主义的文章。正当争论正要深入进行之际，《每周评论》在8月底被封闭，于是论战被迫停止。1920年1月李大钊又发表

了《由经济上解释近代中国思想变化的原因》，表明了和胡适观点的鲜明对立。

论争主要是围绕两个问题进行的。一是中国要不要以马克思主义理论作指导的问题。胡适说："空谈好听的'主义'是极容易的事，是阿猫阿狗都能做的事，是鹦鹉留声机都能做的事"，"空谈外来进口的'主义'，是没有什么用处的"，"偏向纸上的'主义'，是很危险的"。[①] 他诬蔑马克思主义的阶级斗争学说"太偏向申明'阶级的自觉性'一方面，无形中养成一种阶级的仇视心"，其结果"使社会上本来应该互助而且可以互助的两大势力，成为两座对垒的敌营，使许多建设的救济方法成为不可能，使历史上演成许多本来不须有的惨剧"。[②] 针对胡适的这一观点，李大钊指出，问题与主义不能分离，社会上多数人没有一个共同的理想、主义，社会问题是永远没有解决的希望的；先生"要防遏俄国布尔什维主义的潮流"，"我是喜欢谈谈布尔什维主义的"；"在别的资本主义盛行的国家，他们可以用社会主义作工具去打倒资本阶级"，在我国"也可以用他作工具，去驱除这一般不劳而生的官僚强盗"。[③] 这就明确回答了解决中国社会问题需要马克思主义作指导。他还指出：宣传理想的主义与研究实际的问题是"交相为用的"，"是并行不悖的"。一方面，研究问题必须有主义作指导；另一方面，"一个社会主义者，为使他的主义在世界上发生一些影响，必须要研究怎么可以把他的理想尽量应用于环绕着他的实境"。

二是中国社会问题要不要以革命手段实行"根本解决"的问题。胡适企图把人们引向改良主义的道路，说什么"请你们多多研究这个问题如何解决，那个问题如何解决，不要高谈这种主义如何

---

① 《多研究些问题，少谈些主义》，载《每周评论》第 31 号。

② 《四论问题与主义》，载《每周评论》第 37 号。

③ 《再论问题与主义》，载《每周评论》第 35 号。

新奇，那种主义如何奥妙"[①]。攻击宣传社会主义、求得中国社会问题的"根本解决"，是"自欺欺人的梦话！是中国思想界破产的铁证！这是中国社会改良的死刑宣告"[②]。李大钊驳斥了胡适提倡的一点一滴的改良主义，指出：要想解决这个那个具体问题，"必须有一个根本解决，才有把一个一个的具体问题都解决了的希望"，"经济问题的解决，是根本解决。经济问题一旦解决，什么政治问题、法律问题、家族制度问题、女子解放问题、工人解放问题，都可以解决"。他强调说，要解决经济问题，必须进行革命，开展阶级斗争，如果对马克思的"阶级斗争说，了不注意，丝毫不去用这个原理作工具，为工人联合的实际行动，那经济的革命，恐怕永远不能实现"。[③] 这样，李大钊以马克思主义的革命论，批驳了胡适的改良主义理论，肯定了中国社会问题要用革命手段求得"根本解决"。

这场"问题"与"主义"之争，是五四新文化运动阵营发生分化的开始，其实质是中国要不要马克思主义、要不要对中国社会进行彻底改造之争。在这场论争中，早期马克思主义者依据他们的认识水平，论证了马克思主义适合中国的需要，阐述了对中国社会进行一次彻底革命的必要性。这对于扩大马克思主义的影响，推动人们进一步探索如何改造中国社会起了积极作用。

（二）关于社会主义的讨论

"问题与主义"论争之后，在马克思主义与一些资产阶级知识分子之间还发生了一场关于社会主义是否适合于中国国情的论争。1920 年 11 月，张东荪陪同英国哲学家罗素到湖南等地讲学回到上海后，发表了《由内地旅行而得之又一教训》一文，后又发表

---

① 《多研究些问题，少谈些主义》，载《每周评论》第 31 号。

② 《多研究些问题，少谈些主义》，载《每周评论》第 31 号。

③ 《再论问题与主义》，载《每周评论》第 35 号。

了《现在与将来》，对罗素劝告中国"暂不主张社会主义"，当务之急是"开发中国资源"、发展实业的言论表示十分信服。梁启超于1921年2月也发表了《复张东荪书论社会主义运动》等文章，反对在中国实行社会主义。陈独秀、李大钊、李达等则纷纷发表文章，《新青年》第8卷第4号还开辟了"关于社会主义讨论"专栏，对假社会主义的言论进行批判，其中影响最大的是李达的《讨论社会主义并质梁任公》和陈独秀的《社会主义批评》。

社会主义问题的论争主要围绕下列两个问题展开：

一是中国社会发展的方向是资本主义还是社会主义。研究系分子张东荪、梁启超等人认为，中国社会的发展方向是资本主义。因为"中国唯一的病症就是贫乏"，所以"救中国只有一条路，一言以蔽之，就是增加富力。而增加富力就是开发实业"。[①]"而开发实业方法之最能速成者莫若资本主义"[②]。他们的结论是："中国若想社会主义实现，不得不提倡资本主义。"[③]他们自称信奉基尔特社会主义，赞成社会主义理想，但又断言现阶段必须依靠"绅商阶级"来发展资本主义。社会主义拥护者则指出，在资本主义生产制度下，"资本私有"，资本家掠夺"剩余价值"，加上"生产过剩发生经济界之危机"，使"劳动阶级日见压迫"，"几乎无路可走"，不能解决中国的贫乏问题。[④] 又指出："在各国政治的经济的重重势力下的中国，要想发展资本主义和各资本国为经济战争"，这也是"根本办不到的，不免是空想"。[⑤]"今日在中国想发展实业，非由纯粹生产者组织政府，以铲除国内的掠夺阶级，抵抗此世界的资本主义，

---

① 《东荪先生〈由内地旅行而得之又一教训〉》，载《新青年》第8卷第4号。

② 《东荪先生〈答高践四书〉》，载《新青年》第8卷第4号。

③ 《杨端六先生〈与罗素的谈话〉》，载《新青年》第8卷第4号。

④ 陈独秀：《社会主义批评》，载《新青年》第9卷第3号。

⑤ 李达：《讨论社会主义并质梁任公》，载《新青年》第9卷第1号。

依社会主义的组织经营实业不可。”[①]

二是解决中国社会问题的方法是采取革命手段还是改良主义的问题。研究系分子主张，解决军阀当道的问题，应取“平和的或渐进”的方法，而不应取“革命的或急变”的方法。对于外国资本势力，他们认为中国毫无抵抗能力，只能“乘其空隙以发展实业耳”。[②] 这是幻想在外国资本和中国军阀压迫的缝隙中发展资本主义的改良主义主张。为了预防随着资本主义发展、劳资对立尖锐而将发生的社会主义革命，他们提出调和劳资矛盾的改良主义主张：对资本家应采取“矫正态度与疏泄态度”，即用“政府的立法”等手段，“奖诱警告资本家，唤起其觉悟”，使其“常顾及劳动者之利益”[③]；对工人采取“救济的政策”，即“用社会立法手段规定劳动法规，劳动保险，增加工资，减少时间等等”。这样，“工人的富裕一定可以得到，贫富问题也可以解决”，“一定可以达到人类最后的幸福”。他们认为：“要解决目前的问题只有用和平的方法一步一步零碎的修改，要是整块的是绝对不可能的。”[④]社会主义拥护者批驳了研究系分子宣扬的调和劳资间阶级矛盾的改良主义，指出：“主张借资本阶级的国家底立法，施行几项温情政策，略略缓和社会问题，并不是想根本的解决社会问题的”，“这种手段，没有多大的效果”[⑤]。要解决中国社会问题，应该“采用劳农主义的直接行动，达到社会革命的目的”，即“联合大多数的无产阶级，增加作战的势力，为突发的猛烈的普遍的群众运动，夺取国家的权力，使无产阶级跑上支配阶级的地位，就用政治的优越权，从资本阶级夺取

① 李大钊：《中国的社会主义与世界的资本主义》，载《李大钊选集》第 357 页。

② 《东荪先生〈答高践四书〉》，载《新青年》第 8 卷第 4 号。

③ 梁启超：《复张东荪书论社会主义运动》，载《改造》第 3 卷第 6 号。

④ 蓝公武：《社会主义与资本制度》，载《改造》3 卷 6 号。

⑤ 李达：《讨论社会主义并质梁任公》，载《新青年》第 9 卷第 1 号。

一切资本,把一切生产工具集中到无产阶级的国家手里,用大速度增加全部生产力”。①

关于社会主义的论争,实质是中国应走资本主义道路还是走社会主义道路、是采用革命的方法还是采用改良主义的方法来改造中国社会的争论。在这场论争中,早期马克思主义者运用刚刚学到的马克思主义理论,剖析了资本主义制度的固有矛盾,揭示出资本主义最终必将在矛盾激化中走向灭亡,社会主义必将取代资本主义;肯定中国的出路只能是社会主义;强调改造中国社会,必须建立共产党组织。这些观点是正确的。但是,他们在论争中也有弱点,如对中国半殖民地半封建的社会性质还缺乏认识,主张直接进行社会主义革命。他们没有看到在中国社会经济十分落后的情况下,民族资本主义在一定时期内和一定程度上的发展不仅是不可避免的,而且是有益的。他们不懂得张东荪等人的错误不在于说中国现时还不能实行社会主义,而在于认为既然不能马上实行社会主义,就不需要社会主义者,不需要社会主义理想,不需要共产党。

(三)反对无政府主义的斗争

无政府主义是一种小资产阶级的社会政治思潮。它的口号是:个人至上,个人万能,反对一切国家、一切强权政治。这种思潮在小资产阶级大量存在的国家中容易传播和流行。19 世纪在法国、西班牙、俄国等很盛行,20 世纪初传入中国。据不完全统计,“五四”时期宣传无政府主义的刊物和小册子达 70 多种,其主要代表人物是北大学生黄凌霜、区声白等。1919 年 9 月,黄凌霜发表了《马克思学说的批评》,反对无产阶级专政和社会主义分配原则。以后无政府主义者又陆续发表一些反马克思主义的文章。1920

① 李达:《讨论社会主义并质梁任公》,载《新青年》第 9 卷第 1 号。

年9月,共产主义者开始反击,陈独秀发表了《谈政治》一文,对无政府主义的基本观点进行了批评,接着无政府主义者进行辩解。论争持续了一年多的时间,直到1922年初结束。

与无政府主义的论争主要围绕下列三个问题展开:

第一,关于无产阶级专政的国家学说问题。无政府主义者反对一切强权和国家,反对一切政治斗争和暴力革命,并在反对中国反动政权的同时,也把矛头指向马克思主义国家学说和俄国的无产阶级专政。他们宣称:"我们不承认政治家的强权,我们一样的不承认劳动者的强权。"他们硬说无产阶级专政是个人专政,污蔑列宁是"俄罗斯共和国的大皇帝"。① 无产阶级的国家、法律是"抹杀个人","滥用强权","独裁专制",布尔什维克"事事用强权","这是摧残个人,这就非人道"②。他们对待强权和国家的总看法是:"凡一切政治和权力一概否认之,无论他是社会民主主义的政府也好,君主专制的政府也好,劳农执政的政府也好,均反对之。"③马克思主义者阐明了无产阶级领导人民群众进行革命斗争,用暴力夺取政权,建立无产阶级专政的必要性和重要性。指出:"我们的最终目的,也是没有国家的。不过我们在阶级没有消灭以前,却极力主张要国家,而且是主张要强有力地无产阶级专政的国家的。……我们的目的并不是要拿国家建树无产阶级的特权,是要拿国家来撤废一切阶级的"④。他们论证无产阶级国家同剥削阶级国家的本质区别,指出对于封建贵族、资产阶级的国家必须彻底推翻,而对于无产阶级专政则必须巩固和加强。陈独秀说:"我以为强权所以可恶,是因为有人拿他来拥护强者、无道者,压迫弱者与

① 《我们反对布尔什维克》,载《奋斗》第2号。

② 《为什么反对布尔什维克》,载《奋斗》第8、9号合刊。

③ 《无政府主义与社会主义》,载《北京大学学生周刊》第17号。

④ 《我们要怎么样干社会革命》,载《共产党》第5号。

正义。若是倒转过来，拿他来救护弱者与正义，排除强者与无道，就不见得可恶了。”[①]

第二，关于自由问题。无政府主义者宣称：“无政府主义以个人为万能，因而为极端自由主义，所以，无政府主义乃个人主义的好朋友。”[②]主张“无政府主义的社会，是自由组织的，人人都可自由加入，自由退出，所以每逢办一件事，都要得人人同意，如果在一个团体之内，有两派的意见，赞成的就可以执行，反对的就可以退出，赞成的既不能强迫反对的一定做去，反对的也不能阻碍赞成的执行，这岂不是自由吗？”[③]马克思主义者则认为这种主张根本行不通，因为“我们的社会乃有许多生产团体结合而成，一团体内各人有各人的意见，人人同意已不易得；一社会内各团体有各团体的意见，人人同意更是没有的事；一团体内意见不同的分子还可以说自由退出，我不知道一社会内意见不同的分子或一团体，有何方法可以自由退出？”“联合无论大小，都要有一部分人牺牲自己的意见，才能够维持得比较的长久一点；若常常固执个人或小团体的绝对自由，自由退出，自由加入，东挪西变，仍是一堆散沙，这种散沙的现象，至少也不适宜于大规模的生产事业。”[④]

第三，关于生产和分配问题。无政府主义者在生产方面反对集中，主张分散，主张“将一切生产机关，委诸自由人的自由联合管理”。在分配方面，主张在革命后立即实行“各取所需”，攻击社会主义的“按劳分配”原则为“不平等”。马克思主义者指出：“无政府主义的生产组织，有一种最大的缺点，即是不能使生产力保持均平。要使各地方各职业的生产力保持均平，无论如何，非倚赖中央

---

① 《谈政治》，载《新青年》第 8 卷第 1 号。

② 《评〈新潮〉杂志所谓今日世界之新潮》，载《进化》第 2 号。

③ 《讨论无政府主义》，载《新青年》第 9 卷第 4 号。

④ 《讨论无政府主义》，载《新青年》第 9 卷第 4 号。

的权力不可。”又指出：在共产主义低级阶段，实行“按劳分配”，完全是由生产力发展水平决定的。实行“各取所需”的原则，必须在“社会的生产力发达到无限制的程度，生产物十分丰富，取之不尽，用之不竭”的时候才可能实行，如按无政府主义的主张，必然要破坏生产力，“社会的经济的秩序就要弄糟了”。[①]

反对无政府主义的斗争，进一步提高了共产主义者的理论水平，使广大的小资产阶级知识分子初步划清了马克思主义同无政府主义的界限，认识到无政府主义的危害性。同时也使不少信仰过无政府主义的人，改变观点和立场，接受马克思主义，走上革命的道路。尤其是通过斗争，使少数混入共产主义小组中的无政府主义者退出，革命团体的内部更加纯洁，为中国共产党的建立扫清了障碍。

(四)三次论争给我们的启示

通过以上三次论争，解决了在中国要不要马克思主义、要不要走社会主义道路、要不要建立无产阶级政党、要不要建立无产阶级专政这样几个根本问题。尽管当时的马克思主义者对马克思主义的理解还是初步的、不成熟的，但三次论争的历史作用和意义都是十分重大的。它使马克思列宁主义在中国得到了广泛传播，从而为中国共产党的建立奠定了思想基础，并对中国革命的发展起了重要作用。三次论争给我们的启示是：第一，必须建立对马克思主义的坚定信仰，要有对真理执著追求的精神。第二，必须把握历史唯物主义的原则，忘记了唯物史观，就没有了马克思主义。第三，必须善于从理论和实际的结合上，去研究问题和解决问题。第四，必须坚持实事求是，以理取胜，以理服人。马克思主义是在斗争中发展的，但它不是靠吓人吃饭，而是靠真理，靠实事求是。

---

① 李达：《社会革命的商榷》，载《共产党》第2号。

三、中国社会性质与农村社会性质的论战

大革命失败后，国内政治形势发生了剧烈变化，遭受挫折的共产党人开始对中国的出路、革命的前途等问题进行新的探讨。中国托派在中国社会性质、中国社会史和中国农村社会性质等问题上提出一系列错误观点，其中心是否认中国仍是半殖民地半封建社会，断定中国已处在资本主义发展阶段，进而否定中国进行资产阶级民主革命的必要性；国民党反动文人出于反革命目的，也极力鼓吹与托派类似的观点。双方都注意到了对中国社会性质及农村社会性质的研究与认识中国出路及中国革命性质和任务的重要。另一方面，自唯物史观传入国内，渐为很多学者所接受，并运用此理论分析中国社会性质及农村社会性质。20 世纪 30 年代初年，中国思想界展开了关于这方面的论战。

（一）论战的缘起

在大革命的高潮中，对中国社会性质问题和中国革命性质问题就有争论。当时苏联以托洛茨基、季诺维也夫、拉狄克等为代表的少数派认为中国已是一个资本主义国家，封建主义压迫只是“残余的残余”，对于帝国主义的压迫认为只是由于海关制度不好，搞个海关革命就可以了。[①] 以斯大林、布哈林等为代表的多数派则认为，封建势力是中国政治经济生活中的基本力量，帝国主义就是通过扶植它们来实现统治中国、支配中国近代工业、操纵中国的财政、金融和交通特权，是中国的太上皇。所以，中国是“受国际帝国

① 托洛茨基：《中国革命问题》第 1 集，上海书局 1930 年版。

主义牵制的殖民地”，还有许多半封建制度残余留着①。因此，中国当前革命任务是反帝反封建。苏联的这种争论影响到中国，特别是大革命失败后，中国革命的性质及前途，使人们产生了疑问，而决定这个问题的中国社会性质问题也尖锐地提出来了。陈独秀就把1927年大革命的失败说成是“资产阶级取得了胜利”。封建势力“受到了最后打击”，“变成了残余势力之残余”。中国社会已是资本主义占优势并将持续和平发展的社会，中国资产阶级民主革命已经完结，无产阶级只有等到遥远的将来搞社会主义革命。

国民党在对革命力量进行军事“围剿”的同时，也对革命文化进行了“围剿”，蒋介石要求“把共产党的一切理论方法和口号全部铲除”②。因此，他们除了对进步文化进行种种压制、打击外，还依靠一批御用文人和假马克思主义者，来反对马克思主义新文化。这样，思想文化战线上先后展开了关于中国社会性质和农村社会性质的大论战。

（二）中国社会性质的论战

1928年9月，陶希圣在他主编的《新生命》杂志上发表《从中国社会史上观察中国国民党》一文，从对社会史的考察推演出对当时社会状况的分析，论证国民党立党的社会基础和阶级基础。随后又发表《中国社会到底是什么社会》，对中国社会性质作了进一步阐述。此后，随着中共对此问题讨论的公开化，1929年11月，王学文、李一氓等在上海创办了《新思潮》杂志。次年5月，该杂志出版了《中国经济研究专号》，发表了潘东周的《中国的经济性质》、王学文的《中国资本主义在中国经济中的地位其发展及其前途》等

① 《共产国际第七次扩大执行委员会中国问题决议案》（1926年11月），载《六大以前》，人民出版社1980年版，第624页。

② 蒋介石：《革命和不革命》，载《新生命》第2卷，第2页。

一组文章。这些文章从中国近代经济发展与帝国主义的关系、民族资本的地位、农村土地关系等方面，论证中共“六大”路线的正确性，批判托派的理论。针对“新思潮派”的观点，1930年7月，严灵峰在《动力》杂志上发表《“中国是资本主义经济，还是封建制度的经济?”》等文章，反驳潘东周、王学文等人的观点。至此，分别以《新生命》、《新思潮》、《动力》为其阵地，形成了三个派别，论战全面展开。数年之间，加上其他一些自称不属任何一派参加论战的人，共发表文章140余篇，出版书籍30余种，形成又一次论争高潮。争论的主要问题是：

第一，中国当时的社会是否是资本主义。

“新思潮派”主张中国社会是“半封建”社会。潘东周肯定了中国社会仍存在封建关系。他指出：“中国是一个落后的农业国家，所以这些半封建关系在农业经济中的优势，实际就占领了整个中国经济中的优势。”王学文认为，“中国的主要经济形态是一个封建的半封建的经济”，在沿海大都市等少数地方，的确有中国资本主义经济的存在，但从发展程度看“只不过发展初期的萌芽形态，并不能占得主要的地位”。他们得出结论是：中国社会的性质是封建势力占优势的社会。

“动力派”认为中国社会是资本主义社会。“新思潮派”的观点受到“动力派”的反对，他们不赞成把中国社会说成是封建势力占优势的社会，认为中国的社会性质是资本主义。严灵峰撰文指出：“中国毫无疑问是资本主义关系占领导地位。”“城市资本主义经济成为全国国民经济生活中的命脉。”[①]任曙在《中国经济研究·绪论》中，根据对外贸易统计数字资料，指出“中国资本主义已发展到了代替封建经济而支配中国经济生活的地步”。他认为在研究中

---

① 严灵峰：《“中国是资本主义经济，还是封建制度的经济?”》，载《动力》第1卷第1期。

国资本主义时，不应当把“国货的资本主义”同“洋货的资本主义”分别开来。

陶希圣没有直接介入以上两派的争论，但他对中国社会性质的判断并非与此无关。他认为：中国社会“从最下层的农户起到最上层的军阀止，是一个宗法封建社会的构造……自帝国主义的经济势力侵入以后，上层社会除兼地主与资本家的残余士大夫阶级而外，新生了以帝国主义资本为中心的资本阶级”[①]。后来他把这种社会性质概括为“半殖民地”性质[②]。它虽与中国共产党人的结论近似，但却有明显区别。他承认阶级的存在，却不赞成阶级斗争；承认应以民众为基础，却否认无产阶级已有独立革命的可能。

第二，关于帝国主义和近代中国社会经济的关系。

“新思潮派”反对过度重视帝国主义在中国的进步作用和帝国主义绝对地破坏了封建势力的观点。他们认为，一方面，帝国主义带来的新式资本主义生产技术，在中国确实得到了发展，“这自然要给予中国封建关系、行会制度，尤其是自然经济，以一个重要的打击，推动中国经济组织”向前跨进了一步。另一方面，帝国主义与中国封建势力有着密切联系，帝国主义与封建势力的结合，在农村为了掠夺原材料，支持和帮助封建地主和商业资本，严重地阻碍了中国民族工业的发展，加重了农民的苛捐杂税。在这两种作用中，后者比前者更为突出。他们进一步指出：“封建势力和帝国主义实在是中国经济的压迫者，经济发展的束缚者”；帝国主义利用中国封建势力为其利益的代理人，向中国大量输入廉价的商品；帝国主义“利用低额的关税和投卖政策独占中国的商品贩卖市场”；利用巨额资本，帝国主义“独占中国的富源，垄断中国的市场，操纵

① 陶希圣：《中国到底是什么社会？》，载《中国现代哲学史资料汇编》第2集第5册。

② 陶希圣：《中国社会史・绪言》，载《中国现代哲学史资料汇编》第2集第5册。

中国的金融，对于中国资本主义经济予以重大压迫”。[①]

“动力派”则认为，帝国主义在中国是破坏封建势力而不是维持它。严灵峰指出:“帝国主义在中国经济的发展，只是使中国愈趋于殖民化，即使帝国主义在中国国民经济中愈占绝对优势和支配地位。我们绝不能因中国之更沦为殖民地，而否认在中国国民经济中资本主义成分与势力的发展。”认为帝国主义阻碍民族工业的发展，破坏纯粹民族工业只是相对的，但它的势力在中国发展“要绝对的破坏封建势力和关系，促使中国走向资本主义进化的过程”。[②]

针对“动力派”和“新生命派”的错误观点，一批马克思主义者以《新思潮》为主要阵地，发表文章予以回击。比较重要的有刘梦云的《中国经济之性质问题的研究》(1932 年 4 月)、刘苏华的《唯物辩证法与严灵峰》(1933 年 4 月)、吕振羽的《中国社会形态发展的诸阶段》(1933 年)等。刘梦云指出:任曙的“全部理论是建筑在中国对外贸易的发展，就是商品经济的发展，就是中国资本主义发展的‘理论’上”。他认为，商品经济本身并不能决定一个社会的经济性质，“在有阶段的社会中间，离开剥削关系与阶级关系，就没有法子了解这一社会的经济性质”。指出任曙只看见商品关系，而看不见剥削关系，看不见帝国主义侵略中国的目的“并不是为了要发展中国的资本主义，使中国变成一个资本主义国家，而是为了要使中国变成它的殖民地，变成它的附庸”。[③] 刘苏华揭露了任、严等托派分子反对中国革命的实质。他指出:把目前的中国说成“资本

① 王学文:《中国资本主义在中国经济中的地位其发展及其前途》，载《新思潮》第 5 期，署名王昂。

② 严灵峰:《“中国是资本主义经济，还是封建制度的经济”?》，载《动力》第 1 卷第 1 期。

③ 刘梦云:《中国经济之性质问题的研究》，载《读书杂志》卷一，1932 年 4 月。

主义社会”,这是托派“跑到反革命道路上去的出发点”。他们对华洋资本的所谓“一视同仁”论,“根本上就是要取消中国的反帝国主义斗争”。①

“新思潮派”的文章,虽然也有某些不当之处,但从总的方向上说,是站在马克思主义的立场上,宣传了共产党关于中国社会和中国革命的思想,对反帝反封建的革命斗争起了推动作用。1932年、1933年间继续有刘镜园说中国是“落后的资本主义社会”,有任、严的继续“答辩”和“反攻”,但其影响愈来愈小了。1933年吕振羽比较确切地使用了“半殖民地半封建社会”的概念。他说:“中国社会的现阶段,便是半殖民地半封建社会,建筑于其上层的诸形态的东西和其下层的基础相适应。”②

(三)中国农村社会性质论战

中国农村社会性质的论战是中国社会性质论战的一个组成部分,也是社会性质论战的继续和扩大。1935年1月,托派分子王宜昌在天津《益世报》的《农村周刊》第48期上,发表了《农村经济统计应有的方向转换》一文,揭开了论战的序幕,以后又有些人登场。因他们以《中国经济》杂志为阵地,故被称为“中国经济派”。站在马克思主义方面予以反击的有薛暮桥、钱俊瑞、孙冶方等人,他们以“中国农村经济研究会”为活动中心,故被称为“中国农村派”。中国农村的社会性质是争论的焦点问题,围绕这一中心,又表现在以下几个方面:

第一,资本主义在中国农村是否占优势。“中国经济派”认为,“今日中国农村经济,已是商品经济,而且资本主义已占优势,土地所有形态已被资本制生产屈服了”。“假如我们的研究不以中国农

---

① 刘苏华:《唯物辩证法与严灵峰》,载《中国现代哲学史资料汇编》第2集第5册。

② 吕振羽:《中国社会形态发展的诸阶段》,载《文史》创刊号,1933年。

村生产方式为主体，而以帝国主义统治为主体，我们应该承认，中国身受国际资本的支配，那就是资本主义生产方式之在中国已经占了优势。”[①]对此，“中国农村派”批驳说：“中国经济派”的根本谬误，在于有意抹杀帝国主义的入侵阻滞了中国民族资本主义的独立发展的道路。同时，他们还把资本主义经济和商品经济这样两个不同的经济范畴混为一谈。指出：“商品经济发展的第一个阶段是单纯商品经济，直到劳动力也变成商品的时候，商品经济才完成其更发展更成熟的形态，即资本主义的商品经济。这样说来，看见商品经济就以为看见资本主义经济，那就像看见动物就以为看见了人一样的糊涂。”他们进一步指出，不能把中国受帝国主义的金融支配同中国已建立资本主义生产方式等同起来。“中国是不是已受世界金融支配是一个问题，而中国的生产方式是不是已经资本主义化了，那是另外一个问题。”帝国主义的入侵，虽然不可避免地给中国带来了资本主义因素，但却歪曲了中国近代社会发展的道路，使它一步一步地变成半殖民地半封建社会。他们认为，“资本主义的生产方式在中国农村里虽然相当存在，可是资本主义的矛盾还没有变成中国农村中一切矛盾的支配形态，而榨取剩余生产物的基础，主要地还在土地所有”。[②]

第二，关于小农经营的社会性质问题。

托派从中国农村已是资本主义社会这一大前提出发，硬说“中国零佃经营的发展，根本就代表资本主义小农经营的发展”。他们认为，中国农民“以‘外在工人’的资格，替资本制生产服务”[③]。马克思主义者则指出，“小农经营论”和“外在工人说”，决定中国农村社会性质的观点，完全是托派的主观臆造，根本脱离中国农村实

---

① 《中国农村社会性质论战》，新知书店1936年版，第105、159页。

② 《中国农村社会性质论战》，第65、68、24页。

③ 《中国农村社会性质论战》，第15页。

际。因为小农经济“表现出特殊的落后”。它根本就不可能改变中国农村的社会性质。相反,只会加深中国农村的半封建色彩。因为这种小农经营的性质,充其量也只不过是一种稍加放大了的简单商品生产和自给自足的小生产,而绝不是资本主义的生产方式。

第三,关于中国农村阶级结构和阶级关系。

托派机械地搬用并曲解列宁在俄国用耕马划分富农、中农和贫农的方法,固执地认为中国同十月革命前的俄国一样,“应当先划分‘地主与农民的对立’,再在农民中间划分‘企业家与雇佣劳动者的对立’”。说什么“在中国,耕畜底牛,耕具底机械与器具与化学肥料”,“利用以划分农业生产形式及规模,从而划分农民阶级”。马克思主义者则认为,中国农村的经济现状并没有资本主义生产方式占优势的情势。虽然自鸦片战争后,资本帝国主义的入侵,使一些地区的农村“封建半封建的势力……已经起了质的变化,然而这种变化并没有使那种势力转变为资产阶级”。[①] 就中国农村的阶级关系的整体而言,并没有出现企业家与雇佣劳动者的对立。而是相反,封建地主与农民之间的阶级对立异常尖锐。至于托派搬用列宁以耕马划分农村阶级的论断,来为他们自己的关于中国农村阶级结构和阶级关系的谬论辩护,则更是南辕北辙。大革命失败后的中国农村,同当年所说的俄国农村,有着根本的区别。在中国农村阶级的划分只能是以土地占有及与此相关联的剥削量为主要标准,而绝不是其他什么东西。阶级的划分只能是“地主—富农—中农—贫农”这样的阶级分类法。

另外,争论的还有关于中国农村经济研究的对象、方法问题和农业改造道路问题。托派分子王宜昌极力主张把中国农村生产关系的研究“转换”为对生产力的研究,用“人和自然的关系”去代替“人与人的关系”;而马克思主义者则特别强调对农村生产关系的

① 《中国农村社会性质论战》,第108、11页。

研究。对中国农业改造的道路，双方根本分歧在于，究竟要不要改变中国农村封建的、半封建的生产关系，要不要实现“农村大变动”，即彻底地进行农村土地革命的问题。

（四）论战的意义

第一，中国社会性质与农村社会性质的论战，涉及到中国应当进行什么性质的革命，依靠谁来革命，革命往哪里发展的问题。这是在当时政治思想战线上马克思主义与反马克思主义之间一场尖锐斗争。在斗争中，革命的社会科学工作者有力地批驳了歪曲中国社会性质的观点，指明了反帝反封建的民族民主革命仍然是中国人民当前的主要任务，教育和动员了广大群众坚持反帝反封建斗争，推动了土地革命的开展。

第二，在论战中，马克思主义理论工作者探索了中国半殖民地半封建社会的基本特点，并根据中国的社会性质，探索了中国民主革命的性质、对象、动力、任务以及革命的前途和转变等重大问题。这对党的新民主主义革命思想和理论体系的形成与发展，提供了重要依据。

第三，通过论战，切实地锻炼和造就了马克思主义的理论队伍。他们在当时和以后的革命斗争中发挥了重要作用。

四、中国社会史论战

对中国社会性质的讨论，必然联系到以往历史的探求，因此，在中国社会性质问题的论战开展不久，我国思想理论界又展开了关于中国社会史问题的论战。它涉及到中国数千年的悠久历史，遇到的问题也更为复杂。就其实质而言，牵涉到人类历史发展过程中是否存在着共同的客观规律问题，历史唯物主义和历史唯心主义之间的根本分歧问题，并直接关联到人类历史上各种革命是否有其可循的客观规律或不可避免的必然性问题。

(一)论战的由来

这场论战,始于30年代初,一直延续到1937年抗日战争爆发。在史学界,最早运用马克思主义唯物史观研究中国古代历史的是郭沫若。1928年2月他避居日本后,开始了中古史的研究。1928年11月到1929年上半年。他先后在《思想月刊》和《东方杂志》上发表了《中国社会之历史的发展阶段》、《周易时代的社会生活》、《诗书时代的社会变革与其思想上之反映》等三篇文章。1929年下半年又完成《卜辞中的古代社会》和《周代彝铭中的社会史观》两篇文章。1930年将上述五篇文章辑成《中国古代社会研究》一书出版。郭沫若以恩格斯《家庭、私有制和国家的起源》一书的观点为指导,征引古代文献,剔发卜辞铭文,研究古代社会的生产力生产关系和上层建筑,描绘了中国从原始社会到奴隶社会再到封建社会的演变过程。他的结论是马克思所指出的亚细亚的、古典的、封建的和近代的生产方法的进化阶段,“在中国的历史上也是很正确的存在着的”。西周以前是原始公社社会,西周是奴隶制时代,东周以后特别是秦以后进入封建时代。从而开阔了人们的眼界,在国内外产生很大影响。他所阐述的中国社会史发展阶段中的几个重大问题,构成了论战的重要课题。

当时中国史学领域影响较大的另一人物是陶希圣。他早年就读于北京大学法律系。1923年任上海商务印书馆编译所编辑。以后曾先后主编《独立评论》周刊、《党军月报》。1928年任中央陆军军官学校教官等职。《新生命》杂志从1928年11月创办后,连续登载他研究中国社会和中国历史的文章。1929年又相继出版《中国社会之史的分析》、《中国社会与中国革命》、《中国封建社会史》等著作,又把当时报刊上许多文章编成《中国历史问题的回顾与展望》一书出版。陶希圣是一个所谓“弃公式而取材料”、强调国情特殊的历史学者,他虽然也宣称要用唯物的观点来观察中国社会和中国历史,但他的"唯物"观点绝不是马克思主义的。观点的不确定性和多变性是其中国史研究的特点,中国到底是什么性质的社会,没有给人一个明确的答案。他阐述的史学观点,很自然成为人们争论的对象。

除郭、陶二人的著作外,1928年至1931年上半年,学界还陆续出版了一批研究中国经济性质、社会结构和历史发展的专著,散登在各种刊物上的文章也越来越多。1931年5月,王礼锡主编的《读书杂志》开辟了"中国社会史的论战"专栏,标志着论战的正式开展。1931年9月,全国有很大影响的《申报》发表长篇时评,号召研究中国经济问题。1931年8月至1933年4月,《读书杂志》先后出版《中国社会史的论战》专辑四辑,同时许多刊物上纷纷发表争论文章,使论战形成高潮。1933年10月,《读书杂志》因被国民党捣毁而停刊。此后论战在《中国经济》、《食货》、《中山文化教育馆季刊》、《中国农村》等刊物上继续进行,直到抗战爆发,论战才沉寂下来。

(二)论战的主要问题

论战涉及许多历史理论和中国几千年的历史,十分广泛复杂。大体说来,主要是围绕以下六个方面展开的。

1. 亚细亚生产方式问题

1859年马克思在《政治经济学批判》序言中提出"大体说来,亚细亚的、古代的、封建的和现代资产阶级的生产方式,可以看作是社会经济形态演进的几个时代"[①]。之后,世界上许多学者对它作出种种不同的解释,"亚细亚生产方式"成了历史学中一个长期争论不休的问题。1907年,普列汉诺夫断定:古代的与东方(即亚

---

① 《马克思恩格斯全集》第13卷,人民出版社1962年版,第9页。

细亚)的生产方式,两者并不存在“一个接着一个”的关系,而是“两个并存的经济发展类型”。由于地理条件的不同,当氏族社会瓦解后,东西方分别走入亚细亚社会和古代社会。①

1931 年 2 月在列宁格勒召开了亚细亚生产方式问题讨论会,分成亚细亚派和反亚细亚派两种意见。后者认为只是一种假说,应该抛弃之。马克思的这一假说,根据它所包含的内容,亚细亚生产方法就是封建主义。苏联学者的争论,直接涉及到对中国社会和中国历史的认识问题。

“亚细亚生产方式”的内涵到底是什么?它是不是一个特殊独立的社会形态?如果不是,它相当于哪一个社会阶段?中国历史上是否有过“亚细亚生产方式”?对这些问题,人们提出各种各样的观点。在中国学者中,郭沫若最早对亚细亚生产方式作了解释,主张原始社会说;后又解释为奴隶制以前的家长制;再后又确定是指的中近东一带的奴隶制。吕振羽开始说它只是“亚细亚国家之封建主义的一点特色”,后又改为它“不外是一种初期国家的奴隶制”,即希腊、罗马发达奴隶制之外的其他国家的奴隶制。其他人也各执一说,有的认为它是指与希腊、罗马奴隶制并行而又与奴隶制不同的东方的一个社会阶段(李季),有的认为它即是东方的封建社会(王宜昌等),有的说它是亚洲的专制主义(胡秋原等),有的认为它包括了资本主义以前的整个东方社会。对这个问题一直是众说纷纭。

2. 关于中国历史上有没有奴隶社会问题

托派大多数人都否认中国历史上曾有过奴隶制社会。李季说,原始公社崩溃后,“因自然的地理的环境关系”,中国和欧洲走入不同的发展道路,欧洲转入希腊、罗马的奴隶制,中国则进入以

① 《普列汉诺夫著作选集》第 3 卷,三联书店 1962 年版,第 178 页。

土地国有为特征的亚细亚社会[①]。杜畏之说,"中国没有划然的奴隶社会一阶段","在氏族的丘墟上产生了封建社会"。[②]

最早论断中国有奴隶制社会存在的是郭沫若。他根据甲骨卜辞、青铜铭文和各种古代文献,肯定西周是中国的奴隶制时代。之后吕振羽又指出殷代是奴隶制社会。经过争论和研究,中国也和世界其他许多国家一样经历过奴隶制社会的见解,为中国史学界大多数人所公认。但中国奴隶社会的起止时间,一直有不同的意见。

3. 关于中国封建社会的起始时间

参加论战的人们中,几乎没有人否定中国经历过封建社会。但具体到时间断限上,由于人们对"封建社会"这一概念理解不同,以及对历史资料解释的不同,却又众说纷纭。主要有七种主张:(1)从黄炎时代(陶希圣);(2)从尧舜时代(梅思平);(3)从夏代(周绍溱、梁园东);(4)从商代(李麦麦);(5)从西周(李季、王礼锡、陈邦国、王伯平等);(6)从东周(郭沫若);(7)从五胡十六国(王宜昌)。

4. 秦汉以后的社会性质问题

参加论战者都承认,我国社会在春秋战国时期发生了重大变革,而秦汉以后直至清代中叶的两千年间没有本质的变化,但对秦汉后中国一直处于什么社会存有分歧。

新生命派和托派大多数成员都主张所谓"商业资本主义社会"说。李季认为:"中国真正的封建制度仅与周代相始终",秦以后就是"前资本主义生产方法时代"[③]了。梅思平说,秦以后的"中国社会绝对不是封建社会,乃完全是一商业资本主义社会"[④]。

---

① 李季:《对于中国社会史论战的贡献与批评》,载《中国社会史论战》第 2 辑。

② 杜畏之:《古代中国研究批判引论》,载《中国社会史论战》第 2 辑。

③ 李季:《对于中国社会史论战的贡献与批评》,载《中国社会史论战》第 3 辑。

④ 梅思平:《中国社会变迁的概略》,载《新生命》第 1 卷第 11 号,1928 年 1 月出版。

郭沫若、吕振羽等人，虽对中国封建社会开始的年代看法不一（当时郭认为始于春秋，吕和翦伯赞等认为始于西周），但他们都认为从秦汉到鸦片战争，中国一直处于封建社会阶段。针对李季等人的“商业资本主义社会”论，吕振羽指出：在世界上，没有商业资本独自存在的处所，有的，就“只是在那班诡辩论者的脑子里”[①]。

5. 中国为什么未能进入工业资本主义时代

中国长期停滞的原因何在？陶希圣主要归结为“士大夫阶级”的“桎梏”和农民暴动的“消极”作用。王礼锡1931年写的《中国社会史论战序幕》一文，把原因归结为中国地理条件“便利于统一”和低级文化民族的侵入两条。前者“不能形成几个对立的独立国家”而“竞争着向海外发展”；后者将商业资本主义所建立的文明踏得粉碎”，这样“在经济上又得走过一度回头的路”，“每次恰好有发展到工业资本的希望，又给游牧民族打回头了”。

1935年11月出版的《食货》半月刊登载一篇署名非斯的文章《中国社会史分期的商榷》，认为中国社会史的“真实进化过程”和“特殊进化路线”就是“循环”，而造成“循环”的真正原因又在于“农民暴动”。中国“商人阶级”兴起的趋向与英国不同。在英国，商人是中间阶级，“当农民暴动打倒地主时，商人便独享其利，成为资本家，走上社会的上层去。而资本社会出现”。中国商人则是与地主“合而为一”的，农民暴动时，商人打倒了，辛辛苦苦剥削来的原始积累一旦分散，哪里还会变成资本家呢？“农民暴动”与蛮族侵入一样，“破坏当时的经济”，使中国社会后退与循环，造成经过二三百年，便必然大乱一次这样一种“在一般社会史上极罕见的现象”。

王宜昌把原因归结为自然条件和地理因素。他说：“资本主义不能自发这历史的事实，只有由自然条件而说明。”[②]中国面临大

---

① 吕振羽：《史前期中国社会研究》。

② 《中国社会史短论》，载《读书杂志》第1卷第4、5合期。

洋,缺乏内海,"不能有广大的海外交通,以刺激生产技术的发展"。因此,"商业资本只是使封建分解,而不能自发转变得任何出路"。[①] 他认为中国资本主义的发展只有靠欧洲资本主义的"外铄"。陈邦国认为,"地理条件在历史发展上有决定的作用",中国东临大海,北有沙漠,西有大山,"阻止了市场的扩大",因而商业资本的发展没有向工业上走,而向着另一条道路走,这条道路便是土地投资,发展高利贷。[②]

邓云特依据马克思的有关论述,作了如下分析:第一,中国的"以农奴劳动为主体的小规模农业生产和家庭手工业的统一结合"的封建生产方式,"构成了内部坚固的小规模经济体"。在这种经济体中,非自由的农民始终是在超经济的强制下替封建地主劳动,生产与再生产一直在单纯的不变的基础上进行,地主、高利贷者、商人三位一体的剥削,更使这种经济体变得枯滞。第二,由于小规模经济领域间生活必需品都能自给,各区域间大规模的交易不能发生,再加上中国的土地被自然地分成几个区域,很自然地形成若干分离的政治经济中心,这种状况有利于封建主以分疆割据从事于无限量的封建剥削,助长了封建经济的地方独立性和落后性,阻碍了商品市场的扩大和手工业的发展,使作为产业资本成长的重要阶梯的工场手工业不能建立。第三,由于以上原因,在土地自由买卖的条件下,"商业资本就只好变更它的机能,转投到土地上来"。邓同时认为,所谓"停滞状态",并不是说"静止不动"或"辗转不进的'循环'和'反复'","只是说它的发展是极度迂缓的罢了"。事实上19世纪初,中国"已经渐渐地生长了破坏封建社会的因素,已经蕴蓄着一种推翻封建社会经济组织的潜在力了"。没有外国资本主义的侵入,"中国这一封建社会,也可能由其自体内所包孕

① 《中国奴隶社会史——附论》,载《读书杂志》第2卷第7、8期合刊。

② 陈邦国:《中国历史发展的道路》,载《读书杂志》第1卷第4、5期合刊。

的否定因素的发展而崩溃，蜕化为资本主义社会的”。[①]

这个问题至今还是人们继续探讨的问题。

(三)论战的意义

在各次论战中，社会史论战是持续时间最长、规模最大、涉及问题最多最复杂的一次。第一，这次论战是中国整个政治斗争的一个重要组成部分。如果说中国的封建制度在春秋战国时代就已崩溃，从那以后中国进入了商业资本主义时代；如果说近百年的中国已是一个资本主义社会，那么反封建的民主革命就毫无根据了。所以对社会史中许多问题的争论，实质上是中国要不要进行反帝反封建的民主革命之争。马克思主义者自觉地把历史研究同中共领导的革命事业的需要结合起来，从在中国社会性质和社会史的探讨中，论证中国反帝反封革命的历史必然性，对中国革命的发展起了推动作用。

第二，这次论战广泛地宣传了马克思主义的唯物史观。参加论战者大多都说自己是唯物论者，都大段摘引马恩列著述，历史唯物主义的许多基本原理都被广泛地运用和解释，马克思主义社会形态学说得到人们普遍的承认。通过这场论争，就整个中国马克思主义史学阵营来说，理论水平有了明显的提高。论战后期发表的关于研究中国社会史方法论、关于中国封建社会长期停滞、关于剖析商业资本主义社会等等方面的文章，已经具有较高的理论价值。

第三，这次论战在中国历史学的发展史上占有重要地位。它把具有悠久历史的中国史学提高到一个新的阶段，并且为以后史学的发展奠定了基础。表现在：(1)明确了近百年的中国社会是半

---

① 邓云特：《中国社会经济“长期停滞”的考察》，载《中山文化教育馆季刊》第 2 卷第 4 期，1935 年冬季号。

殖民地半封建社会，不仅为进行资产阶级民主革命提供了根据，而且为中国近代史的研究开辟了新的途径。(2)依照马克思主义社会形态学说，初步理出了中国原始社会—奴隶社会—封建社会—半殖民地半封建社会的历史发展脉络，从而为中国新史学体系的建立确定了骨架。(3)探讨了中国历史发展的若干规律问题，如封建社会的长期延续问题等。(4)提出了互相对立的多种史学观点，这有助于在比较鉴别中提高史学研究的水平。(5)产生了一批重要的史学著作。继郭沫若《中国古代社会研究》之后，经过论战，又有吕振羽的《史前期中国社会研究》、《殷周时代的中国社会》、《中国政治思想史》等著作问世。郭沫若则对古文字和古文献作了更深入的研究，先后出版了《两周金文辞大系考释》、《金文丛考》、《卜辞通纂》、《古代铭刻考》等著作，为中古史的研究奠定了更坚实的基础。

五、30 年代关于民主与独裁的论战

"九一八"事变后，随着民族危机的日益严重，全国各阶层人民纷纷要求抗日，而国民党政府实行"攘外必先安内"的政策，对外妥协不抵抗，对内"围剿"红军，消灭异己。如何凝聚全民族力量团结御侮？现行的政治制度，即国民党的一党专政体制是否需要改革？如何改革？什么样的政制真正适合这一特殊历史时期的中国国情？这是当时摆在中国各阶级、政党、团体乃至每个中国人民面前的重大问题。自 1931 年底至 1935 年底四年多的时间里，全国主要报刊如《大公报》、《申报》、《时事新报》、《晨报》、《中央日报》、《新闻报》、《武汉日报》、《民报》、《民国日报》、《东方杂志》、《国闻周报》、《独立评论》等，纷纷发表讨论这些问题的文章，一些报社、学校还举办以民主宪政与专制独裁为题的征文、演讲比赛，从而形成了一场空前的长时间、大规模的关于民主与专制问题的讨论。在

欧美派知识分子内部，围绕“独裁与民主孰能使中国强大”展开激烈辩论。以蒋廷黻、丁文江为代表的独裁派认为，国家贫富强弱的关键在于中央权力是否集中，尤其是在面临民族生死存亡的环境下一个极权甚至专制的政府才有利于国家摆脱危机；以胡适为代表的民主派坚持个人自由与民族复兴并重，主张中国尽快实行民主宪政。

(一)民主宪政派的要求

1933 年 12 月，蒋廷黻发表鼓吹专制的《革命与专制》一文，不被胡适等“民主派”认同，“民主与独裁”的论争由此引发。胡适发表了《建国与专制》、《再论建国与专制》等文批驳专制建国、独裁强国论，胡适成为“民主派”的代表人物。他们认为，第一，国民党的所谓训政实践已经宣告破产，“目前的国民党自身已如一盘散沙，何能训练民众；国民党以国民褓姆自任，但褓姆病入膏肓，何求婴孩健全”。“若必待训政至相当时期，宪政之条件完备，而后实施宪政，则宪政永无出现之日”。因此，国民党必须“翻然改图，向宪政时期急速推进”。①

第二，在强敌入侵之时，要挽救民族危机，必须动员全民族的力量一致抗日，而要实现全民族一致抗日，唯有国家政制改弦易辙。“国民党不交还中央统治于人民，则人民无从团结其救国之力量，亦无从发挥抗日之精神。”②认为国民党的一党专政政体成为实现全民抗日的主要障碍，因此，结束训政实行宪政是中国唯一的出路。

第三，实行民主宪政，是保证国家长治久安的根本大计。认为内战内乱不是无故发生的。“如若不使各种政治势力有发泄的机

---

① 《由训政达到“真”宪政质疑》，载 1932 年 4 月 6 日《申报》。

② 朱采真:《政治救国之一条和平捷径》，载 1932 年 1 月 18 日《时事新报》。

会，若不把政治的运用，纳之于轨道”，而想求得国家长久的和平安宁，“那是缘木求鱼的办法”。一党专政的国家，既不允许其他党派的合法产生，也不允许党内派别的合法存在，政权的更迭，只能通过武力实现。“于此专制之积威之下，倘防范稍松懈，即时有革命爆发之可虑。”因此，不设法改良现状，只是要求人民不起来反抗，要求无条件废止内战，是行不通的。[①] 要想使国家长久安宁，必须有一个保证人民权利不受侵犯、保证各种政治势力有平等的参政机会的机制，这就是民主宪政。

第四，开放党禁，实行政党政治，是实现政治进步、社会进步的唯一途径。认为中国之所以国势日衰，民族危亡，“纯由政府窳败之故，否则何以岁耗国帑80%以上所豢养之军队，竟不能以之对外，何以明知国际地位低落，列强虎视眈眈，竟无一贯之外交政策，何以数年来仅发行国内公债一项，已达十余万万，竟至财政困乏，濒于危境”[②]。实行政党政治，政治公开，就可以进行有效的政治监督，避免上述现象的出现，即使出现时也能得到及时纠正，从而达到进步的政治。

当时一些资产阶级社会活动家和知识分子不仅发表文章、声明，强烈要求结束训政，实行民主宪政，而且还成立宪政促进会、宪政期成会、宪政救国会等团体，定期或不定期地举行活动。1930年底上海出现了以“中等阶级”即企业家、金融家、律师、教授、新闻记者等自由职业者为主体的“中社”，并出版《新社会》半月刊。这些民主宪政组织及其活动，没有形成较大的规模，也没有产生什么明显的影响，因而未能对国民党当局造成一个持久而巨大的压力。

---

① 王造时：《我为什么主张实行宪政》，载1932年6月23日《时事新报》。

② 吴博民：《政治公开与民族自救》，载1931年12月29日《时事新报》。

(二)独裁派的政治主张

蒋廷黻的《革命与专制》一文引发了“民主与独裁”的论战。该文认为,当时中国之所以内战频仍,国家无法真正统一,其原因就在于未能像英国、法国、俄国等国那样,经历过“十六世纪的顿头朝(即都铎朝——编者注)的专制”、“二百年布彭朝的专制”和“罗马罗夫朝三百年的专制”,因此,“中国要现代化,首先要建立一个统一的民族国家,因而须先经过专制阶段”。支持蒋廷黻的有吴景超、钱端升、丁文江等人。“独裁派”鼓吹独裁政治,反对民主政治。其主张:

第一,“拥护现政府”。认为在此“外敌入门千钧一发的时候,我们唯一的义务,是拥护现在的政府,一致后盾对外奋斗,万不可盲从过时政客的议论,轻易动摇政治组织的根本”[①]。其实质是以救亡为借口,鼓动人们拥护蒋介石的专制独裁。

第二,鼓吹专制建国,独裁强国。有的甚至建议国民党“既不必再循训政之故辙,亦不必急于召开空洞无物、徒供军阀政客贪官土劣利用之国民大会”,而应“由党产生党魁以宣布独裁”,因为“时至今日,已届非常之变局,急起救亡,惟在领袖独裁制之实现”。[②]

这种主张专制独裁的理由是,认为中国不具备实行民主政治的条件,民主政治不符合中国的国情。其一,内忧外患,无宪政之可能。“于此国难期间,合全国上下心力,应付外患,尤感不足,而同时改造内政”,势必“分歧心力”,而且教育不普及,贪官污吏土豪劣绅横暴,盗贼土匪猖獗,这些均足妨碍宪政的发展。因此他们主张,要挽救中国,就需要一个强有力的统一政府。由政府领导民众,用强力铲除军阀,驱除外患,才可以使中国臻于强盛之境。这

---

① 贾斯人:《救国必须拥护政府》,载 1932 年 2 月 16 日《大公报》。

② 《人民评论》第 57 期,1934 年 10 月。

就要求民众能信任中央，赋予中央特大的权力，使得实现独裁的政治，那么才能有挽救的希望。[①] 除了独裁政治，没有别的路可走。

其二，认为中国没有真正的政党，无宪政之基础。“宪政国家，必须有政党，且须取多党制，以政见竞争于法律范围之内，使政治进化，日臻文明。”中国的政党，“多以军阀为主干，为背景，而官僚政客多方鼓动，借其武力，夺取政权，冀分羹余，目的达到，党即消灭”。因此，可以说中国自建立民国，根本没有真正的政党，有何开放党禁可言。[②]

其三，国家不统一，无宪政之条件。“军人割据一方，争为雄长，战祸之起，朝不保夕，全国政治尽托诸枪头之上，宪法上一字一句关于权限大小之规定者，绝不足为排难解纷之资，如此拔刀相向之局，尚何法治可言。”既无法治，何谈宪政。[③] 他们认为中国现在需要的是建国、是统一。要实现这个目的，“唯一的过渡方法就是个人专制”。[④]

由上几点他们得出结论：“今天在中国如果立刻实施民主政治，恰如把乡下缠足的女子，立刻给她穿上高跟鞋，请上跳舞厅，时髦则时髦矣，其如寸步难移，痛苦不堪。”[⑤]因而，在没有条件实施民主政治的中国，只能实行专制独裁。

（三）民主与独裁论争的特点

第一，这场论战不仅持续时间长，参加者之多也是前所未有的。撰文者既有学者教授、政界要人，也有普通工人、农民。如此

---

① 张汉章：《开放党禁》，载 1932 年 4 月 23 日《大公报》。

② 张汉章：《开放党禁》，载 1932 年 4 月 23 日《大公报》。

③ 《推行宪政之基础》，载 1932 年 12 月 31 日《时事新报》。

④ 蒋廷黻：《革命与专制》，载《独立评论》第 80 号。

⑤ 刘健群：《实施领袖独裁制之必要》，载 1934 年 1 月 18 日《晨报》。

众多的报刊,如此众多的人参与论争,形成了一个无形的大课堂。它使越来越多的人进一步理解了民主、宪政、共和的真实含义,关注这个与国家、民族乃至每一个人的命运密切相关的重大问题。

第二,参加这次讨论的各报刊虽有一定的倾向性。例如,《申报》以发表赞同民主政治的文章为主,北平《晨报》刊载拥护专制独裁的文章居多,但基本上都发表不同观点的文章。报界所表现出的这种社会化,较之清末民初论争中报刊的党派化,是一大进步。它有助于人们抛开情感倾向、权威压力等因素,客观地评断论争双方的观点,从而作出自己的取舍。

第三,所有参与这场讨论的人,不论他们的结论如何,几乎无例外都注意到了中国国情问题。正如有的文章指出的那样:中国是选择民主政治,还是选择专制政治,既要"注意无背于时代之潮流",更要"适合国内社会与经济上之需要,及本国历史习惯之趋向"。政治制度犹如衣服,国情犹如身材,"衣服大小长短,必须适合个人之身材"。[①] 他们在为中国设计政治蓝图时,不仅都没有忘记中国的国情,而且对中国国情的分析也是基本一致的,甚至连有些用语也是相同的。他们都认为中国国力薄弱,政治腐败,正处于国家危亡的紧急关头,但结论却彼此相反:一方要用民主宪政救亡图存,另一方则要以专制独裁解脱危机。专制独裁并不能解脱危机,这已为蒋介石国民党的统治所证实,而如何通过实行民主政治来改变涣散分裂状态,团结全国人民共同抗日,确是当时亟待解决的一个大问题。近代中国复杂的国情决定了民主建设必须有利于民族的救亡图存,才能取得真正的进展。

第四,部分自由主义知识分子成为独裁统治的积极倡导者。在主张专制独裁者中,有些人,如蒋廷黻、丁文江、钱端升等曾留学

---

① 《制宪问题》、《将来新宪法中三个主要问题》,载 1932 年 2 月 19 日、3 月 13 日《申报》。

欧美受过资本主义文化的熏陶，信仰并鼓吹过西方式民主政治，但在 30 年代反对专制独裁统治要求民主宪政的呼声空前高涨之时，却成为独裁统治的倡导者。其根本原因是深刻的民族危机，他们错误地认为民主政治与国家统一是矛盾的，在这种矛盾选择面前他们选择了后者，以民主政治服从了国家统一，首先考虑的是如何救亡图存问题。虽然此路行不通，但不能说不具有一定的历史合理性，说明他们多少能注重从国情出发来对待中国的政治民主化问题。

主要参考论著

1. 林茂生等:《中国现代政治思想史》,黑龙江人民出版社1984年版。

2. 严怀儒等:《中国现代政治思想史简编》,北京出版社1985年版。

3. 高军等:《中国现代政治思想评要》,华夏出版社1990年版。

4. 王金铻等:《中国现代政治思想史》,吉林大学出版社1991年版。

5. 朱义禄等:《中国近现代政治思潮研究》,上海社会科学院出版社1998年版。

6. 彭明:《中国现代政治思想史十讲》,河南人民出版社1986年版。

7. 陈旭麓主编:《五四以来的政派及思想》,上海人民出版社1987年版。

8. 丁守和、殷叙彝:《从五四启蒙运动到马克思主义的传播》,三联书店1979年版。

9. 中国社科院科研局、《中国社会科学》杂志社编:《五四运动与中国文化建设》(论文集)上、下册,中国社会科学出版社1989

年版。

10. 胡伟希、高瑞泉、张利民:《十字街头与塔》,上海人民出版社 1991 年版。

11.〔美〕格里德著、鲁奇译:《胡适与中国的文艺复兴——中国革命中的自由主义(1917～1950)》,江苏人民出版社 1989 年版。

12. 傅长禄:《中国现代文化史略》,吉林大学出版社 1991 年版。

13. 鲁薇娜:《梁漱溟随想录》,山西高校联合出版社 1992 年版。

14. 王华斌:《黄炎培传》,山东文艺出版社 1992 年版。

15. 马勇:《梁漱溟教育思想研究》,辽宁教育出版社 1994 年版。

16. 郑登云:《中国近代教育史》,华东师大出版社 1994 年版。

17. 熊贤君:《晏阳初教育思想研究》,辽宁教育出版社 1994 年版。

18. 林代昭、潘国华主编:《社会主义在中国的传播与实践》,北京大学出版社 1991 年版。

19. 彭明主编:《从空想到科学——中国社会主义思想发展的历史考察》,中国人民大学出版社 1991 年版。

20. 王继平:《中国社会主义思想发展史纲》,广西人民出版社 1991 年版。

21. 张静如主编:《毛泽东思想概论》,高等教育出版社 1993 年版。

22. 周淑真:《中国青年党在大陆和台湾》,中国人民大学出版社 1993 年版。

23. 徐善广、柳剑平:《中国无政府主义史》,湖南人民出版社 1984 年版。

24. 路哲:《中国无政府主义史稿》,福建人民出版社 1990

年版。

25. 蒋俊、李兴芝:《中国近代的无政府主义思潮》,山东人民出版社 1990 年版。

26. 解学诗:《伪满洲国史新编》,人民出版社 1985 年版。

27. 高瑞泉主编:《中国近代社会思潮》,华东师范大学出版社 1996 年版。

28. 陈崧编:《五四前后东西文化问题论战文选》,中国社会科学出版社 1985 年版。

29. 高军编:《中国社会性质问题论战》(资料选辑)上、下册,人民出版社 1984 年版。

30. 徐宗勉、张亦工等:《近代中国对民主的追求》,安徽人民出版社 1996 年版。

31. 张汝伦:《现代中国思想研究》,上海人民出版社 2001 年版。

32. 郑大华:《民国思想史论》,社会科学文献出版社 2006 年版。

33. 杨树标:《论现代中国的政治思想流派及其归宿》,载《杭州大学学报》1990 年第 1 期。

34. 赵锡荣:《好人政府简论》,载《聊城师范学院学报》1990 年第 1 期。

35. 杨国荣:《在理想与现实的冲突中走向容忍——论作为自由主义知识分子的胡适》,载《近代史研究》1991 年第 1 期。

36. 张忠平:《胡适的自由思想》,载《探索与争鸣》1994 年第 3 期。

37. 马千里:《析 40 年代政治自由主义思潮》,载《江苏社会科学》1995 年第 1 期。

38. 冯敏:《试析陶行知平民教育思想及其现实意义》,载《民国档案》1994 年第 2 期。

39. 姜义华:《论20世纪中国的民族主义》,载《复旦学报》1993年第3期。

40. 刘建皋:《改组派探析》,载《历史研究》1981年第6期。

41. 吴小龙:《"国家主义"理论评析》,载《中国青年政治学院学报》2004年第3期。

42. 敖光旭:《北洋政府前期国家主义派之内在文化理路》,载《近代史研究》2006年第2期。

43. 张颂之:《孔教会始末汇考》,载《文史哲》2008年第1期。

44. 间小波:《论近代中国宪政期成之争》,载《南京大学学报》2008年第1期。

45. 孙俊杰:《国民党"训政"时期对孙中山训政思想的背离》,载《郑州大学学报》2007年第4期。

46. 郑大华:《"九一八"后的民主宪政运动》,载《求索》2006年第3期。

47. 李珂:《改组派始未及历史现象分析》,载《民国档案》2004年第4期。

48. 田守业:《国民党"改组派"称呼来源略考》,载《中国社会科学院研究生院学报》2001年第3期。

49. 吕厚轩、马望英:《"戴季陶主义"与国民党实权派的意识形态》,载《北方论丛》2008年第4期。

50. 马勇:《无政府主义与现代中国人的困境》,载《中国文化现代化道路的探索》,吉林大学出版社2006年版。

51. 荆世杰、丁兴富:《论近代中国民主社会主义思潮》,载《沈阳师范学院学报》2001年第5期。

52. 谢晓鹏:《蒋介石与孙中山训政思想之比较》,载《史学月刊》1994年第2期。

53. 徐杰舜、海路:《从新村主义到新农村建设——中国农村建设思想史发展述略》,载《武汉大学学报》2008年第2期。